**무엇 하는
사람들인가**

무엇 하는 사람들인가

1964년 6월 20일 교회 인가
1964년 8월 10일 초판 1쇄 펴냄
1993년 10월 20일 개정 초판 1쇄 펴냄
1999년 5월 15일 개정 2판 1쇄 펴냄
2007년 6월 30일 개정 3판 1쇄 펴냄
2020년 9월 20일 개정 4판 1쇄 펴냄
2024년 7월 26일 개정 4판 4쇄 펴냄

지은이 · 박도식
펴낸이 · 정순택
펴낸곳 · 가톨릭출판사
편집 겸 인쇄인 · 김대영
편집 · 강서윤, 김소정, 박다솜
디자인 · 강해인, 유소진, 송현철, 이경숙, 정호진
마케터 · 안효진, 황희진

본사 · 서울특별시 중구 중림로 27
등록 · 1958. 1. 16. 제2-314호
전자우편 · edit@catholicbook.kr
전화 · 1544-1886(대표 번호)
지로번호 · 3000997

ISBN 978-89-321-1736-2 03230

값 20,000원

ⓒ 박도식, 가톨릭출판사 1964, 2003

성경 ⓒ 한국천주교중앙협의회, 2005
전례문 ⓒ 한국천주교중앙협의회, 2020

이 책은 저작권법에 의해 보호를 받는 저작물이므로 무단 전재와 무단 복제를 금합니다.

가톨릭의 모든 도서와 성물을 '**가톨릭출판사 인터넷쇼핑몰**'에서 만나 보실 수 있습니다.
http://www.catholicbook.kr | (02)6365-1888(구입 문의)

무엇 하는 사람들인가

대화로 만나는
가톨릭 교리 산책

박도식 신부 지음

가톨릭출판사

추천하는 말

이 책을 쓴 저자의 말대로, 시대는 변했습니다. 이제 가톨릭을 모르고는 지식인이라고 할 수 없게 되었습니다. 이 책은 가톨릭을 알고자 하는 사람이라면 꼭 읽어야 할 책입니다. 과거에 나온 많은 가톨릭 교리서들이 어려운 문구가 많아 딱딱한 감이 있었다면 이 책은 쉬우면서도 내용이 풍부하고, 무엇보다 대화 형식으로 되어 있어 지루한 감을 주지 않습니다.

읽어 보십시오! 이 책은 일종의 문학책이기도 합니다. 비단 구도자들뿐만 아니라, 이미 입교한 신자들도 한 번은 꼭 읽어야 할 책입니다. 새롭고 생생한 교리 지식을 얻을 것이라 확신합니다. 앞으로도 이와 같은 책이 많이 나올 것을 기대하면서 이 책을 추천하는 바입니다.

윤형중 신부

머리말

이런 말을 들었습니다. 세계 일주를 하고 돌아온 어떤 교수의 이야기입니다.

"제가 미국과 유럽을 돌아보고 느낀 건데 박물관이고 도서관이고 그리스도교 사상을 모르고는 도저히 유럽의 문화를 이해할 수 없더군요! 그리고 그들의 사고방식이나 생활양식을 봐도 그리스도교를 모르고는 이해하기 어려운 부분들이 너무 많았습니다. 어느 날 우연히 어떤 외국인과 대화 중에 그리스도교에 대해 얼마나 아느냐고 묻기에, '글쎄요. 그리스도교에 대해서는 잘 모릅니다.'라고 했더니, 그는 놀라는 기색을 하면서, '그럼 교회에도 나가지 않겠군요! 안 돼요! 안 돼요!' 하더군요."

시대는 달라졌습니다. 그리스도인이 되기 위해서가 아니라 오늘을 사는 지식인으로서 그리스도교에 대해 알아야 할 때가 왔습니다. 이 책에 나오는 송 군과의 거리낌 없는 대화는 현대인에게 풍부한 종교 상식을 주리라 믿습니다. 흥미진진하고 솔직한 토론으로 이어지는 송 군의 질문과 박 신부의 답변은 많은 사람이 종교에 대해 가졌던 의문을 풀어 줄 것이며, 과거에 가졌던 종교에 대한 그릇된 편견에서 벗어나게 해 줄 것입니다.

지은이 박도식 신부

개정판을 내면서

　그동안 《무엇 하는 사람들인가》를 아껴 주시고 읽어 주신 여러 독자들께 우선 진심으로 경의와 사의를 표합니다. 그동안 많은 독자들이 이 책을 통해서 주님의 은총을 받았다는 얘기를 들었습니다. 하느님께 감사드립니다.
　이 책이 출간된 지 벌써 30년의 세월이 흘렀습니다. 그간 교회의 모습도 변했고 교회의 일부 가르침도 변했습니다. 그래서 독자들의 뜻을 받들어 이 책을 소폭 수정해서 세상에 내놓게 되었습니다. 우리 교회의 진리는 변함이 없습니다. 하지만 그 진리를 따라 사는 과정은 시대에 따라 변화될 수 있습니다. 이런 변화에 따라 언어의 표현이라든지 상황 등이 변화되었습니다. 이런 점들을 개정판에 반영했습니다.
　다시 한번 이 책을 아껴 주시고 애독해 주신 독자들께 감사드립니다. 이 책이 주님의 영광을 드러내는 계기가 된다면 필자로서는 더없는 영광이요 기쁨이 아닐 수 없습니다.
　애독자 여러분께 주님의 풍성한 축복이 내리기를 기원하면서…….

1993년, 지은이 박도식 신부 드림

| 차례 |

추천하는 말　5

머리말　6

개정판을 내면서　7

제1부
하느님과 인간

첫인사　15

종교란 무엇인가?　22

하느님이 정말 계시는가?　27

사람은 무엇 때문에 사는가?　42

영혼이 정말 있는가?　55

영혼은 죽지 않는다　64

제사에 대하여　72

천사와 악마　80

비참과 모순을 실은 인생　86

꼭 알아야 할 문제　99

제2부
그리스도와 신앙

원죄란 무엇인가?　103
상처받은 인간은 누구를 찾아야 하는가?　110
예수 그리스도란 누구인가?　113
그리스도는 세상에서 무엇을 하셨는가?　126
십자가의 어리석음　131
십자가의 선물　143
그리스도가 더 일찍 오셨더라면　158
삼위일체　161
계시 종교　166
계시와 신앙　169
성경과 성전　185
믿어야 사는가?　194
신앙과 과학　200
신앙도 자유인가?　204
꼭 알아야 할 문제　210

제3부
교회와 성사

구원을 가르치는 학교　215
가시적 교회　223

그리스도로부터 받은 교회의 권리　237

하느님의 백성인 교회　245

비가시적 교회　248

은총이란 무엇인가?　250

성사란 무엇인가?　255

세례성사　258

견진성사　268

고해성사　272

왜 죄를 고백하는가?　281

고해성사의 절차　293

보속이란?　295

대사란 무엇인가?　299

성체성사　305

미사성제　310

미사 예식　317

영성체　320

병자성사　325

성품성사　330

혼인성사　337

일곱 성사의 종합　345

준성사　347

기도　350

그리스도의 신비체인 교회　358

가톨릭 교회와 구원　362

가톨릭 교회의 특징　367

꼭 알아야 할 문제 368
부록: 가톨릭 주요 기도문 375

제4부
하느님의 계명과 영원한 생명

왜 착하게 살아야 하는가? 399
양심대로 살기만 하면 되는가? 404
윤리 도덕의 기준인 십계명 409
첫째 계명 412
마리아 공경과 성인, 성상, 성화 공경 416
둘째 계명과 셋째 계명 423
넷째 계명 428
다섯째 계명 435
여섯째 계명과 아홉째 계명 438
일곱째 계명과 열째 계명 441
여덟째 계명 443
십계명의 종합 447
교회 계명 (첫째 법규) 450
둘째 법규 455
셋째, 넷째, 다섯째, 여섯째 법규 459
죄의 문제 463
왜 하느님은 죄 짓는 인간을 창조하셨는가? 473
하느님의 창조 사업은 실패로 돌아갔는가? 477

덕이 있는 사람 479
죽음, 심판, 공로 492
세상, 천국, 지옥, 연옥 498
육신 부활, 공심판 507
송 군의 영세 514
새로운 시작 516
어떻게 하면 참된 가톨릭 신자가 될 수 있는가? 518
꼭 알아야 할 문제 523

제1부

하느님과 인간

첫인사

송 군 신부님! 처음 뵙겠습니다.

박 신부 예, 누구신지요? 저는 박도식 신부라고 합니다.

송 군 저는 송현철이라고 합니다.

박 신부 그러세요, 앉으십시오. 무슨 일로 오셨지요?

송 군 다름이 아니라, 회사 동료가 가톨릭 신자인데 가끔 가톨릭에 대한 이야기를 제게 해 주곤 합니다. 마침 일요일이라 산보를 나온 김에 친구와 처음으로 성당에 나와 보았는데, 처음 보는 신기한 것들이 참 많군요. 그래서 신부님을 찾아뵙고 좋은 말씀을 청해 듣고자 이렇게 오게 되었습니다.

박 신부 예, 정말 반갑습니다. 처음으로 성당에 나오면 성당 안에서 하는 모든 것이 이상해 보이고, 또 모두가 나를 쳐다보고 있지 나 않나 하는 생각이 들어 서먹서먹하기도 할 겁니다. 그러시죠?

송 군 예, 사실 그렇습니다.

박 신부 그런데 오늘 처음으로 성당에 나와서 느낀 감상이랄까, 그 첫인상이 어떤가요?

송 군 처음 나와서 뭐가 뭔지 도무지 모르겠지만 종교 의식에 있어 조금 엄숙한 감이 들고, 어딘지 모르게 알고 싶은 충동이 생기는 것 같습니다.

박 신부　첫인상이 대단히 좋으셨군요. 그런데, 혹시 과거에 어떤 종교에 대한 책이나 종교 강좌 같은 것을 듣거나 읽으신 적이 있습니까?

송 군　전혀 없습니다. 다만 친구로부터 몇 마디 들어서 가톨릭 교회가 있다는 것, 그곳을 성당이라고 한다는 정도밖에는 모릅니다.

박 신부　잘 알겠습니다. 그렇다면 송 선생님은 종교에 대해 어떻게 생각합니까?

송 군　신부님, 말씀 낮추시죠. 저는 아직 나이도 어립니다. 그냥 송 군이라고 해 주세요.

박 신부　그래요? 그게 편하시다면 그렇게 부르지요.

송 군　과거에 종교에 대해서 크게 생각해 본 적은 없지만, 나쁜 것은 아니라고 생각합니다. 그런데 말이 나왔으니, 선생님! 아니 참, 신부님. 종교에 대해서 솔직히 말씀드려도 괜찮을까요?

박 신부　그럼요, 저는 종교를 갖지 않은 사람들이 종교를 어떻게 생각하는지 대단히 궁금합니다. 먼저 한 가지 말씀드릴 것이 있습니다. 가톨릭 교회 성직자를 부를 때는 신부라는 호칭을 사용합니다.

송 군　저도 알고 있는데, 아직 숙달이 되지 않은 것 같습니다. 그런데 왜 신부님이라고 하지요?

박 신부　서양 사람들이 'Father(아버지)'라고 부르는 말을 옛날 중국 신부님들이 신부神父라고 번역한 데서 시작되었습니다.

송 군　왜 아버지라고 부르죠?

박 신부   아버지는 자식을 낳아 먹이고 입히고 양육하는 사람입니다. 그런데 신부의 직책도 그것과 같기 때문입니다. 아직 잘 모르시겠지만, 우리 교회의 신자가 되면 죄를 씻고 천상 생명인 초자연 생명을 받게 됩니다.

송 군   초자연 생명이라……? 조금 어렵군요.

박 신부   예, 차차 이해하게 될 겁니다. 한마디로 우리 영혼이 새 생명을 갖게 되는 겁니다. 그런데 그 새 생명을 주고, 그것을 끝까지 먹이고 길러 천상 생명에로 이끌어 올리는 일이 곧 신부의 임무이지요. 그래서 우리 육신의 아버지와 똑같은 영혼의 아버지이기 때문에 서양 사람들은 '아버지'라고 부릅니다. 한국 가톨릭 교회에서는 '신부님'이라고 하지만, 역시 영혼의 아버지란 뜻이지요. 그럼 아까 종교에 대해서 솔직한 말씀을 하시겠다고 했는데, 어디 한번 들어 봅시다.

송 군   예, 저는 충북 진천에 살고 있습니다. 저희 집 가까이에 성당이 있지만, 한 번도 가 보지는 못했습니다. 그런데 제가 고향에 있을 때, 아침에 단잠을 자고 있는데 새벽마다 성당 종소리가 울리는 겁니다. 그때마다 잠에서 깨곤 했지요. "사람 잠도 못 자게 아침부터 무슨 짓이야? 경찰에 고소해 버릴까?"라고 생각한 적이 한두 번이 아니었습니다. 아침마다 종을 울려대니 잠도 제대로 못 자고, 몹시 성가셔서 괜히 가톨릭이 미워지곤 했습니다.

박 신부   하하……. 그것 참! 그래서요?

송 군   한번은 새벽 네 시에 잠이 깨어 다시 잠을 이루지 못하고 엎치락뒤치락하고 있는데, 또 성당 종소리가 들리는 겁니다.
그런데 문득 이런 생각이 들었습니다. '저 사람들은 도대체 무엇 때문에 아침잠을 포기하고 저렇게 종을 울릴까? 종을 치는 것은 모이라는 뜻일 텐데, 무엇 때문에 이른 아침마다 모이는 걸까? 무엇이 있기에, 무엇을 바라고? 게다가 저 성당 주인은 미국에서 온 신부라던데, 무엇 때문에 풍요롭고 편안한 고향을 버리고 가난하고 낯선 곳에 와서 아침마다 저런 고생을 하는 거지? 일요일이면 성당 가는 사람들로 이 앞길이 비좁아질 정도인데 도대체 무엇 때문에 그러는 걸까? 또 친구 말로는 전 세계 가톨릭 신자가 몇 십억이 된다고 하던데……. 그러면 그 몇 십억의 사람들도 분명 일요일이면 모든 것을 제쳐 두고 성당에 가겠지? 정신이 나간 사람들일까? 아니면 모두 바보 무식쟁이라 그런 건가? 아니야, 내가 아는 가톨릭 신자만 보더라도 확실히 그런 사람들은 아닌데. 우리나라에서도 몇몇 인사가 가톨릭 신자란 이야기를 들었고, 또 어떤 대학 교수도 가톨릭 신자란 말을 들었는데……. 그리고 세계적인 인물 중에도 그렇고……. 그럼 나는? 저 쟁쟁한 사람들보다 더 유식해서 종교를 갖지 않았던 건가, 아니면 내가 너무 무식해서 종교의 가치를 몰라서 그런가? 그것 참! 한번 생각해 볼 만한 문제군.'
한참 이런 생각을 하고 있는데, 아침밥을 먹으라고 깨우는 소리에 재미있는 생각이 그만 깨지고 말았습니다. 그때 누가 저에게 성당에 나가자고 부추겼다면 분명 그 호기심을 풀어 볼 생각에 따라갔겠지요. 하지만 가자고 끄는 사람도 없고, 혼자 서먹서먹할 테니 가고 싶지도 않고 해서 모든 것을 잊어버리고 오늘까지 지냈습니다.

박신부   그래요? 무척 흥미로운 얘기로군요. 성당엔 나가지 않았다 할지라도 성당과는 가까이 지내셨군요?

송 군   그런데 신부님! 가톨릭을 다른 말로 '천주교'라고 하던데, 어느 것이 옳은 말인가요?

박신부   다 옳은 말이지요. '천주교'란 하느님이 세운 참종교로 천주님을 믿는 종교라는 의미인데, 역시 옛날 중국 신부님들이 옮긴 말입니다. 가톨릭은 영어로 'Catholic'이라고 쓰는데, 이것이 세계적으로 공통된 말이라고 할 수 있을 겁니다. 가톨릭이란 라틴어의 본래 뜻은 '보편된' '공번된', 즉 모든 사람이 다 믿을 수 있는 종교란 뜻입니다. 그 외에도 '공교회' 또는 '성교회'라는 말을 쓰기도 하고, 또 일부 사람들은 2천 년의 전통을 가진 교회로서 가톨릭에서 갈라져 나간 프로테스탄트, 즉 신교와 구별해서 구교라고도 하지요.

송 군   세상에는 정말 종교가 많은 것 같습니다.

박신부   그래요. 그런데 종교란 것이 무엇이며 무엇 때문에 종교가 있는지 아십니까?

송 군   글쎄요. 이러이러한 것이 종교라고 잘라서 말씀드리긴 어렵고 다만 제 생각에는 좀 더 도덕적으로 사람답게 살아 보자는 생각으로, 또는 고달픈 세상살이에 시달린 사람들이 어떠한 위안을 찾으려고 종교를 갖게 되지 않나 싶습니다.

박신부   물론 올바른 종교인이 되면 훌륭한 도덕가가 될 수도 있고 마음의 위로도 얻을 수 있습니다만, 이것은 종교의 둘째, 셋째 목적입니다. 종교는 이것보다 더 높은 진리를 말하고 있습니다. 종교가 무엇인지 잘 모르는 분들이 흔히 그렇게 말하는데, 밖에서 보는 종교와 안에서 보는 종교는 전혀 다르다는 것을 알아 두시기 바랍니다. 송 군이 방금 진천에 살 때 느낀 것을 말했듯이 종교가 무엇이기에 저렇게 사람을 끄는 건지 궁금해서 그것을 알아보자는 생각에 성당 문을 두드리는 분들도 많이 있습니다. 처음부터 가톨릭의 교리를 다 잘 알아서 교회에 나오는 분은 매우 드뭅니다.

송 군   물론 그렇겠지요.

박신부   어제 외출을 하다가 보니, 한강 인도교에 사람들이 떼를 지어 서 있더군요. 무슨 일인지 궁금해서 가 보았더니 다섯 살쯤 되어 보이는 어린아이가 차에 치여 피를 흘리면서 쓰러져 있는 겁니다. "쯧쯧, 가엾기도 해라." 이렇게 혼잣말을 하며 돌아섰습니다. 지금도 생각이 나곤 합니다. 내가 실제로 그 현장에 있었기 때문에 '저기 무엇이 있을까?' 하는 의문은 풀렸습니다. 송 군도 가톨릭이 무엇인지를 알기 전에는 사람들이 떼를 지어 성당에 모일 때, '무엇 때문에 저렇게 할까?' 라는 의문이 풀리지 않았을 것입니다. 내가 그 현장을 보았기 때문에 교통사고의 참상을 알 수 있었듯이, 송 군도 가톨릭 신자가 되어 그 속에서 같이 살아 봐야 가톨릭이 무엇인지 잘 알 수 있을 것입니다.

송 군   그야 그렇지요. 물길도 건너 봐야 안다고 하는데.

박신부   바로 그렇습니다. 그러면 이제 성당에 사람들이 왜 그렇게 모이는 건지, 교통사고가 나서 그런 건지, 아침마다 무대 공연을 하는지, 아니면 돈을 한 보따리 안겨 주는지 한번 제대로 살펴봅시다. 송 군 말대로 가톨릭 신자들이 모두 어리석은 사람들도 아니고, 할 일이 없는 사람들도 아닙니다. 그들도 우리와 같은 인간이며, 지식과 바른 지능을 가지고 있습니다. '그들이 정말 아무 쓸모없는 짓을 저렇게 하겠는가? 그것이 인간으로서 해야만 하는 일이라서 그런가? 그것이 허무맹랑한 짓이라면, 수억이나 되는 사람들이 저렇게 하진 않을 것이다. 그것이 인간이면 누구나 해야 하는 무엇이라면, 나도 인간인데 해야 되지 않을까?' 이런 생각으로 비록 송 군이 종교인이 되지는 않더라도 여기에 관심을 가지고 끝까지 그 알맹이를 파 본다고 해도 조금도 손해 볼 일은 없지요. 우선 많은 상식을 얻을 수 있고, 또 지금까지 생각지 못했던 참진리를 찾아 새 인간이 될 수도 있지 않겠습니까? 종교가 무엇인지 제대로 알고 싶은 생각이 있으십니까? 그러시다면, 시간을 아끼지 않고 내가 아는 데까지 말씀드리겠습니다.

송 군 정말 알고 싶습니다. 제가 신자가 되느냐 안 되느냐 하는 것은 둘째 문제이고 종교가 무엇인가 하는 것은 상식으로라도 꼭 알아 둘 필요가 있다고 생각합니다. 그런데 벌써 시간이 많이 지난 것 같습니다. 내일 저녁에 찾아와도 괜찮을까요?

박 신부 그럼요. 괜찮습니다. 그러면 내일부터 차근차근히 순서에 맞춰 '종교란 무엇인가' 하는 것부터 시작해서 가톨릭에서 가르치는 기본 교리를 말씀드리겠습니다. 그럼 안녕히 가십시오.

종교란 무엇인가?

송 군   안녕하십니까, 신부님?
박신부   예, 안녕하세요? 여기 앉으십시오.
송 군   그럼, 어제 약속하신 대로 종교의 기초적인 것부터 하나하나 이야기를 듣고 싶습니다. 무엇을 종교라고 하나요?
박신부   많은 사람들이 종교가 무엇인지를 알아보지도 않고 이렇게 저렇게 마음대로 이야기합니다. 어떤 사람은 "종교는 마음을 수양하는 거야."라고 말하고, 어떤 사람은 "교회는 어리석은 사람이나 무식한 사람들이 모이는 곳이야." 또는 "원시 시대의 미개한 사람들이 산에서 사냥을 하다가 벼락이 떨어지고 번갯불이 나는 것이 무서워서 하늘을 향해 절을 하고, 해와 달을 쳐다보고 빌곤 했지. 거기서 차츰 발전된 것이 오늘의 종교인 거야. 그러니 현대 과학의 눈으로 볼 때 종교는 일종의 미신이라고 할 수 있어."라고 말하기도 합니다. 종교를 없애 버리려는 공산주의자들은 "종교는 아편이다."라고 말하지요. 또 어떤 이는 종교란 마음이 약한 사람들이나 믿는 것이라고 말합니다. 아마 그런 소리를 들은 적이 있을 겁니다.
송 군   예, 친구들에게 그런 말을 들은 적이 있습니다.
박신부   그래서 신앙생활을 열심히 하는 종교인을 보면, "저 사람은 마음이 참 약해. 직장에서 요령을 좀 부리면 돈도 좀 모을 수 있을 텐데, 자기가 믿는 종교의 가르침대로만 살려고 하니……. 앞뒤가 꽉 막혔어."라고 말합니다. 요령껏 횡령을 잘하는 사람은 현명하다고 하고, 그렇지 않고 자기의 양심대로 사는 사람은 어리석은 사람이라고 하지요. 그래서 종교인을 어리석은 사람으로 취급하는 경우가 많습니다. 송 군이 종교에 대해 공부하고 있다는 것을 친구들이 안다면 분명 몇몇 친구들은 비웃을 지도 모릅니다. 각오하십시오. 종교에 대한 상식이 없는 이들이 이에 대해서 이러쿵저러쿵 얘기를 늘어놓곤 합니다. 하지만 종교란 그런 것이 절대로 아닙니다. 종교는 한마디로 말하면 '신과 인간과의 관계'입니다.

송 군 신과 인간과의 관계라……. 금방 이해가 안 가는군요.

박 신부 예, 조금 철학적인 문구이긴 합니다. 쉽게 말씀드리면, 이 우주를 만드시고 자연 질서를 주셨으며 마지막으로 인간을 창조하신, 절대 완전하신 분인 신과 인간과의 사랑의 관계라고 할 수 있습니다.

송 군 사랑의 관계라니요?

박 신부 예를 들자면 부부의 사랑에서 자식이 나지 않습니까? 하느님도 사랑으로 인간을 창조하신 것입니다. 그래서 사랑으로 태어난 자식들이 부모님께 드리는 공경 행위를 효도라고 하고, 하느님 사랑에 대한 인간의 행위를 종교라고 합니다.

송 군 그렇다면 하느님을 모르는 사람은 자기를 낳아 준 부모를 모르는 사람과 같고, 하느님을 알고도 공경하지 않는 자는 자기 부모를 공경하지 않는 불효자와도 같다는 말씀이지요?

박 신부   그렇지요.

송 군   그러니까, 사람이면 누구든지 부모를 공경해야 되듯이 신을 공경하는 종교를 가져야 한다는 말씀이지요?

박 신부   예, 그렇습니다. 우리는 절대자 신을 하느님, 창조주, 조물주 또는 천주님이라고도 부릅니다. 물론 이 모든 것이 같은 분을 말하는 것이지만, 앞으로는 가톨릭에서 이르는 용어대로 하느님이라고 부르겠습니다. 하느님에 대해서 인간이 마땅히 바쳐야 하는 공경 행위를 종교라고 했습니다. 이것은 인간이면 누구든지 해야 하는 의무입니다. 그러니까 종교라는 것은 모든 이가 다 가져야 하는 인간의 도리인 것입니다. 하느님을 공경하는 것이 재미있다거나 하고 싶어서 하는 것은 아닙니다. 모든 신자들은 싫어도 교회의 계명을 지켜야 합니다. 일요일이면 성당에 나와야 하고, 가끔 시간을 내어 기도도 바쳐야 하며, 여러 가지 종교 의식에 참례해야 하니, 정말이지 귀찮은 일입니다. 하지만 그것은 우리가 해야 하는 의무인 이상 하지 않을 수 없는 것입니다. 자기 부모를 공경하는 것이 재미가 있어서 하는 사람은 별로 없을 것입니다. 부모의 마음을 상하게 하는 일 없이 깍듯이 공경한다는 것은 어려운 일입니다. 하지만 그것을 해야 하는 것이 인간의 도리가 아니겠습니까? 한 가지 묻겠습니다. 어떤 사람이 자기 기분이 좋으면 부모를 공경하고 기분이 좋지 않으면 부모를 받들지 않는다면 그를 참된 효자라고 하겠습니까?

송 군 그야 물어 볼 필요도 없지요. 자기의 기분은 접어 두고 부모를 먼저 공경하는 사람이 효자겠지요.

박신부 종교도 마찬가지입니다. 우리 기분에 따라 믿고 안 믿는 그런 것이 아닙니다. 그런 사람들을 가끔 봅니다. 처음 성당에 나와 보고 "누구 하나 친절하게 맞아 주는 사람도 없고 멋쩍기만 해서 대체 마음에 들지를 않아. 그만둬야겠어!" 하고서는 그다음부터 종교와 등지고 마는 사람들이 있습니다.

그들은 종교를 자기네들 취미에 도움이 되는 오락 행위 정도로 생각하는 모양입니다. 교회는 극장이 아닙니다. 종교의 참뜻을 알아보지도 않고 자기들 기분대로 결정지어 버리는 것은 잘못된 것입니다. 그런 사람은 수박을 잘라서 그 안에 빨갛게 익은 알맹이 맛은 보지도 않고 껍질만 핥아 보고는 "에이, 이거 맛이 없네." 하고 내던지는 사람이지요. 그러니, 송 군도 이왕 종교의 문턱에 발을 들여놓았으니, 껍질만 핥고 버리지 마시고, 그 알맹이까지 한번 맛보고 나서 그때 가서 종교가 이러니저러니 말씀하시기 바랍니다.

송 군 그래야겠지요. 첫술에 배부르겠습니까? 한두 시간 듣고 책 몇 페이지 읽었다고 다 안다고 할 순 없겠지요. 그런데 신부님! 조금 곤란한 질문이 있습니다.

박신부 무슨 질문인데요. 곤란할 것 없습니다. 처음이라 궁금한 것이 많을 겁니다. 서슴지 마시고 솔직하게 이야기하세요.

송 군 좋습니다. 종교가 무엇인가는 대략 알겠고, 또 모든 사람이 정말 종교를 가져야 한다는 것도 조금은 이해가 갑니다. 그렇지만 종교를 신과 인간과의 관계라고 말하면서도 먼저 하느님을 내세우고 그분에게 바치는 모든 행동을 규정짓는 것은 조금 받아들이기 어렵습니다. 사실 하느님이 계시는지도 의문입니다. 누가 하느님을 보았습니까?

박신부 물론 그런 의문이 드는 게 당연합니다. 저도 사실 그 질문을 기다리고 있었습니다. 종교인이 되는 데 있어서 가장 중요한 것은 하느님을 인정하느냐 인정하지 않느냐 하는 것입니다. 세상에는 하느님을 인정하는 유신론자도 있고 하느님이 없다고 주장하는 무신론자도 있습니다. 진정 종교의 핵심은 '신의 존재'입니다. 만일 하느님이 계시지 않다면 하느님을 믿는 이 세상 모든 종교는 그 즉시 사라져야 하고, 하느님을 믿던 수억의 사람들은 그 순간 세상에서 가장 미련하고 어리석은 집단이라고 지탄받아야 마땅합니다. 그런데 하느님이 계시다는 것은 너무나 분명합니다. 어떻게 알 수 있는지 알아봅시다.

하느님이 정말 계시는가?

박 신부 먼저 한 가지 묻고 싶군요. 송 군은 하느님이 계시다고 생각합니까, 계시지 않다고 생각합니까?

송 군 음……. 솔직히 말해서 그 부분에 대해선 확신이 서지 않습니다. 도대체 하느님을 누가 보았나요? 본 사람이 없는데 어떻게 믿을 수 있겠어요?

박 신부 사람들은 흔히 하느님을 보아야 믿겠다고 하는데, 나는 하느님을 우리 눈으로 저 나무 막대기처럼 볼 수 있다면 그런 하느님은 믿지 않겠습니다. 그것은 참된 하느님이 아니기 때문입니다. 하느님이 어떤 분인지를 모르기 때문에 보아야 믿겠다고 덤벼들지요. 어떻게 생각하면 상당히 똑똑한 것 같지만 사실 이처럼 어리석은 사람도 없습니다. 하느님이 계시다는 것을 알아보기 전에 먼저 우리 인간이 무엇을 안다고 할 때 그것을 어떻게 알 수 있는지 알아봅시다. 송 군, 수수께끼를 하나 내겠습니다. 학생들이 길 한복판에서 떼를 지어 학교로 가고 있는데, 학생들 뒤로 택시가 따라갑니다. 그런데 학생들이 길에서 비켜나지 않았습니다. 택시 운전자가 경적을 울렸고 그제야 학생들이 길에서 비겨났습니다. 학생들이 왜 경적 소리를 듣고 길에서 비켜났을까요?

송 군   하하하, 신부님도 참! 그게 수수께끼입니까?

박 신부   예, 수수께끼입니다. 풀어 보세요.

송 군   말하나마나지요. 차에 치이지 않으려고 비켜났지요.

박 신부   그렇지 않습니다. 머리 양쪽에 귀가 붙어 있어서 비켜난 거지요.

송 군   하하하, 신부님! 명답입니다. 그 학생들이 귀머거리였다면, 분명 비키지 못했겠지요. 하하하…….

박 신부   뒤통수에 눈이 붙어 있다면 뒤에 오는 차를 보고 비켜나겠지만 눈이 앞에 있어 뒤가 보이지 않지요. 하지만 귀로 경적 소리를 들을 수 있기에 차가 오는 것을 안 거지요. 결국 이것이 의미하는 것은 눈으로 보지 않더라도 귀로도 무엇을 알 수 있다는 겁니다. 주부들은 국의 간을 맞추기 위해 한 숟가락 떠서 맛을 봅니다. 왜냐하면 짜고 싱거운 것은 눈으로도 귀로도 알 수 없기 때문입니다. 밥이 쉬었는지 안 쉬었는지도 마찬가지입니다. 이와 같이 눈으로 보지 않고도 귀, 코, 피부, 혀를 통해서 알 수 있는 것이 얼마든지 있습니다. 앞에서 말한 네 가지와 눈을 합쳐 총 다섯 가지 감각을 오관五官이라고 하는데, 인간은 이것을 통해 사물을 감지합니다.

송 군   오관이라……. 그건 동물에게도 있지 않습니까?

박 신부   그렇지요. 동물들이 냄새를 맡는 데는 사람보다 선수죠. 사실 인간은 감각에 있어서 동물보다 못한 점이 많습니다. 만일 인간이 이 오관뿐이라면 동물보다 나은 점이 하나도 없습니다. 사람이 사람답다는 것은 동물이 하지 못하는 사고를 통해 동물이 감각으로 알 수 없는 것을 아는 데 있습니다. 그런데 세상에는 감각을 통해서만 알 수 있는 것이 있고, 사고를 통해서만 알 수 있는 것이 있습니다. 예컨대 인공위성이 어떻게 생겼는지, 그것이 얼마나 큰지 알려면 그것을 보든지 이야기를 들어야 합니다. 생각으로 알 수 있는 것은 이런 것입니다. 예컨대 사냥을 하는 포수가 흙 위에 남겨진 발자국을 보고서, 비록 보지는 않았지만 생각으로 노루가 지나갔다는 것을 알고 발자국을 따라가 노루를 잡는 것과 같습니다. 하느님은 감각을 통해서는 알 수 없고 생각으로써만 알 수 있는 분입니다. 마치 흙 위의 발자국을 보고서 노루가 지나갔는지 토끼가 지나갔는지 똑똑히 알 수 있듯이 하느님이 만들어 놓은 이 우주의 자취를 보고서 하느님이 계심을 충분히 알 수 있습니다.

송 군 그런 설명은 처음 듣는군요.

박 신부 맑은 가을밤에 하늘을 바라보십시오. 무수히 많은 별들이 반짝이고 있습니다. 그것은 정녕코 하느님이 지나가신 발자국이 아닐까요? 산 위의 먹구름 같은 연기를 보고서 사람들은 산불이 났다고 아우성을 치지요. 비록 불이 보이지는 않지만 말입니다. 송군이 깊은 산속에서 금시계를 하나 주웠다고 생각해 보십시오. 그 시계를 보고 뭐라고 하겠습니까? 나는 이렇게 말하겠습니다. "야! 이 땅은 비옥한 땅이군. 여기서 시계가 자라나고 있으니! 이 흙을 집에다 옮겨 시계를 길러서 돈이나 벌어야겠다."

송 군 하하하, 신부님, 참 재미있습니다.

박 신부 이렇게 말하면 웃음거리밖에 되지 않을 것입니다. 누구든 분명 '누가 여기에다 시계를 떨어뜨리고 갔을까?'라고 생각할 것입니다. 그 시계를 보고서 누군가 시계를 가진 사람이 지나갔다는 것을 충분히 알 수 있잖아요. 시계 한 개도 하늘에서 저절로 떨어질 수 없고 땅에서 저절로 솟아날 수 없다면 이 우주가, 어떻게 만든 이 없이 저절로 있을 수 있겠습니까? 한 인류학자가 연구 자료를 찾기 위해 중동 지방으로 갔습니다. 거기서 원주민이 하느님을 공경하는 것을 보고 너무도 신기해서 물었지요. "하느님이 계시다는 것을 어떻게 알고 이런 예식 행위를 합니까?" 그랬더니 원주민이 이렇게 말했답니다. "모래 위에 박힌 발자국을 보고서 두 발 가진 짐승이 지나갔는지, 네 발 가진 짐승이 지나갔는지 알 수 있듯이 이 세상 만물을 보면 이것을 만든 창조주가 있다는 것을 알 수 있지요." 이 말을 듣고 그는 깜짝 놀랐다고 합니다. 하느님이 계시다는 것을 너무 어렵게 생각할 것 없습니다. 너무나 쉬운 문제입니다. 송 군에게 묻겠습니다. 이 책상은 누가 만들었을까요?

송 군 글쎄요, 누구라고 말할 수는 없지만 어떤 목수가 만들었겠지요.

박 신부 그 목수가 만드는 것을 보았습니까?

송 군 물론 보진 못했지만 이것을 보고서 이것을 만든 목수가 있다는 것을 알 수 있지요.

박 신부 그렇다면, 하늘의 해, 달, 별, 그리고 이 땅덩어리를 누가 만들었지요? 그리고 모든 동물, 식물, 바다의 물고기는 누가 만들었다고 생각합니까?

송 군	글쎄요, 신부님 말씀에 따르면 하느님이 만드신 것이 확실한데, 제가 알기로는, 이 지구가 태양에서 떨어져 나와 처음에는 불덩어리였는데 차츰 식어서 식물이 생기고 동물이 생겼고, 다음에 인류가 자연적으로 발생되었다고 하던데요?

박 신부	그렇다면, 창조주가 만드시지 않고 저절로 생겨났단 말씀이지요?

송 군	그렇습니다.

박 신부	이런 소리를 들으면 맥이 풀립니다. 이 세상에 저절로 되는 것은 하나도 없습니다. 흔히 사람들은 무엇이 그렇게 했는지를 모를 때 저절로 되었다고 말합니다. 바람이 불어 벽에 붙은 종잇조각이 떨어지는 것을 보지 못했기 때문에 저절로 떨어졌다고 하지요. 그러니 창조주가 이 우주를 창조하신 것을 보지도 못했고 창조주가 계시다는 말도 들어 보지 못한 사람들이 여기에 대해 전혀 모르니까 저절로 되었다고 말합니다. 송 군, 오늘 저녁에 무엇 하러 나를 찾아왔습니까?

송 군	신부님! 왜 그러십니까? 신부님께 종교에 대한 이야기를 들으러 왔지요.

박 신부	다음부터는 오실 필요가 없습니다.

송 군	신부님! 왜 그러세요?

박 신부	이렇게 큰 우주도 저절로 생겼으니, 송 군도 방 안에 가만히 누워 있으면 나에게 이야기를 듣지 않아두 종교에 대한 지식을 저절로 알 수 있을 텐데, 무엇 때문에 귀찮게 찾아옵니까?

송 군 하하하. 신부님, 제가 말을 잘못한 것 같습니다.

박 신부 그렇습니다. 세상에 저절로 되는 것은 없습니다. 농부들도 여름에 땀을 흘려야 가을에 결실을 거둘 수 있다는 것을 압니다. 아무런 수고도 하지 않고 가을에 수확을 거둘 수 있을 거라 생각하는 사람은 어리석은 사람입니다. 학생 때 열심히 공부한 사람만이 사회에서도 노력에 걸맞은 성과를 거둘 수 있지요. 이런 걸 잘 알면서도 이 세상을 만든 분이 있어야 이 세상이 생겨날 수 있다는 것에 대해서는 도대체 왜 생각을 못 하는 건지 이해할 수가 없습니다. 땅속에 씨를 뿌리고 그것이 흙 속에서 나오는 것을 보려고 기다리는 사람이라면 하느님이 있음을 믿어야 합니다.

송 군 맞는 말씀인 것 같습니다. 저 역시 그랬지만 여기에 대해선 사람들이 아예 생각을 하지 않지요. 단지 위급할 때만 하늘을 바라보고 하느님을 찾을 뿐입니다.

박 신부 사실입니다. 여름에 비가 오지 않아 곡식이 말라붙기 시작하면 면장, 군수까지 출동해서 기우제를 한다고 야단인데 도대체 누구에게 드리는 제사입니까? 정말 딱합니다. 비 하나 마음대로 오게 하지도 못하는 인간이 자기가 제일인 것처럼, 우주를 마음대로 움직일 수 있는 것처럼 덤비지만 사실 인간은 너무나도 미약하지요. 그래서 언젠가 한번은 하느님을 찾게 마련입니다. 내가 해군 군종 신부로 있을 때 가끔 군함에 들어가 보았는데, 그 시설이 굉장하더군요. 레이더 장치나 통신 시설을 보면 인간이 정말 위대하다는 것을 알 수가 있습니다.

송 군   인간은 지금 점점 그 위력을 드러내고 있는 것 같습니다.

박 신부   하지만 그와 같은 기막힌 시설로 완비된 배라 할지라도 파도 앞에서는 꼼짝을 못해요. 커다란 파도 앞에서 배가 나뭇잎처럼 흔들리는 것을 보면서 제아무리 대단한 인간도 대자연의 힘 앞에선 고개를 숙일 수밖에 없고, 우주의 권능을 가진 하느님 앞에서는 결국 한 개의 나뭇잎에 불과하다는 것을 절실히 느꼈습니다.

송 군   그래요! 그런데 신부님께서는 해군 출신이시군요?

박 신부   예, 전에 해군에서 근무했습니다. 그때 안 것인데, 오늘 같은 과학 만능 시대를 사는 군인들인데도 배의 후갑판을 신성시해서 배를 오르내릴 때마다 그곳을 향해 경례를 합니다. 올바로 절대자를 알지 못하기에 다만 배가 무사히 바다를 항해할 수 있도록 후갑판에다가 팔이 아프도록 경례를 하지요. 그 심정 충분히 이해합니다. 약한 인간이기에 무사한 항해를 바라는 뜻에서 미신을 찾는 거죠. 옛날부터 뱃사람들에게 미신이 많았던 것도 같은 이치입니다.

송 군   신부님의 말씀을 들으니 언젠가 태풍 '사라'가 왔던 때가 생각납니다. 그때 제가 부산 삼촌댁에 있었습니다. 바다를 마당처럼 바라볼 수 있는 집이었는데, 태풍이 불어오자 바닷물이 방 안에까지 밀려오고 급기야는 집을 온통 쓸어 가고 말았습니다.

박 신부   저런…….

송 군   그때 낮잠을 주무시던 삼촌은 밀어닥치는 바닷물에 정신을 잃고는 평소에 종교도 없던 분이 "아이고 하느님! 아이고 하느님……." 하고 온통 하느님만 찾으시더군요. 사람들이 어떤 큰 변을 당해서 인간의 힘으로 할 수 없을 때는 결국 하느님을 찾게 마련인 것 같습니다. 이것은 결국 인간이 본래부터 하느님을 찾게 되어 있는 존재임을 증명하는 것인지도 모르겠습니다. 정말 하느님을 모르는 사람들의 삶은 비참하고 언제나 불안하고 안정성이 없는 것 같습니다.

박 신부 사실입니다. 인간이 스스로 제일인 양 뻐기지만, 자연의 위대함 앞에서 인간의 무능력을 깨달을 때는 으레 하느님을 찾게 마련입니다. 많은 사람들이 하느님 혹은 종교에 대해서 아예 관심도 두지 않고 모든 것을 과학으로 해결하려고 하지요. 하지만 과학에는 분명 한계가 있습니다. 과학은 하느님이 만들어 놓은 자연법칙을 그대로 이용하는 것이지, 결코 새 질서를 만들지는 못합니다. 원자 폭탄, 수소 폭탄을 얘기하지만 그것도 물질 안에 있는 원자력을 그대로 이용하는 것뿐입니다. 과학이 아무리 발달해도 하루 24시간을 25시간이 되게 하지 못하고, 의학이 아무리 발달해도 죽은 사람을 다시 살리지는 못합니다. 과학은 생명 문제, 자연 질서 앞에서 고개를 숙여야 합니다. 과학이 하는 것은 자연의 연구일뿐, 자연을 만든 하느님을 현미경으로 보지는 못합니다. 그래서 과학이 하지 못하는 하느님을 알고 받들어 공경하는 것이 곧 종교란 것이지요. 그러니 신앙이란 것은 과학과는 구별되는 것이며 종교는 과학보다 더 높은 자리에 있는 것입니다.

송 군 신부님, 과학자들도 하느님을 인정합니까?

박 신부   물론이지요. 그들 역시 자연 현상을 연구할수록 자연의 신비를 보고 감탄합니다. 그래서 어찌할 수 없는 인간의 무능력을 깨닫고 하느님을 믿게 됩니다. 뉴턴도 가끔 하느님을 생각하면서 고개를 숙이고 그분을 흠숭했다고 합니다. 그리고 19세기, 20세기 과학자들의 신앙 통계를 보면 95퍼센트가 신앙심이 깊은 사람들이었다고 합니다. 빈 수레가 더 요란하다는 말처럼 사실 과학자도 아닌 사람들이 하느님은 없다고 떠들지요. 훌륭한 지식을 가진 과학자는 겸손하게 하느님의 존재를 인정하고 있습니다.

송 군   신부님의 말씀을 들으니까 하느님이 계시다는 것이 너무나도 분명한데, 어찌해서 많은 사람들이 여기에 대해서 그처럼 무관심할까요?

박 신부   왜 그토록 많은 사람들이 하느님을 모르고 사는지 궁금하지 않습니까? 근본적인 이유에 대해서는 다음에 말씀드리지요. 다만 하느님을 믿지 않는, 즉 종교를 갖지 않는 그들의 심리적 원인을 말한다면, 첫째로 매일 기계적으로 반복되는 생활 속에서 살기 때문에 하느님이나 종교에 대해서 너무 무관심하여 아예 생각지도 않으려 합니다. 그러다 보니 제대로 알지도 못하면서 종교에 대한 그릇된 선입견에 빠져 종교 이야기만 나오면 무시해 버리곤 합니다.

송 군   저도 그랬지만 사실 대부분의 사람들이 종교에 대해 너무 무관심해요.

박 신부   둘째로는, 하느님이 계시다는 소리를 듣긴 하지만 일부러 믿지 않으려고 합니다. 마치 죄를 지은 사람이 심판관을 무서워하듯이 하느님을 공경하게 되면 마음대로 하고 싶은 것을 하지 못하고, 제멋대로 살 수도 없을 뿐더러, 하느님 계명에 구속되어야 하니까요. 그러니 이것이 싫어서 하느님을 믿지 않습니다. 셋째로는, 인간을 제일로 내세우는 탓에 인간 위에 어떤 존재를 인정하게 되면 인간의 가치가 떨어진다고 생각해서 인간 위에 그 어떤 것도 두고 싶어 하지 않는 교만함 때문입니다. 사실 하느님을 믿지 않는 자들이 오랫동안 종교를 연구해서 '이런 이유로 하느님은 존재할 수 없다. 따라서 종교는 필요치 않다'는 식으로 어떤 확실한 근거를 갖고서 종교를 갖지 않는다면 모르겠지만, 이것도 아니고, 무조건 종교라고 하면 딴 세상의 일인 것처럼 돌리고 마니 정말 딱합니다.

송 군 신부님! 하느님은 어떤 분이신가요?

박 신부 점점 어려운 주제로 들어가게 되는데요, 이것을 잘 알기 위해선 철학과 신학을 공부해야 합니다. 다만 철학과 신학의 결론만을 추려서 말씀드린다면, 하느님은 만물을 만드신 창조주 혹은 제일 원인第一原因이십니다. 하느님은 모든 아름다운 선善을 간직하신 분입니다. 하느님은 모든 인간에게 상과 벌을 판가름할 마지막 최고의 윤리 심판관이십니다. 하느님은 장소의 제한을 받지 않고 모든 곳에 계시는 완전하고 전능하신 분입니다. 아시겠습니까?

송 군 대략 알겠습니다. 그런데 '제일 원인'이란 말은 무슨 말이지요?

박 신부 모든 사물은 그 원인을 갖고 있습니다. 쉽게 말씀드리면,

아들의 원인은 아버지, 아버지의 원인은 할아버지, 이런 식으로 올라가서 마지막으로 이 세상 모든 것을 만드신 원인을 찾을 수 있는데 이분이 곧 하느님이시란 말입니다. 하느님은 모든 만물을 만드신 최초 원인이시지요.

송 군 그럼 하느님은 누가 만들었나요?

박 신부 제일 원인이란 말을 못 알아들으셨군요. 예를 들어 보지요. 기차가 많은 객차를 달고 달립니다. 아무런 발동 장치도 없는 객차가 움직이는 것은 말할 것 없이 그 앞에 있는 객차에 끌려가고 있기 때문입니다. 그 앞의 객차 역시 그 앞의 것에 끌려서 움직입니다. 이렇게 자꾸 하나씩 올라가면 맨 앞의 객차는 기관차에 매여 끌려가고 있습니다. 송 군, 그러면 그 기관차는 어디에 매여 움직입니까?

송 군 그야 당연히 자기의 힘으로 움직이지요.

박 신부 맞습니다. 하느님은 누구에 의해서 만들어지지 않고 당신 힘으로 계시면서 모든 것을 만드신 최초 원인이십니다. 그래서 철학에서는 하느님을 자존자自存者라고 합니다.

송 군 아! 그렇군요.

박 신부 사실 무신론자들이 하느님을 부정하지만 거기에는 아무런 근거가 없습니다. 송 군! 하느님이 계시지 않다는 걸 증명할 수 있어요?

송 군 글쎄요. 증명하라시면 곤란한데요.

박 신부 그렇다니까요. 그들은 이유 없는 부정을 합니다. 그런데 송 군! 파스칼이란 사람 알지요?

송 군   예, 책에서 읽어 본 기억이 납니다.

박 신부   유명한 철학자이자 수학자, 물리학자이지요. 그이가 무신론자들을 보고 이런 말을 했습니다. "무신론자들은 너무 경솔히 믿는 사람들이다."

송 군   너무 경솔히 믿는다고요?

박 신부   이 말의 뜻은 이렇습니다. 그들이 신을 부정해 버리는데 이 부정에 근거가 없다는 말입니다. 말하자면 '존재 부정'의 이유 없이 그대로 믿어 버리기에 경솔히 믿는 자라는 것입니다. 우리는 충분한 이유를 갖고 하느님을 믿지만 그들은 시작부터 까닭 없이 신을 부정해 버린다는 거지요.

송 군   정말 그런 것 같습니다. 하느님을 믿지 않는 사람들이 하느님의 존재를 부정할 만한 이유가 있어서 그런 게 아니지요. 첫째로, 신부님 말씀대로 무관심하고…….

박 신부   그런데도 그들은 하느님을 믿는 우리를 가끔 비웃습니다. 하느님을 믿는 이유를 가지고 하느님을 공경하는 사람들과, 근거 없이 비웃어 버리는 사람들 중에서 누가 이치대로 사는 사람이겠습니까?

송 군   그거야 보지 않았으니 믿을 수 없다는 것이겠지요.

박 신부   그럼, 이순신 장군을 보지 않았다고 이순신 장군이 없다고 한다면, 이치에 맞나요?

송 군   그거야 다르지요. 이순신 장군이 있었다는 것은 그의 업적이 역사에 똑똑히 남아 있으니 부정할 수 없지요.

박 신부 하느님이 계시다는 것은 그분의 업적이 똑똑히 말해 주고 있지 않나요? 저기 태양, 지구, 가을, 하늘의 은하수, 아름다운 카나리아의 노랫소리, 아름다운 꽃동산……. 이건 누구의 업적인가요?

송 군 음…….

박 신부 자! 송 군, 한 가지 더 묻지요. 송 군의 5대조 할아버지를 보았습니까?

송 군 물론 못 보았습니다.

박 신부 못 보았으니 5대조 할아버지가 안 계신 거네요?

송 군 하하하, 신부님, 5대조 할아버지가 안 계시면 우리 할아버지, 아버지, 그리고 제가 어떻게 이 세상에 있을 수 있었겠습니까?

박 신부 맞습니다. 우리의 5대조 할아버지가 계신 것이 너무나 명백하듯이, 이 우주를 만든 창조주가 계시다는 것도 명백합니다. 눈으로 보아야 믿겠다는 사람은 어리석은 사람입니다! 이 세상에서 제일 먼 곳이 어딘 줄 압니까?

송 군 제일 먼 곳이요? 북극? 남극?

박 신부 아닙니다. 우리 머리 뒤통수입니다. 하하하.

송 군 하하하, 보이지 않아서요?

박 신부 만일 하느님이 우리 뒤통수에 계시다면 어떻게 하겠어요? 보이지 않을 테니 안 계시다고 하겠습니까?

송 군 거울 두 개만 있으면 충분히 볼 수 있습니다, 신부님! 하하하.

박 신부　　보십시오! 눈 바로 뒤에 붙어 있는 뒤통수도 보지 못하는 눈으로 하느님을 보겠다고요? 나이가 60세만 되어도 신문을 읽으려면 돋보기를 써야 하는데 그런 눈으로 하느님을 보겠다고요? 한심합니다. 거울을 통해서 뒤통수를 볼 수 있다고 했지요? 우리도 신앙의 거울을 통해서 하느님을 볼 수 있습니다. 송 군, 저기 하늘에 있는 태양을 5분 동안 쳐다볼 수 있겠어요?

송 군　　아이고! 눈이 아플 텐데 어떻게요?

박 신부　　보세요. 5분 동안 저 태양도 볼 수 없는 그런 눈으로 하느님을 보겠다고요? 송 군, 저기 남산 위에 전선주가 하나 보이지요?

송 군　　예, 보입니다.

박 신부　　그 전선주 꼭대기에 지금 개미 새끼 한 마리가 기어가다 나를 쳐다보고 두 다리를 싹싹 비비고 있는데, 보입니까?

송 군　　하하하하. 신부님은 보이세요?

박 신부　　그만큼 인간의 감각은 불완전하다는 것입니다.

송 군　　신부님, 그만하면 하느님이 계시다는 것은 잘 알겠고 눈으로 보아야 믿겠다는 말도 너무나 어리석은 것임을 알겠습니다. 그런데 궁금한 게 하나 있습니다.

박 신부　　뭔데요?

송 군　　아까 신부님께서도 많은 사람들이 하느님을 믿게 되면 하고 싶은 것을 하지 못하니까 믿지 않는다고 하셨는데, 사실입니다. 하느님을 믿게 되면 생활의 자유가 그만큼 박탈되고 제한을 받게 되는데 이런 것을 물리치고 하느님을 공경한 사람과 세상에서 자기가 하고 싶은 거 다하고 하느님을 공경하지 않은 사람과 나중에 가서 무슨 다른 점이 있습니까? 다른 점이 없다면 구태여 하느님을 공경할 필요가 없지 않을까요?

박신부 송 군, 계산이 빠르군요. 하하하.

송 군 사실 생각해 볼 문제 아닌가요?

박신부 사실입니다. 공경에 대한 대가가 없다면 구태여 공경할 필요가 없겠지요. 하느님이 계시지 않는다고 팽개치고 마음 내키는 대로 살 수도 있고, 하느님 계심을 알면서도 공경하지 않을 수도 있습니다. 그리고 우리처럼 모든 것을 버리고 열심히 하느님을 공경하는 사람도 있습니다. 하지만 하느님을 올바르게 공경했는가 안 했는가에 따라 그 결과의 차는 굉장히 클 것입니다. 그럼 지금부터는 이 문제에 대해서 이야기해 봅시다.

사람은 무엇 때문에 사는가?

박 신부 송 군, 사람은 도대체 무엇 때문에 살아야 합니까? 흔히 말하듯이 먹기 위해서 삽니까, 살기 위해서 먹습니까?

송 군 그야 살기 위해서 먹겠지요.

박 신부 그렇다면, 무엇 때문에 살아야 하나요? 사는 목적이 무엇입니까?

송 군 지금까지는 열심히 일해서 좀 더 높은 지위에 올라 경제적으로나 사회적으로 남부럽지 않게 사는 것이 꿈이었는데 오늘 신부님 말씀을 들어 보니 신앙생활에도 더 많은 관심을 가져야겠다는 생각이 드는군요.

박 신부 세상에 있는 모든 것은 목적을 가지고 있습니다. 연필이면 연필, 책상이면 책상, 존재하는 모든 것은 그 이유가 있다는 것입니다. 존재하는 모든 것은 왜 있는가에 대한 답이 반드시 있습니다. 사람도 세상에 사는 목적이 분명히 있습니다. 목적 없이 세상을 산다면 그는 마치 어디를 가는지도 모르고 차를 잡아 탄 사람과 같습니다. 그런데 문제는 한 물건에도 여러 가지 목적이 있을 수 있는데, 그중에 최종 목적이 무엇인가 하는 것입니다. 전장에서 군인들이 바쁠 때는 철모에 밥을 담아 먹기도 하지요. 철모는 밥을 담아 먹기 위한 것이 아니고 총탄을 막는 것이 그 첫째 목적이 아니겠습니까? 하지만 때로는 세숫대야도 되고 물통도 될 수 있는데 이것은 제2, 제3의 목적입니다. 가장 중요한 것은 그 물건의 첫째 목적이지요. 인간에게 있어서도 제일 첫째 목적이 무엇인지가 중요합니다.

송 군   그렇다면 신부님은 인간의 첫째 목적이 무엇이라고 생각하십니까?

박 신부   그전에 먼저, 송 군! 모든 사물의 목적이 어떻게 결정됩니까?

송 군   글쎄요…….

박 신부   어렵게 생각할 것 없습니다. 방금 말한 철모의 첫째 목적이 무엇이었는지 생각해 보십시오.

송 군   군인들이 전장에 나갔을 때 총탄으로부터 머리를 보호하기 위해서지요.

박 신부   맞습니다. 만들 때 무엇에 쓰기 위해서 만드는가에 따라 물건의 목적이 결정됩니다. 뭔가를 쓰기 위해서 만든 것이 연필이 되었고 하늘을 날기 위해서 만든 것이 비행기가 되었습니다. 하늘을 나는 것이 비행기의 첫째 목적입니다. 이것은 그것을 만든 사람이 그런 목적을 가지고 만들었기 때문입니다. 그럼 송 군! 생각해 보십시오. 인간을 창조하신 창조주께서 무엇 때문에 인간을 창조하셨겠습니까? 무엇에 쓰기 위해서, 무슨 목적으로, 무슨 뜻에서 인간을 창조하셨을까요? 중대한 문제입니다. 이것이 말하자면 인간의 마지막 목적이란 것입니다.

송 군   신부님! 뭘 그렇게 복잡하게 생각하십니까? 나름대로 적당히 잘 살면 되는 거 아닌가요?

박 신부   하하, 많은 사람들이 그렇게 생각해 버리고 마니 정말 기가 막힙니다. 하루는 시골 할머니에게 "할머님은 무엇 때문에 사십니까?"라고 물었더니 이렇게 대답하시더군요. "사람 사는 게 별 거 있습니까? 그저 아들이나 많이 낳아서 공부시켜 한 명은 면장을 하게 하고, 한 명은 순경을 하게 하고……. 내가 술과 담배를 좋아합니다. 그러니 아들들한테 술장수 담배 장수 시켜서 잘 먹고 잘 살다가 죽으면 그만이지, 뭐 다른 것을 또 바라겠소."

그리고 한번은 잘 아는 대학생에게 물었지요. "자네는 인생 최대의 목적이 무엇이라고 생각하나?"라고 했더니, "고시에 합격해서 출세를 하고 언젠가 이 나라의 위대한 정치인이 되는 것이 저의 최대 이상입니다."라고 대답하더군요. 또 한번은 해군 사관생도에게 물었더니 "해군에서 모든 노력과 희생을 바쳐 나중에 양어깨에 별을 달고 한국 해군의 최고 지휘관이 되고 싶습니다."라고 답했습니다.

송 군   그래서요? 그 말들이 옳지 않단 말입니까?

박 신부   얼마 전에 어느 잡지에서 옥스퍼드 대학생의 인터뷰 기사를 읽었습니다. 한 신사와 그 학생 사이에 오고 간 대화입니다.

"자네는 세상에 사는 목적이 뭔가?"

"저는 이 학교를 졸업한 후 영국에서 크게 이름을 떨쳐 볼까 합니다."

"이름을 떨쳐서 무엇을 할 건가?"

"좋은 아내를 얻을 생각입니다."

"좋은 아내를 얻어서 무얼 할 건가?"

"훌륭한 자식을 낳아야지요."

"훌륭한 자식을 낳아서 무얼 할 건가?"

"제가 다니는 이곳 옥스퍼드에 보내야지요."

송 군 하하하, 결국 인생이란 빙빙 도는 것이군요.

박 신부 다람쥐 쳇바퀴 돌 듯 뚜렷한 목적이 없습니다. 그런데 여기서 한 가지 생각할 것이 있습니다. 사람은 누구나 같습니다. 모두가 한 영혼과 한 육신을 갖고 있는 같은 사람이라면, 사람이 사는 첫째 목적도 같은 것 하나뿐이어야 할 텐데, 어찌해서 사람마다 그 목적이 다르냐 하는 것입니다. 비행기가 그 모양이 잠자리같이 생겼든지 제비같이 생겼든지 공중을 난다는 그 첫째 목적은 같습니다. 사람도 코가 높든 머리카락이 노랗든 검든 간에 사람이면 누구나 알아야 하고 그것을 목적으로 해서 살아야 하는 마지막 목적은 한 가지만 있을 뿐입니다. 그 외에 다른 것은 제2, 제3의 목적인 것입니다. 마치 비행기의 첫째 목적이 공중을 나는 것이지만 용도에 따라서 여행자를 태우는 여객기가 되거나 전투기가 되는 것과 같습니다. 여객기니, 전투기니 하는 것은 비행기의 둘째, 셋째 목적이지요. 날지 못한다면 전투기도 여객기도 될 수 없는 것입니다. 이와 같이 인간도 첫째 목적을 알지 못한다면 영웅호걸이 되고 세상의 황금을 한 손에 쥐있다 힐지리도 아무런 소용이 없는 것입니다.

송 군 그러고 보니 정말 중요한 문제인 것 같습니다.

박 신부   정말입니다. 아까 말씀드린 대로 사물의 목적은 그 사물이 스스로 결정지을 수 없고 그것을 만든 사람이 무엇 때문에 만들었는가에 따라 결정되는 것입니다. 사람이 글을 쓰기 위해 만든 것이 연필이라고 했지요. 연필 스스로가 연필이 되고 싶어서 된 것이 결코 아닙니다. 그것은 될 수 없는 일입니다. 인간도 자기 마음대로 자기의 목적을 결정지을 수 없습니다. 왜냐하면 자기 자신을 만들지 못했으니까요. 송 군은 지금부터 백 년 전에, 즉 아직 세상에 나기 전에 사람이 되고 싶어서 이 세상에 태어났습니까?

송 군   신부님, 무슨 말씀입니까? 누군들 사람이 되고 싶다는 생각을 갖고 사람이 되었겠습니까? 자기 뜻과는 무관하게 자기 부모님으로부터 나서 세상에 살게 되었으니 어떻게 살아야 할 것인가를 생각하는 것이겠지요.

박 신부   그렇습니다. 사람은 누구나 자기 생명을 자기가 만들지 않았습니다. 이것은 자기 아닌 다른 어떤 분이 자기에게 생명을 주었다는 말입니다. 처음으로 우리에게 생명을 주신 분은 모든 것을 창조하신 하느님이십니다. 따라서 하느님이 왜 인간을 창조하셨을까, 여기에 대한 올바른 답이 곧 인간이 사는 이유이자 살아가는 목적입니다. 그것은 바로 "누구든지 인간을 창조해 준 하느님을 알아 그분을 공경하라. 그러면 인간이 바라고 바라던 무한한 행복을 얻으리라."라는 것입니다. 그러니까, 인간이 세상에 사는 첫째 목적은 하느님을 알아서 받드는 데 있습니다. 이것은 인간이면 누구든지 실천해야 할 문제입니다. 창조주는 우리에게 이러한 운명을 지어 주시면서 이 세상에 내어 보내신 것입니다. 이것은 싫든 좋든 우리에게 맡겨진 운명이요, 우리가 마땅히 달성해야 하는 인생의 궁극적 목적인 것입니다.

송 군 그런데 만일 사람이 그런 목적을 모르고 살았다면 어떻게 합니까?

박 신부 문제는 바로 이것입니다. 그것을 몰랐으니 괜찮다고 말할 수는 없습니다. 우리는 생각하는 사람이니까 삶의 뜻을 찾아내야 하지요. 《천주교 요리문답》이라는 가톨릭 교리서에는, "사람이 무엇을 위하여 세상에 났는가?", "사람이 하느님을 알아 공경하고 자기 영혼을 구하기 위하여 세상에 났느니라."라고 가르칩니다. 가톨릭 신자들은 초등학생만 되어도 이러한 인생의 마지막 목적을 알고, 이것에 의해서 살아갑니다. 철학자들이 인생 문제를 둘러싸고 죽을 때까지 해결하지 못한 이 문제를 가톨릭 신자들은 이미 어린아이 때부터 다 알고 있습니다. 지능이 발달하기 시작하는 어린아이 때부터 인생의 궁극적 목적이 무엇인가를 분명히 알고 산다는 것은 얼마나 행복한 일이겠습니까? 우리는 이 목적을 달성하는 과정에서 이렇게도 살 수 있고 저렇게도 살 수 있습니다. 말하자면, 공중을 날 수 있다는 조건하에 비행기가 여객기, 수송기, 전투기가 될 수 있듯이 우리도 하느님을 공경한다는 조건하에서 이것을 위한 방법으로서 회사 사장이 될 수도 있고 정치가가 될 수도 있고, 무용기니 버스 기사기 될 수도 있습니다. 그러므로 인간이 그 직업은 서로 다르다 할지라도 '하느님 공경'이란 최대의 목적은 똑같은 것입니다. 이렇게 같은 목적을 가진 인간이기에 '인간 평등'이란 슬로건이 나오게 된 것입니다. 같은 목적이 없다면 어떻게 인간 평등이 나올 수 있겠어요? 생각해 보십시오. 고급 차를 타고 다니는 부자와 지게꾼 신세를 면치 못해 판잣집에 사는 빈자를 어떻게 동등하다고 할 수 있겠습니까? 각자의 사회적 지위를 생각하지 않고 인간 평등을 부르짖는 근본 동기는 모든 인간이 하느님을 공경해서 영원한 행복을 얻는다는 마지막 목적이 같다는 데 있습니다. 이 목적을 달성하기 위한 방법이 다를 뿐입니다. 그렇지 않고 돈을 모으고 권력을 잡는 것, 그 자체가 인간 최대의 목적이요 인간 최대의 행복이라면 대부분의 사람이 이런 것을 누리지 못하고 몇몇 사람들만 부와 권력을 누리게 될 텐데, 그러고서도 인간이 평등하다고 할 수야 없지 않겠습니까? 이와 같은 인생의 근본 목적과 가치를 모르고 인간 평등 운운하는 것은 그 자체가 모순이 아닐 수 없습니다.

송 군   그런데 신부님! 사람이 하느님을 공경하는 것이 최대의 목적이란 것은 알아듣겠는데 한 가지, 즉 "하느님을 알아 공경하고 자기 영혼을 구하기 위하여"란 말이 있는데 "영혼을 구한다." 혹은 "인간이 구원되어야 한다."는 말은 이해가 잘 안 됩니다.

박 신부   그렇습니까? 인간 구원은 예수 그리스도와 떨어질 수 없는 문제인데 지금 당장 예수 그리스도에 대해 말하게 되면 너무 앞질러 가는 게 돼서 이해가 잘 되지 않을 것입니다. 그러니까 자세한 점은 그리스도에 대해 말할 때 언급하기로 하고, 오늘은 간단히 근본적인 문제만 설명해 드리지요. 아까도 말했지만, "인간이 자기 마음대로 인생의 목적을 결정해서 살면 되지 무엇 때문에 종교를 찾는가?"라고 많은 사람들이 이렇게 생각합니다.

송 군   저 역시 그런 생각이 드는데요.

박 신부   그렇겠지요. 하지만 인간은 다행인지 불행인지 무엇을 아는 능력을 가졌고, 자기가 아는 것을 행동으로 옮길 수도, 옮기지 않을 수도 있는 자유도 가지고 있습니다. 자연물은 자연 법칙에 의해서 움직이고 목적을 달성합니다. 물은 중력에 의해서 높은 데서 낮은 곳으로 흐릅니다. 동물은 자기의 본능에 의해서 새끼를 낳고 먹이고 살아갑니다. 그런데 인간은 자연 법칙대로 움직이지도 않고 본능대로 움직이는 것도 아닙니다. 인간은 자기 생각대로 행동할 수 있는 자유가 있습니다. 인간에게 자유가 있기 때문에 인간은 자기 행동에 대해서 또한 책임을 져야 합니다. 즉 동물 사회에서는 볼 수 없는 상벌 제도가 인간 사회에는 있습니다. 잘하면 잘한 대로 잘못하면 잘못한 대로 책임을 져야 하는 것이 인간입니다. 따라서 인간은 하느님을 공경하거나 하지 않을 수 있는 자유가 있습니다. 하느님 공경이 인간 최대의 목적이란 말을 아무리 듣는다 할지라도 하느님을 공경하지 않을 수 있단 말이지요. 많은 사람들이 종교 이야기만 나오면 외면해 버립니다. 하지만 여기에 대해선 언젠가 책임을 져야 합니다. 반드시 책임 추궁을 당할 것입니다. 회사에서 송 군에게 어떤 명령을 내렸다고 합시다. 어떤 이는 잘 복종했고 어떤 이는 자기 멋대로 고집을 부리느라고 복종하지 않았다면 어떻게 되겠습니까?

송 군 　물어보나 마나지요. 당장에 밥줄이 끊어지겠죠…….

박신부 　물론입니다. 막말로 모가지가 달아나지요. 하느님 공경은 우리의 가장 큰 의무이자, 우리에게 내려진 지상 명령입니다. 여기에 복종하면 그에 걸맞은 상이 따르겠지만, 불복하면 그에 해당하는 벌이 따를 것입니다. 하느님 공경은 세상 어느 명령보다 큰 것이기 때문에 여기에 따르는 상과 벌도 큰 것입니다. 하느님 공경을 올바로 해서 상을 받는 그 상태를 우리는 '천국'이라 하고, 자기 자유를 남용하여 하느님 공경을 하지 않아 인간으로서 할 일을 못했을 경우 여기에 따르는 벌을 받는 상태를 우리는 '지옥'이라고 합니다. 정의가 살고 또 정의가 마지막으로 승리하기 위해선 천국과 지옥이 마땅히 있어야 합니다. 국민이 국가의 법을 지키든지 지키지 않든지 둘 중 하나이지, 이것도 저것도 아닌 것은 없습니다. 우리에게도 천국이면 천국, 지옥이면 지옥, 상이나 벌 둘 중 하나입니다. 세상 사람들은 천국이나 지옥에 대해 말하면 "천국에 누가 가 보았나? 지옥에 누가 가 보기라도 했나?" 하고 비웃고 말지만 천국과 지옥이 없다면 없다는 논거를 제시해야 하지 않겠습니까? 인간이 먼저 인간이 된 도리로 하느님을 공경해서 천국을 얻는 것을 우리는 "영혼을 구한다." 혹은 "구원된다."고 합니다.

송 군 　그러면 하느님을 공경하지 않은 사람은 모두 벌을 받아 지옥으로 간단 말씀인가요?

박신부 　너무나 무서운 저주의 말 같고, 또 단죄하는 것 같아서 딱 잘라 말하기는 곤란합니다. 다만 내 말을 듣고 송 군이 결론지

으십시오. 인간이 하느님을 공경해야 하는 것이 인간 최대의 목적이란 것을 지금까지 말했습니다. 그러니까 만일 인간이 하느님을 공경치 않았다면 그는 확실히 인간의 할 일을 다 못한 것이지요. 인간으로서 해야 할 일을 하지 못했다면 그 결과는 어떻게 되겠습니까?

송 군   글쎄요…….

박신부   만일 군인이 전장에서 싸우지 않고 낮잠을 자 버렸다면 어떻게 될까요?

송 군   적군에게 포로가 되지 않았으면 총에 맞아 죽었을 테고, 군인만 믿고 있던 시민들은 모두 죽음을 당했을 것입니다.

박신부   맞습니다. 비행기는 공중을 나는 것이 그 첫째 목적입니다. 비행기를 공중에 날리지 않고 바다 위에 띄운다면 어떻게 되겠습니까?

송 군   그대로 물속으로 고스란히 가라앉겠죠.

박신부   그렇다면, 하느님을 공경하도록 되어 있는 인간이 하느님을 공경하지 않았다면요?

송 군   음…….

박신부   그럼 한 가지 더요. 성질이 몹시 급한 농부가 있었어요. 땅을 파기 위해 괭이를 찾다가 찾지 못하니까 급한 성질에 아버지 생신 때 드리겠다고 사 둔 술병을 들고 나가서 땅을 팠습니다. 어떻게 되겠습니까?

송 군   원, 그 사람 성질도 대단하군요. 맛 좋은 술을 말입니다.

박신부   병이 깨졌다면 어찌해서 그렇게 된 것입니까?

송 군   성질이 너무 급하기도 했지만, 어리석게도, 삽이나 괭이로 땅을 파지 않고 엉뚱한 짓을 했기 때문이지요.

박신부   병은 땅을 파는 도구가 아닙니다. 그다음 깨진 유리병은 무엇에 쓸 수 있지요?

송 군   어디에 쓰긴요? 아무 데도 쓰지 못하죠.

박신부   그러면 그것을 어떻게 처분합니까?

송 군   유리 조각들은 결국 쓰레기통으로 들어가겠죠.

박신부   그렇다면 인간이 하느님 공경이란 최대의 본분을 다하지 못했다면 그 결과는 어떻게 되겠습니까?

송 군   유리병처럼 깨지고 말까요? 하하하.

박신부   웃을 일이 아닙니다. 인간도 유리병처럼 깨지는 결과가 나올 수밖에 없습니다. 그다음 깨진 인간을 어떻게 처분해야 할까요?

송 군   인간 쓰레기통으로요?

박신부   술병이 술상에 오르지 못하고 괭이 노릇을 했으니 깨졌고, 공중에 떠야 할 비행기가 물위에 떴으니 물속으로 빠져 버렸고……. 하느님을 공경해야 할 인간이 코웃음치고 비웃기만 하다가 비참한 꼴을 당하는 것은 너무나 당연합니다. 너무 지루하게 말씀드린 것 같은데, 간단히 결론 내리면 인간이 이 세상에 왜 살아야 하는지를 깊이 생각해서 결국 하느님을 공경치 않는다면 삶의 의미를 찾을 수 없다는 것입니다. 하느님을 공경하게 되면 물론 생활의 자유가 적고 귀찮은 일이 많겠지만, 이것을 희생하는 것이 가치 있는 삶이기 때문에, 여기에는 맞갖은 보상이 따라온다는 것입니다.

송 군 정말 신앙이 없는 사람들의 생활이란 일정한 기반과 안정이 없는 것 같습니다. 저 역시 하루하루 살지만 삶의 보람을 느끼지 못하고 죽지 못해 사는 것 같은 때가 많습니다.

박 신부 사실입니다. 사람들이 왜 이다지도 완고한지 모르겠어요. 사람이 어디서 어떻게 출발했으며, 지금 우리가 가야 하는 목적지는 어디인가, 인간은 죽어야 하는데 왜 죽어야 하는가, 죽은 다음에는 과연 어떻게 될 것인가 하는 인생의 근본 문제를 먼저 해결해 놓고 살아야 하지 않겠습니까? 사람들은 눈앞에 있는 것에 대해서는 매우 현명합니다. 어떻게 하면 돈벌이가 잘 되고, 어떻게 하면 출세를 할 수 있다든지 하는 일에는 참 똑똑합니다. 서울 사는 친구의 집을 찾으려면 어디서 어떤 차를 타야하고, 어떤 길로 가야 하는지 미리 알고 가는데, 왜 '인생 여행'을 하는 것에는 왜 이리도 둔한지요. 내가 어디서 왔고, 어떻게, 또 어디로 가야하는지, 누가 나에게 삶의 갈 길을 가르쳐 주는가에 대한 문제를 해결하지 않고는 나는 하루도, 아니 한 시간도 살 수 없을 것 같아요.

송 군 신부님! 좋은 말씀 많이 들었습니다. 저도 인생 문제에 대해서 다시금 생각해 보겠습니다. 그런데 또 의문이 있어요. "인간 영혼을 구한다."라는 말이 있는데, 영혼에 대해서 똑똑히 알고 싶습니다.

박 신부   많은 사람들이 하느님을 모르듯이, 많은 사람들이 영혼을 모르고 있습니다. 그래서 이렇게 말합니다. "사람이 이렇게 저렇게 살다가 죽으면 그만이지 또 무슨 영혼이 있단 말인가? 죽은 다음에 천국이나 지옥이 있다 한들 무슨 소용이란 말인가? 이 세상에서나 좀 잘살아 보자꾸나." 하지만 영혼을 모른다는 것은 정말 인간이 무엇인지를 모르는 것이나 다름없습니다. 인간은 어항 속에 있는 금붕어가 아닙니다. 두 다리 두 팔만 가진 동물도 아닙니다. 인간이라면 무엇보다 먼저 인간이 무엇인가를 알아야 합니다. 인간에게는 영혼이 있습니다. 영혼이 있는지 어떻게 아는가, 영혼은 인간에게 있어 어떤 역할을 하는가, 영혼은 한마디로 어떤 물건인가 하는 것이 다음에 따라오는 문제인데, 이것은 내일 다시 말씀드리기로 하고 오늘은 이만하지요.

송 군   신부님! 감사합니다. 내일 저녁 또다시 신부님을 괴롭히겠습니다. 안녕히 계십시오.

박 신부   예! 좋습니다. 안녕히 가십시오.

영혼이 정말 있는가?

송 군   신부님! 죄송합니다. 약속을 어기고 이렇게 늦게 찾아뵙게 되었습니다. 사실은 휴가를 얻어 고향에 다녀왔습니다.

박 신부   고향에서 재미있었습니까?

송 군   그럼요. 고향에 있으면서 성당도 몇 번 가 보았습니다.

박 신부   그래요? 반가운 일입니다.

송 군   신부님! 지난번에 들은 이야기를 계속해서 듣고 싶습니다.

박 신부   송 군, 혹시 고향에서 제사 지내는 것을 본 적 있습니까?

송 군   그럼요. 저도 제사상 앞에서 절을 많이 했는걸요.

박 신부   그래요? 그럼 그 절은 누구에게 한 것입니까?

송 군   글쎄요. 시골 어른들 말씀으로는, 돌아가신 할아버지의 혼이 제사 때면 오신답니다. 그래서 그 앞에 진수성찬을 차려 놓고 절을 하는 것이라는데요?

박 신부   그런데 송 군은 그것을 어떻게 생각하나요? 우선, 사람이 죽어도 죽지 않는 '혼'이란 것이 있다고 생각합니까?

송 군   사실 의문이 많지요. 많은 사람들이 혼이 있다고 말하는데……. 그런데 신부님은 어떻게 생각하십니까?

박 신부   물론 혼은 있습니다.

송 군   정말인가요? 신부님, 그렇다면 좀 더 알기 쉽게 설명해 주시겠습니까?

박 신부   인간에게 혼이 없다고 하는 사람은 인간의 가치를 스스로 떨어뜨리는 사람입니다. 인간이 식물과 다르고 동물과 다른 점이 무엇이겠습니까?

송 군   그야 물론 식물, 동물이 하지 못하는 생각이나 말을 할 수 있다는 것이겠지요.

박 신부   맞습니다. 그런데 무엇이 있기에 생각을 할 수 있는 걸까요?

송 군   사람은 본래부터 생각하도록 되어 있어서 그런 것 아닐까요?

박 신부   옛날 옛적 깊은 산속에 남편을 여읜 어떤 가난한 부인이 혼자 살고 있었습니다. 이 여인은 너무나 외로워서 밤마다 냉수 한 그릇을 떠놓고 산신령님께 빌었습니다. "제가 무슨 죄를 지어 이런 꼴이 되었는지, 신령님! 신령님! 제발 저에게 귀여운 아들 하나만 주십시오! 그러면 신령님께 더 많은 정성을 바치겠습니다." 이렇게 3년을 빌었지만 아들은커녕 강아지 한 마리도 얻지 못했습니다. 여인은 다시 빌었습니다. "신령님! 신령님! 아들이 안 되면 산삼 한 뿌리라도 주십시오!" 한 해를 빌었더니 어느 날 밤 신령이 나타나서, "그래! 네 정성이 놀랍구나! 자! 산삼 한 뿌리를 줄 테니, 내일 아침부터 3년 묵은 부지깽이를 돌담 밑에 꽂아 놓고, 아침에 한 번 저녁에 한 번 물을 주거라." 하고는 사라졌습니다. 이 부인은 하루도 빠뜨리지 않고 3년 동안 물을 주었습니다. 그랬더니 그 부지깽이에서 파릇파릇한 새싹이 돋고 잎이 나고 꽃이 피더니 자그마치 사이다 병만 한 산삼이 되지 않았겠어요. 여인은 기뻐하며 그것을 임금님께 바쳤습니다. 이것을 받은 임금님은 그 여인에게 곡식과 상금 천 냥을 주어 잘살게 했답니다.

송 군   재미있군요.

박 신부   송 군도 나중에 한번 해 보세요.

송 군   하하하, 신부님! 저에게 돈벌이하는 법을 가르쳐 주시는군요. 감사합니다. 하하하.

박 신부   사실 웃음거리밖에 되지 않습니다. 3년 묵은 부지깽이에서 잎이 나고 꽃이 피다니, 어림도 없는 소리입니다. 말라빠진 막대기에서 새순이 돋을 수는 없습니다. 왜 그럴까요?

송 군   그거야 나무가 죽었으니 그렇죠.

박 신부   그렇다면, 죽은 나무와 산 나무가 어떻게 다릅니까?

송 군   글쎄요. 죽은 것은 죽은 것이고, 산 것은 산 것인데…….

박 신부   살아 있는 식물에는 싹을 틔게 하고 꽃을 피게 하는 생명이 있습니다. 식물은 살 수 있는 생명의 원리를 가지고 있습니다. 이것은 물론 눈으로 볼 수 없는 것인데, 철학자들은 이것을 '생혼生魂'이라고 합니다. 생각해 보십시오. 겨울철에 잎이 다 떨어지고 마치 죽은 것처럼 앙상하게 서 있던 저기 저 벚나무들이 봄이 오면 그 가지에 아름다운 꽃을 피웁니다. 그 벚나무에는 눈에 보이지 않는 생명의 원리, 즉 '생혼'이 있기 때문입니다. 그런데 저기 우뚝 솟은 벽돌 굴뚝이나 3년 묵은 부지깽이를 보십시오. 그것은 3년이 가도, 100년이 가도 풀 한 포기, 꽃 한 송이 피우지 못합니다. 왜냐하면, 거기에는 생혼이 없기 때문입니다.

송 군 생혼! 생혼! 알겠습니다.

박신부 다음, 식물과 동물은 어떻게 다릅니까?

송 군 식물은 동물처럼 움직이지 못하고 또 감각 기능이 없는 점이 다르지 않겠습니까?

박신부 그렇지요. 그런데, 동물에게 있는 감각 능력도 마치 식물에게 생명을 주는 생혼처럼 감각의 한 원리입니다. 이것을 '각혼覺魂'이라고 합니다.

송 군 그렇다면, 동물은 생명도 있고 감각 능력도 있으니까 생혼과 각혼 두 개가 있는 것이군요?

박신부 아닙니다. 동물에게는 각혼 하나뿐인데 이것은 동시에 생혼의 기능을 가지고 있습니다.

송 군 그렇군요.

박신부 그러면 동물과 사람이 다른 점은 무엇입니까?

송 군 많겠지요. 사람은 생각도 하고 말도 하고…….

박신부 그렇습니다. 동물은 사람처럼 생각을 못합니다. 하지만 우리가 볼 때 가끔 묘한 생각을 갖고 행동하는 것처럼 보이는데 그것은 본능에 의해서 하는 것입니다. 동물은 본능으로 살고, 사람은 생각하면서 산다는 것이 근본적으로 다릅니다. 동물은 말도 하지 못합니다. 동물에게는 과학도 종교도 없습니다. 그러니까 동물은 발전도 퇴보도 없습니다. 미국의 까치집과 한국의 까치집이 다를까요? 18세기 까치집과 20세기 까치집이 다를까요?

송 군 그럴 리야 없겠죠!

박 신부 인간이 무엇을 생각해서 판단하는 것은 곧 영혼의 기능입니다. 영혼은 볼 수 없는 것이고, 볼 수 없는 기능을 가지고 있습니다. 예컨대, 사람은 사랑이 무엇인지 자유가 무엇인지 이것을 보지는 못해도 알고는 있습니다. 송 군! 결혼했나요?

송 군 아직 미혼입니다. 하지만 결혼 상대는 있습니다.

박 신부 그럼 송 군은 그분을 사랑하겠지요?

송 군 그럼요.

박 신부 그렇다면, 송 군이 여자 친구에게 주는 그 사랑의 빛깔은 어떤 색인가요?

송 군 네?

박 신부 그럼 그 모양은? 그 사랑이 세모꼴이에요, 네모꼴이에요?

송 군 글쎄요…….

박 신부 그렇다면 송 군의 사랑은 무게가 얼마나 되나요?

송 군 하하하, 신부님! 사랑에 무슨 빛깔이 있고 모양이 있고 무게가 있을 수 있겠습니까?

박 신부 그럼, 사랑하는지 어떻게 알아요?

송 군 사랑이란 눈에 보이지 않지요. 다만 사랑하는 마음이 바깥 행동으로 드러날 뿐입니다. 사랑하는 두 남녀가 포옹한다든지, 또는 선물을 교환하는 등의 외적 표시로 보이지 않는 사랑이 드러날 뿐입니다.

박 신부 맞습니다. 인간의 영혼도 볼 수 없습니다. 왜냐하면, 물질이 아니기에 무게도 빛깔도 없기 때문입니다. 하지만 인간이 눈에 보이지 않는 생각을 한다는 것을 보면 인간에게는 이것을 할 만한 물질 아닌 정신적 능력이 있다는 것을 충분히 알 수 있습니다. 이것이 영혼입니다. 그리고 송 군이 말한 것처럼 사랑이 눈에는 보이지 않지만 거기서 표현되는 외적 행동으로 사랑이 있다는 것을 알 수 있습니다. 인간 역시 동물에게는 없는 사고 능력, 즉 비행기와 인공위성을 만들고 친구를 사귀는 등의 행동으로 보아 영혼이 있다는 것을 알 수 있습니다.

송 군 과학에 의하면 인간이 동물보다 우수한 까닭은 대뇌에 있다고 하는데 만약 사고로 머리를 다쳐 정상적인 사고 활동을 할 수 없다면 그 영혼도 부상을 당했다고 봐야 하나요?

박 신부 물론 대뇌의 작용을 인정합니다. 하지만 대뇌만으로 온전한 인간이 되는 것은 아닙니다. 대뇌 크기만 따지면 동물 중에는 사람 대뇌보다 훨씬 더 큰 것이 얼마든지 있지요.

송 군 몸 전체와 대뇌와의 비율을 따져야겠죠.

박 신부 사람의 몸무게는 대뇌 무게의 40배이고 흰쥐는 25배, 참새는 38배라고 하니, 비율로 본다면 흰쥐, 참새가 사람보다 더 우수한 동물이어야 할 텐데 그렇지 못합니다.

송 군 그러면 인간에게서 뇌를 제거해도 인간이 무엇을 생각할 수 있단 말씀입니까?

박 신 부 대뇌 작용을 인정하되, 이것만으로는 온전한 인간이 될 수 없다는 것입니다. 이것을 움직여 주는 영혼이 있기 때문입니다.

송 군 그렇다면, 영혼과 대뇌와의 관계는 어떻습니까?

박 신 부 영혼과 대뇌의 관계는 마치 운전자와 자동차의 관계와 같습니다. 자동차가 움직이려면 먼저 기계적으로 완성된 차가 있어야 하고, 이것을 운전하는 운전자가 있어야 하듯이 서로 다른 방향을 향해 있는 머리와 다리를 가진 인간의 몸뚱이가 움직이는 것은 그 안에서 영혼이 그것을 운전하기 때문입니다. 그러니까 사람의 뇌는 자동차의 엔진과 같습니다. 엔진에 고장이 없어야 차가 움직일 수 있듯이 뇌에 고장이 없어야 인간이 말도 하고 생각도 할 수 있습니다. 운전자가 아무리 기술이 좋다 할지라도 자동차가 고장이 나면 그 차는 움직이지 못합니다. 마찬가지로 영혼이 생생하게 살아 있어도 머리에 부상을 입어 뇌가 손상되면 제대로 생각을 못하게 되니까 정신 이상이 됩니다. 뇌수술 또한 영혼을 수술하는 것이 아니라 기계를 수리하는 것이지요.

송 군 자동차와 운전자처럼 인간도 영혼과 뇌가 서로 떨어질 수 있습니까?

박 신 부 그렇지요. 자동차가 아무리 좋은 것이라도 운전자가 운전을 하지 않는다면 그 차는 영원히 움직이지 못할 것입니다. 이와 같이 인간 육체의 운전자인 영혼이 없다면, 그것은 영원히 움직이지 못합니다. 영혼과 육신이 서로 분리되는 상태를 우리는 '죽음'이라고 합니다. 아무리 훌륭한 의사라도, 아무리 좋은 약이라도 죽은 사람을 살리지는 못합니다. 왜냐하면 이미 떠난 영혼을 사람의 힘으로는 다시 부르지 못하기 때문입니다.

송 군   신부님, 궁금한 것이 있는데, 영혼도 잠을 잡니까?

박신부   왜요?

송 군   사람이 잘 때는 도둑이 시계를 가지고 가도 모르고 말도 하지 못하고 보지도 못하는데, 그때 영혼도 같이 잠을 자는 건가요?

박신부   하하하. 재미있는 질문이군요. 영혼은 잠을 자지 않습니다. 잠이란 것은 인간 육체가 피로해서 쉬는 것이지요. 기계가 쉬고 있으니까 그것은 죽은 것처럼 움직이지 못합니다. 이것은 마치 장시간 운전 후 엔진의 열을 식히기 위해 멈춰 있는 것과 같습니다. 그때 운전자는 있지만 기계가 쉬니까 가만히 정지해 있을 뿐입니다.

송 군   잘 알겠습니다. 신부님! 그런데 신부님 말씀에 의하면, 영혼과 육신이 서로 결합된 것이 사람인데 제가 어떤 책에서 보니까, 인간을 이성적 동물이라고 정의하던데…….

박신부   예, 옳은 말입니다. 인간을 '이성적 동물' 또는 '지성적 동물'이라고 하는데 '이성'이니 '지성'이니 하는 것은 곧 영혼을 말합니다. 파스칼은 인간을 '생각하는 갈대'라고 했는데, 이것 역시 인간에게 생각할 수 있는 영혼이 있다는 말이지요.

송 군   사람에게 영혼이 있다는 것을 어느 정도 이해했습니다.

박신부   '어느 정도'라고 하니, 아직도 확실치는 않은 모양인데, 그렇다면 한 가지 더 말해 보지요. 우리가 사과나무 밑을 지난다고 생각해 보십시오. 누구든지 그 사과를 먹고 싶어 할 것입니다. 먹고 싶다고 마구 따 먹어도 괜찮겠어요?

송 군　안 되지요. 그렇게 되면 남의 물건을 도둑질하는 것이 되니까, 먹고 싶어도 참아야겠죠.

박신부　그렇습니다. 먹고 싶지만 참아야죠. 그런데 먹고 싶다는 욕심은 어디서 나오는 것입니까?

송 군　그것은 배가 고프거나 아니면 입에서 침이 뱅뱅 도니까…….

박신부　그러면 참아야 한다고 생각하는 것은 어디서 나오는 생각입니까?

송 군　글쎄요……. 잘 모르겠습니다.

박신부　먹고 싶다는 것은 육신 본능에서 나오는 것이고, "남의 것이니까 먹고 싶지만 참아야 한다." 하는 것은 영혼이 명령하는 것입니다. 이 한 가지 사실만 보더라도 인간에게는 서로 다른 두 가지 경향이 있다는 것을 알 수 있습니다. 이것은 바로, 인간이 영혼과 육신으로 결합된 것임을 증명하는 것입니다.

송 군　신부님! 잘 알겠습니다. 학생들이 밤을 새워 가면서 공부할 때도 몸은 잠이 오지만 이것을 꾹 참고 공부하는 강한 의지도 바로 영혼에서 나오는 것이로군요. 그렇지요?

박신부　물론이지요.

송 군　신부님께서 영혼이 육신에서 분리되는 것을 죽음이라고 하셨는데 그러면 영혼은 그다음 어떻게 되나요?

영혼은 죽지 않는다

박 신부   영혼은 죽지 않습니다. 이유는, 그것은 물질이 아니기 때문이지요. 그럼 영혼이 죽지 않는다는 것을 어떻게 알 수 있는지 생각해 봅시다. 송 군! 사람들은 이 세상에서 무엇을 바라고 살아가나요?

송 군   그야 좀 더 잘살아 보자는 생각으로 사는 거지요. 말하자면 내일의 어떤 행복을 바라고 사는 것이 아닐까요?

박 신부   그렇겠지요. 세상 사람들이 땀방울을 흘리면서 노력하는 것은 결국 좀 더 행복하게 살기 위한 것입니다.

송 군   물론입니다. 모든 행동이 다 행복과 연결되지요. 자살하는 사람도 결국 그것이 행복의 길이라고 생각하기 때문이 아닐까요?

박 신부   사실입니다. 그런데 사람들이 찾고 있는 행복은 어떤 것일까요?

송 군   끝이 없는 행복이 아닐까요?

박 신부   맞습니다. 인간은 끝없는 행복을 찾고 있습니다. 참 이상하지요. 5척 남짓한 자그마한 인간인데, 그 안에는 끝이 없고 완전한 행복을 찾는 마음이 들어 앉아 있으니 말입니다. 10만 원을 벌면 다음에는 100만 원이 생각나고 그리고 500만 원, 1,000만 원……. 이렇게 욕심에는 끝이 없습니다. 권력을 탐하는 사람도 마찬가지입니다. 국회의원만 되었으면 하던 사람이 국회의원이 되고 나면 장관이 되고 싶은 생각이 들고, 장관이 되면 다시 대통령이 되고 싶은 욕심이 나지요. 그리고 대통령이 되면 죽을 때까지 하고 싶어 합니다. 하지만 죽을 때까지 했다고 치더라도 그의 욕망이 완전히 채워지는 것은 아닙니다. 그런데 불행히도 이 세상에는 인간들이 찾고 있는 것이 없어요. 여기에 인간의 비참함이 있는 것입니다. 이 세상이 낙원이 되지 못하는 것도 인간이 찾고 있는 것을 얻을 수 없기 때문입니다. 왜 이 세상에서는 그 무한한 행복을 찾지 못할까요?

송 군 글쎄요…….

박 신부 한마디로, 인간이 바라는 것은 무한한 것인데, 이 세상의 모든 것은 유한하기 때문입니다. 한 말들이 그릇에 물을 가득 채우려면 한 말의 물이 필요한데 도대체 물은 두 되밖에 없으니 말입니다. 인간이 찾는 것은 무한한 것이고 이 세상의 모든 것은 불완전하고 유한한 것뿐이니 인간은 여기서 만족을 얻지 못하는 것입니다. 그런데 사람들은 이것을 모르고 이 세상에서 자기만족을 다 채우려고 애를 쓰니, 세상이 점점 혼란해질 수밖에요.

송 군 그렇다면 해결 방법은 없나요?

박 신부 한 말들이 그릇을 채우려면 한 말의 물이 필요하듯 이 무한한 인간의 욕망을 채우려면 그 안에 무한한 것이 들어가야 합니다. 그런데 이 세상에는 무한한 것이 없습니다. 그러니 인간의 욕망이 채워질 수가 없죠.

송 군   그렇다면 인간은 영원히 불행 속에서 허덕이는 비참한 꼴을 면할 수 없는 건가요?

박 신부   이 세상만 본다면 그럴 수밖에 없습니다. 하지만 무한을 찾는 인간이 있다면 이것을 만족시킬 무한한 것이 반드시 있습니다. 이것이 없다면 큰 불행이 아닐 수 없지요.

송 군   그래서요?

박 신부   호랑이를 잡으려면 산에 가야 되듯이, 무한한 것을 찾으려면 무한하신 분에게 가야 합니다. 절대 무한하신 그분은 하느님뿐이십니다. 그러니까 인간은 하느님을 찾도록 되어 있고, 하느님을 공경하게 되어 있습니다. 인간의 욕망을 보더라도 절대자 하느님이 계시다는 것을 충분히 알 수 있으며 이 세상에서 채우지 못하는 인간의 욕망을 채워 주는 다음의 다른 세상이 있다는 것 또한 충분히 알 수 있습니다. 그리고 다음의 세상이 있다는 것은 인간 육신이 죽은 다음에도 죽지 않는 영혼이 있다는 것을 말해 줍니다.

송 군   그러면 우리가 죽은 다음에는 모든 이가 예외 없이 무한한 하느님을 찾아 영원한 행복을 누리게 됩니까?

박 신부   결코 그렇지 않습니다. 하느님은 누구에게나 무턱대고 영원한 상급을 주시는 그런 분별없는 분이 아닙니다. 각자의 행동 여하에 따라 영원한 상이나 영원한 벌을 주시지요. 마지막 날 완전한 심판을 위해서도 인간이 죽은 다음 영혼은 죽지 않아야 하고 또

공정한 심판이 있어야 합니다. 이 세상에서 완전한 심판이란 없습니다. 보십시오. 나쁜 짓을 하면서도 잘사는 사람이 많은가 하면 반대로 남에게 조금도 해를 끼치지 않는 착한 사람들이 가끔 무슨 벌이나 받은 것처럼 죽도록 고생하는 일이 얼마나 많습니까?

송 군   저도 주변에서 억울한 꼴을 당하는 것을 종종 봅니다.

박신부   유럽의 어떤 귀족 가정에 어여쁜 딸이 하나 있었다고 합니다. 이 아가씨에게 무척 좋아하는 남자가 생겼는데 아버지는 결혼을 승낙하지 않았습니다. 여러 번 간청해 보았지만 귀족 가문의 위신을 생각하는 완고한 아버지는 끝내 승낙하지 않았습니다. 딸은 꾀를 내어 저녁마다 뒷산에 올라가 동네 사람들이 들을 수 있게 비명을 지르며 울었습니다. 이렇게 며칠을 계속 운 다음 그 딸은 행방을 감추고 어디론지 도망을 쳤습니다. 결국 경찰들이 조사에 나섰는데, 동네 사람들은 며칠 동안 뒷산에서 비명 섞인 울음소리가 들리더니 그 집 딸이 사라졌다고 하면서 분명 그녀의 아버지가 밤중에 딸을 산에 끌고 가서 죽였을 것이라고 말했습니다. 동네 사람들의 말은 확신에 차 있었고 그 아버지는 자기가 죄가 없다는 증거를 댈 수가 없었습니다. 아버지는 결국 감옥에 갇히게 되었고 얼마 후 재판을 받게 되었어요. 재판관은 판결을 내렸습니다. "이 사람은 자기 딸의 고집을 꺾지 못해 딸을 죽인 죄인이니 죄의 대가로 사형을 선고한다." 결국 죄 없는 아버지는 억울하게 죽음을 당하고 말았습니다.

송 군   정말 어처구니없는 일이군요.

박 신부   인간사가 모두 이렇습니다. 이런 일을 올바로 판가름하는 윤리의 최고 심판관인 하느님이 계시지 않다면, 하루도 이 세상에서 못 살 것입니다. 이 마지막 결정적 심판은 죽은 다음에 이루어집니다. 그러니 이 마지막 심판을 위해서도 인간의 영혼은 죽지 않아야 합니다.

송 군   사람이 죽은 후에도 영혼은 죽지 않고 하느님 앞에서 심판을 받습니까?

박 신부   그렇습니다. 사람은 죽는 그 순간 세상에서 한 행동에 따라 심판을 받습니다. 모든 것이 제때가 있습니다. 씨를 심을 때가 있고 가꿀 때가 따로 있으며 그것을 거둘 때가 따로 있지 않나요? 이 세상에 사는 동안은 우리가 행동하는 때입니다. 아까 운전자와 자동차의 비유를 들어 말했는데, 주인이 운전자에게 차를 내어 주고 어디를 좀 다녀오라고 명령했습니다. 운전자가 돌아온 다음 주인은 운전자가 사고 없이 잘 다녀왔으면 칭찬을 할 것이고 그렇지 않고 무슨 사고가 있었다면 꾸중을 할 것입니다. 이와 같이 육체의 운전자인 영혼은 이 세상에서 육신을 운전한 데에 따라 칭찬이나 꾸중을 주인(하느님) 앞에서 받게 됩니다. 이것은 죽은 다음에 이루어지는데, 우리는 이것을 '심판'이라고 합니다.

송 군   그러니까 세상에서는 완전한 상이나 벌을 주지 않고, 죽은 다음에 하느님이 완전한 심판을 하신다는 것이군요?

박 신부   그렇지요.

송 군   신부님! 세상 사람들이 가톨릭 신자들처럼, 영혼이 있다는 것과 영혼은 죽지 않고 하느님 앞에서 심판을 받는다는 것을 꼭 믿지는 않지만 그래도 성대한 장례식을 하고 죽은 이의 복을 빌지 않습니까? 그런 걸 보면 죽은 다음에도 죽지 않는 무엇이 있다는 생각을 하는 것이겠죠?

박 신부 며칠 전에 동해 바다를 경비하던 해군 장교가 순직한 일이 있었습니다. 송 군도 기억나지요?

송 군 그럼요! 신문에도 나고 했는데요.

박 신부 바다를 지키다가 순직을 했기 때문에 해군에서 성대한 장례식을 했었고, 저도 그 장례식에 참석했었습니다. 많은 해군 고위 장교들이 정복을 갖추고 식장에서 제각기 조문을 읽고 조사弔詞를 했습니다. 순직자의 시신 앞에 서서 "그대의 나라 사랑하는 마음 길이 빛나리라. 아무쪼록 그대에게 길이길이 명복이 있기를 비나이다." 하더군요. 그런데 송 군, 명복이 뭔가요?

송 군 글쎄요, 장례식에 가면 으레 쓰는 표현 아닌가요?

박 신부 물론 사람들이 "명복을 빈다."고 하는데, 무슨 뜻으로 그러는지 모르겠어요. 명복을 빌면 어떻게 되고, 안 빌면 어떻게 되나요?

송 군 하하하, 저에게 묻지 마시고 그분들에게 한번 물어 보세요. 하하하.

박 신부 '명복'이란 죽은 다음에 받는 복을 말하는데, 그들이 정말 죽은 다음 복이 있는지 없는지 알기나 하고서 그러는지 모르겠습니다. 그런데 명복을 빈다는 그들에게 가서 물어 보세요. 하느님이 계신지, 사람이 죽은 다음 하느님께 심판받아 천국 상을 받거나 지옥 벌을 받게 되는지. 이렇게 물으면 "천국, 지옥을 누가 가 보기나 했나? 죽은 다음 복이 있으면 뭐 해. 무슨 그런 얼빠진 소릴 해?" 이런 말들을 합니다.

송 군   보통 그렇지요.

박 신부   송 군, 누가 얼빠진 사람인지 말해 보세요! 죽은 다음 복도 벌도 없다고 하면서 괜히 명복을 빈다고 점잔을 **빼는** 그들이 얼빠진 사람들인가요, 올바로 하느님을 믿고 영혼의 상벌을 믿는 우리가 정신 나간 사람들인가요? 그들은 사람이 죽은 다음 영혼이 어떻게 되는지도 모르면서 그리스도교에서 죽은 영혼을 위해 기도하는 것을 보고 별생각 없이 "그대의 명복을 빕니다."라고 따라 하지요.

송 군   명복이란 말이 그리스도교에서 나온 것이군요?

박 신부   그렇지요. 현충일도 같은 개념입니다. 그리스도교의 영향을 받은 유럽인들이 소위 '메모리얼 데이'(죽은 영혼을 기억하는 날)를 만들어 죽은 이의 영혼을 기억하는 것을 모방해서 만들어진 날이지요. 많은 분들이 이런 종교적인 근본 뜻을 제대로 알지 못하고 이날에 온통 명복을 비는 데 이는 답답한 일입니다.

송 군   정말 그래요. 종교인을 어리석다고 비난하는 사람들이 가끔은 더 어리석은 짓을 합니다.

박 신부   죽은 이의 장례식에서 이루어지는 모든 것을 보더라도, 인간이 죽은 후에도 영혼은 죽지 않는다는 믿음을 볼 수 있습니다. 이는 인간 본성에서 우러나오는 증거이지요. 그리고 아까 말한 대로 영혼은 물질이 아니기 때문에 본질적으로 파괴되거나 없어지지 않습니다. 아무리 훌륭한 보물도 물질이니까 오래가면 썩어 버리고 맙니다. 물질은 이렇게 언젠가 한 번은 파괴되고 없어집니다. 하지만 영혼은 물질이 아니기 때문에 없어지지 않습니다.

송 군　영혼은 하느님처럼 볼 수 없는 것이니까, 영원히 없어지지 않겠지요?

박신부　송 군……. 부탁 하나 해야겠습니다.

송 군　무슨……?

박신부　송 군에게 여자 친구가 있다고 했지요? 그분을 너무 많이 사랑하지 마세요.

송 군　왜 그러십니까, 신부님?

박신부　너무 많이 사랑했다가 그 사랑이 단번에 닳아서 없어져 버리면 어떻게 합니까? 큰일이지요. 다음부터는 더 사랑할 수도 없게 될 테니 말입니다.

송 군　하하하하, 난 또 무슨 말씀이시라고!

박신부　송 군의 사랑이 닳아서 없어지지 않듯이 영혼도 물질이 아니기 때문에 육체처럼 썩거나 닳아 없어지지 않습니다. 알겠지요?

송 군　예! 잘 알겠습니다. 하하하. 그런데 신부님, 죽은 사람 앞에서 아무것도 모르고 "명복을 빕니다." 하는 것과 비슷한 것으로 죽은 혼을 위해 바치는 제사라는 것이 있잖아요. 그것을 신부님은 어떻게 보십니까?

제사에 대하여

박 신부   송 군도 집에 있을 때 제사를 지내보았죠? 어떻게 하던가요?

송 군   밥을 짓고 국을 끓여서 상 위에 놓고, 밤, 대추, 사과, 오징어, 술 등을 차려 놓고 그 앞에서 절을 하지요.

박 신부   그것뿐이에요?

송 군   그리고 참, 제사 지내기 전에 어른들이 대문 쪽으로 할아버지 혼을 마중 나가더군요. 그리고 혼백을 모시고 들어와서는 신위라는 곳에 두고 제문도 읽고 절도 하지요. 저도 같이 절을 많이 했습니다.

박 신부   할아버지 혼이 밖에서 들어오실 때 빨간 두루마기를 입고 들어오시지요?

송 군   하하하. 아닙니다.

박 신부   그럼 어떤 모양으로 들어오시나요?

송 군   신부님께서 지금까지 말씀하지 않으셨습니까? 혼은 보이지 않는다고요.

박 신부   그럼, 좋습니다. 신주에 계시던 할아버지가, 제사가 끝나면, 밥상에 있던 밥도 다 잡수시고 술도 마시고 대추마저 잡수시고 온통 빈 상으로 만들어 놓으시지요?

송 군　아니, 신부님! 혼이 어떻게 밥을 먹나요?

박신부　그럼 밥을 왜 차려 놓나요?

송 군　그건 돌아가신 할아버지에 대한 하나의 성의 표시인 거죠.

박신부　압니다. 요즘 사람들은 송 군처럼 제사를 돌아가신 부모님에 대한 성의 표시라고 생각하는데, 몇십 년 전만 해도 그렇지 않았습니다. 그래서 한국에 처음으로 천주교, 그러니까 가톨릭이 들어오고 나서 제사 문제로 충돌이 일어나자 "천주교도들은 제사도 지내지 않으니, 부모를 모르는 불효자식들이다." 하면서 신자들을 잡아서 문초를 하고, 배교할 것을 강요하고 이에 따르지 않으면 죽이기까지 했습니다.

송 군　정말요? 제사를 지내지 않았다고 죽은 사람이 있습니까?

박신부　있지요.

송 군　신부님! 생각납니다. 제가 고향에 있을 때 가톨릭 신자인 한 친구가 저희 집에 놀러 왔었습니다. 이 친구가 목에 십자가를 걸고 있었는데, 이것을 보신 아버지가 물으셨지요.

"자네 성당에 다니나?"

"네, 가톨릭 신자입니다."

"그럼, 자네 집에선 제사 안 지내겠군?"

"……."

"가톨릭 신자들은 부모도 몰라. 부모도 모르는 사람이 하느님은 믿어 뭐 하겠나?"

박 신부   "가톨릭 신자들은 부모도 몰라." 이런 소리를 들으면 가슴에서 울분이 치밀어 오릅니다. 가톨릭이 무엇인지도 모르고 그런 소리를 하니 말입니다. 사실 가톨릭 신자들은 제사 지내는 사람들보다 부모 공경을 열 배 스무 배는 더 잘합니다.

송 군   어떻게요?

박 신부   제사 지내는 사람들은 제삿날이나 다른 명절날에만 부모님을 위하지만 신앙심 깊은 가톨릭 신자들은 매일 아침저녁으로 돌아가신 부모님의 영혼을 위해 기도를 바치니까요. 그야말로 매일같이 부모님의 명복을 비는 것입니다.

송 군   그러니까 가톨릭 교회에서도 돌아가신 부모님을 위해 뭔가 하는 것이 있군요.

박 신부   네, 있습니다. 없을 리가 없지요.

송 군   그럼 왜 제사는 못 지내게 합니까?

박 신부   한마디로 말해서, '제사'가 부모님을 공경하는 올바른 방법이 아니기 때문입니다.

송 군   그럼 가톨릭에서는 제사를 미신이라고 보는 건가요?

박 신부   옛날 우리 할아버지들이 바치던 제사는 거의 미신과 같았습니다. 옛날 사람들은 제상에 절을 하면 혼이 와서 밥을 먹고 간다고 믿었고, 신위에는 할아버지의 혼이 있다고 믿었습니다. 무슨 근거로 그것을 믿습니까? 그것은 미신입니다. 하지만 아까 송군도 말했듯이, 시대가 변함에 따라 요즘 사람들은 대부분이 제사를 미신으로 생각하지 않습니다. 자식으로서 돌아가신 부모님에 대한 효성의 표시로서 지내고 있지요. 그러니 이것은 확실히 미신이 아닙니다. 일종의 풍속으로 변화된 것입니다. 그래서 우리 교회에서도 동양 제사를 여러 모로 오랫동안 연구한 끝에 오늘날 지내는 제사는 옛날의 그것과는 달리 하나의 풍습이지 미신이 아니라고 결론을 내렸습니다.

송 군 그러면 가톨릭 신자도 제사를 지낼 수 있는 거군요?

박신부 우리가 돌아가신 부모님을 받드는 더 좋은 방법이 있다면 굳이 이것을 따를 이유가 없지요. 자식으로서 이왕이면 부모님을 더 좋게 해 드리면 좋지 않아요? 하지만 송 군이 가톨릭 신자가 되고 싶은데 만일 잘 모르는 부모님들이 성당에 다니는 것을 반대할 우려가 있다면 제사는 일종의 풍속이니까 부모님을 위하는 마음으로 제사에 참례하여 절을 해도 무방합니다. 다만 미신적인 요소, 영혼을 마중 나간다든지 제문 같은 것을 읽어서는 안 됩니다.

송 군 그렇다면 요즘 와서는 제사 때문에 가톨릭 신앙을 갖지 못하는 일은 없겠군요.

박신부 그렇습니다. 제사 때문에 장애를 받지는 않습니다.

송 군 그런데 왜 많은 사람들이 이런 것도 모르면서 제사 문제를 들고서 가톨릭을 욕하는지 모르겠어요. 그런데 사실 가톨릭에서는 제사란 전혀 없지요?

박신부 아, 아닙니다. 결코 아닙니다. 가톨릭에서도 제사를 지냅니다.

송 군 그래요?

박 신 부   송 군도 성당에서 미사하는 거 본 적 있죠?

송   군   일요일에 성당에서 신부님이 하는 것 말이죠?

박 신 부   네. 그것이 바로 제사입니다.

송   군   우리 제사와는 전혀 다르던데요.

박 신 부   미사에 대해서는 다음에 자세히 말씀드리기로 하고, 오늘은 가톨릭 교회에도 제사가 있다는 것만 알아 두십시오.

송   군   그런데 우리 제사가 왜 완전한 부모 공경이 되지 못하는지 알고 싶습니다.

박 신 부   아까도 말씀드렸지만, 영혼은 물질이 아닙니다. 따라서 배고플 수도 없고 밥도 먹지 못합니다. 그러니 그 앞에 아무리 진수성찬을 차려 놓아도 소용이 없습니다. 그리고 돌아가신 부모님의 혼은 이것을 요구하지 않습니다. 그들이 바라고 있는 것을 드려야 하지 않겠습니까?

송   군   돌아가신 부모님들의 혼이 바라는 것이 뭔가요?

박 신 부   앞서 이야기한 대로, 사람이 죽으면 그 영혼은 하느님 앞에서 심판을 받습니다. 심판의 판결대로 상이나 벌을 받게 되지요. 그런데 대다수의 사람들이 죄를 지은 채 죽기 때문에 자기 죄에 대한 보상을 치러야 합니다. 그 영혼의 죄의 보상을 위해 우리가 하느님께 기도를 바쳐야 합니다. 마치 감옥에 갇힌 죄수를 위해 뒷바라지하는 것과 같은 것입니다. 육신을 떠난 영혼은 이것을 바라는 것입니다. 그래서 가톨릭에서는 사람이 죽으면 장례식을 처음부터 끝까지 영혼을 위한 기도로 시작하고 기도로 끝냅니다.

송 군 신부님! 우리가 죽은 이의 영혼을 위해 기도를 바쳐야 한다고 하셨는데 어떻게 기도를 바쳐야 하는지, 또 우리가 기도를 바치면 그 기도의 힘으로 영혼이 어떤 복을 받을 수 있는지 궁금합니다.

박 신부 거기에 대해서는 나중에 다시 자세히 설명하게 될 테니까 잠시 미뤄 두겠습니다. 잠시 쉴 겸 재미있는 수필 하나 소개해 드리겠습니다.

영혼·사람·시체·죽음

원숭이는 나무에서 재주를 부리고, 꿀벌들은 벌통에서 공동생활을 하고, 까치는 집을 훌륭하게 짓는다. 하지만 원숭이가 문학 작품을 써서 노벨 문학상을 받았다는 말은 들어 보지 못했다. 까치가 집을 설계했다는 소리도 아직 들어 보지 못했다. 꿀벌이 벌통에서 쿠데타를 일으켰다는 소리도 들은 적이 없다. 사람은 인공위성을 띄우고, 철학을 공부하고 종교를 갖고 현미경을 들여다볼 줄 안다. 동물과 무엇이 다른가? 동물 사회는 발전이 없다. 인간은 시간과 더불어 새로운 역사를 창조하고 발전을 거듭하지만 동물에게는 창조력이 없다. 동물들은 시간이 흘러도 변화하지 않는다. 그들이 원래부터 간직한 모습 그대로 살 뿐이다. 동물은 본능에 의해서 살기 때문이다. 인간에겐 동물의 본능보다 가치 있는 그 무엇이 있기에 문화를 창조한다. 인간에게 문화 창조의 능력을 주고 인간을 인간답게 만들어 주는 그 본바탕을 우리는 영혼이라고 한다.

영혼은 종잇조각이나 담배꽁초 같은 물질이 아니다. 그러기에 눈에 보이지 않는다. 그렇다면 영혼이 있다는 것을 어떻게 알 수 있는가? 동물이 하지 못하는 것을 보고 알 수 있다. 인간에게 영혼이 없다면 한 개의 원소 덩어리에 지나지 않을 것이다. 이 원자, 분자의 뭉치는 정신 작용을 할 수 없다. 물질은 물질의 작용밖에 하지 못한다. 그런데 인간은 추상적 사고를 할 줄 안다. 인간은 사랑을 인식하고 사랑을 느끼며, 자유를 그리워하고 정의를 찾고 도덕을 논한다. 사랑은 어떻게 생겼나, 어떤 빛깔이고 무게는 얼마인가? 여기에는 답변이 있을 수 없다. 사랑이란 물질이 아니므로 모양도 색도 무게도 없다. 그것은 비물질이다. 물질에서는 비물질이 나올 수 없다. 영혼 없는 원소 덩어리에서 사랑이 나올 수 없다는 말이다. 나무토막에서 종소리가 울려 나올 수 없다. 나무토막에서는 나무 소리, 쇳덩어리에서는 쇳소리만이 날 뿐이다. 인간에게서 정신 작용이 나온다는 것은 어떤 정신적 요소가 있다는 것을 증명한다. 이것이 곧 '영혼'이란 것이다.

　영혼과 육신이 함께 결합된 것이 사람이다. 영혼이 육신에서 떠나는 날, 그는 이제 사람이 아니고 우리는 남은 육신을 시체 또는 주검, 송장이라고 말한다. 영혼이 떠났다고 육신의 모양이 변하지는 않는다. 사람이 죽었다고 눈이 하나 없어지는 것도 아니고, 코가 납작하게 뭉그러지는 것도 아니다. 하지만 사람 모양이 고스란히 남아 있다 해도 사람 행세를 못한다. 말하자면 그 육체는 운전을 하지 못하고 그대로 쓰러져 누워 있을 뿐이다. 그렇다! 육신의 운전자가 떠났기 때문이다. 자동차가 달리기 위해서는 반드시 그 안에서 사람이 운전해야 한다. 운전자 없는 자동차, 달리지 못하는 자동차, 죽은 자동차! 이것은 언제나 창고 속에서 먼지를 덮어 쓰고만 있을 것이다. 길거리에 많은 차들이 달리고 있다. 달리는 차만이 보인다. 하지만 그 안에는 운전자가 있는 것이며, 사람이 운전하기 때문에 달리는 것이다.

보라! 저기 팔이 두 개 있고, 다리가 둘 있고, 가슴 위에 목이 있고, 목 위에 머리가 붙어 있는 자동차가 두 다리로 움직이고 있다. 가끔 팔을 흔들고 눈을 깜박깜박하고, 때로는 입에서 묘한 소리도 낸다. 무엇이 운전하기에 저렇게 묘하게 움직이는 것일까? 입과 코를 실룩실룩한다. 묘한 자동차! 저 안에 있는 운전자는 누구일까? 저 '인간 자동차'를 조정하는 운전자가 바로 영혼이란 운전자이다. 운전자 없는 자동차가 먼지를 뒤집어쓰고 창고에 틀어박혀 있듯이 조종사를 잃은 육신은 쓸모가 없다. 그는 아름다운 소리도 내지 못한다. 눈도 깜박깜박하지 못한다. 아무것에도 쓸모가 없으니 땅에 파묻어 버린다.

사람들은 그 시체 앞에서 울고불고한다. 그것을 끌고 다니던 운전자는 지금 자동차의 본 주인이신 하느님 앞에서, 운전을 제대로 했는지 못 했는지 심판받느라고 떨고 섰는데 사람들은 운전자 생각은 까맣게 잊어버리고, 송장 앞에서 눈물만 흘린다. 사람에게 영혼이 없다고 하는 그들은 운전자 없는 자동차가 저 혼자 서울을 갔다 왔다고 말하는 정신 나간 사람들이다. 육신을 떠난 영혼이 지금 상을 받는지 벌을 받는지 생각지 못하고, 인사불성이 된 시신 앞에서 눈물만 찔끔찔끔 짜는 그들! 영혼의 가치를 모르는 가련한 무리! 눈 깜짝할 사이 봉래산 제일봉에 진토 되어 동서남북 사방으로 먼지 되어 없어질 육신만 찾고, 이것을 비단으로 감싸 "노세 노세, 젊어 노세." 하는 앞 못 보는 장님의 무리! 어쩌다 영혼 못 보는 장님이 되었을까! 하느님 대전에 영원한 생명을 얻기 위해 육신을 누르고 영혼사를 위하여 세상 한구석에 자리 잡아 기도서 앞에 놓고 손바닥만 한 방 안에서 영원의 세상을 보고 있는 그는 진정 세상의 지붕를 넘어선 행복을 소유한 사람이 아니겠는가!

천사와 악마

박 신부   자! 송 군! 아직도 시간이 있으니, 천사와 악마에 대해서 이야기해 볼까요?

송 군   예, 그러시지요.

박 신부   송 군, 도깨비와 씨름해 본 적 있습니까?

송 군   아니요. 신부님, 어떻게 그런 말씀을 하십니까? 가끔 누가 도깨비와 씨름했다는 허무맹랑한 이야기를 듣긴 했습니다만 도깨비는 사람이 지어낸 것이지, 실제 있는 게 아니잖습니까?

박 신부   아닙니다. 도깨비는 사실 있습니다.

송 군   그래요?

박 신부   지금까지 눈에 보이지 않는 하느님과 영혼에 대해 이야기했는데, 이 밖에 천사와 악마라는 것이 또 있습니다. 천사와 악마가 있다는 사실을 우리는 이치로 생각해 보아도 알 수 있습니다. 이 세상 만물을 한번 보십시오. 제일 아래층에 있는 물건으로는 생명이 없는 광물이 있고, 그 위에는 생혼만 있는 식물이 있으며, 그 위에는 생명과 동시에 감각이 있는 동물이 있고, 그 위에는 영혼을 가진 사람이 있으며, 그 위에는 육체가 없는 순수한 영체靈體로서의 천사가 있고, 그 위에 절대 완전한 하느님이 계십니다.

송 군   그런데 천사와 악마는 어떻게 다릅니까?

박신부   하느님은 처음에 천사를 만드셨지, 악마를 창조하지는 않으셨습니다. 그런데 천사들 중에 하느님께 죄를 범한 사람들이 하느님께 벌을 받게 되었습니다. 벌을 받은 이런 천사를 악마 혹은 마귀라고 부릅니다.

송 군   마귀가 있다는 말을 저는 지금까지 거짓말로 알고 있었는데 정말 있군요. 마귀가 있는지 어떻게 알 수 있습니까?

박신부   흔히 사람들은 밤에 도깨비불을 보았다고 하는데 낮에 그곳에 가보면 밤에 빛을 내는 야광체, 예컨대 반딧불이라든지 사람의 뼈가 있기도 합니다. 물론 이런 야광체가 밤에 빛을 내기도 하지만 실제로 악신의 장난으로 나타나는 도깨비불도 있습니다. 귀신이 있는지 어떻게 알 수 있느냐고요? 달리 말할 필요 없이, 송군, 무당굿하는 걸 본 적 있나요?

송 군   네, 있습니다. 저녁 내내 무당이 신이 들려서 대를 잡고 떠들더군요. 그거 미신 아닌가요?

박신부   물론 미신입니다. 하지만 무당은 반드시 신이 내려야 굿을 할 수 있습니다. 이것을 '부마'라고 합니다. 그런데 어떤 사람은 무당굿하는 것을 미신으로 돌리고, 신접했다든가 신들렸다는 말을 믿지 않는데 무당에게 신이 내리지 않으면 굿을 할 수 없습니다.

송 군   그럼 미신이 아니란 말씀인가요?

박신부   미신이란 것은 하느님 이닌 것을 하느님처럼 섬기는 것을 말합니다. 예를 들어 아무 능력도 없는 나무 앞에서 냉수를 떠

놓고 아들이 살아 돌아오기를 빈다든가 또는 무당에게 접한 마귀를 절대자 하느님처럼 생각해서 그것을 받드는 것을 미신이라고 합니다.

송 군 사실 저도 무당굿을 보고는 신이 들리지 않고서는 도무지 그렇게 할 수 없을 것 같다는 생각을 했었어요.

박 신부 그런데 굿하는 장소에 가톨릭 신자가 있든지, 가톨릭 교회에서 쓰는 성물, 예컨대, 십자고상이라든지, 묵주 같은 것이 있으면 무당은 그것을 용하게 알아냅니다. 부정 타는 것이 있어서 신이 내리지 않는다고 하면서 당장에 물러나라고 하지요. 그리고 무당은 땅에 십자를 그리고 거기에 칼을 꽂으면서 저주합니다. 왜냐하면 그리스도의 십자가로 인해서 마귀들이 힘을 쓰지 못하고 쫓겨났기 때문입니다. 이런 것으로 미루어 보아 참된 신, 하느님이 계시다는 것도 알 수 있고, 우리가 믿는 하느님을 두려워하는 악신이 있다는 것도 알 수 있습니다.

송 군 사실 그래요. 이상한 일들이 많습니다.

박 신부 그렇죠. 마귀는 우리 눈에 보이지는 않지만 묘한 장난을 많이 합니다. 이런 이야기 들어 봤어요? 솥뚜껑이 솥 안을 들락날락한다든지, 집터가 고약한 어떤 곳에서 밤중에 말발굽 소리가 요란하게 난다든지 하는 이야기 말입니다.

송 군 예, 예, 들어 보았습니다. 그것도 사실인가요?

박 신부 물론입니다. 그것이 모두 악신들의 장난입니다. 악신이 있다는 건 분명한 사실입니다. 신들린 사람을 본 적 있습니까?

송 군　미친 사람 말입니까?

박신부　정신 나간 미친 사람과는 다릅니다. 악신이 가끔 사람에게 들러붙을 수가 있습니다. 이것을 신접한 사람이라고도 하는데, 그 행동이 미친 사람과 비슷합니다. 보통 마음이 약한 사람들, 특히 집에서 미신 행위를 많이 하는 사람들에게 잘 일어납니다. 그런데 이런 사람은 성당에만 나오면 틀림없이 마귀를 뗄 수 있습니다.

송 군　그렇습니까?

박신부　내가 아는 어떤 가톨릭 신자가 있는데, 그이가 가톨릭 신자가 된 동기가 재미있습니다. 내가 신학교에 다닐 때, 여름 방학을 경북 영천에서 지낸 적이 있습니다. 그런데 매일 아침 젊은 두 청년과 어떤 할머니 한 분이 20세가량 되어 보이는 한 아가씨를 성당에 데리고 오는 겁니다. 나는 처음에 정신이 약간 이상한 아가씨라고만 생각했는데 알고 보니 미친 것이 아니고 마귀에 들린 사람이었어요. 그래서 마귀를 떼려고 아침마다 성당에 온 겁니다. 그 아가씨는 아침에 신부님이 미사를 드리는 동안에는 그냥 성당 마룻바닥에 사지를 뻗고 죽은 시늉을 하다가 미사가 끝나면 또 난리를 치더군요.

송 군　어떻게 그런 일이……?

박신부　그 아가씨를 데리고 온 사람들의 말에 의하면 성당에 오면 귀신을 뗄 수 있다는 소리를 듣고 집에서 30리나 떨어진 영천시에까지 와서 셋방을 하나 얻어 놓고 사는 기라고 하더군요. 귀신을 떼려고 매일 아침 성당에 데리고 나오는 거고요. 그런데 그 아가씨는 성당에 가자고 하면 제 발로 잘 걸어오다가 성당이 보이면 성당 쪽을 향해 침을 퉤퉤 뱉고는 돌아선답니다. 그래서 두 청년이 강제로 성당까지 끌고 온대요. 이렇게 하기를 무려 다섯 달을 했답니다. 하루는 미사를 마치고 성당에서 나오는데 보니까 그 아가씨가 혼자서 눈물을 죽죽 흘리면서 "성옥아! 성옥아!" 하고 누군가의 이름을 불러대더군요. 그래서 옆 사람 보고, 성옥이가 누구냐 물었더니 바로 그 아가씨라는 겁니다. 얼마 동안 혼자서 태연히 눈물을 주룩주룩 흘리면서, "성옥아! 성옥아! 내가 이제는 너를 떠나야 하는구나! 성옥아, 성옥아, 이제는 너를 떠나야 하는구나." 하며 마치 정다운 친구끼리 이별하는 것처럼 자기 이름을 자기가 부르면서 눈물을 흘리더니 얼마 후에는 완전히 제정신이 돌아왔습니다. 정신이 든 아가씨는 사람들이 많이 모여 있는 낯선 장소인 것을 알고는 "엄마, 내가 왜 여기 있어?" 하면서 머리도 다듬고, 풀어헤쳐진 옷도 여미더군요. 그 후로는 완전히 정상인이 된 것을 보았습니다.

송 군 그래요? 악마가 그 아가씨에게서 떨어지는 게 아쉬워 그렇게 눈물을 흘린 모양이군요.

박 신부 그렇습니다. 그 어머니가 얼마나 기뻐했는지 몰라요. 그 다음부터는 그 아가씨도 가톨릭 교리를 배워서 세례를 받아 입교했고, 그녀의 어머니와 온 가족이 모두 가톨릭 신자가 되어 열심히 살고 있습니다. 그런데 그 아가씨의 어머니가 한 말이 아직도 잊히지 않습니다.

송 군 뭐라고 했는데요?

박 신부 "세상에는 사람을 못 살게 하는 악마가 정말 있습니다. 그리고 성당에는 악마가 무서워하는 하느님이 계십니다. 악마가 있으면 지옥이 있을 것이고, 하느님이 계시면 천국이 있지 않겠습니까? 제 딸을 보세요! 이렇게 하느님 때문에 살게 되었으니 어떻게 하느님을 믿지 않을 수 있겠습니까?"
이렇게 흥분해서 말을 하는 거예요. 지금도 그 사람들은 열심히 성당에 다니고 있습니다.

송 군 그것 참 신기하네요. 악마가 정말 있군요! 신부님! 오늘 저녁에 재미난 이야기를 많이 들었습니다.

비참과 모순을 실은 인생

송 군   그런데 신부님! 우리 인간끼리만 이 세상에 살아도 괴로운 일이 많은데, 왜 악마들까지 우리를 괴롭히는 겁니까?

박 신부   이것이 또 인간의 비참함 가운데 하나인데, 악마들은 좋은 곳에 있다가 죄의 대가로 거기서 쫓겨났습니다. 인간이 그들이 떠나 온 그 좋은 곳으로 가는 것을 시기하는 마음에 언제나 우리 인간을 죄악으로 유혹하고 있습니다.

송 군   신부님! 악마 이야기는 잠시 접고 제 이야기 좀 해 보겠습니다. 요즘 제가 신부님으로부터 들은 종교 문제와 또 다른 일로 마음이 약간 이상하고 머리도 복잡합니다.

박 신부   무엇 때문이죠?

송 군   다름이 아니고 인간이 이 세상에 산다는 그 자체부터가 정말 비참한 일인 것 같아요. 사실 제가 이번 휴가 중에 고향에서 험한 꼴을 보았습니다. 제가 아는 친구 중에 3대 독자인 녀석이 있는데 어릴 때부터 귀여움을 한 몸에 받고 자랐지요. 그런데 며칠 전에 술을 잔뜩 먹고는 돈을 주지 않는다고 몽둥이로 자기 아버지를 때려죽인 겁니다. 이 꼴을 본 어머니가 녀석을 붙들고 "이놈아 날 죽여라!" 하시는데 얼마나 우셨는지 퉁퉁 부은 그 얼굴을 쳐다

볼 수가 없었습니다. 사람이 왜 이 모양인지, 정말 하느님이 계시다면 왜 이런 사람을 세상에 나게 하셨는지 항의라도 하고 싶어요. 왜 사람이 사람을 죽여야 하죠? 왜 죄 없는 사람들이 죽어야 하고 눈물을 흘려야 합니까?

박 신부   마음이 많이 괴롭겠군요?

송 군   이뿐만이 아닙니다. 친척 중 한 분이 밤길에 교통사고로 다리를 다쳤는데 의사의 말이 그 다리를 잘라야 살 수 있다는 겁니다. 생명을 구하기 위해 어쩔 수 없이 한 쪽 다리를 잘랐습니다. 그런데 마취에서 깨어난 아저씨가 다리를 보시고는 갑자기 소리를 지르며 의사를 불러오라고 야단을 치시면서 의사에게 욕설을 퍼붓더니 그 길로 정신이 핑 돌아 버렸습니다. 지금도 정신 병원에 입원해 계세요. 신부님! 왜 이런 일이 생기는 겁니까? 멀쩡하던 사람이 하루아침에 불구자와 정신 질환자가 되어 비참하게 되어 버렸습니다. 신부님! 인간이 이런 비참한 꼴을 당하려고 세상에 나왔는지요? 싸워야 하고, 죽어야 하고, 눈물을 흘려야 하니, 하느님이 정말 계시다면 무슨 생각을 하고 계실까요? 천국 좋은 자리에서 웃고만 계실까요, 아니면 어떤 동정의 태도를 보이실까요? 신부님, 이런 괴로운 세상에 사느니 차라리 죽는 것이 편하지 않겠습니까? 솔직히 요즘 죽고 싶다는 생각을 자주 합니다.

박 신부   아니 무슨 말씀이세요?

송 군   신부님은 저를 잘 이해하시지 못할 겁니다. 이것뿐만이 아니에요. 제가 며칠 전에 시내의 한 술집에서 추한 꼴을 보았습니다.

비참과 모순을 실은 인생

박 신부　　무슨 일이 있었는데요?

송　군　　친구와 술을 마시고 있는데 옆방에서 울음소리가 나기에 가만히 보니 글쎄 새파랗게 젊은 녀석들이 인생을 비관하면서 울분을 토하더군요. 말을 들어 보니, 이제 갓 대학을 나온 청년들인 것 같은데 한다는 소리가 "에이 이놈의 세상. 뭣 때문에 우리가 이렇게 힘들게 살아야 하는 거야? 정말이지 아버지 어머니가 원망스러워. 왜 이런 더러운 세상에 나를 내보낸 거야. 야! 야! 우리 다 같이 죽어 버리자." 하는 겁니다.

박 신부　　안타까운 일입니다. 얼마 전 환자를 문병하러 갔었어요. 침대에서 조금도 움직일 수 없는 반신불수 환자였는데 사람이 몹시 그리웠던지 보자마자 대뜸 질문을 던지더군요.

"가톨릭 신부님이세요?"

"예, 그렇습니다."

"한 가지 여쭈어 볼 말이 있습니다."

"예, 말씀하십시오."

"하느님이 정말 계시다면 왜 나 같은 사람을 이렇게 병으로 고생시키는 거죠? 하느님은 그렇게 무자비한 분인가요?"

송　군　　저도 동감하는데요. 신부님은 죽고 싶다는 저를 어리석은 사람, 세상에서 버림받은 낙오자라고 생각하실는지 몰라도, 정말이지 괴로운 세상에 사느니 차라리 죽어 없어지고 싶습니다. 저도 가끔은 용기를 내서 미래를 꿈꾸어 보기도 합니다. 하지만 모든 것이 다 허무하게 느껴집니다. 결국은 하루하루 속아 사는 것이 인생인 것 같습니다. 그럴 바에야 차라리 일찍 이 세상에서 사라지는 것이 가장 행복하고 현명한 일 아니겠습니까? 그렇지 않나요, 신부님?

박 신부 요즘 송 군이 인생 문제에 대해서 너무 심각하게 생각하고 있는 것 같은데, 사실 인간에겐 행복보다 불행이나 고통이 많고 여러 가지 모순된 점이 많습니다. 이 세상에 죄악이 없다면 얼마나 좋겠어요? 감옥도 필요 없고, 경찰도 필요 없을 것입니다. 사실 착하고 양심적으로 사는 사람이 더 고통을 받는 경우도 많고, 반대로 부정한 방법으로 남의 재산을 강탈하는 악인들이 때로는 더 행복하게 살기도 합니다. 이 세상에 전쟁이 없다면 얼마나 좋겠어요? 전쟁이 없다면 젊은 군인들은 모두 공장으로 보내고, 군용 비행기는 여객기로, 군함은 여객선으로 만들고, 군용차들은 각 가정에 돌려 자가용으로 사용하고, 원자 폭탄, 수소 폭탄에 들어가는 막대한 돈을 다른 데 쓴다면 우리는 더 행복하게 살 수 있지 않겠습니까? 생각만 해도 어깨가 으쓱해지지요? 하지만 이렇게 되지 않는 것이 모순되고 비참한 현실인 것입니다. 우리 편만이 아니라 저쪽 편에서도 우리와 똑같이 모든 정력과 물자를 동원해서 우리를 노리고 있다는 사실은 인간이 얼마나 모순되고 비참한 존재인지를 잘 말해 줍니다.

송 군 그러니 말이죠, 이 비참한 현실 속에 산다는 것이 도리어 불행하다는 겁니다.

박 신부 그러니까 이 세상의 모순과 비참을 비관하거나 하느님을 원망만 하지 말고 그 원인을 캐고 해결책을 찾아 살 길을 찾아보자는 겁니다. 비참한 현실은 다른 누가 만든 것이 아니고, 우리 인간 스스로가 만든 것입니다. 누구도 탓할 수 없습니다.

송 군　　그럼 이것을 어떻게 해결한단 말입니까?

박신부　　송 군은 그래도 인생의 불행과 모순을 깨닫고 있으니 정말 다행입니다. 많은 사람들이 불행한 환경에 완전히 물들어, 인생의 비참이라든지 모순을 느끼지도 깨닫지도 못합니다. 으레 인간의 삶이란 이런 것이라고 생각하고는 더 이상 생각하지 않으려고 하지요. 자! 그럼 오늘 저녁에는 이 문제들에 대해 한 번 곰곰이 따져 봅시다. 먼저 이 세상의 죄악이 어떻게 해서 생겼을까요?

송 군　　사람들의 마음이 고약하니까 악이 생기는 거지요, 뭐!

박신부　　그럼 왜 인간의 마음이 고약하게 된 걸까요? 도대체 악이 뭡니까?

송 군　　나쁜 것을 악이라고 하지요.

박신부　　그럼 어떤 것을 보고 우리는 나쁘다고 하나요?

송 군　　글쎄요, 좋지 않은 것……?

박신부　　악을 철학에서는 '선의 결핍'이라고도 하는데, 쉽게 말해서, 본래 있어야 하는 어떤 질서가 깨질 때 거기서 나오는 것을 우리는 악이라고 합니다.

송 군　　조금 어렵군요.

박신부　　어떤 질서가 깨질 때 거기서 악이 나오는데, 이 세상의 질서는 크게 세 가지로 나뉩니다. 그래서 악이라는 것도 세 가지가 있지요.

송 군　　어떤 것들인가요?

박 신부 첫째로, 이 세상엔 자연 질서가 있습니다. 예컨대, 물이 아래로 흐른다든지, 물이 0도가 되면 언다든지 하는 것이 그것입니다.

송 군 자연 질서에서 나오는 악은 어떤 것입니까?

박 신부 이런 것을 한번 생각해 봅시다. 물은 높은 데서 낮은 곳으로 흐르는 것이 자연 법칙인데 어떤 짓궂은 사람이 밤중에 몰래 한강 물이 서해 바다로 내려가지 못하게 강을 가로막아 버렸다면 어떻게 되겠어요?

송 군 강물이 흐르지 못해서 도시가 온통 물바다가 되겠죠.

박 신부 그렇습니다. 고요히 잠자던 시민들은 짓궂은 한 사람 때문에 물벼락을 만나 잠을 이루지 못하고 야단법석이 벌어질 것입니다. 이와 같은 무서운 현상은 결국 자연 질서를 거슬러 나온 결과이기 때문에 '자연악' 혹은 '물리악'이라고 합니다.

송 군 그다음은요?

박 신부 이 세상엔 물리 법칙과 같은 자연 질서 외에 형이상학적 질서란 것이 있습니다.

송 군 어려운 말이라 무슨 말인지 모르겠는데요…….

박 신부 둘에다 셋을 보태면 얼맙니까?

송 군 다섯 아닙니까?

박 신부 만일 유치원 아이가 열이라고 대답했다면요?

송 군 그것은 틀린 답이죠.

박 신부 이와 같이 둘에다 셋을 보태면 다섯이 되는 질서를 형이상학적 질서라고 합니다. 여기서 어긋날 때, 아까 말한 대로 열이라고 잘못 대답했다면 그것은 형이상학적 질서에 어긋난 것입니다. 이런 경우를 '형이상학적 악'이라고 합니다.

송 군   무엇에 대해 올바로 알지 못하고 틀리는 경우를 말하는 것이군요?

박 신부   예, 그렇게만 알고 있으면 됩니다. 마지막으로 남은 것이 윤리 질서를 깨뜨려서 나오는 '윤리악'입니다. 보통 우리가 말하는 죄악이 여기에 속합니다. 예컨대, '사람을 죽이지 말라'는 윤리 규범이 있는데 누가 이 질서를 깨뜨려 사람을 죽였다면 어떻게 되겠어요?

송 군   살인죄를 범한 거죠.

박 신부   맞습니다. 살인죄는 결국 윤리 질서를 따르지 않고 그것을 깨뜨렸기 때문에 나온 결과입니다. 사회의 모든 윤리적인 죄가 이렇게 나온 것입니다.

송 군   알 듯 하면서도 잘 모르겠군요. 어찌 되었든, 본래부터 제 자리에 제 모양대로 있어야 할 물건이나 사람이 거기서 벗어날 때 죄악이 나온단 말씀이지요? 하여튼 인간이란 너무 비참해요.

박 신부   아까 한강을 가로막아서 서울이 물바다가 된 이야기를 했는데, 그런 경우, 만일 송 군이 밤중에 그런 변을 당했다면 어떤 생각이 들겠습니까?

송 군   몹시 당황해서 원인이 무엇인지 알아보겠죠.

박 신부   그렇게 되면, 시민들은 그것이 무엇인지 정확히는 몰라도 분명 무슨 큰 사고가 일어났다는 것만은 알 것이고, 해결책을 강구하려 할 것입니다.

송 군   물론이지요.

박신부   그렇다면 죽지 않고 오래 살고 싶지만 죽어야 하고, 굶주림이나 고통을 원하지 않는데도 당해야 하고, 행복하기를 바라지만 불행을 겪어야 하니 이런 걸 보면 인간에게 어떤 큰 사고가 일어났다고 생각할 수 있지 않을까요?

송 군   음······.

박신부   인간은 불행이나 비참을 싫어합니다. 하지만 이것을 당하지 않으면 안 되게 되었으니, 이런 결과를 낳게 한 어떤 사고가 있었다는 것을 알 수 있지 않느냐 말입니다. 서울 시내가 갑자기 물바다가 되었다면, 이렇게 만든 어떤 큰 사고가 있는 것이 아니겠습니까?

송 군   물론이지요.

박신부   그러니까 뭔가가 제대로 되어 있다면 인간은 인간이 바라는 그대로 영원히 살고, 또 불행이나 비참을 당하지도 않고 영원히 행복해야 되는 것 아닙니까? 그런데 이것이 가능하지 않다면 여기에 어떤 원인이 있었기 때문이 아니겠어요?

송 군   글쎄요?

박신부   좋습니다. 송 군, 지금 차고 있는 시계, 시간이 잘 맞습니까?

송 군   아뇨. 잘 맞지 않습니다.

박신부   왜 그렇습니까?

송 군   지난번 휴가 때 집에 가서 시계를 풀어 놓고 낮잠을 잤는데, 조카가 그 시계를 가지고 놀다가 돌 위에 떨어뜨렸습니다. 그래서 시계가 고장이 났지요. 고치긴 했는데, 그다음부터는 시간이 잘 맞지 않습니다.

박 신부   그것 보세요. 고장이 나지 않았다면 시간이 잘 맞을 시계인데, 고장이 나서 그 모양이 되지 않았습니까? 이와 마찬가지로, 인간이 본래부터 바라는 행복은 없고, 불행과 비참이 앞을 가로막으니, 분명 어딘가에 고장이 났기 때문이 아닐까요?

송 군   인간이 어떻게 고장이 나나요?

박 신부   하하하하, 그럼 말이지요, 이렇게 생각해 봅시다. 그릇 공장에서 금방 나온 그릇들은 모두가 새것들이겠지요?

송 군   물론이지요.

박 신부   그런데 주방에서 그릇을 쓰다 보면, 그릇에 금이 가고, 때로는 모서리가 깨지기도 합니다. 그리고 그릇을 오래 쓰면 낡아서 고물이 됩니다. 자! 그렇다면 하느님이 최초에 인간을 창조하실 때 지금처럼 비참하고 불행한 인간으로 만들었다고 생각합니까, 아니면 처음엔 새 인간이었는데 어떤 사고가 있어서 오늘처럼 불행한 인간이 되었다고 생각합니까?

송 군   제 생각에도 선하신 하느님이 처음부터 이렇게 비참한 인간으로 만들지는 않았을 거라 생각합니다.

박 신부   그렇지요. 바로 그것입니다. 오늘 아침에 전화를 쓰려는데, 어제까지도 잘 되던 전화가 갑자기 먹통인 겁니다. 왜 그런지 알아보았더니, 어제 저녁 태풍으로 전화선이 끊어졌더군요. 그러니 전화가 안 될 수밖에요.

송 군 그런데 신부님······. 인간에게 어떤 사고가 있었다고 하셨는데, 좀 더 자세하게 말씀해 주셨으면 좋겠습니다.

박 신부 예, 우리가 비록 사고 현장을 보지는 않았다 할지라도 거기서 나온 결과를 보고서 사고의 원인을 충분히 알 수 있습니다. 방금 전 고장 난 전화 이야기를 했는데, 통화가 되지 않는다면, 그것은 분명히 고장 난 겁니다. 그러니 그 원인을 찾아서 고쳐야겠죠.

송 군 물론입니다.

박 신부 이것과 마찬가지입니다. 인간에게 비참이 있고 죄악이 있다는 이 사실은 결국 이것을 나오게 한 어떤 사고가 있었다는 것을 분명히 알려 주고 있습니다. 한강 물을 가로막았기 때문에 서울이 물바다가 되는 무서운 결과가 나온 것처럼······.

송 군 신부님! 이제 알아듣겠습니다. 그럼 인간이 저지른 사고는 어떤 것입니까?

박 신부 악이란 질서를 파괴해서 나온 것이라고 했습니다. 오늘날 우리 사회의 윤리 도덕이 엉망이라고 개탄하는 분들이 많습니다. 윤리적인 죄는 윤리 질서를 깨뜨렸기 때문에 나온 것이지요. 그런데 윤리 질서 중에서 가장 큰 질서는 창조주와 창조물과의 관계를 맺어 주는 질서입니다. 며칠 전에 종교가 무엇인가에 대해 얘기했었는데, 기억납니까?

송 군 그럼요, 종교는 신과 인간과의 관계라고 하셨지요.

박 신 부 예, 맞습니다. 그러니까 하느님에 대해서 인간이 지켜야 할 윤리 질서, 이것이 가장 큰 것이란 말입니다.

송 군 그렇겠지요.

박 신 부 그런데 이 사회의 무서운 죄악, 인생이 비참하다는 것을 보아 이 중대한 윤리 질서가 깨어졌다는 것을 우리는 알 수 있습니다. 그렇지 않습니까?

송 군 결국 말하자면, 사람이 하느님께 할 일을 하지 않았다는 말이지요?

박 신 부 그렇습니다. 하느님과 사람 사이에 있었던 윤리 질서가 깨어졌다는 것입니다. 이것이 최초로 윤리 질서가 파괴되는 순간이었고, 따라서 이것이 최초의 윤리적 죄악인 것입니다. 그래서 우리는 이것을 '원죄' 또는 '인류의 죄'라고 합니다.

송 군 원문이니 원서니 하는 말처럼, 죄에 있어서 최초의 것이라고 해서 '원죄'라고 하는 건가요?

박 신 부 그렇지요. 한마디로, 이 세상의 불행이니 죄악이니 하는 것은 바로 이 원죄에서 나온 것입니다. 이 세상의 비참과 모순도 이 윤리 질서를 인간이 깨뜨렸기 때문입니다. 인간은 영원한 행복을 추구합니다. 그런데 그 행복에 도달하려는 길이 끊어지고 말았으니, 남은 것은 비참과 모순뿐이지요. 인간의 영혼에 대해 말할 때도 나왔지만, 무한한 행복을 찾는 인간은 무한한 하느님께로 가야만 그것을 얻을 수 있습니다. 그런데 그 행복을 찾는 인간이었지만 그곳과 연결된 다리가 끊어져 갈 수는 없고, 그쪽을 보며 슬픔의 눈물을 흘리고 있는 것이 오늘날 인간의 모습입니다.

송 군　정말 처음 듣는 얘깁니다…….

박신부　이것은 마치 스스로 시계를 못 쓰게 만들어 놓고도 시간을 알 수 없어 불편을 느끼는 것과 같은 것입니다. 아예 처음부터 시계를 가지지 않았다면 그런 불편을 느끼지 않을 텐데, 시계의 가치와 시계의 편리함을 알기 때문에 더욱 불편을 느낍니다. 인간도 창조될 때부터 지금처럼 비참한 모습으로 창조되었다면 괜찮았겠지만 처음엔 완전무결하게 창조되어 행복한 생활을 하던 인간이었기 때문에 옛날의 행복을 그리워하는 것입니다. 그러면서도 그 행복을 얻지 못해서 불행을 느끼는 것이 오늘의 인간 모습이란 것입니다.

송 군　그래서 신부님이 오늘의 인간을 고장 난 인간이라고 하신 거군요.

박신부　그렇지요. 오늘의 인간은 최초의 인간이 아니고 상처받은 인간, 고장 난 인간입니다.

송 군　그렇다면 그 상처를 치료하고 고장 난 부분을 고쳐야 할 텐데, 어떻게 해야 합니까?

박신부　모든 사람이 먼저 본래의 인간의 길에서 떨어져 나왔다는 사실을 깨달아야 합니다. 경험 많은 운전자가 차의 고장을 쉽게 알아내듯이, 우리도 보람 있는 생활을 하기 위해선 인생을 비관만 하지 말고 비참의 원인을 캐내야 합니다. 그다음 해결책을 찾아야지요.

송 군   사실 많은 사람들이 지금 신부님이 말씀하신 이런 것을 전혀 모르고 있습니다.

박 신부   그렇지요. 고장 난 인간인 줄은 모르고, 무조건 어떤 행복만을 찾으려다가 찾지 못하니까 비관하고, 심지어는 자살을 하고 맙니다. 이것은 마치 고장 난 자동차를 고치지 않고 몰고 다니던 운전자가 자기의 무지로 사고를 저지르는 것과 같은 것이지요. 인생의 모순, 인생의 비참과 불행의 원인은 원죄입니다. 며칠 전에 송 군이 던진 "왜 많은 사람들이 하느님을 모르고 삽니까?"라는 질문에, 내가 그것을 다음으로 미루고 하느님을 믿지 않는 심리적인 원인만 말했는데, 그 근본적인 원인은 하느님께 원죄를 저지른 인간이기 때문입니다. 그래서 하느님보다 자기를 더 찾고, 착한 것보다 죄를 더 찾는 겁니다.

송 군   신부님! 잘 알겠습니다. 모든 원인은 인간이 하느님을 배반한 원죄 때문이란 말이지요. 그런데 문제는 비참한 인간에게 행복을 주고, 상처 입은 인간을 치료하고, 고장 난 인간을 고치는 방법인 것 같습니다. 이점에 대해서도 좀 말씀해 주십시오.

박 신부   벌써 시간이 많이 지났군요. 오늘은 이 정도로 하고 다음에 계속 얘기하는 것이 좋겠습니다.

송 군   그럼 내일 또 오겠습니다. 신부님 안녕히 계십시오.

박 신부   예, 또 만납시다. 안녕히 가십시오.

꼭 알아야 할 문제

1. 가톨릭이란 말은 무슨 뜻인가?
2. 종교는 무엇인가?
3. 왜 종교를 가져야 하는가?
4. 하느님이 계심을 우리는 어떻게 알 수 있는가?
5. 하느님은 어떤 분이신가?
6. 모든 것은 '저절로' 될 수 없다는 말은 무슨 뜻인가?
7. 사람들이 하느님을 믿지 않는 이유는 무엇인가?
8. 사람이 세상에 사는 첫째 목적은 무엇인가?
9. 사람의 첫째 목적은 어떻게 결정된 것인가?
10. 사람이 첫째 목적대로 살지 않으면 어떻게 되는가?
11. 각혼이란 무엇인가?
12. 사람에게 영혼이 있다는 것을 어떻게 알 수 있는가?
13. 영혼과 대뇌와의 관계는 어떠한가?
14. 죽은 사람 앞에 명복을 빈다는 것은 무엇을 뜻하는가?
15. 영혼은 왜 죽지 않는가?
16. 가톨릭 신자도 제사를 지낼 수 있는가?
17. 천사는 무엇인가?
18. 악마는 무엇인가?
19. 악마가 있다는 것을 어떻게 알 수 있는가?
20. 악마는 사람들에게 어떤 짓을 하는가?
21. 우리는 무엇을 '악'이라고 하는가?

22. 죄악이란 무엇인가?
23. 인간 사회의 모든 죄악은 어디에서 온 것인가?
24. 인간의 비참과 모든 고통은 어디에서 왔는가?
25. 원죄란 무엇인가?

제2부

그리스도와 신앙

원죄란 무엇인가?

송 군   신부님, 안녕하십니까?

박 신부   네, 오랜만입니다. 앉으십시오.

송 군   신부님, 지난번에 하시던 말씀을 계속해 주십시오. 그때 신부님께서 인생의 비참과 모순의 원인을 원죄라고 하시고는, 그 모순과 비참의 해결 방법을 말씀하시지 않으셨는데요.

박 신부   상처받은 인간을 치료하고, 그 모순과 비참에서 벗어날 수 있는 방법을 이야기하기 전에 먼저 원죄라는 것이 어떤 것인가를 좀 더 알아야 되지 않겠습니까?

송 군   그렇겠지요. 지금까지 신부님께서는, 인간의 비참과 고통이 원죄에서 나왔고 우리 사회의 모든 죄악도 원죄로부터 출발했다고만 하셨는데 사실 그 원죄란 어떤 죄입니까? 하느님의 뺨을 때린 죄입니까, 아니면 하느님의 물건을 훔친 죄입니까?

박 신부   그것을 말씀드리지 않았군요. 지난번에도 말씀드렸지만, 하느님이 인간을 처음 창조하실 때는 지금처럼 불행하고 모순투성이의 인간이 아니고, 아주 행복하게, 죽지도 않게 창조하셨죠. 그들은 아무런 비참이나 고통도 없이 낙원에서 살았습니다. 그리고 그들에게는 영원한 행복을 누릴 수 있는 천국까지 약속되어 있었습니다.

송 군   그런데 원죄를 저질렀다는 말이지요!

박신부   그렇습니다.

송 군   도대체 그들은 무엇 때문에 원죄를 저질렀습니까?

박신부   중요한 질문입니다. 하느님은 이 우주를 먼저 창조하고, 이 우주의 주인으로서, 하느님 당신 모상대로 인간을 창조하셨지요.

송 군   뭐라고요? 우리 인간이 하느님을 닮았단 말입니까?

박신부   그렇습니다. 인간이 하느님을 닮았다는 말은 육체를 보고 말하는 것이 아닙니다. 송 군도 알다시피 하느님은 육체가 없잖아요? 만일 우리가 눈으로 하느님을 볼 수 있다면 그것은 벌써 하느님이 아닙니다. 나는 그런 하느님을 믿을 수 없습니다. 지난번에 말씀드렸는데, 인간에게도 보이지 않는 영혼이 있다는 것 기억납니까?

송 군   네.

박신부   우리 눈에 보이지 않는 영혼이 있고, 이후에 하느님과 함께 영원한 행복을 누릴 수 있는 은총을 받았기 때문에 하느님과 비슷하다는 것입니다.

송 군   인간은 영혼의 능력으로 생각할 수 있고, 선과 악을 판단할 수 있기 때문이겠지요.

박신부   그렇습니다.

송 군   그런데, 한 남자와 한 여자를 같이 창조하셨습니까?

박신부   하느님은 먼저 남자를 창조하시고, 그가 잠자는 틈을 타 그의 갈빗대 하나를 뽑아 여자를 만드셨다고 기록되어 있습니다.

송 군   기록되어 있다니요?

박 신부 그건 성경을 말하는 건데 차차 얘기가 나올 것입니다.

송 군 그런데 신부님, 아담과 이브란 사람이 바로 그들입니까?

박 신부 맞습니다. 바로 그들인데, 여자의 이름을 보통 사람들은 '이브Eve'라고 합니다. 하지만 이건 영어 발음에서 나온 말이고, 우리 가톨릭 교회에서는 '하와'라고 부르고 있지요.

송 군 그래요? 그럼 저도 이제부터는 하와라고 부르겠습니다. 그런데 제가 어떤 책에서 보니까, 아담과 하와가 그 에덴동산에서 쫓겨났다는데, 거긴 어떤 곳이고, 그들은 왜 그곳에서 쫓겨났습니까?

박 신부 그들이 살던 낙원은 아무런 고통도 없고 죽음도 없는 곳이었습니다. 다만 한 가지 지켜야 할 '계명'이 있었습니다. 무슨 계명인가 하면, 낙원에 있는 모든 실과는 다 따 먹을 수 있지만, 동산 한가운데 있는 나무 열매만은 따 먹지 말라는 것이었습니다. 그 열매를 따 먹으면 죽는다고 했습니다.

송 군 그 계명을 지켰습니까?

박 신부 그러지 못했습니다. 하루는 악마가 나타나서 하와를 유혹했습니다. 악마가 그들에게, 왜 그 열매를 따 먹지 않느냐고 하자, 하와는 그것을 따 먹으면 죽는다고 하신 하느님의 말씀이 생각나서 그대로 대답했습니다. 그러자 악마는 다시, "아니다. 어리석은 사람아! 죽기는 왜 죽어, 그 열매를 따 먹으면 하느님같이 전능한 자가 될 것이고, '선'과 '악'을 아는 눈이 열려진단 말이야. 그러니 내 말만 믿고 그 빛 좋은 과일을 따 먹어 보면 어때?"라고 말했습니다. 이 말을 들은 하와는 하느님의 명령을 거스르는 것인 줄 알면서도, 하느님처럼 된다는 말에 교만한 생각이 일어나 그것을 따 먹었지요. 그리고 아담에게도 주자 그도 그것을 먹었습니다.

송 군 그래서요?

박 신부 그다음부터는 하느님처럼 되기는커녕 부끄러움을 알게 되고 하느님이 무서워지기 시작했습니다. 마침내 그들은 그 낙원까지 뺏기고 오늘날의 이런 죄악의 세계로 쫓겨나고 말았습니다. 그 후 천국 행복도 빼앗겼고 죽음이 닥치기 시작했습니다.

송 군 만일 아담과 하와가 원죄를 저지르지 않았다면, 우리 인간은 죽지도 않고 바로 천국 행복을 얻을 수 있었다는 말씀이지요?

박 신부 그렇습니다.

송 군 그런데 신부님, 아무리 인간이 원죄를 짓지 않았다 할지라도, 인간이 육신을 가진 이상 죽지 않을 수가 없잖아요? 이해가 안 됩니다.

박 신부 사실입니다. 인간의 육신은 세포라는 물질로 이루어진 것이기에, 과학적으로 보아 언젠가 한 번은 그것이 파괴되기 마련입니다. 하지만 원죄를 저지르기 이전에는 하느님의 특별한 은총으로 이것이 파괴되지 않게 되어 있었다는 것입니다. 인간이 감히 천국을 얻을 수 있다는 것도 너무나 과분한 것이지요. 그럼에도 불구하고 하느님은 이런 은총을 주셨습니다. 천국 영복을 차지할 수 있는 이 은총은 그야말로 인간에게 영원한 생명을 주는 것이기 때문에 '생명의 은총'이라고 하고, 인간 육체로 보아 죽게 마련이고 고통을 당하게 마련인데, 이것이 없다는 것도 역시 인간의 본성에 비추어 너무나 과한 은총이기 때문에 이것을 '과성 은총'이라고 합니다.

송 군   뭐라고요, 신부님? 생명의……?

박 신부   '생명의 은총', '과성 은총'이라고 합니다.

송 군   그러니까, 원죄로 말미암아 생명의 은총과 과성 은총을 다 잃어버리고 말았다는 것이죠?

박 신부   그렇습니다. 원죄 이전에 받았던 하느님의 모든 은총을 원죄로 말미암아 송두리째 빼앗겼을 뿐 아니라, 그 대가로 암흑과 죄악 속에서 허덕이며 살게 되었지요.

송 군   신부님! 그런데 그 원죄는 사실 지금 우리와는 아무런 관계도 없는데, 왜 우리도 거기서 오는 손해를 받아야 합니까?

박 신부   사실 우리가 원죄를 저지른 것은 아닙니다. 하지만 아담과 하와는 전 인류의 대표자였기 때문에 그 결과는 후손에게까지 미쳐 내려옵니다.

송 군   그건 너무한데요, 신부님.

박 신부   그래요? 그럼 이렇게 생각해 보세요. 아담과 하와가 원죄를 저지르지 않았다면 후손인 우리들도 생명의 은총과 과성 은총을 고스란히 받아 천국 영광을 그대로 받을 수 있었을 것입니다. 이것도 너무한가요, 송 군?

송 군   하하, 그건 좋지만요.

박 신부   보세요! 사람이란 이런 시이죠. "잘되면 제 탓이고, 잘못되면 조상 탓"이란 말처럼 말입니다. 하하하. 몇 년 전에 우리 고장에서 이 씨 한 분과 정 씨 한 분이 서로 적수가 되어 국회 의원에 출마한 적이 있었습니다. 한 분은 이 씨 집안의 대표자이고, 한 분은 그 동네 정 씨 집안의 대표자였지요. 맹렬한 선거전을 치르고 투표를 한 결과 이 씨가 당선됐어요. 그랬더니 이 씨 집안의 모든 친척들이 의기양양해서 야단이었어요. 그런데 반대로 정 씨 문중에서는, 국회 의원에 출마하지 않았던 집안사람들까지 모두 풀이 죽어 있는 겁니다. 또 한 가지 재미난 일은, 그 두 사람의 아들이 다 같이 초등학교 3학년에, 더구나 같은 반에서 공부하고 있었단 말이지요.

송 군 아니, 국회 의원에 출마한 정 씨 아들과 이 씨 아들이 말입니까?

박 신부 네. 그런데 한반 아이들이 이 씨 아들에게는, "너희 아버지 국회 의원 됐다며? 야! 굉장한데, 그렇다고 너무 재진 마라!" 이렇게 야단이고, 정 씨 아들에게는, "야! 야! 네 아버진 어떻게 됐니? 쥐도 새도 모르게 구멍으로 들어갔니? 쓱 미끄럼 타고 말았구나!" 이렇게 야단이라, 나중에는 학교도 못 갔답니다. 그래서 선생님이 아이들을 꾸짖고 야단친 일이 있었지요.

송 군 신부님! 그럴 만도 합니다.

박 신부 그러니 인류의 대표자였던 아담과 하와가 하느님의 시험에 떨어지지 않고 원죄를 저지르지 않았더라면 후손인 우리들도 기를 펴고 살 텐데, 그만 악마의 유혹에 떨어져 죄를 범했으니 그 벌이 우리 후손에게까지 미쳐 오는 것이 당연합니다. 한 집안의 대표자가 명예로우면 그 집안이 다 명예로운 것처럼 말입니다.

송 군 잘 알겠습니다. 그러니까, 원조의 자손은 누구를 막론하고 원죄의 벌을 받게 마련이군요?

박신부 그런데, 여기 꼭 한 사람 예외가 있습니다.

송 군 무슨 예외가…….

박신부 마리아라는 여인만은 원죄에 물들지 않고 세상에 나왔지요.

송 군 그건 또 무슨 말씀인가요?

박신부 마리아는 특수한 인간입니다. 마리아가 받은 이 특전을 '원죄 없으신 잉태'라고 합니다. 여기에 대해서는 나중에 이야기하도록 하겠습니다.

송 군 그러면 그것은 다음으로 미루고, 우선 원죄로 죄에 떨어진 인간, 상처받은 인간을 다시 살리는 길이 있다면 어떤 것인지 이야기 좀 해 주시겠습니까?

상처받은 인간은 누구를 찾아야 하는가?

박 신부   송 군! 지난번 인생의 모순과 비참에 대해서 이야기한 것 생각납니까?

송 군   무엇이었죠?

박 신부   악이란 질서의 파괴라고 했던 것 말입니다.

송 군   네! 서해로 흐르는 한강 물을 가로막아 서울이 물바다가 된 얘기 말이군요.

박 신부   네. 그럼, 한강 물이 흘러 넘쳐 물바다가 된 서울을 구하는 방법은 무엇일까요?

송 군   그거야 간단하죠. 한강을 가로막은 둑을 다시 헐어서 예전대로 물이 내려가게 하면 금방 물이 빠지겠죠.

박 신부   물론 그렇지요. 그렇다면 하느님과 인간 사이에 있었던 윤리 질서가 깨어져 생긴 비참과 모순 그리고 죄악에서 인간을 다시 구하는 길은 무엇이겠습니까?

송 군   음…….

박 신부   생각해 보십시오. 간단합니다.

송 군   글쎄요……. 제 생각에는 깨어진 윤리 질서를 다시 이어서 본래의 인간으로 돌아가야 될 것 같습니다.

박 신부   그렇습니다.

송 군   그런데 누가 그 질서를 이을 수가 있는지, 그게 문제인 것 같습니다.

박 신부   사실이지요. 죄악과 모순으로 상처받은 비참한 인간을 다시 구하는 길은, 하느님과 인간 사이의 깨어진 윤리 질서를 다시 이을 수 있는, 말하자면 세상과 천국 사이를 잇는 다리를 다시 놓아야 하는 것입니다. 그런데 과연 누가 이것을 할 수 있겠는가가 문제입니다. 누가 이 세상을 구할 수 있겠습니까?

송 군   네?

박 신부   그럼 송 군 시계가 고장이 나면 누구를 찾아가야 합니까?

송 군   시계점으로 가지요.

박 신부   그럼 사람이 병이 나면요?

송 군   의사를 찾아가겠지요.

박 신부   모순과 죄악으로 상처받은 인간은 누구를 찾아가야 합니까? 인간이 하느님께 중대한 죄를 저질렀습니다. 하느님을 거슬러 윤리 질서를 파괴한 우리 인간이 아무리 뉘우치고 애를 써도 인간의 힘으로는 어쩔 수 없다는 것이 또 하나의 비참한 일이 아닐 수 없습니다. 원죄를 저지른 이후의 인간은 마치 세 살짜리 어린아이가 책상 위에 놓인 시계를 아빠 몰래 만지작거리다가 고장을 내고는 야단맞고, 자기 힘으로는 고칠 수 없어 망가진 시계만을 쳐다보고 울고 있는 가엾은 꼴과 같습니다.

송 군   그렇다면 그 시계를 고칠 수 있는 기술자가 필요하듯이,

우리 인간을 구할 어떤 능력자가 있어야 하지 않을까요?

박 신부 맞습니다. 인간을 비참에서 구할 능력자가 있어야 했습니다. 세상의 죄를 씻고 인류에게 구원을 줄 수 있는 능력자가 있어야 했지만, 인간의 힘으로는 어찌할 수 없었지요. 그러니 하느님 편에서 우리를 다시 살려 주시는 '자비'가 필요했습니다. 이 일을 위해 하느님의 아들로서 인류 역사에 나타나신 분이 '예수 그리스도'입니다. 송 군! 알겠습니까?

송 군 예수님 이름은 많이 들었습니다. 그런데 신부님! 점점 더 깊이 들어가니까, 어떤 희망을 얻을 수 있을 것 같은데요. 이제부터는 예수님에 대해서 이야기 좀 해 주십시오.

박 신부 네, 문제는 그리스도입니다. 그리스도가 누구인지를 올바르게 알아야 할 때가 왔습니다.

예수 그리스도란 누구인가?

박신부 매년 12월 25일이 오면 크리스마스라고 해서 크리스마스카드니 크리스마스 선물을 주고받고 야단인데, 도대체 크리스마스가 어떤 날인가요?

송 군 '예수 그리스도'가 탄생하신 날 아닙니까?

박신부 네! 그렇다면, 그리스도가 어떤 분이시기에 세상 만민이 그분의 탄생을 축하하고 좋아합니까? 많은 사람들이 크리스마스가 좋은 날인 줄로 알고 그날이 오면 파티를 열고, 선물도 주고받고, 크리스마스트리를 만들기도 하지만 정작 그날 탄생하신 그리스도가 어떤 분인가는 거의 모르고 있는 듯합니다.

송 군 신부님! 그렇습니다. 저 역시 크리스마스가 좋은 날인 줄은 알지만, 그 숨은 뜻에 대해선 잘 모릅니다. 좀 말씀해 주십시오.

박신부 그리스도는 세상에서 왕국을 세운 일도 없고, 으리으리한 왕좌에 앉아 본 적도 없습니다. 그런데 그리스도의 탄생일만은 전 세계 인류의 명절로 되어 있습니다. 무슨 까닭입니까? 무슨 이유가 있지 않겠습니까?

송 군 신부님! 그보다 먼저 그리스도의 생애에 대해 긴단히 말씀해 주십시오.

박 신부   그렇게 하지요. 교리적인 내용은 빼고 간단히 말씀드리면 이렇습니다. 그리스도는 2천 년 전, 마리아라는 한 여인의 몸에서 태어났습니다. 마리아는 베들레헴이라는 작은 고을의 한 마구간에서 아이를 낳았지요.

송 군   결혼하지 않은 여인이 아이를 낳았다고요?

박 신부   그렇습니다. 그리스도는 마리아라는 여인의 몸에서 탄생하셨습니다. 그분의 탄생으로 미루어 보아, 그분은 우리와는 전혀 다른 존재라는 것을 알 수 있습니다.

송 군   그렇다면 아버지 없이 여인의 몸에서 탄생하신 그리스도를 그 당시 사회에서는 어떻게 받아들였습니까?

박 신부   좋은 질문입니다. 그리스도가 탄생하신 그 당시에는, 미혼 여자가 아이를 낳을 경우 무조건 돌로 쳐 죽이는 엄한 풍속이 있었습니다.

송 군   그러면 그리스도는 어떻게 되었습니까?

박 신부   그 당시 사람들은 그리스도가 이 세상의 죄를 씻고, 인류를 구하러 오신 하느님의 아들이란 것을 알지 못했지요. 마리아는 그리스도를 길러 줄 양아버지로 요셉이란 의인을 남편으로 맞이했습니다. 그래서 그때 사람들은 그리스도를 요셉의 아들로 알고 있었습니다. 하느님은 당신의 특별한 전능으로 당신의 아들 그리스도를 마리아라는 죄 없는 여인의 몸을 빌려 인간으로서 이 세상에 보내셨습니다.

송 군   그래서 마리아에게 원죄가 없다고 하는 건가요?

박 신 부   그렇습니다. 생각해 보십시오. 원죄를 씻으러 오는 그리스도가 세상에 태어날 때에 죄에 물든 인간을 통해서 오신다면 이것은 모순이 아니겠습니까? 그래서 하느님은 특별히 마리아를 뽑아서 죄에 물듦이 없이 깨끗한 몸으로 그리스도를 낳게 했던 것입니다.

송 군   한 가지 궁금한 게 있는데요, 아버지도 없이 사람이 될 수 있는 하느님의 아들이 왜 이 세상에 오실 때 방 한 칸도 없이 마구간에서 태어난 거죠? 이해하기 힘들군요.

박 신 부   그렇겠지요. 여기에 대해선 조금 후에 말씀드리고, 우선 그리스도의 생애를 이야기하는 중이니까, 이것부터 먼저 이야기하겠습니다.

송 군   그렇게 하시지요. 그럼 마리아의 몸을 빌려 마구간에서 탄생하신 그리스도는 어떻게 되었습니까?

박 신 부   그리스도가 탄생하시자 먼저 그 근방에서 양을 치던 목동들이 아기 예수님을 찾아와 인사했습니다. 얼마 후에는 동방의 세 학자가 하늘에서 번쩍이는 이상한 별을 보았습니다. 그들을 동방 박사라고도 부릅니다. 그들은 그리스도가 탄생하셨다는 것을 깨닫고, 탄생하신 곳을 찾아와 아기 예수님에게 선물을 바쳤습니다. 크리스마스카드를 보면 별빛을 따라가는 할아버지들 셋이 있잖아요?

송 군   네! 네!

박 신 부   그것이 바로 세 동방 박사가 그리스도를 찾아가는 장면입니다. 동방 박사들이 다녀 간 후, 헤로데라는 그 지방 임금은 점차 그 아기가 자라서 왕권을 노리게 될까 봐 몹시 두려워했습니다.

그래서 그리스도를 없애 버리려고 베들레헴 지방에 있는 두 살 아래 모든 남자 아이를 죽이라는 무서운 명령을 내렸지요. 하지만 하느님은 이 일이 일어나기 전에, 양아버지 요셉의 꿈속에 천사를 보내어 이 사실을 알려 주었습니다.

송 군   그래서 그 위기를 모면했습니까?

박신부   그럼요, 제아무리 왕이라 하더라도 하느님의 아들을 죽일 수 있나요? 그래서 밤중에 이집트 지방으로 피난을 했지요.

송 군   신부님! 가끔 크리스마스카드에 보면, 어머니가 아들을 품에 안은 채 나귀를 타고 사막을 건너가는 그림이 있는데, 그게 바로 이집트 피난을 그린 것입니까?

박신부   그렇습니다.

송 군   저는 그것도 몰랐습니다.

박신부   송 군뿐만 아니라 많은 사람들이 그렇습니다. 무슨 뜻인지도 모르고 크리스마스카드를 주고받고, 크리스마스트리를 만듭니다. 외국에서 하는 것을 무조건 흉내 내서 그렇지요. 사람들이 크리스마스를 축하하긴 하지만, 정작 의미는 모른 채 하나의 유행처럼 되어 버린 게 사실입니다.

송 군   저 역시 의미도 모르고 그저 크리스마스, 크리스마스 했습니다. 지금 생각하니 부끄럽습니다.

박신부   전번에 어떤 사람에게서 이런 말을 들은 적이 있습니다. "신부님! 오늘 메리 크리스마스 아닙니까, 한잔하러 가시죠?" 크리스마스를 먹고 마시는 날로만 아는 사람들에게 묻고 싶은 말이 있습니다.

"그리스도란 어떤 분이신가?"

"그리스도는 이 세상에서 무엇을 하셨는가?"

"그분의 탄생일이 왜 문화인들의 명절이 되지 않으면 안 되었는가?"
송 군, 대답할 수 있습니까?

송 군　글쎄요…….

박신부　그리스도가 이 세상에 오심으로써 인류 역사는 변했습니다. 그분의 탄생이 새로운 서력기원을 만들었을 정도니까요. 왜 그런지 아십니까?

송 군　저도 모르죠. 그런데 신부님! 그들이 이집트로 피난 가서 어떻게 살았습니까?

박신부　그들은 이집트에서 몇 년을 살다가, 헤로데가 죽었다는 소식을 듣고 이스라엘 북쪽에 있는 나자렛이라는 고을에서 숨어 살았습니다.

송 군　신부님! 그들이 어떻게 살았는지 궁금해지는데요. 생계는 어떻게 유지했습니까?

박신부　요셉은 보잘것없는 목수로서 그의 두 가족을 이끌었습니다.

송 군　그래요?

박신부　그리스도는 나자렛 고을에서 특별히 하신 일 없이 묵묵히 30년을 사셨는데, 이 30년을 그리스도의 사생활이라고 합니다.

송 군　그리스도는 이 세상에서 몇 년이나 사셨습니까?

박 신부   대략 33년입니다. 30년을 나자렛에서 지내시고 그 후 3년 동안 그분이 맡은 사명을 다하기 위한 공생활을 하셨습니다. 공생활을 시작하시기 전에 먼저 요한이란 사람에게 요르단강에서 세례를 받으시고 난 다음 당신의 제자들을 모으셨습니다. 그분을 따라 다니면서 그분에게서 직접 설교를 듣고 특별히 배운 제자가 열두 사람이었는데, 그중에서 으뜸되는 제자가 유명한 베드로란 사람이지요.

송 군   베드로? 들어 본 듯도 합니다.

박 신부   열두 제자를 중심으로 그리스도는 이스라엘 지방을 두루 다니시면서 뭇 사람들에게 그분의 진리를 설교했고, 인간의 참된 길을 가르치셨습니다. 그뿐 아니라 그분은 불치병을 앓는 사람을 그 자리에서 고쳐 주시고, 죽은 사람을 살리시는 기적까지 행하셨습니다.

송 군   죽은 사람을 살리셨다고요?

박 신부   그러니 기적이라 하지 않습니까. 기적이란, 인간의 힘으로 될 수 없는 것, 혹은 자연이나 과학의 힘으로 될 수 없는 것이 이루어지는 것입니다.

송 군   그러니까 그리스도는 과학자보다 더 위대하단 말이지요?

박 신부   그럼요. 과학자는 우주를 창조하지 못합니다. 그런데 그리스도는 우주를 창조하신 하느님의 아들입니다. 하지만 그분은 우리와 똑같은 평범한 인간으로 세상에 태어나셨기 때문에, 아까도 말씀드렸지만, 그때 사람들은 그리스도를 단순히 요셉이란 사람의 아들로만 알고 있었어요. 그리스도는 당신이 하느님의 아들이란 것을 증명하기 위해 사람들이 하지 못하는 기적을 많이 행하셨습니다.

송 군   그리스도가 행하신 여러 가지 기적에 대해서 말씀 좀 해 주십시오.

박 신부   다 말하려면 끝이 없지요. 물을 술로 만드신 일, 나병 환자를 그 자리에서 고치신 일, 죽은 사람을 살리신 일 등 여러 가지 기적이 있습니다. 하지만 그분의 가장 큰 기적은 돌아가신 다음 3일 만에 다시 살아나신 것입니다.

송 군   그리스도는 어떻게 돌아가셨습니까?

박 신부   그리스도는, 당신이 하느님의 아들이요, 세상 사람들에게 구원을 주러 오신 분이란 것을 알려 주시기 위해 많은 기적을 행하셨고, 새로운 인간의 갈 길을 가르치셨습니다. 그때 구세주를 기다리던 유다인들은 그리스도를 구세주로 알아보지 못하고 도리어 사회를 혼란케 하고 백성들을 선동하는 사람이라 생각했습니다. 더구나 그리스도가 자신을 하느님의 아들이라 하니, 자신들의 하느님을 욕되게 한다고 생각한 끝에 그분을 몹시 미워하였습니다. 그래서 그리스도를 없애 버리려고 하였습니다.

송 군   그래서요?

박 신부   그러다 결국 유다인들은 그리스도를 잡아서 사형시켰습니다. 그리스도는 아무런 죄 없이 십자 모양으로 된 사형틀에서 돌아가셨습니다.

송 군   책상 위에 걸려 있는 저런 모양으로 돌아가신 겁니까?

박 신부   네, 바로 그렇습니다. 저것이 십자가 위에 못 박혀 돌아가신 그리스도의 십자고상이라는 것입니다.

송 군   제가 보니까 가톨릭 신자들 집에는 모두 저런 십자가가 걸려 있더군요. 그런데 신부님의 것은 특별히 아름다운 것 같습니다.

박 신부   하하, 그럴지도 모르지요. 저것은 내가 신부가 될 때 독일 신부님으로부터 특별히 선물받은 것입니다.

송 군   아! 그렇습니까? 저 십자고상만 보아도 그리스도가 어떻게 돌아가셨는지 충분히 알 수 있을 것 같습니다. 돌아가신 다음엔 어떻게 되었습니까?

박 신부   그리스도는 돌아가시기 전에 당신 제자들에게, 자신을 죽이려하는 이들의 손에 잡혀 돌아가실 것과 3일 만에 다시 살아나실 것을 미리 말씀하셨습니다. 그리고 그분의 예언대로 죽으신 후 땅에 묻히신 지 사흘 만에 당신 전능으로 살아나셨습니다. 이것을 '예수 부활'이라고 합니다.

송 군   죽으신 다음 다시 살아나셨다고요? 그럼 부활하신 다음엔 어떻게 되었습니까?

박 신부   부활하신 다음엔 당신 제자들의 믿음을 다시 굳게 하시고는 당신 교회를 세우시고 40일 후에 하늘에 올라가셨습니다. 이것을 '예수 승천'이라고 합니다. 이런 일을 보더라도, 그분은 순수 인간이 아니요, 하느님의 전능을 가지신 분임을 알 수 있습니다. 송 군! 세계 3대 성인이 누구누구인지 아세요?

송 군   그럼요, 옛날에 학교에서 배웠습니다. 제일 먼저 공자님,

석가 그리고 예수 그리스도입니다.

박신부   맞습니다. 그런데 송 군은 예수 그리스도도 석가나 공자님같이 우리와 같은 사람으로 생각합니까?

송 군   지금까지는 그렇게 생각했었는데, 오늘 신부님의 말씀을 듣고 나니, 그리스도는 우리처럼 단순히 사람만은 아닌 것 같군요.

박신부   어떤 면에서 그렇게 보십니까?

송 군   출생부터 죽은 다음의 모든 이야기를 들으니까…….

박신부   벌써 그리스도는 탄생부터가 다른 성인과는 다릅니다. 보세요. 마리아의 몸에서 탄생했다는 사실, 그리고……. 그런데 송 군, 영화 좋아합니까?

송 군   네! 아주 좋아합니다.

박신부   영화관에 가면 영화를 시작하기 전에 으레 예고편이 나오지요?

송 군   그렇습니다. 어떤 때는 예고편이 너무 많아 지루할 때도 있어요.

박신부   그런데 왜 쓸데없이 시간과 전기를 없애 가며 예고편을 보여줄까요?

송 군   그거야 뭐 예고편을 보고 다음에 또 오라는 일종의 홍보 전략 같은 것이겠죠?

박신부   송 군, 이처럼 영화도 개봉되기 전부터 예고편을 통해 사람들에게 미리 알려 주지 않습니까? 그러니 세상 민민을 구원할 구세주가 이 세상에 오신다는 그런 사실을 미리 예고해 두어야 옳겠습니까, 예고가 없어야 옳겠습니까?

송 군   당연히 예고가 있어야 하겠지요. 책 한 권도 이 세상에 나오기 전에 미리 신문, 잡지를 통해서 광고를 하는데요. 더구나 하느님이 인간에게 구세주를 보내신다면, 으레 미리 예고가 있어야만 하겠지요. 그런데 신부님! 그리스도가 오시기 전에 그리스도에 대한 예고가 있었습니까?

박 신부   있었죠. 그리스도의 탄생에 대한 예고가 없었다면, 우리는 그리스도를 기다릴 수도 없었고, 그를 맞이할 수도 없었습니다.

송 군   공자님은 이 세상에 오시기 전에 미리 예고된 것이 없습니까?

박 신부   결코 없습니다. 공자님, 석가, 소크라테스 모두 그들이 세상에 나타나기 전에는 이름도 없었지만, 그리스도만은 그분이 오시기 전부터 그분의 이름과 탄생할 장소까지 예언되었습니다.

송 군   그분에 대한 예언이 어디에 기록되어 있습니까?

박 신부   성경에 기록되어 있습니다.

송 군   그분의 이름까지 예언되어 있었다는데, 그 이름은 어떤 뜻을 가지고 있습니까?

박 신부   그분의 이름은 '예수 그리스도'인데, 예수는 구세주란 뜻이고, 그리스도라 함은 '머리에 기름을 바름으로써 되는 왕과 제관'이란 뜻입니다.

송 군   머리에 기름을 바른다는 것은 무엇을 의미합니까?

박 신부   옛날 유다 민족 풍속에는, 임금이나 제관이 될 때에 머리에 기름을 발라 대관식을 하는 특별한 예식이 있었어요. 그래서 그분은 구세주이며 동시에 합법적으로 인정된 임금이자 제관이라는 뜻으로 그리스도란 이름을 택하신 것입니다. 어느 모로 보나 그리스도는 천주성을 가진 존재임을 알 수 있습니다. 세상에서 무수한 기적을 행하시고, 죽으신 다음에 다시 살아나셨을 뿐 아니라, 당신 친히 나는 "하늘에서 내려온 하느님의 아들"이라고 하셨습니다.

송 군　하지만 신부님! 예수님이 정말로 기적을 행하셨는지, 그리고 죽은 다음 정말로 살아나셨는지 어떻게 알 수 있죠? 제자들이 그리스도를 위인으로 만들기 위해 허무맹랑한 말을 꾸며냈는지 어떻게 압니까?

박 신부　그리스도에 대한 모든 사실이 성경에 명확하게 기록되어 있습니다. 내가 지금까지 말씀드린 그리스도의 생애와 그분의 죽음과 부활은 모두 성경에 근거를 두고 있습니다. 그런데 송 군! 그리스도가 친히 자신을 하느님의 아들이라 했는데, 그분의 말을 믿을 수 없습니까? 그렇다면 송 군은 그리스도가 거짓말쟁이나 사기꾼이라고 생각합니까?

송 군　그럴 리가 있겠어요?

박 신부　그리스도의 말을 믿는다면 그의 천주성을 인정해야 하는 것이며, 만일 그리스도의 말을 믿지 않는다면 결국 그리스도를 거짓말쟁이로 생각하는 것입니다. 그런데 그런 사기꾼을 세상 만민이 존경하고, 더구나 송 군은 그런 사기꾼의 생일을 크리스마스라고 해서 먹고 마시고 즐깁니까?

송 군   문제는 그리스도를 하느님의 아들로 인정하느냐, 아니면 사기꾼으로 보느냐 하는 것이지요. 그리스도를 사기꾼이라고 하는 것은 너무나 지나친 속단이며, 만일 그렇게 말한다면 일부러 그리스도를 반대하고자 하는 생각에 지나지 않을 것 같습니다.

그런데 신부님 말씀에 의하면, 그리스도는 천주성을 가진 하느님이시며 동시에 사람이라 하셨는데, 그럴 필요가 있었을까요? 하느님이면 하느님, 사람이면 사람, 이렇게 되었다면 좋지 않았을까요? 그리스도가 '천주성'과 '인성' 두 가지를 가져야 하는 이유를 말씀해 주세요.

박 신부   좋은 질문입니다. 원죄를 생각해 봅시다. 원죄로 말미암아 하늘과 땅을 잇는 다리가 끊어지고 말았습니다.

다시 말해서, 원죄로 말미암아 하느님과 사람과의 우정이 끊어지고, 일종의 원수와 같은 꼴이 되었습니다. 이 둘 사이를 화해시키려면 여기에 중재자가 필요합니다. 이 중재 역할을 할 분은 하느님과도 잘 통할 수 있고, 사람과도 잘 통할 수 있는 분이어야 합니다. 그리스도는 바로 하느님과 사람 사이를 다시 이어 주는 중재자입니다. 그러므로 하느님과 통할 수 있는 천주성과 인간과도 통할 수 있는 인간성을 동시에 가져야 합니다. 그래서 그리스도는 한마디로 하느님의 아들로서 사람이 되어 하늘과 땅을 이어 주는 중개인입니다.

송 군   성경에 근거를 둔 그리스도의 생애를 보면 '30년간의 사생활'을 마치고 '3년 동안 공생활'을 하셨으며, 마지막에는 십자가에 처형되셨고, 죽은 다음 3일 만에 다시 살아나셨으며, 40일 후에는 하늘에 올라가셨는데, 이러한 그분의 생애가 어떤 의미를 가지고 있습니까?

그리스도는 세상에서 무엇을 하셨는가?

박신부　이제 그리스도가 하신 중대한 사업의 내용을 이야기할 차례입니다. 한마디로 그리스도는 원죄를 씻고 인간을 죄에서 구하는 구원 사업을 하셨습니다.

송　군　구원 사업?

박신부　왜, 처음 듣는 말입니까?

송　군　그렇습니다. 도대체 구원이란 무슨 뜻인가요?

박신부　구원이란 말은 라틴어로 레뎀시오Redemptio라 하고, 영어로는 라틴어에서 약간 변화되어 리뎀션Redemption이라 하는데, 이 말을 '구원'이라고 옮긴 것입니다.

송　군　라틴어나 영어로는 무슨 뜻입니까?

박신부　"잃어버린 물건을 다시 산다."는 말입니다.

송　군　그러니까, 본래는 자기 물건이었는데, 잘못해서 그것을 잃어버렸다가 다시 돈을 주고 산다는 말이지요?

박신부　바로 그렇습니다.

송　군　그렇다면 그리스도가 구원 사업, 즉 잃어버린 물건을 다시 사 주셨다는 것인데, 무엇을 사 주셨습니까?

박신부　먼저, 아담과 하와가 원죄를 저지르기 전에 어떤 은총을 받았다고 했었지요? 기억하십니까?

송 군   생명의…… 그리고 과성 은총?

박신부   생명의 은총과 과성 은총을 받았습니다. 그것이 무슨 은총이지요?

송 군   생명의 은총은 천국 행복을 얻을 수 있는 은총이고, 과성 은총은 죽지 않고 고통이 없는 은총이라고 하시지 않았습니까?

박신부   그런데 그 은총을 끝까지 가지고 있었던가요?

송 군   아니요. 악마의 유혹으로 하느님께 교만한 죄를 지어서 그것을 빼앗기고 말았습니다.

박신부   그래서 빼앗긴 다음엔 어떻게 되었습니까?

송 군   그다음부터 천국으로 가는 다리가 끊어지고, 인간은 비참과 고통으로 허덕이게 되었다고 하시지 않았습니까?

박신부   다시 말해서, 인간은 원죄를 저질러서 상처를 입었고 불행하게 되었다는 거지요?

송 군   그렇습니다. 그런데 죄악과 고통으로 신음하는 인간이 그리스도를 찾아야 한다고 하셨는데, 그리스도가 아담과 하와가 잃어버린 생명의 은총과 과성 은총을 다시 찾아 주시는 것입니까?

박신부   맞습니다. 그리스도의 구원 사업이란 바로 생명의 은총과 과성 은총을 다시 사 주신다는 말입니다.

송 군   다시 샀다면 그 대가를 지불했습니까?

박신부   물론이지요. 그리스도가 잃었던 은총을 다시 사시기 위해 대가를 얼마나 지불하셨겠어요?

송 군   글쎄요? 돈 만 원 정도……?

박신부   아닙니다. 그것은 너무 쌉니다.

송 군   그럼 100만 원?

박신부   아닙니다. 그것도 너무 쌉니다.

송 군   그럼 100억 원. 이것도 쌉니까?

박신부   너무 쌉니다.

송 군   그럼 세상 금덩어리를 송두리째……?

박신부   아닙니다. 땅덩어리 열 개, 백 개를 바쳐도 생명의 은총과 과성 은총은 사지 못합니다.

송 군   그럼 무엇을 대가로 지불했나요?

박신부   원죄를 씻고 생명의 은총과 과성 은총을 되찾아 주기 위해 하느님께선 값비싼 당신 피를 그 대가로 바치셨습니다.

송 군   피를 바쳤다고요?

박신부   다시 말하면, 하느님이신 그리스도가 피를 흘려 당신 생명을 바쳤다는 것입니다. 전 인류의 죄를 한몸에 지시고 우리를 대신해 십자가에서 희생되심으로써 우리 죄의 대가를 치르신 것입니다.

송 군   그렇다면 그리스도가 십자가에서 돌아가신 다음에는, 신부님이 전에 말씀하신 하느님과 인간 사이의 깨어진 윤리 질서가 완전히 회복된 건가요?

박신부   그렇지요. 생각날지 모르겠는데, 오늘의 인간이란 마치 어린아이가 아빠 몰래 탁상시계를 만지작거리다가 고장을 내고는 자기 힘으로는 고칠 수 없기에 그걸 손에 들고 울고 있는 모양이라고 했습니다. 이 고장 난 시계를 다시 고치기 위해서는 전문가의 손이 필요하듯이, 원죄로 상처 입은 인간을 다시 새 인간으로 만들기 위해 그리스도가 오셨으므로, 그분의 구원 은총으로 우리는 다시 새로운 인간이 될 수 있게 되었습니다.

송 군 신부님! 궁금한 것이 하나 있습니다.

박 신부 무엇인데요?

송 군 그리스도가 십자가에 못 박혀 피를 흘리시면서 돌아가셨는데, 그때 그분은 우리가 느끼듯이 아픔을 느끼셨을까요?

박 신부 그렇지요.

송 군 아니, 신부님! 그리스도는 순수한 인간이 아니고 하느님의 아들이라고 하시지 않았습니까? 그러니 우리가 보기에는 아픈 것처럼 생각될지 모르지만, 죽은 사람을 살리시고 병자도 고쳐 주시는 기적을 행하신 그분이 십자가에서 기적을 행하시지 않았을까요?

박 신부 무슨 기적을 말입니까?

송 군 조금도 아픔을 느끼지 않는 기적을 말입니다.

박 신부 송 군! 머리가 비상하군요. 송 군처럼 그렇게 생각할 수도 있을 것입니다. 하지만 그리스도는 이 세상에 계시는 동안 우리와 똑같이 고통을 그대로 느끼면서 사형을 당하셨습니다.

송 군 신부님! 그것을 어떻게 압니까? 제가 그리스도라고 하더라도 그렇게 어리석은 짓은 하지 않겠습니다.

박 신부 맞습니다. 송 군이 만일 그리스도라면 틀림없이 그런 기적을 행했을 겁니다. 십자가에서 모욕을 당하고 조소를 받을 때 나를 십자가에 매 달은 이들의 목을 열두 동강으로 잘라 버리고, 십자가 나무에서 광채가 나와 그들의 눈을 전부 보지 못하게 만들거나 먹지도 말하지도 못하게 만들고, 코와 입을 뭉개 놓으면 속이 시원하겠지요?

송 군   사실입니다. 당장에 그렇게 했겠죠.

박 신부   하하하, 송 군이 그리스도가 되지 않은 것이 천만 다행이군요. 하하.

송 군   아니 신부님! 무엇 때문에 어리석게 십자가에 달려 죽습니까? 힘이 없어 어쩔 수 없다면 또 몰라도. 그렇지 않나요?

십자가의 어리석음

박 신부 송 군은 십자가를 어리석은 것으로 생각하는데, 왜 그렇게 생각합니까?

송 군 죽지 않아도 괜찮은 하느님이 그 귀한 생명을 희생하셨으니 말입니다.

박 신부 저 역시 동의합니다. 십자가는 확실히 가장 어리석은 것이었습니다. 세상 사람들 눈에는 생명보다 더 귀한 것이 없으니까 말입니다. 하지만 하느님의 눈에는 그것이 가장 지혜로운 것이었습니다. 하느님의 판단과 인간의 판단은 이렇게 다릅니다. 자! 송 군, 누구의 판단을 따라야 옳겠습니까?

송 군 신부님! 하느님이 보실 때는 가장 지혜로운 것이라고 하셨는데 통 알아들을 수가 없군요.

박 신부 그럼 대답해 보세요, 송 군. 아담과 하와가 낙원에서 하느님처럼 되려고 하느님이 먹지 말라고 하신 과일을 따 먹은 것을 현명하다고 생각합니까, 아니면 어리석은 짓이라고 생각합니까?

송 군 음, 글쎄요…….

박 신부 그럼 좋아요. 조선 시대에 단종을 섬기려다 정의를 위해 죽은 사육신 알죠?

송 군   네, 압니다. 성삼문, 박팽년…….

박 신부   그들은 의를 위해 죽었는데, 그 사육신이 세상에서 가장 어리석은 사람들이었지요?

송 군   네?

박 신부   부패를 몰아내기 위해 일어난 4·19 혁명 기억합니까?

송 군   그럼요.

박 신부   4·19 혁명 때 죽은 그 학생들, 정말 바보같이 어리석은 학생들이었지요? 그럼 또 하나 6·25 전쟁 때 국토와 국민을 방위하고 조국의 평화와 정의를 찾으려고 전선에서 싸우다가 죽은 군인들도 정말 어리석은 사람들이었지요?

송 군   네? 글쎄요…….

박 신부   송 군처럼 생각하면 세상엔 전부 어리석은 사람뿐입니다. 어리석게 죽은 사육신을 충신이라고 받드는 사람들도 어리석은 무리죠.

송 군   하지만 신부님, 그들이 결코 어리석다고는 할 수 없습니다.

박 신부   왜요?

송 군   정의를 위해 죽었으니까요.

박 신부   정의가 뭔데요?

송 군   글쎄요?

박 신부   그럼 정의가 송 군의 생명보다 더 귀한 것입니까?

송 군   그렇게 말해야지요.

박 신부   그렇게 말하다니……. 사실은 그런 게 아닌데 말만은 그렇게 해야 된다는 말인가요?

송 군   아닙니다, 신부님! 정의가 확실히 생명보다 귀하다고 인정합니다. 그래서 사람들이 정의를 위해 죽은 사람들을 흠모하고 그들의 정신을 찬양하는 것 아니겠습니까? 그런데 신부님! 그리스도 정의를 위해 십자가에서 돌아가셨습니까?

박 신부   그렇습니다. 인간이 저지른 죄악을 다시 보상하기 위해서는 십자가의 죽음이 필요했던 것입니다. 정의의 하느님이 그분의 공의公義대로 하시기 위해선 십자가에서 죽으셔야 했었습니다.

송 군   인간의 죄악이 그렇게 무서운 것입니까?

박 신부   예, 바로 그렇습니다. 그리스도의 일생을 기록한 성경에 보면, 그리스도도 먹고 마셨고 오랜 여행을 하신 다음에는 지치셨으며, 때로는 인간에 대한 동정과 사랑에 못 이겨 눈물도 흘리셨다고 쓰여 있으며, 십자가에서 돌아가시기 전 그분의 영혼이 죽기까지 고통스러워하셨습니다. 결국 우리와 똑같이 모든 고통을 그대로 당하신 겁니다.

송 군   신부님! 도대체 그리스도는 왜 십자가에서 돌아가셨습니까?

박 신부   지금까지 말씀드린 대로, 하느님의 공의는 인간의 죄를 보상하기 위해 십자가의 죽음을 가져왔고 동시에 십자가의 죽음을 통해 인간에 대한 사랑을 드리내셨습니다.

송 군   예수 그리스도의 근본정신이 박애라던데, 그것을 말씀하시는 겁니까?

박 신부 그렇지요. 당신에게 죄를 지은 인간을 다시 용서하시고 인간을 무한히 사랑하셨기에 십자가에서 죽으셨습니다. 이것보다 더 중대한 것은 인간이 범한 죄가 얼마나 무서운 것인가를 알려 주신 것입니다. 결국 우리의 죄가 하느님을 죽게 한 것이니까요. 죄악으로 잃어버린 생명의 은총과 과성 은총이 얼마나 값비싸고 귀중한 것인지 알려 주시고 또한 우리도 그리스도와 같이 모든 고통을 잘 참아야 한다는 산 교훈을 주시기 위해 친히 십자가에서 돌아가셨습니다.

송 군 신부님! 한 가지 의문이 있습니다. 그리스도가 하느님의 아들이라 하셨는데, 하느님이 이 세상 만물을 무에서 창조하실 만큼 전능하시다면, 한마디 말씀만으로도 충분히 세상 만민을 다 구하실 수 있는 것 아닌가요? 굳이 당신 아들을 세상에 보내고 또 십자가에서 죽게까지 할 필요가 있었을까요?

박 신부 금방 말씀드렸는데…….

송 군 물론 정의를 드러내고 사랑을 드러낸다고 하지만, 십자가가 아니라도 그렇게 할 수 있지 않을까요?

박 신부 그럼 다시 십자가의 의미를 좀 더 잘 이해할 수 있도록 아담과 하와가 낙원에서 죄를 범한 상황과 구세주가 인간을 구원하신 상황을 비교해 봅시다. 먼저 원죄를 누가 어디서 저질렀지요?

송 군 낙원에서 아담과 하와가 죄를 저질렀습니다.

박 신부 아름다운 낙원에서 범한 원죄를 씻기 위해 그리스도는 죄인을 처단하는 십자가 위에서 구원 사업을 하셨습니다. 즉 아담의 죄를 씻기 위해 둘째 아담으로서 그리스도가 등장했습니다. 그리고 둘째 하와로서는 여성을 대표해서 마리아가 그리스도의 십자가 밑에 서 있었습니다. 다음으로 원조들을 원죄로 유도한 것이 무엇입니까?

송 군 낙원 한가운데 있었던 나무 열매였습니다.

박 신부 원조들은 빛 좋은 나무 열매 밑에서 결국 죽음을 땄지만, 그리스도는 이것을 보속하기 위해 피비린내 나는 십자 나무에서 생명을 따셨습니다. 다음, 낙원에는 이것을 유혹한 악마가 있었지요?

송 군 그렇습니다.

박 신부 낙원에선 악마가 아담과 하와를 유혹하는 데 성공했고 십자가 곁에선 악마들이 그리스도를 없애 버리려고 갖은 노력을 다하여 결국 그리스도의 생명을 끊었습니다. 그러나 그리스도가 사흘 만에 다시 살아나심으로써 그들은 여기서 여지없이 패배당하고 말았습니다.

다음은 원죄를 저지르게 된, 마음속에 일어난 나쁜 생각입니다. 낙원이나 나무 열매, 아담과 하와, 악마만으로는 원죄를 범할 수 없습니다. 중요한 것은 하느님처럼 되겠다는 교만한 생각과, 하느님 말씀에 불복하고 순명하지 않겠다는 생각입니다. 이러한 생각이 원죄를 저지르게 하는 것이지요.

송 군 그것을 보상하기 위해 그리스도는 무엇을 했나요?

박 신부 그리스도는 아담과 하와의 교만과 불순명의 죄를 보상하기 위해 세상에서 가장 겸손하셨고 또 죽기까지 순명하셨습니다. 아까 송 군이 왜 그리스도가 마구간에서 탄생했느냐고 물었는데 그것은 바로 인간의 교만을 씻고 겸손을 가르쳐 주기 위한 것이었습니다.

송 군   교만한 인간의 죄를 씻기 위해 그처럼 가난하고 겸손하게 외양간에서 탄생하셨던 겁니까?

박신부   그렇습니다. 지금까지 말씀드린 것을 대조해서 표시해 보면 다음과 같습니다.

	1	2	3	4	5	6	결과
낙원 (원죄의 상황)	아담	하와	과실나무	승리한 악마	교만	불순명	죽음이 왔다
골고타산 (구속의 상황)	그리스도	마리아	십자가 나무	패배한 악마	겸손	순명	생명이 왔다

송 군   신부님, 조금씩 분명해지는 것 같습니다. 그런데 골고타가 뭐죠?

박신부   예수님이 십자가에서 돌아가신 산의 이름입니다.

송 군   알겠습니다. 그런데 마리아가 너무나 특별한 존재로 나타나는 것 같습니다. 그래서 마리아는 원죄가 없다고 하는 건가요?

박신부   지난번에도 잠깐 언급했었지만, 마리아는 원죄뿐만 아니라, 스스로 어떠한 죄도 저지르지 않았습니다. 죄는 크게 원죄와 우리 자신이 지은 모든 죄로 나누어지는데, 원죄는 아담과 하와가 지은 죄고, 우리 자신이 지은 모든 죄는 대죄와 소죄, 즉 큰 죄와 작은 죄로 나누어집니다.

송 군   그럼 마리아는 세상에 살면서도 죄라고는 전혀 저지르지 않았다는 겁니까?

박 신부 물론입니다. 마리아는 그리스도의 구원 사업을 돕기 위해 특별히 뽑히신 분입니다. 마리아는 그리스도를 도와서 구원 사업을 하신 분이라 할 수 있습니다. 그래서 어려운 말로 마리아를 공동 구속자라고 하는데, 이것은 곧 그리스도와 함께 인류를 구원하셨다는 뜻입니다.

송 군 혹시 성경에도 마리아에게 죄가 없다는 내용이 나오나요?

박 신부 네, 나옵니다. 근거가 있으니까 말하는 거지요. 그래서 우리는 마리아를 하느님 다음으로 특별히 공경합니다.

송 군 신부님! 아까 누가 어리석고 누가 현명한가를 이야기하다가 확실한 대답을 듣지 못한 것 같은데요.

박 신부 그것이 궁금했군요. 사실입니다. 아담과 하와의 행동이 분명 어리석은 짓이었다면 그리스도의 십자가의 죽음은 확실히 현명하다고 생각되지 않습니까?

송 군 네. 원조들 눈에는 하느님의 뜻을 거슬러 행동하는 것이 현명한 것으로 보였지만 결과적으로 보면 어리석기 그지없었습니다.

박 신부 그렇지요. 마찬가지입니다. 그리스도가 십자가에서 죽으실 때는 어리석게 보였지만 결국 죽음을 통해 악마와 죄와 죽음을 이기고 부활하심으로써 승리하신 것입니다. 세상 사람들은 법의 허점이나 다른 사람의 무지를 이용해 이익을 챙기는 사람을 현명하다고 하고, 반대로 양심을 지키고 남에게 손해를 끼치지 않고 바르게 살려고 하는 사람은 어리석게 보지요.

송 군   부끄러운 얘기지만, 며칠 전 친구들과 시골에 놀러갔는데 어찌하다 보니 이웃집 닭을 잡아먹자고 의견이 모아졌어요. 저만 반대를 했는데 친구들이 저를 보고 바보 같다느니 고지식하다느니 하며 핀잔을 주기에 그만 같이 해 버렸답니다. 그때 그런 생각이 들더군요. 세상에서 바보 취급을 받지 않으려면 어쩔 수 없이 꾀도 쓰고 죄도 지어야 된다고 말입니다.

박 신부   세상 사람들의 지혜는, 어떻게 하면 드러나지 않게 죄를 저지르는가에 있습니다. 그리스도를 십자가에 못 박아 죽인 유다인들이 구세주를 몰라서 그런 것이 아닙니다. 그들은 누구보다도 구세주가 오시기를 기다리고 있었습니다. 그들은 자신들이 생각하는 구세주가 오면 유다 민족에게 행복을 주고 구세주가 왕이 되어 세상 만민을 다스릴 줄로만 생각하고 있었습니다. 하지만 자칭 하느님의 아들이라고 하는 그리스도가 나타나 비천하고 무식한 사람, 죄인들을 상대로 설교하는 것을 보고는 자기들이 기다리는 구세주를 모욕한다고 생각해서 그리스도를 십자가에 못 박아 죽인 것입니다. 그래서 유다인들은 아직도 구세주를 기다리고 있습니다.

송 군   유다 민족이 아직도 구세주를 기다리고 있다는 말씀이십니까?

박 신부   그렇습니다. 그들은 구세주가 오시면 세상 만민을 다 정복하고, 유다 민족에게 부귀와 영화를 주고 자신들을 구원해 주리라 생각하고 있습니다. 그러니 유다인들은 그리스도의 참정신을 알아듣지 못한 셈입니다.

송 군 어떤 정신을 말입니까?

박 신부 십자가의 죽음을 통해서 인류에게 구원을 주는 정신 말입니다. 십자가는 보기에 어리석은 것이지만 십자가 뒤에 부활이 있다는 사실을 잊어서는 안 됩니다. 피비린내 나는 십자가만 보고는 실망을 할 수 있지만 보이지 않는 부활의 영광을 보는 사람에게는 그것이야말로 생명과 진리의 십자가입니다. 이 세상에서도 올바로 그리스도를 믿는 이들이 사람들에게 모욕과 핀잔을 당하고 세상에서 버림받아 출세도 명예도 얻지 못하는 경우가 있습니다. 하지만 진정으로 그리스도를 아는 사람은 이것을 조금도 불행스럽게 또는 부끄럽게 생각하지 않습니다. 가난과 조소, 모욕을 당한 후에는 영원한 생명의 월계관이 우리를 기다리고 있기 때문입니다. 송 군도 그런 사람이 되고 싶지 않습니까?

송 군 좀 더 생각해 보겠습니다, 신부님. 그런데 이 세상에서 가장 무서운 사람이란 죽음을 두려워하지 않는 사람인 듯한데, 죽음을 초월해서 살 수 있다면 정말 행복할 것 같습니다.

박 신부 송 군! 아직도 죽음이 두렵습니까? 아까도 말씀드렸지만 정의는 죽음보다 값진 것입니다. 우리는 정의를 위해서 생명까지도 바쳐야 합니다. 그런데 정의를 위해 싸우는 군인들이 정의가 무엇인지, 그 정의가 어디서 나왔는지, 정의의 가치가 어떤 것인지도 모르고 있다면 어떻게 되겠습니까?

송 군 그것을 명확히 의식하고 행동한다고 보기는 어렵지 않을까요?

박 신부   아까 말씀드린 사육신이라든지, 4·19 혁명 때 죽은 이들을 우리는 정의의 투사라고 하여 그들의 정신을 극구 찬양하지 않습니까?

송 군   그건 그렇습니다.

박 신부   그들의 죽음만으로 끝났다면 다른 몇몇 사람을 살리기 위한 한 희생물에 지나지 않겠지요. 그리고 그들 자신에겐 이보다 더 큰 불행이 있을 수 없습니다. 그리스도의 십자가상 죽음이 그것으로 끝나버렸다면 영원히 어리석은 십자가로 끝났겠지만, 그 십자가 뒤에 부활이 있었기 때문에 결국 그 십자가는 승리했습니다. 그러기에 그 죽음이 의미가 있는 겁니다.

송 군   그렇겠지요. 그런데 그들의 죽음이 그리스도의 죽음과 비슷하다고 할 수 있을까요?

박 신부   그들이 정의의 원천이요, 정의의 대가를 주실 하느님을 알고서 그렇게 했다면 그리스도의 죽음과 비슷하지요. 문제는 그들이 영혼이 소멸되지 않는다는 사실을 인정하고, 정의의 하느님을 인정했느냐 안했느냐 하는 것입니다. 많은 사람들이 정의가 생명보다 귀하다는 것을 인정은 합니다. 하지만 실제로 그렇게 살지 못하는 것은 하느님을 올바로 모르고 인간의 죽음과 후세에 대한 확실한 신념이 없기 때문입니다. 생각이 나서 묻는데, 우리가 죄를 짓지 않고 양심적으로 살아야 하는 이유가 뭔가요?

송 군   그거야 윤리 도덕을 지키기 위해서죠.

박 신부   윤리 도덕을 지켜서 뭘 합니까?

송 군　　윤리 도덕을 지켜서요?

박 신부　　그러니까 그 목적이 뭐죠?

송 군　　글쎄요.

박 신부　　윤리 도덕을 지키고 양심을 따라 살다 보면 남들과의 경쟁에서 뒤떨어지고, 결국엔 자기만 고생하게 되는데 말입니다. 반대로 양심이나 윤리 도덕을 무시하고 눈속임 잘하는 사람들이 더 잘살고 세상에서 출세하게 되는데…….

송 군　　사실 그렇긴 합니다.

박 신부　　그렇다면, 누가 말한 대로 양심이니, 도덕이니 하는 것은 약자들의 무기일 뿐 의미가 없겠군요.

송 군　　글쎄요…….

박 신부　　송 군처럼 많은 사람들이 죄를 짓지 말고 착한 사람이 되어야 한다고 말은 하지만 정작 그 이유는 모르고 있습니다.

송 군　　정말 그렇습니다.

박 신부　　그들이 양심과 윤리 도덕의 이유를 알지 못하는 까닭은, 양심과 윤리 도덕을 주신 하느님을 모르기 때문입니다. 하느님을 모르고 양심이니 도덕이니 하는 것은 알맹이 없는 빈껍데기에 불과하지요.

송 군　　다들 착하게 살자고 말하지만 정작 그렇게 되지 못하는 것은 착하게 살아야 하는 이유를 모르기 때문인 것 같습니다.

박 신부　　정의의 원천이신 하느님, 정의의 상급을 주시는 하느님, 그리고 죽음과 삶의 권리를 가지고 계신 하느님을 모르면 죽음을 초월해서 살 수 없고, 죽음을 두려워하는 사람은 아직도 정의의 가치를 모르는 사람입니다. 우리는 정의의 원천을 알고 있으며 마지막 날 세상의 부정과 불의를 그대로 폭로시켜 공의대로 심판하실 정의의 하느님을 알고 있습니다. 그렇기 때문에 참된 가톨릭 신자들은 죽음을 초월해서 삽니다. 죽음을 두려워하지 않지요. 순간적인 명예, 부귀, 영화를 그렇게 달갑게 생각하지도 않습니다. 그래서 공산주의자들이 가톨릭을 제일 무서워합니다. 가톨릭 신자는 없앨수록 점점 늘어나고 또 죽음을 두려워하지 않으니까요. 그런데 죽음과 삶, 정의는 그리스도의 십자가가 아니고서는 해결될 수 없는 문제입니다. '십자가의 죽음을 어떻게 보는가?' 여기에 대한 대답이 어떠한가에 따라 그의 인생의 의미가 결정될 것입니다. 다시 말합니다. 그리스도가 누구입니까? 그분의 십자가의 죽음은 무엇을 의미합니까?

송 군 조금씩 알게 되겠지요.

박 신부 물론 그렇습니다. 언뜻 보기에 십자가는 어리석게 보이지요. 특히 물질주의적이고 현세적인 눈에는 어리석음 자체로 보이나, 그 뒤에는 영원한 생명이 깃들어 있습니다. 그래서 성경에도 "멸망할 자들에게는 십자가에 관한 말씀이 어리석은 것이지만, 구원을 받을 우리에게는 하느님의 힘입니다."(1코린 1,18)라고 했습니다. 이런 말을 들으면 교만한 그들은 곧이듣지 않고 웃어 버리고 말겠지만 어떻게 그들의 주관이 맞는다고 장담할 수 있겠습니까?

송 군 그런데 신부님, 우리 인류가 십자가에서 얻은 것은 구체적으로 무엇입니까?

십자가의 선물

박신부 원조가 잃어버린 생명의 은총과 과성 은총을 다시 찾아주신 분이 그리스도라고 했었지요?

송 군 그렇습니다.

박신부 그러니 한마디로 십자가는 우리에게 생명의 은총과 과성 은총을 주었고 이것은 결국 인간에 대한 하느님의 사랑에서 나온 것이니까, 우리는 십자가를 통해 사랑의 선물을 받은 것이지요.

송 군 그런데 신부님, 천국을 얻을 수 있는 생명의 은총과 죽지 않고 고통이 없으며 사욕이 없는 과성 은총을 실제로 받은 사람이 있습니까? 보세요! 그리스도가 이 세상을 떠나신 지가 벌써 2천 년이 넘는데, 역사상 그리스도가 주신 은총을 받아 죽지 않고 고통도 받지 않았다는 사람이 있었다는 소리를 들어 본 적이 없습니다.

박신부 그러니까 그리스도의 은총을 받았다는 가톨릭 신자 중에서 아직도 죽지 않고 수백 년을 살고 있다는 사람을 보지 못했다는 것이죠?

송 군 그럼요. 말만 무슨 은총이니 하지만, 실제로 받은 사람이 없으니 말입니다. 그리스도를 믿는 사람 중에 한 사람이라도 하느님의 은총을 받아서 죽지도 않고, 고통도 없이 천국을 얻은 사람이 있다면 너도나도 모두 하느님을 믿겠다고 덤비지 않겠어요? 그렇게 되면 하느님을 믿으라고 전교하지 않아도 단번에 성당이 꽉 찰 것 아닙니까, 신부님?

박 신부   그것 참 좋은 질문입니다. 나중에도 얘기하겠지만, 가톨릭 신자가 되려면 세례를 받아야 합니다. 세례를 받음으로써 처음으로 하느님의 생명의 은총은 받게 되지만 과성 은총은 즉시 받지 못하고 죽은 다음에야 받습니다.

송 군   왜 그렇죠? 죽은 다음에 받으면 그게 무슨 소용이 있습니까?

박 신부   여기에 중대한 이유가 있습니다. 그리스도가 구원 사업을 이루신 다음에도 우리에게 고통과 죽음, 정욕을 남겨 두신 이유는 바로 인간을 사랑하셨기 때문입니다. 그러기에 우리가 희생할 수 있는 기회를 주신 것이고, 지은 죄를 보속하여 천국에 갈 수 있도록 하신 것이지요.

송 군   정말 모순된 말이군요. 사랑하니까 고통을 준다고요?

박 신부   그렇지요.

송 군   이해하기 힘들군요.

박 신부   송 군은 과연 사랑이 뭐라고 생각합니까? 한번 설명해 보세요.

송 군   말로 설명하긴 좀……. 글쎄요, 서로 좋아하는 것 아닐까요?

박 신부   그렇다면 진흙은 고무신에 들러붙기를 몹시 좋아하는데 그것도 사랑입니까?

송 군   하하하, 그렇게 말씀하시면 곤란한데요.

박신부   곤란하다니요? 좋아하는 것이 사랑이니까, 진흙은 고무신을 무척 사랑하는군요?

송 군   하하하, 신부님! 너무 그러지 마세요. 신부님은 사랑이 뭐라고 생각하십니까?

박신부   사랑은 '두 주체의 일치'입니다. 즉 다른 두 인격체가 결합되는 것이 사랑이라고 할 수 있습니다.

송 군   처음 듣는 말이군요.

박신부   그런데 사랑은 두 가지가 있어요. 첫째로 자기 자신의 이익을 위한 이기주의적인 사랑 또는 자기의 욕심만을 찾는 허영과 본능에 근거를 둔 사랑인데, 이것을 '에로스'라고 합니다. 둘째의 사랑은 자신을 바치는 헌신적인 사랑, 즉 희생을 전제로 한 사랑인데 이를 '아가페'라고 합니다. 이것이 곧 그리스도의 사랑입니다.

송 군   그러면 에로스보다 아가페가 더 좋은 것이군요!

박신부   물론이지요. 우리가 지향해야 하는 사랑은 에로스가 아니라 아가페, 즉 자신을 주는 사랑입니다.

송 군   신부님, 두 인격의 결합이 사랑이라면, 한 인격체로서는 사랑을 맛볼 수 없겠군요.

박신부   그렇지요. 사랑은 외톨이로 있을 수 없습니다. 사랑은 먼저 사랑할 상대를 찾습니다. 그런 후에는 자신의 전부를 아낌없이 그에게 바칩니다. 그렇기 때문에 사랑은 희생을 요구합니다. 희생

없이는 자신을 남에게 줄 수 없기 때문입니다. 그래서 어떤 사람들은 사랑은 쓰다고 하지요. 하지만 쓴 약을 먹어야 건강을 회복할 수 있듯이 쓰디쓴 희생을 거쳐 자신을 고스란히 바침으로써 모든 것을 얻는 것이 사랑의 신비이기도 합니다.

송 군   신부님! 사랑이 혼자 있을 수 없는 것이라면 남녀의 결합인 결혼이야말로 큰 사랑이겠군요.

박 신부   그렇지요. 그것도 훌륭한 사랑 가운데 하나입니다.

송 군   그런데 가톨릭에는 결혼하지 않고 혼자서 사는 분들이 많지 않습니까?

박 신부   네, 신부들과 수도자들이 그렇지요.

송 군   사랑이 두 주체의 결합이라면 그들은 사랑이 없는 사람들 아닌가요?

박 신부   왜요?

송 군   결혼하지 않으니까 말입니다.

박 신부   많은 사람들이 송 군처럼 남녀 간의 사랑만을 최대의 이상적인 사랑이라 생각합니다. 물론 그것도 훌륭한 사랑이지만, 그것이 절대적인 것은 아닙니다. 인간이 인간을 사랑하는 것, 즉 인간 간의 결합이 사랑의 전부라면 그는 아직도 영원의 진리를 모르는 사람이지요. 앞서 종교에 대해서 말할 때 이야기했지만, 우주의 창조자, 인간을 초월한 하느님과의 사랑의 관계 안에서만이 최대의 진리와 행복을 얻을 수 있습니다. 그러므로 사랑도 하느님과의 연결이 없으면 아무런 가치가 없고 순간적이고 허무한 것이 되고 많니다. 세상의 많은 남녀들이 사랑을 속삭이지만, 그들이 바라는 행복을 얻지 못하고 얼마 못 가 그 사랑이 끝나버리기도 합니다. 여기에 이유가 있는 것입니다. 말하자면 세상의 사랑은 결실이 없는 사랑입니다.

송 군　신부님, 왜 그럴까요?

박신부　사랑은 자신을 송두리째 바치는 것이지만, 그렇게 함으로써 모든 것을 얻는 것이 또한 사랑의 신비이기도 합니다. 다시 말해서 사랑이란 무한을 소유하기 위해 유한을 주는 것입니다. 그러므로 우리가 바라는 사랑의 대상이 무한한 것이 아니라면, 그럼에도 그것을 위해 나 자신을 전부 바친다면 그 결과는 마치 열매를 맺지 못하는 꽃과 같은 것입니다. 그런데 세상 사람들은 어떤 잠정적인 피조물에서 무한을 얻을 수 있을 것이라고 착각을 합니다.

송 군　신부님, 좀 더 구체적으로 말씀해 주세요. 이해가 잘 안 됩니다.

박신부　그럼 이야기를 들어 보세요. 철이는 영희를 무척 사랑했습니다. 영희도 철이를 무척 사랑했지요. 철이는 영희에게 사랑을 받는다면 정말 영원히 행복할 것이라 생각했고, 영희도 또한 철이와 같은 생각을 했답니다.

송 군　그래서요? 둘이 결혼했나요?

박신부　그렇지요. 사랑은 두 인격을 결합시키는 것이니까, 사랑이 강해질수록 둘은 떨어질 수 없었습니다. 이제는 죽어도 같이 죽어야 하는 운명이 되었으니 결혼하지 않을 수 없었지요. 그래서 둘은 결혼이란 형식을 통해 결합되었습니다. 그들에게는 행복이 싹 트기 시작했습니다. 그런데 이게 웬일인지 여섯 달이 못 가서 이혼 하겠다고 야단입니다. 죽을 듯이 사랑하던 그들 둘 사이에는, 사랑 이 아니라 이제는 차디찬 얼음덩이가 가로놓이고 서로 보기도 싫 어졌습니다.

송 군   신부님! 요즘엔 그런 일이 너무도 많은 것 같습니다. 결혼을 약속할 땐 미칠 듯이 좋아하더니 얼마 안 가서 그것이 깨어지는 걸 보면 어떤 때는 결혼하기가 두려운 생각도 듭니다.

박 신부   그런데 그렇게 되는 이유가 뭘까요?

송 군   글쎄요…….

박 신부   이유는 간단합니다. 영희는 철이를 마음 깊이 사랑하니 그를 소유하면 무한한 행복을 얻으리라 생각했지요. 하지만 실상 철이를 소유하고 보니, 그도 역시 약하고 결점 있는 인간이었기에 거기서 절대적인 만족이나 무한한 행복을 찾을 순 없었습니다. 말하자면 영희는 철이가 무한한 존재인 양 착각했던 겁니다. 철이도 영희처럼 착각했지요. 그러고 보니 실망은 더욱 커지고 그들의 앞길에는 절망과 불행만이 가로놓이게 된 것입니다.

송 군   신부님! 그렇다면 결혼을 하지 말아야 합니까?

박 신부   송 군! 결혼하려니 겁이 나는 모양이군요? 하하하……. 근본 문제는, 인간이 인간 피조물에서 절대적인 사랑이나 행복을 얻을 수 없다는 것을 깨달아야 한다는 것입니다. 그래야 무한한 하느님을 알게 되는 것이죠. 하느님과 사랑으로 연결되어 있지 않으면, 인간의 사랑은 결국 눈물과 절망으로 끝나고 마는 것입니다. 송 군, 지금까지 말한 대로 사랑은 혼자 있을 수 없습니다. 가톨릭의 성직자와 수도자들이 혼자 산다고 생각하면 큰 잘못입니다.

송 군 신부님, 무슨 말씀입니까? 혼자 살지 않는다니요?

박 신부 결코 아닙니다. 하나의 인격체가 외톨이로 있다는 것은 있을 수 없는 일입니다.

송 군 그럼 그들은 누구와 같이 살지요?

박 신부 하느님과 같이 살지요. 가톨릭 교회의 성직자, 수도자들이 사랑이 없기 때문에 결혼하지 않는 것이 아닙니다. 사랑이 누구보다도 강렬하기 때문에 더 고상한 사랑의 대상인 하느님과 사랑을 속삭이는 것입니다.

송 군 정말이지 그런 얘기는 처음 듣는군요.

박 신부 그렇겠지요. 그러니 사랑이 무엇인지, 가톨릭이 무엇인지 모르는 사람은 결코 가톨릭의 독신 제도를 이해할 수 없습니다. 송 군과 처음 만났을 때 말씀드렸는데, 신부란 말이 아버지란 뜻이라고 했지요?

송 군 네! 네! 생각납니다.

박 신부 언뜻 들으면 모순 같습니다. '독신자가 어떻게 아버지가 될 수 있는가?' 하지만 신부는 어느 한 가정의 아버지가 아니라, 모든 사람의 아버지, 더 많은 사람의 아버지가 되기 위해 독신으로 사는 겁니다. 독신이기 때문에 '신부'라고 합니다. 신부가 결혼을 한다면 그는 벌써 신부가 아닙니다. 왜냐하면 그는 어느 한 가정의 아버지이지 모든 신자들의 아버지가 될 수 없잖아요?

송 군   잘 알겠습니다. 그러니 하느님을 모르고 그들의 생활을 모르는 사람들은 가톨릭의 독신 생활을 이해하기 어렵겠군요.

박 신부   사실입니다. 어느 날 한 아가씨가 찾아와 말하더군요.

"신부님, 저는 수녀가 되고 싶습니다. 어떻게 하면 좋은지 신부님께 지도를 받고 싶어요."

그래서 그 까닭을 물었습니다.

"무엇 때문에 수녀가 되려고 합니까?"

그랬더니 이렇게 말하더군요.

"저는 저의 뜨거운 사랑을 잠깐 지나가는 피조물에게 바치고 싶지는 않아요, 신부님!"

송 군, 이런 사람들이 모여 사는 곳이 수도원이랍니다.

송 군   네! 잘 알겠습니다. 그런데 신부님! 그리스도의 십자가와 사랑은 어떤 관계가 있나요?

박 신부   사랑하기 때문에 고통을 주신다는 얘기를 하다가 이야기가 빗나갔군요. 그럼 이제는 십자가와 사랑에 대해 살펴보겠습니다. 그리스도는 인류를 사랑하셨기 때문에 당신 생명을 아끼지 않으시고 십자가 죽음으로 희생하셨습니다. 십자가는 사랑의 상징입니다. 그런데 사랑은 일치하는 데 있는 것이므로 그리스도와 일치하려면 그리스도처럼 십자가를 져야 되지 않겠습니까? 그리스도는 분명히, "누구든지 내 뒤를 따라오려면, 자신을 버리고 제 십자가를 지고 나를 따라야 한다."(마태 16,24)고 하셨습니다. 우리도 그리스도처럼 십자가를 지지 않고는 그분과 합치할 수 없습니다.

송 군   그리스도가 말씀하신 십자가는 무엇을 뜻합니까?

박신부   송 군은 어떻게 생각해요? 고무풍선으로 만든 십자가를 메고 남산에 올라가면 될 것 같습니까?

송 군   그런 뜻은 아니겠지요?

박신부   물론입니다. 그리스도가 말씀하신 십자가는 모든 고통과 희생, 겸손, 비웃음과 모욕을 의미합니다. 그래서 누구든지 그리스도를 따르고자 하면 그분처럼 겸손해야 하며 모든 고통을 잘 참아야 하고 세속의 모든 모욕과 조소를 기꺼이 참아야 되는 것입니다. 그래서 과성 은총은 다음으로 미루시고 인간의 고통과 비참을 그대로 남겨 두신 것입니다.

송 군   그러니까 우리가 이 세상 고통을 잘 이용해야 된다는 말인가요?

박신부   그렇습니다. 우리는 고통을 통해서만 그리스도와 일치할 수 있습니다. 그런데 구원 사업에도 두 가지가 있어요. 하나는 그 옛날 그리스도가 하신 인류 영혼들을 위한 '객관적 구원 사업'이고, 다른 하나는 우리 각자가 그리스도의 공로를 통해서 영혼을 구하는 '주관적 구원 사업'입니다. 다시 말해서, 우리는 각자 자기 영혼의 구세주가 되어야 합니다. 내 영혼의 구세주도 그리스도와 같이 십자가를 져야 합니다. 그리스도가 원죄로 인해 십자가에 죽으셨다고 우리가 자동적으로 천국을 얻게 되는 것은 아닙니다. 우리는 그리스도와 같이 십자가를 지고 꾸준히 우리 구원을 위해 노력해야 합니다.

이런 일이 있다고 생각해 보십시오! 빨갛게 익은 감이 주렁주렁 달린 감나무가 정원 앞에 있습니다. 감이 몹시 먹고 싶은 옆집 사람이 감을 먹으려고 감나무 밑에 누워 입을 딱 벌리고 있었습니다. 나무 위에 올라가기 귀찮고 장대를 휘두르기도 귀찮으니까 말입니다. 그때 마침 바람이 휭 불더니 감이 우르르 떨어졌습니다. 입으로 떨어져야 할 감이 하나는 눈에, 하나는 이마에, 하나는 콧잔등에 떨어지니…….

송 군   하하하하.

박 신부   그래서 감을 먹기는커녕 눈에는 눈물이 핑 돌고, 얼굴은 온통 감투성이가 되고 말았지요.

송 군   하하하, 게으름뱅이는 마땅히 그런 벌을 받아야겠지요.

박 신부   우리가 하느님을 공경하는 것도 마찬가지입니다. 옆집 사람처럼 설마 하느님이 나를 버리시지는 않겠지, 하고는 할 일을 하지 않고 게으름을 부리다가는 벌을 받습니다. 감나무에 감이 아무리 많아도 우리가 노력해서 따 먹지 않으면 아무런 소용이 없지 않습니까? 이처럼 그리스도가 십자가에서 돌아가시면서까지 무한한 희생을 남겨 놓으셨지만, 우리가 십자가 나무에 맺혀 있는 생명의 과실을 따 먹으려고 노력하지 않으면 아무런 소용이 없는 것입니다.

송 군   그러니까 우리도 그리스도처럼 세상 고통을 잘 참고 열심히 하느님을 공경해야 된다는 것이지요?

박 신부   그럼요. 우리는 힘껏 노력해야 합니다. 즉, 나 자신의 구원을 위해 내 영혼의 구세주가 되어야 하지요.

송 군 신부님, 잘 알겠습니다. 그렇지만, 죽음도 고통도 없이 그리스도를 따르는 길이 있으면 더 좋을 것 같은데…….

박 신부 그것이 인간들의 생각이지만, 하느님의 뜻은 그것이 아니었습니다. 사실 고통을 통한 하느님 공경이 더욱 가치가 있는 것입니다. 생각해 보세요. 세례를 받자마자 과성 은총을 받아 죽지도 않고 고통도 받지 않으면 어떻게 될까요? 송 군이 말한 대로 너도 나도 하느님을 믿겠다고 할 테니 그런 믿음이 무슨 가치가 있겠습니까?

송 군 한마디로 그리스도가 세상에서 고생을 하셨으니 우리도 마땅히 고생을 해야 한다는 말이지요?

박 신부 그렇습니다. 그리스도가 우리 죄 때문에 고통을 받아들이셨듯이 우리도 우리 자신의 죄를 보상하기 위해 고통을 감수해야 합니다.

송 군 신부님! 그리스도의 정신은 사랑이라고 하셨는데, 그 사랑은 얼마만큼 큰 것일까요?

박 신부 글쎄요. 사랑은 기계로 측정할 수 없으니 잘라서 말하긴 어렵겠죠. 하지만 그분이 십자가에 죽으시기까지 인간을 사랑하셨으니 그 사랑은 우리가 생각하는 이상으로 무한한 것입니다.

송 군 우리가 그 그리스도의 사랑을 알아볼 수 있다면 얼마나 좋을까요?

박 신부 문제는 그것이지요. 그런데 송 군, 어머니의 사랑이 얼마나 큰지 말할 수 있겠어요?

송 군   말로 표현하기는 불가능하겠죠.

박 신부   이런 이야기가 있습니다.

옛날 어떤 지방에 외아들을 가진 어머니가 있었습니다. 하나밖에 없는 귀염둥이 외아들은 어머니의 사랑 속에 자랐고 어머니는 금이야 옥이야 하며 솜뭉치로 둘둘 말아 아들을 길렀지요. 가정 교육이 철저하지 못했을 뿐 아니라 어머니는 무조건 아들이 좋다는 대로 해 주었습니다. 아들은 커 갈수록 어머니가 푼푼이 모아 둔 재산을 낭비하기 시작했습니다. 시간이 지남에 따라 재산은 거의 다 탕진되고, 드디어 집을 떠나 방탕한 생활을 하기 시작했어요. 갖은 죄악을 범한 아들은 마음이 악할 대로 악해졌습니다. 그는 마지막으로 폭력 조직을 찾아가 조직원으로 받아 달라고 애원했습니다. 그때 두목은 한 가지 조건을 내세우며 그 조건을 수락하면 받아 주겠다고 했습니다. 그리고 두목은 시퍼런 칼을 한 자루 내주면서 이 칼로 너의 어머니의 가슴을 찔러 그 안에 든 심장을 빼 오라고 했습니다. 어이가 없다는 듯 두목의 얼굴만 물끄러미 쳐다보는 그를 향해 두목은 말했습니다.

"어머니의 심장을 뽑아 올 만큼 잔악한 인간이 아니고서는 결코 우리의 동료가 될 수 없단 말이다!"

아들은 그 즉시 칼을 가슴에 품고 집으로 달려갔습니다.

송 군   저런! 정신이 나간 모양이군요.

박 신부   어머니는 집 나간 아들이 돌아오기만을 기다리고 있었습니다. 바람이 불어도, 비가 와도, 눈이 와도, 날씨가 더워도, 추워도 단잠을 이루지 못하고 언제나 아들 걱정만 했습니다. 잠도 못 자고 먹지도 못해 꼬치꼬치 여윈 가엾은 어머니는 아들이 돌아오기만을 기다리고 있었습니다.

어느 날이었습니다. 그날따라 아들이 더욱 그립고 마음이 괴로웠지요. 그런데 저 멀리서 어떤 청년이 자기 집을 향해 정신없이 달려오는 것이 보였습니다. 어머니는 혹시 아들인가 하고 유심히 살핍니다. 점점 가까워지자, 눈에 익은 얼굴!

"아! 내 아들!"

기다리고 기다리던 아들이 틀림없었습니다. 어머니는 신발도 신지 못한 채 맨발로 아들에게 마주 달려갔습니다. 죽었던 아들을 찾은 듯 기쁨에 넘친 어머니는 아들을 덥석 안고 말 한마디 하지 못하고 눈물만 흘렸습니다.

그때였습니다. 아들은 어머니가 아니라 산돼지를 만난 듯 말없이 두 눈에 불을 튀기면서 가슴에 품은 칼을 뽑아 어머니의 가슴을 찔렀습니다. 어머니는 피투성이가 되어 쓰러졌습니다. 아들은 그의 목적을 이루었다는 듯이 어머니의 심장을 뽑아 두 손으로 쥐고는 뛰기 시작했습니다.

아무리 악한이라도 어머니의 심장을 뽑고는 마음이 태연할 수가 없었지요. 정신없이 동네를 지나고 산모퉁이를 돌고 들판을 지나 핏자국을 남기면서 달리고 있었습니다. 이윽고 작은 개울을 건너게 되었습니다.

"아차!"

아들은 발을 헛디뎌 쓰러졌습니다. 그러면서 어머니의 심장을 떨어뜨렸습니다. 어머니의 심장은 떼굴떼굴 저 아래로 굴러 내려가고 있었습니다. 그때였습니다. 굴러 내려가던 어머니의 심장에서 말이 들려 왔어요.

"애야! 너 다치지 않았니?"

이 말을 들은 아들은 가슴이 터지는 듯한 고통을 느꼈습니다.

송 군   아……. 자기 심장을 빼 가는 자식의 죄도 다 잊고, 그 자식이 다쳤을까 봐 죽은 후까지 염려하는군요. 기가 막힙니다.

박 신부   한참 동안 정신을 잃고 있던 아들은 그 지극한 어머니의 사랑에 충격을 받고 자리에서 일어나 다시 길을 떠났습니다. 그리고 그는 얼마 후 수도원에 들어갔습니다.

송 군   참 좋은 이야기입니다. 집에 가서 당장 조카들을 모아놓고 이야기해 주어야겠습니다.

박 신부   그런데 하느님의 사랑은 어머니의 사랑에 비길 수 없을 만큼 더 큰 것입니다.

송 군   그럴까요, 신부님?

박 신부   그렇지요. 들려 준 이야기에서는 인간인 어머니가 돌아가셨지만 십자가에서는 하느님이 돌아가신 것입니다. 그분이 하느님이시기 때문에 조그만 고통이라도 무한한 가치가 있는 것입니다. 십자가의 선물은 우리에게 다시없는 사랑의 선물입니다. 죄 없는 하느님이 십자가에서 피를 흘리시는데 잠자코만 있겠어요? 어머니의 심장을 뽑은 아들이 어머니의 사랑에 감격했듯이 우리도 그리스도의 사랑에 감격하고 보답해야 합니다.

송 군 그러니까 세상 고통을 그리스도를 위해 잘 참고 견뎌야 겠군요.

박 신부 그럼요. 아들에게 심장을 **빼앗긴** 어머니가 "애야! 너 다치지 않았니?" 하고 말했듯이 그리스도는 십자가에서 "아버지, 저들을 용서해 주십시오. 저들은 자기들이 무슨 일을 하는지 모릅니다."(루카 23,34)라고 말씀하실 정도로 인간을 사랑하십니다. 그런데 인간이 하느님을 십자가에 못 박아 피를 흘리게 하고도 무감각하다면, 그는 나무토막이나 돌덩이에 지나지 않을 것입니다. 우리는 어떤 번민이나 괴로움이 있을지라도 십자가에서 위로를 얻을 수 있고 희망을 얻을 수 있습니다. 십자가야말로 우리 그리스도인 생활의 중심이 아닐 수 없습니다.

송 군 십자가의 의미가 어떤 것인지 조금 이해가 됩니다. 그런데 한 가지 의문이 있습니다.

박 신부 무엇인데요?

송 군 하느님이 우리에게 구세주를 좀 더 **빨리** 보내주시지 않으시고 그렇게 오랫동안 미루신 이유가 뭔가요? 기나긴 인류의 역사에 비하면 그리스도는 불과 2천 년 전에 오셨는데, 그러면 그 이전의 사람들은 어떻게 되는 겁니까?

그리스도가 더 일찍 오셨더라면

박신부   그것 참 좋은 질문이군요. 아담과 하와가 원죄를 저지르자마자 즉시 구세주가 오셨더라면 좋았을 텐데, 왜 그렇게 늦었는가, 이 말이지요?

송 군   그렇습니다.

박신부   송 군 생각에는 인간이 죄를 저지른 다음날 즉시 구세주가 오셨더라면 좋았겠지요?

송 군   물론입니다.

박신부   여기에는 여러 가지 이유가 있지만 중요한 것 몇 가지만 말씀드리면, 첫째, 인간으로 하여금 하느님을 거슬러 범한 죄의 결과가 얼마나 무서운 것인가를 스스로 느껴서 회개할 수 있도록 충분한 시간을 주시기 위함이었습니다. 원죄는 하느님을 없애고, 인간 스스로 하느님이 되겠다는 교만이 빚은 죄가 아닙니까?

송 군   예. 그렇습니다.

박신부   그런데 원죄를 저지른 다음부터 인간은 행복은커녕 도리어 시기, 질투, 싸움으로 죄악의 역사를 만들고 말았습니다. 결국 하느님이 계시지 않은 인류 역사의 비참을 인간이 뼈저리게 체험해서 다시금 당신을 찾기를 바라신 것입니다.

송 군   말하자면 인류가 죄에서 다시 해방되기 위해서는 인간의 힘만으로는 될 수 없고 구세주가 필요하다는 사실을 깨닫게 하시기 위해서란 말씀이지요?

박신부   그렇습니다.

송 군   또 다른 이유는 또 없나요?

박신부   그리고 인류 문화사적으로 보더라도 그리스도가 너무 일찍 오셨다면 미개한 문화 수준에서 그리스도를 받아들일 수 없었겠지요. 더구나 문자가 없었던 시대라면 그리스도의 가르침도 후대에까지 전해 내려올 수 없지 않았겠어요?

송 군   물론 그렇겠지요.

박신부   그래서 문화적으로, 지성적으로 인간의 지능이 구세주를 받아들일 만한 준비가 되었을 때 그리스도는 탄생하신 것입니다.

송 군   그렇군요. 그런데 왜 하필이면 이스라엘이라는 나라에서 탄생하셨나요?

박신부   그럼 송 군 생각에는 어디가 좋았겠어요? 송 군의 고향인 충북 진천 뒷산에서 그리스도가 탄생하셨더라면 좋을 뻔했겠네요?

송 군   하하하, 그게 아닙니다.

박신부   그리스도가 탄생하신 이스라엘은 분명 동양입니다. 그곳은 동서양을 연결하는 길목이고 따라서 그리스도의 진리가 동서양으로 쉽게 전파될 수 있는 입지 조건을 갖춘 곳이었습니다.

송 군   정말 그렇군요, 신부님!

박신부   이와 같은 지리적인 조건도 조건이지만 구세주를 낳을 하느님의 백성이 그곳에 살았고 또 구약 시대에 벌써 베들레헴 고을에서 탄생하시리라고 예언되었기 때문에 거기서 그리스도는 탄생하셨습니다.

송 군 잘 알겠습니다. 그런데 신부님, 그리스도가 하느님의 아들이라고 하시지 않았습니까?

박신부 예, 그렇습니다.

송 군 그렇다면 하느님 아버지와 아들의 관계는 어떻게 됩니까?

박신부 점점 어려운 질문이 나오는군요. 좋습니다. 이제부턴 차츰 어려운 교리 문제로 들어가는데, 어찌 되었든 지금부터는 하느님 아버지와 아들의 관계를 얘기해 보지요.

삼위일체

박 신부　송 군! 하느님이 몇 분이나 계신다고 생각합니까?

송　군　물론 하느님은 한 분이시겠지요.

박 신부　그건 말할 나위도 없습니다. 하느님은 한 분이십니다. 흔히 사람들이 잡신을 섬기고 신이 많은 것으로 생각하는데 그들이 말하는 잡신들은 모두가 악마들이며, 그들이 선신善神들이라고 하는 것은 천사들을 말하는 것이지요. 하지만 만물을 만든 절대 완전하신 창조주는 하느님 한 분뿐이십니다.

송　군　신부님! 다신교니 유일신교니 하는 말이 있잖아요?

박 신부　네, 있습니다. 우리 가톨릭은 유일신교입니다.

송　군　그런데 하나이신 하느님이 당신 아들을 세상에 보내시어 인간을 구원하시는데, 하느님께 아들딸과 같은 가족적인 무엇이 있나요?

박 신부　드디어 삼위일체 교리까지 왔군요. 삼위일체란 한마디로 한 분이신 하느님이 세 위격을 가지고 있다는 말인데, 그 세 위의 이름을 성부, 성자, 성령이라고 합니다.

송　군　하느님이 한 분이신 동시에 세 분이란 뜻은 아니겠지요?

박 신부　물론입니다. 성부, 성자, 성령, 세 위격이 한 하느님을 이루고 있다는 뜻인데, 삼위일체는 우리가 알아듣기 매우 어려운 문제입니다. 알기 쉽게 비유를 들어 설명하겠습니다. 송 군, 한 인간 안에는 지능과 의지와 정서가 있죠?

송 군   네, 그렇습니다.

박 신부   인간은 지능이 있기 때문에 무엇을 생각하고 판단하게 되고, 또 의지가 있기 때문에 자기가 생각한 것을 행동으로 옮기게 됩니다. 이렇게 자기가 지능으로 생각한 것을 의지에 의해 행동한 다음, 그 결과를 보고 좋다든지 나쁘다든지 그것을 느끼는 정서가 따라옵니다. 이렇게 한 인간 안에 지知, 정情, 의意가 있어서 원만한 하나의 인격을 이루듯이 하느님도 성부, 성자, 성령의 세 위격이 한 하느님을 형성하고 있다는 것입니다. 다른 예로, 삼각형을 생각해 보십시오. 하나의 삼각형이 되기 위해서는 세 각과 세 변이 있어야 되듯이 하나의 하느님도 세 위격을 가지고 있다는 것입니다.

송 군   그러면 우리가 하느님이라 할 때에는 성부를 보고 하는 말입니까?

박 신부   물론 성부도 하느님이라 할 수 있고 성자도 성령도 다 하느님이라 부를 수 있습니다.

송 군   그러면 성부도 성자도 성령도 그 지위가 똑같다는 말인가요?

박 신부   그렇습니다. 성부, 성자, 성령은 똑같은 지위에서 똑같은 하느님이십니다.

송 군   아니, 그런데 성부는 아버지고 성자는 아들 아닌가요?

박 신부   먼저 세 위격의 관계를 말하겠습니다. 성부는 성자를 낳으셨고, 그러니 성자는 성부께 낳음을 받았지요. 그리고 성령은 성부, 성자 두 위격에서 나온 것입니다.

송 군   그렇다면 성부는 적어도 성자보다는 높아야 하고 먼저 계셨어야 하는 것 아닌가요?

박 신부   그것은 인간의 생각이지요. 마치 성부, 성자를 우리의 아버지나 아들처럼 생각하니까 그런 것인데 실상은 그렇지 않고 성자가 성부에게서 나왔으니 거기에는 어떤 시간적인 간격이 없다는 것입니다. 예를 들어 보겠습니다. 성냥불을 켜 보십시오. 불이 켜짐과 동시에 불꽃이 생기는데, 송 군! 불꽃이 생긴 다음 몇 초 후에 빛이 나고 열이 납니까?

송 군   그런 법이 어디 있어요? 불꽃이 생기는 동시에 빛과 열이 따라오는 거지요, 뭐.

박 신부   그렇지요. 하지만 우리는 이론적으로 따져 먼저 불꽃이 있기 때문에 거기서 열과 빛이 나온다고 말합니다. 이와 마찬가지로 성부로부터 성자가 나왔으니, 그것은 온전히 동시에, 즉 영원으로부터 계신 하느님은 영원으로부터 삼위를 가진 것이지만, 이론상으로 볼 때 성부는 성자를 낳았다고 볼 수 있는 것입니다.

송 군   그런데 그것은 그렇다 하더라도 성령이 성부와 성자에서 나왔다고 하셨는데 그건 또 무슨 내용입니까?

박 신부   네! 삼위의 관계를 다시 말씀드립니다. 영원한 이상이며 절대 완전하신 성부가 계시고, 이 성부의 이념이 하나의 성자가 되었습니다. 그래서 성자를 다른 말로 '말씀'이라고도 합니다. 왜냐하면, 인간이 머리로 생각한 것이 말로써 표현되듯이, 성부의 이념이 표현된 것이 성자이기 때문입니다. 그리고 성부와 성자는 서로 무한히 사랑으로 맺어져 있고 이 두 분의 사랑이 너무나 강하고 또 치열하기 때문에 그 사랑이 또 하나의 위격으로 피어나게 되었습니다. 이것이 곧 성령입니다. 그래서 성령은 성부와 성자에게서 나왔다는 것입니다. 하지만 이것은 어디까지나 이론적인 설명에 불과하며 그 시간이나 지위에는 차이가 없이 서로 구별이 되면서도 다 같이 동일한 하느님이십니다.

송 군 알아듣기 어렵군요.

박 신부 사실입니다. 인간의 머리로써는 알아들을 수 없습니다.

송 군 그런데 성부, 성자, 성령, 삼위 중에서 성자를 예수 그리스도라 하셨죠?

박 신부 네! 그렇습니다.

송 군 성자는 세상에 오셔서 인간의 구원을 위해 십자가에서 돌아가셨는데 성부와 성령은 우리와 어떤 관계가 있습니까? 성부, 성자, 성령이 하시는 일이 서로 다른가요?

박 신부 좋은 질문입니다. 신학적으로 엄밀히 따지면 한 위격이 하시는 일이란 곧 세 위가 서로 공동으로 하시는 것이죠. 알아듣기 쉽게 말씀드리면 성부는 창조 사업을 하셨고, 성자는 죄에 떨어진 인간을 구하는 구원 사업을 하셨고, 마지막으로 성령은 성부께서 창조하시고 성자께서 구원하신 인간을 끝까지 영원한 하느님 나라로 인도하는 성화 사업을 하신다고 할 수 있습니다.

송 군 성령의 성화 사업이 무엇인지 잘 모르겠군요.

박신부 앞으로 차차 다루게 될 겁니다.

송 군 신부님! 다시 한번 생각해 보고 내일 또 뵙겠습니다.

박신부 네, 그럼 또 뵙겠습니다. 안녕히 가십시오.

계시 종교

송 군   신부님! 어제 옛 고향 친구를 거의 10년 만에 우연히 만나게 되었습니다.

박 신부   그래요?

송 군   퇴근을 하고 오는 길에 글쎄 길에서 우연히 마주치지 않았겠어요. 그래서 그 길로 대폿집에 가서 한잔했습니다. 그런데 신부님! 밤늦도록 이야기하다 보니 우연히 그 친구에게 신부님 이야기를 하게 되었습니다.

박 신부   그래요?

송 군   그 친구가 저보고 요즘 무엇을 하느냐고 묻기에 어떤 신부님을 알게 되어 가톨릭에 대해 공부하고 있다고 했더니 막 욕을 하는 겁니다.

박 신부   아니 왜요?

송 군   신부님께 들은 대로 인생의 모순과 비참을 해결하기 위해서는 그리스도를 찾아야 하고 그의 가르침에 따라야 한다고 했지요.

박 신부   그랬더니요?

송 군   그랬더니, 그건 다 쓸데없는 짓이라고 막 핀잔을 주지 않겠습니까? 특히 아담과 하와라는 인간이 처음에는 낙원에서 행복하게 살다가 원죄를 저지른 탓으로 인간의 모든 불행이 시작되었다는 이야기를 했습니다. 그런데 그건 다 꾸며 낸 옛날이야기라면서 비웃는 겁니다.

박 신부   그래서 뭐라고 답변했어요?

송 군   뭐라고 대답해야 할지 모르겠더군요. 그 사실들을 증명해 보라는데 어떻게 합니까?

박 신부   송 군! 저와 처음 만났을 때 말씀드린 것 생각납니까?

송 군   무슨 말씀이요?

박 신부   만일 송 군이 종교 공부를 하고 있다는 것을 몇몇 친구들이 안다면 비웃을 것이라고 한 것 말입니다.

송 군   네! 기억납니다. 그런데 신부님, 삼위일체니 에덴동산 이야기니, 아담과 하와 그리고 원죄에 대해 말씀하셨는데, 사실 그것을 믿을 수 있는 어떤 근거는 없지 않습니까? 불교 같은 데서는 그런 말들이 없는 것 같은데…….

박 신부   불교와 가톨릭은 전혀 다릅니다. 불교는 누가 만들었지요?

송 군   석가모니 아니에요?

박 신부   언젠가 불교를 만든 석가모니와 가톨릭을 만든 예수 그리스도는 다르다고 했던 것 기억납니까?

송 군   기억이 잘 나지 않습니다.

박 신부   그러면 석가모니가 불교를 세우러 이 세상에 오기 전에 미리 그 징조를 보여 주었나요?

송 군   아아 참, 기억납니다. 아니지요. 석가모니, 공자님 같은 분은 미리 예언되지 않았지만 그리스도는 미리 예언되었다고 했습니다.

박신부 그러니까 이런 점을 보더라도 그리스도는 순수 인간인 석가모니나 공자님과는 다른 것입니다. 세상에 많은 종교가 있지만, 크게 나누어서 인간이 만든 자연 종교와 하느님이 만드신 계시 종교로 구분합니다.

송 군 자연 종교, 계시 종교요?

박신부 간단히 설명하면 자연 종교란 인간의 힘으로 하느님이 계심을 깨닫고 하느님이 주신 양심의 법도를 따라 마음으로 하느님을 섬기는 것을 말합니다.

송 군 그렇다면 공자님이 만드신 유교도 일종의 자연 종교라고 할 수 있을까요?

박신부 그렇지요.

송 군 그런데 계시 종교란 말씀을 하셨는데, 계시가 무엇인지 알고 싶습니다.

계시와 신앙

박 신부   지금까지 송 군과 이야기하다 보니, 어느새 계시 문제에까지 이르렀는데 '신앙'이 무엇인가를 알려면 계시를 제대로 알아야 합니다.

송 군   '계시'란 말은 처음 들어 봅니다.

박 신부   그럴 겁니다. 한마디로 하느님이 인간에게 가르쳐 주신 모든 진리를 계시라고 합니다. 다시 말해서 사람들에게 또는 자연을 통해서 배운 것을 우리는 '자연 지식'이라고 하고, 하느님으로부터 배운 것을 '계시 지식'이라고 합니다. 먼저 계시라는 말의 뜻을 말씀드리면, 계시는 라틴어로 '레벨라티오Revelatio'라고 합니다. 이것은 '휘장을 벗긴다'는 뜻이지요.

송 군   휘장을 벗긴다는 말은 무슨 뜻을 가지고 있습니까?

박 신부   이렇게 생각해 봅시다. 우리가 연극을 보러 극장에 들어가면, 앞의 무대는 으레 막으로 가려져 있어서 그것이 열릴 때까지는 그 무대에 무엇이 있는지 알 수 없습니다. 배우들이 준비를 마친 다음에 비로소 무대의 막이 열립니다. 그때 우리는 무대에 나와 다양한 역할을 맡은 배우들을 볼 수 있고 아름답게 꾸며진 무대를 환히 볼 수 있습니다. 계시도 이와 같은 것입니다. 우주를 창조하신 하느님이 계시다는 것은 우리의 힘으로 알 수 있지만, 하느님이 어떤 분이신지 우리에게 무엇을 요구하시는 분이신지는 자세하게 모릅니다. 마치 휘장이 가려져 있기 때문에 무대를 볼 수 없는 것과 같은 것이지요. 하지만 하느님은 인간에게 당신 자신을 볼 수 있도록 그리고 들을 수 있도록 나타나시어 우리에게 구체적인 진리를 가르쳐 주셨습니다. 이것을 우리는 계시라고 하는 것입니다.

송 군 잘 알겠습니다. 인간이 전혀 알 수 없었던 것을 하느님이 가르쳐 주셨기 때문에 알게 되었고, 이것이 마치 가려진 휘장이 벗겨지는 것과 같은 것이기 때문에 계시라 한다는 거군요.

박 신부 그렇습니다. 그런데 문제는, 하느님이 가르쳐 주신 진리를 우리가 어떻게 받아들일 것인가 하는 것입니다.

송 군 그러면 우리는 계시를 어떻게 알아들어야 합니까?

박 신부 이런 일이 있었습니다. 외출을 하고 돌아오는 길이었습니다. 앞에 초등학교 4, 5학년 또래의 꼬마들 대여섯 명이 참새처럼 재잘재잘 신나게 이야기를 하더군요.

"얘! 얘! 이번 주 토요일에 소풍 간대. 너희들 알고 있어?"

"그래? 정말이야? 누가 그래?"

"철수가 오늘 아침에 그랬어!"

"철수가? 그 허풍쟁이 말을 어떻게 믿어?"

옆에 섰던 한 아이도 거들었습니다.

"난 또 누가 그랬다고……. 그 뻥쟁이 말을 들어? 바보같이."

그러자 얌전하게 뒤에 따라가던 한 아이가 친구 어깨를 치면서 말합니다.

"얘, 정말이야. 토요일에 태릉으로 소풍간대."

"누가 그래?"

"우리 학교 교장 선생님이 그러셨어! 우리 아버지하고 교장 선생님 하고 잘 아는 사이야. 그런데 어제 저녁에 교장 선생님이 우리 아버 지를 만나러 집에 오셨어. 아버지가 교장 선생님 오셨다고 나보고 인사하라고 하시기에 인사를 하고 나오다가 문 밖에서 슬쩍 들었 지. 교장 선생님이 우리 아버지보고 토요일에 소풍 간다고 하던데?" 그러자 옆에 있던 애들이 이렇게 떠들더군요.

"야아 정말이지? 신난다! 그날 맛있는 거 많이 싸 가지고 와, 알았 지?"

송 군, 이런 일은 어린이들뿐만 아니라 어른들 사회에서도 가끔 볼 수 있는 일이지요?

송 군   물론입니다.

박신부   그런데 철수란 애가 소풍 간다고 했을 땐 왜 믿지 않았죠?

송 군   그거야 빤하죠. 그 애가 허풍쟁이라 믿을 수 없어서 그랬 겠죠.

박신부   그런데 교장 선생님이 그랬다니까 믿었죠?

송 군   교장 선생님의 말은 권위가 있잖아요!

박신부   그렇습니다. 같은 말이지만 누가 그 말을 했느냐가 언제 나 문제가 됩니다. 신용 없는 허풍쟁이가 말했다면 보통 믿지 않지 만 권위 있고 신용이 있는 사람이 말하면 그 사람의 권위를 봐서 그것을 받아들입니다. 비록 보지 않았고 알아듣기 어려운 문제라도……. 그렇지요?

송 군   그렇습니다.

박신부   계시도 마찬가지입니다. 계시는 하느님이 가르쳐 주신 것입니다. 하느님은 절대자입니다. 모든 것을 아는 전능하신 분입니다. 그분이 가르쳐 주신 것을 우리가 의심할 수 있겠어요?

송 군   그럴 수 없겠죠.

박신부   그렇기 때문에 우리는 하느님이 계시하신 것을 하느님의 권위로 그대로 인정하고 믿는 것입니다. 이것을 신앙이라고 하는 거고요.

송 군   그럼 신앙이란 계시를 믿는 것입니까?

박신부   그렇습니다. 우리가 비록 알아듣지 못하지만 하느님의 권위 때문에 그 말에 고개를 숙이고 무릎을 꿇는 것이 신앙입니다. 공부하는 학생들이 선생님의 권위 때문에 선생님의 말씀을 그대로 받아들이는 것과 같습니다. 그러니까, 계시는 신앙과 떨어질 수 없는 관계를 맺고 있습니다.

송 군   가톨릭은 계시 종교이고 따라서 깊은 신앙이 요구된다는 말씀인가요?

박신부   맞습니다. 신앙이란 절대적인 권위 앞에 고개를 숙이는 것입니다. 신앙을 받아들이기 위해서는 무엇보다 먼저 겸손해야 합니다. 자신보다 더 위대하고 절대적인 하느님께 승복하고 그분의 가르침을 그대로 받아들일 줄 아는 겸손이 없다면 신앙을 가질 수 없습니다.

송 군   신부님! 기억납니다. 요새 사람들이 종교를 갖지 않는 이유 중 하나가 교만하기 때문이라고요.

박 신부   네, 바로 그것입니다. 교만한 사람은 자기 외에 어떤 권위도 인정하지 않습니다. 그러니 하느님의 계시를 받아들일 수 없습니다. 또 교만한 사람은 계시 진리를 자기 생각대로 비판해서 자기 뜻에 맞지 않으면 버리고 맙니다.

송 군   사실입니다. 인간이 자기 주관이 너무 강하기 때문에 그런 것 같아요. 금방 말씀드린 제 친구도 고집이 세고 주관이 강합니다. 그러다보니 자기 뜻에 어긋나는 것은 어떤 일도 하지 않습니다.

박 신부   송 군은 자기를 믿는 지나친 교만 때문에 계시 진리를 믿지 않는 이들과, 겸손하게 인간의 불완전을 깨닫고 하느님의 계시 앞에 고개를 숙이고 그것을 믿는 사람들 가운데 어느 쪽이 더 훌륭하다고 생각합니까?

송 군   글쎄요…….

박 신부   송 군도 조카가 있겠지요?

송 군   네! 있습니다. 꼬마 조카들이 많아서, 어쩔 땐 정말 귀찮고 짜증이 나기도 합니다.

박 신부   왜요?

송 군   말도 듣지 않고 말썽만 피우니까 그렇죠. 글쎄, 한번은 제 방에 들어와서 제가 아끼는 노트북을 만졌는데 손가락으로 누르면 화면에 한 자 한 자 글자가 탁! 탁! 나오니까 신이 났던 모양입니다. 하루 종일 그 녀석들이 교대로 계속 눌러댔는데 결국 망가지고 말았죠. 그러니 짜증이 안 나겠어요?

박 신부   그것 보세요. 그 꼬마들이 삼촌 말을 듣지 않고 자기 맘대로 했기 때문에 노트북이 망가졌지요? 마찬가지로 사람이 하느님이 가르쳐 주신 계시를 믿지 않고 자기 멋대로 산다면 어떻게 되겠어요?

송 군   노트북처럼 된다는 말씀인가요?

박 신부   생각해 보세요. 그 어린아이들이 뭘 알겠어요? 이제 첫돌이 갓 지난 꼬마가 손에 칼을 들고 있을 때 어머니가 그 칼을 뺏으려고 하면 뺏기지 않으려고 바락바락 고집을 세우고 웁니다. 그런 경우 어떻게 해야 합니까?

송 군   말하나마나죠. 아이가 다치지 않게 빼앗아 다른 곳에 치워야겠죠.

박 신부   우리 인간과 하느님의 차이는 첫돌 지난 아이와 어머니 정도의 차이가 아닙니다. 하늘과 땅의 차이보다도 더 큰 것입니다. 그런데도 하느님의 계시를 이러쿵저러쿵 비판만 하고 믿지 않는다면 어떻게 되겠어요? 송 군! 꼬마 조카들에게 이 땅덩어리가 저 해를 중심으로 매일 빙빙 돌고 있다고 말해 보세요, 뭐라고 하는지.

송 군   도리어 저를 비웃을 겁니다. 저보고 정신 나갔다고 할걸요, 아마.

박 신부   그런 소리를 들으면 송 군은 어떤 생각이 들겠습니까?

송 군   '지금은 너희들이 어려서 아무것도 모르니까 비웃지만 나중에 커서 공부하면 알 거야!' 이렇게 생각할 수밖에 없겠죠. 너무나 말을 안 들으니까…….

박신부   그렇겠지요. 마찬가지로 하느님을 믿는 우리가 저기 저 사람들에게 하느님 이야길 하고 신앙 이야길 했는데 그들이 도리어 코웃음만 치면서 그것을 믿지 않는다면 그때 심정이 어떻겠습니까? 땅덩어리가 돈다는 말을 믿지 않고 도리어 삼촌이 돌았다고 하는 아이들이 그만큼 무지하고 어리석다면, 교만 때문에 자신을 섬기는 데 정신이 팔려 하느님의 계시를 믿지 않는 그들은 얼마나 어리석은 무리겠어요?

송군   신부님! 계시와 신앙 문제를 그렇게까지 심각하게 생각해 보지 못했는데요. 구체적으로 우리가 믿어야 하는 하느님의 계시 진리에는 어떤 것들이 있나요? 물론 지구가 태양을 중심으로 돌고 있으니 이것을 믿어라, 이런 것은 아니겠지요?

박신부   좋은 질문입니다. 물론 지구가 태양 주위를 돌고 있다는 것은 계시가 아닙니다. 그것은 자연 과학의 지식이지요. 과학적 근거를 두고 증명할 수 있는 것이니까 그것은 신앙 개조個條가 아니고 지식입니다. 신앙과 지식은 다릅니다.

송군   어떻게 다릅니까?

박신부   신앙이란 것은 자신이 하느님의 권위에 굴복하여 계시된 사실을 받아들이는 것이고, 지식은 감각이나 자연 현상을 통해 얻은 과학의 결론이라 할 수 있는 것입니다. 아는 것과 믿는 것은 전혀 다릅니다.

송 군 아는 것과 믿는 것이 전혀 다르다면, 알지 않고도 믿을 수 있을까요?

박 신부 우리가 잘 안다고 해서 믿음이 깊어지는 것은 아닙니다. 하지만 전혀 알지 못하면 믿음을 갖기가 어렵습니다. 가끔 우리는 종교인 이상으로 종교의 교리를 잘 아는 분들을 보기도 하지만 그렇다고 그들의 신앙심이 깊다고 할 수는 없습니다. 그리고 전혀 모르고서는 신앙이 생길 자리가 없기 때문에 참신앙을 가질 수도 없습니다. 신앙이란 것은 마음의 준비가 되어 있으면 하느님의 은총으로써 얻어지는 것입니다.

송 군 하지만 '맹목적인 신앙'이란 말도 있잖아요?

박 신부 네, 그렇지요. 맹목적인 신앙이란 그 신앙의 목적이 뚜렷하지 못할 뿐만 아니라 신앙을 가져야 할 바탕이 없는 것을 말합니다. 말하자면 근거 없는 신앙이지요.

송 군 예를 들면 어떤 경우일까요?

박 신부 자! 지금 송 군과 내가 같이 서울역에 나갔는데 한 사람이 대합실 한복판에 나와 이렇게 말합니다.

"친애하는 시민 여러분, 내가 누구인 줄 아십니까? 나는 어제 저녁 성령을 받고 하느님의 아들로 이 자리에 나타났습니다. 여러분! 구원을 얻고자 하거든 나를 믿고 내 말대로 하십시오. 먼저 여러분 호주머니에 있는 돈을 하나도 빠뜨리지 말고 죄다 내 호주머니에 차례차례로 넣으십시오. 그리고 남산에 올라가서 하늘을 보고 절을 백 번만 하십시오. 그러면 그 자리에서 즉시 구원을 얻습니다.

나는 성령을 받아 세상에 온 하느님의 아들입니다."

송 군   하하하…….

박신부   왜 웃어요? 하하. 만일 송 군이 이런 사람을 보았다면 송 군 주머니를 다 털고 남산으로 올라가겠어요?

송 군   천만의 말씀입니다. 그런 바보가 어디 있겠습니까?

박신부   그렇습니다. 그렇게 하는 사람은 바보 같은 사람입니다. 그런데 왜 하느님의 아들이라고 떠드는 그 사람을 믿지 않는 거죠? 이유가 뭐예요?

송 군   그거야 그를 믿을 만한 근거가 전혀 없지 않습니까?

박신부   맞습니다. 그를 믿어야 할 이유가 없는 겁니다. 그런데 어떤 이가 즉석에서 돈주머니를 털어 그에게 바치고 남산으로 올라가 절을 한다면, 그는 맹목적인 신앙을 가진 것이지요.

송 군   신부님! 잘 알겠습니다. 우리가 그리스도를 믿는 것은 그것과는 다르다는 것이겠지요?

박신부   그렇지요. 우리가 그리스도의 말을 믿고 그를 따르는 데는 정당한 근거가 있지요. 그리스도의 가르침을 계시라고 했는데 그리스도는 당신의 말이 정말 참된 진리라는 것을 증명하셨습니다.

송 군   어떻게 했습니까?

박신부   벌써 잊었군요?

송 군   무엇을 말입니까?

박신부   그리스도가 세상 사람늘과 다른 섬에 대해 지난번에 얘기했잖아요?

송 군   어렴풋이 기억은 나는데…….

박 신부   그리스도는 순수 인간이 아니었습니다. 인간이 할 수 없는 일, 즉 기적을 행하셨고, 당신께서 친히 죽으신 다음 3일 만에 다시 살아나셨습니다. 그리고…….

송 군   네. 탄생하시기 전부터 그분의 탄생이 예언됐고요.

박 신부   그렇지요. 그러니 그분의 말을 그대로 믿을 수 있고 따라서 그분은 진정 하느님의 아들이라는 것입니다.

송 군   신부님! 잘 알겠습니다. 그런데 제가 아까 구체적으로 우리가 그리스도의 말씀으로 믿어야 할 신앙 개조를 말씀해 달라고 했는데요.

박 신부   아, 그렇군요. 미처 대답 못하고 다른 이야기만 했습니다. 여기서 그것을 다 말씀드릴 수는 없고 우리 가톨릭 신자들이 신앙 고백을 하는 대표적인 것을 열거하면 다음과 같습니다.

1. 전능하신 천주 성부, 천지의 창조주를 저는 믿나이다.
2. 그 외아들 우리 주 예수 그리스도님,
3. 성령으로 인하여 동정 마리아께 잉태되어 나시고,
4. 본시오 빌라도 통치 아래서 고난을 받으시고, 십자가에 못 박혀 돌아가시고, 묻히셨으며,
5. 저승에 가시어 사흗날에 죽은 이들 가운데서 부활하시고,
6. 하늘에 올라 전능하신 천주 성부 오른편에 앉으시며,
7. 그리로부터 산 이와 죽은 이를 심판하러 오시리라 믿나이다.
8. 성령을 믿으며,

9. 거룩하고 보편된 교회와 모든 성인의 통공을 믿으며,

10. 죄의 용서와,

11. 육신의 부활을 믿으며,

12. 영원한 삶을 믿나이다.

이상입니다.

송 군　아직까지 그 내용을 잘 모르겠습니다만, 그동안 신부님께 들은 내용도 나오는군요. 예컨대 예수님이 마리아의 몸에서 탄생하신 것, 십자가에 죽으신 다음 부활하셨다는 사실 같은 것 말입니다. 그런데 "저승에 가시어 사흗날에 죽은 이들 가운데서……." 이런 말이 있는데, 그리스도가 죽으신 다음 저승에 가셨다고 했는데, 그 저승은 어떤 곳인가요?

박 신부　저승은 옛날 그리스도가 오시기 이전, 구약 시대의 성자들이 그리스도가 오실 때까지 기다리던 장소입니다. 그리스도는 저승, 즉 구약의 성자들이 당신을 기다리고 있는 그곳에 가시어 그들을 위로하셨습니다. 그들은 그리스도가 오시기 전에는 천국에 들어갈 수가 없었습니다. 왜냐하면, 원죄로 인해서 천국으로 가는 다리가 끊어지고 말았으니까요. 그리스도는 다시 이것을 고치심으로써 인간을 구하신 것이라고 말씀드렸지요?

송 군　네, 알겠습니다. 그런데 방금 말씀해 주신 것 중에 "육신의 부활을 믿으며"라는 말이 나오는데요?

박 신부　우리가 죽지만, 죽은 다음에 다시 살아난다는 것입니다.

송 군　그것이 가능할까요?

박 신부   이제 정말 인간의 머리로써는 알아들을 수 없는 계시 문제에 부딪혔군요. 세상 사람들은 사람이 죽음으로써 생명은 끊어지고 모든 희망과 행복, 불행도 끝나는 것으로 생각합니다. 그래서 어떤 방법으로든지 오래 살아 보려고 애를 쓰고 온갖 쾌락을 찾지만, 우리가 믿는 신앙에 의하면 인간은 죽은 다음 다시 살아나게 되어 있습니다.

송 군   그것을 어떻게 알지요?

박 신부   이것을 알 수는 없지요. 그러니까 지식이 아닙니다. 이것이 지식이라면 의사들은 알고 있겠지만, 아무리 의학 박사라도 죽은 다음 다시 살아난다는 것은 모릅니다. 우리는 이것을 하느님의 가르침을 통해 믿는 것입니다. 그러니까 신앙 개조이지요.

송 군   그렇다면 그것을 믿을 수 있는 근거가 있습니까?

박 신부   물론이지요. 송 군! 저기 엿장수가 지나가는 모양인데, 저 엿장수가 비행기를 만들 수 있을까요?

송 군   엿장수가 어떻게 비행기를 만듭니까?

박 신부   그럼 누가 만들죠?

송 군   전문 지식을 가진 과학자들이 만들지요.

박 신부   우리 옆집에 할머니가 한 분 계신데 자나 깨나 일본에 있는 아들을 보고 싶어 합니다. 어느 날 아침에 보니까, 그 할머니가 부엌에서 나무 막대기로 갑자기 늘씬한 비행기를 만들어서 그것을 타고 일본으로 날아갔습니다.

송 군   하하하하.

박 신 부   하하, 왜 웃어요? 송 군도 비행기를 만들고 싶어요? 엿장수나 꼬부랑 할머니가, 더구나 나무 막대기로 비행기를 만들었다면 웃음거리밖에 안 됩니다. 비행기가 처음으로 하늘을 난 것이 1903년으로 알고 있는데 맞나요?

송 군   맞습니다.

박 신 부   만일 조선 시대의 이순신 장군에게 비행기 이야기를 했다면 장군이 그것을 곧이들었을까요?

송 군   못 알아들었겠죠.

박 신 부   그렇습니다. 비록 거북선을 만든 이순신 장군이지만, 비행기는 꿈에도 생각지 못했을 것입니다. 비행기를 보지 못했으니까요. 하지만 오늘날에는 아무리 시골 사람이라도 비행기가 무엇인지 다 압니다. 이렇게 우리가 언제나 볼 수 있는 비행기지만 그것은 옆집 할머니나 엿장수는 만들 수 없고, 전문 과학자만이 만들 수 있습니다. 과학자들이 비행기를 만든다고 하면 아무도 웃지 않고 당연하다고 생각합니다. 이와 마찬가지로 죽은 사람이 산다는 것은 인간의 힘으로 불가능합니다. 7년 전에 죽은 사람을 오늘 새벽에 앞집 할머니가 살렸다고 한다면 웃음거리밖에 안 되지만, 인간뿐만 아니라 우주의 모든 생명을 만든 하느님께는 얼마든지 가능한 일입니다. 꼬부랑 할머니는 비행기를 만들지 못하지만 전문 과학자는 그것을 만들 수 있듯이 생명의 원천이요 생명의 권리를 가지신 하느님은 생명을 새로 만드실 수도 있고 죽이실 수도 있습니다.

송 군   그러니까 하느님의 힘으로 죽은 사람이 다시 살아난다는 것입니까?

박신부 그렇지요. 어떤 의사의 말을 듣고 '육신 부활'을 믿는다면 어리석은 것이지만 우리 생명을 만드신 그분에게는 가능한 일입니다. 비행기를 만든 과학자가 있음을 알 수 있듯이, 우리는 눈앞에 무수한 생명을 보고 이것을 만드신 하느님이 계심을 알 수 있습니다. 하느님은 죽은 사람을 살리는 것도 충분히 하실 수 있습니다. 할머니가 막대기로 비행기를 만드는 것은 있을 수 없는 일입니다. 마찬가지로 의사가 아스피린이니 페니실린 주사로 죽은 사람을 살린다는 것 또한 있을 수 없는 일입니다. 인간은 인간의 생명에 대하여 완전히 무능합니다. 인간의 자연 과학적 머리로는 죽은 생명이 다시 산다는 것이 믿어지지 않지만, 생명의 창조자이신 하느님께는 가능합니다.

송 군 그렇다면 그리스도가 육신 부활에 대해 가르치신 사실이 있나요?

박신부 있지요. 들어 보십시오. 그리스도는 어느 철학자도 과학자도 말할 수 없는 진리를 말했습니다.

"이 말에 놀라지 마라. 무덤 속에 있는 모든 사람이 그의 목소리를 듣는 때가 온다. 그들이 무덤에서 나와, 선을 행한 이들은 부활하여 생명을 얻고 악을 저지른 자들은 부활하여 심판을 받을 것이다."(요한 5,28-29)

얼마나 명백한 말씀입니까?

송 군 부활한 육신이 죽지 않고 영원히 산다는 말씀이지요?

박신부 　네, 그렇습니다. "영원한 삶을 믿나이다."라고 했지요. 이 열두 개 신앙 개조는 그리스도의 제자들이 스승 그리스도께 배워 우리에게 전해 준 신앙 개조라 해서 '사도 신경'이라고 합니다. 우리가 죽은 다음에 언젠가 한 번은 부활해서 영원히 살 수 있다는 우리의 신앙은 그야말로 인간에게 무한한 행복과 희망과 기대를 안겨 줍니다.

보세요! 한평생 살다가 죽으면 그만이라는 인생관을 가지고 하루하루의 만족과 허영을 쫓으며 사는 사람들과, 영원히 다시 살 수 있다는 희망 속에 사는 우리 인생관은 얼마나 차이가 납니까? 어떻게 보면 생명의 뜻을 모르고 사는 그들의 인생이 가련하기도 합니다. 영원한 생명이 없는 인간이란 어항 속에서 헤엄치는 금붕어보다 나을 게 없습니다. 그런데도 그들이 도리어 우리를 가련하다고 하지요. 누구 말이 맞는지는 시간이 말해 줄 것입니다.

송 군 　다시 산다! 다시 산다…….

박신부 　그렇지요. 그러니까 부활의 신앙을 가진 우리는 고통과 번민, 불행이 겹치는 이 세상의 괴로움을 단순히 괴롭게만 보지 않습니다. 이것이 지나면, 그리고 이것을 무사히 이겨 내면 영원한 생명이 주어진다는 믿음이 있기 때문입니다. 그러기에 현실은 괴로운 인생이지만 의미가 있는 것이고 괴로움 속에서도 우리는 삶의 보람을 느끼게 됩니다. 가톨릭 수도자들은 머리에 베일을 쓰고 세상의 모든 육체적 쾌락, 명예, 재물을 끊어 버리고 살지만, 그 생활이야말로 영원과 연결된 보람된 생활인 것입니다. 고통과 눈물

앞에서도 웃음의 꽃을 피울 수 있는 생활입니다. 이것을 모르는 그들에게는 이것이 한낱 웃음거리로 보이겠지만, 누가 어리석고 누가 현명한지는 나중에 드러나게 될 것입니다. 신앙이 있는 생활과, 신앙이 없는 생활은 엄청난 차이가 있습니다. 과학은 인간의 무한한 욕망을 만족시킬 수 없습니다. 과학은 영원한 무한을 말할 수 없습니다. 인간은 영원한 것과 무한한 것과 연결된 존재입니다. 과학은 기껏해야 달이나 별까지 우리를 인도할 수 있을 뿐입니다. 하지만 신앙은 우리를 영원과 무한의 세계로 끌고 갑니다.

송 군 저, 신부님…….

박 신부 네, 말씀하세요.

송 군 제가 옛날에 생각했던 신앙과는 전혀 다르군요. 신부님 말씀을 들으니까 정신이 멍해지는 것 같습니다.

박 신부 그렇습니까?

송 군 오늘 신부님이 말씀하신 신앙과 계시 문제, 정말 깊게 생각해 보겠습니다. 벌써 시간이 많이 지났군요. 신부님, 다음번에는 언제 시간이 괜찮으신가요?

박 신부 금요일 오후 괜찮으시겠어요?

송 군 그럼 다음 주에 뵙겠습니다. 안녕히 계십시오.

박 신부 안녕히 가십시오.

성경과 성전

송 군 안녕하세요, 신부님?

박신부 네! 안녕하십니까? 앉으십시오.

송 군 그럼 다시 계속해서 말씀해 주십시오. 그런데 한 가지 궁금한 게 있습니다.

박신부 네, 말씀하시지요.

송 군 지난번 신앙을 말씀하시면서, 신앙을 갖게 된 것은 하느님의 권위 때문이라고 하시고, 사도 신경에서 신앙 개조의 구체적인 예를 드셨잖아요?

박신부 예, 우리 신앙 개조의 중요한 부분들이 사도 신경에 있기 때문입니다.

송 군 그런데 사도 신경에 나오는 육신 부활의 근거로 성경에 있는 그리스도의 말씀을 인용하셨고, 또 그뿐 아니라 그리스도가 하느님의 아들이신 것과 그분이 부활하셨다는 것, 그리고 삼위일체 교리니, 아담과 하와 이야기 등 성경에 나오는 얘기를 말씀해 주셨는데, 성경이 얼마나 믿을 수 있으며 얼마나 권위가 있는지 궁금합니다.

박신부 좋은 질문입니다. 사실 이 세상에 나와 있는 책 가운데 성경만큼 많이 알려진 책이 없고 성경만큼 인류에게 많은 교훈을 준 것도 없으며, 또 성경만큼 반대를 많이 받아 온 책도 없습니다.

송 군   말이 나왔으니까 드리는 말씀인데, 전에 말한 그 고향 친구도 성경에 대해 욕을 하더군요.

박 신부   그래요? 뭐라고 하던가요?

송 군   그리스도의 몇몇 제자들이 허무맹랑한 사실을 기록해서 그리스도를 그렇게 위대한 인물로 만들었다고요.

박 신부   그래, 송 군은 어떻게 생각합니까?

송 군   글쎄요, 저는 잘 모르니까요…….

박 신부   먼저 성경이 무엇인지 말씀드리면, 성경은 하느님이 인간에게 보내 주신 메시지, 혹은 하느님의 편지라고 볼 수 있습니다. 우리 사회에서도 서로 알릴 일이 있으면 말이나 편지로 전하지 않습니까?

송 군   그렇다면, 하느님이 직접 성경을 쓰신 건가요?

박 신부   그렇지 않습니다. 대통령이 공문이나 담화문을 발표할 때 그것을 직접 씁니까?

송 군   높은 사람들이야 으레 밑에 있는 비서를 시켜 쓰겠죠.

박 신부   맞습니다. 성경도 마찬가지입니다. 성경의 사상과 내용은 하느님의 것입니다. 따라서 성경의 원저자는 하느님이시고 그것을 쓴 사람은 하느님의 서기, 혹은 비서 역할을 한 것입니다. 그래서 성경 저자의 성격과 환경, 그 당시 풍속, 그의 지식 상태, 문장력 등이 성경에도 그대로 나타나 있습니다. 그러므로 우리가 성경을 올바로 알아들으려면 성경 저자의 성격과 지식 상태, 생활 환경 등을 알아야 합니다.

송 군   만일 성경 저자가 잘못 쓴 경우엔 어떻게 됩니까?

박신부   성경 저자가 자기의 사상을 쓴 것이 아니고, 하느님의 지도하에 하느님의 말씀을 기록한 것이기 때문에 틀릴 수 없습니다. 이것을 '성령의 감도'라고 합니다.

송 군   뭐라고요?

박신부   다시 말해서 성경은 성령의 감도에 따라 기록된 하느님의 말씀이라 할 수 있습니다. 무슨 뜻이냐면, 성경 저자가 성경을 쓸 때, 하느님의 성령의 특별한 지도를 받고, 또 끝까지 틀리지 않도록 도움을 받아 기록했다는 뜻입니다.

송 군   그런데 그 내용이 진실하다는 것을 어떻게 알 수 있나요?

박신부   네, 아까 송 군의 친구 말대로 성경의 내용이 몇몇 제자들이 꾸며낸 것인지 아닌지 한번 검토해 보겠습니다. 먼저 신약 성경의 예를 보더라도, 성경은 각각 그것을 쓴 성경 저자가 있습니다. 만일 그 내용에 조금이라도 거짓말이 있었다면 그리스도교를 말살하려던 그 당시 유다인들이 이것을 가만두었을 리 없고, 또 그리스도의 제자들이 아무리 교묘한 수단을 썼다 하더라도 그리스도의 교리와 행적을 직접 듣고 본 많은 군중들이 아직도 살아 있었기 때문에, 그렇게 쉽게 사람들을 속일 수는 없었습니다.

송 군   그런데 신부님, 그리스도교를 반대하던 사람 중에 성경을 인정한 사람이 있나요?

박신부   그럼요, 있습니다. 그리스도교를 공격하기로 유명했던 이

교도인 첼수스 역시 복음서는 예수님의 제자들이 편집한 책이 분명하다고 말했습니다. 그리고 성경의 내용을 보더라도 모든 사건이 눈앞에 보이는 듯이 기록되어 있어, 이것을 읽는 사람에게 이 기사는 분명히 직접 목격한 사람이 쓴 것임을 확신케 합니다. 그리고 성경에 등장하는 역사적 인물, 즉 헤로데, 빌라도, 한나스, 카야파의 성격이나 환경은 성경 아닌 다른 책과도 모두 일치하고 있습니다.

송 군   글쎄요……. 성경을 깊이 연구해 보지 않아서 잘 모르겠습니다.

박 신부   사실이에요. 성경을 공부하지도 않고 무조건 반대하는 이들을 보면 정말 안타깝습니다. 성경을 쓴 사람들은 같은 시대 사람들이 아니었고, 같은 지방 사람도 아니었습니다. 예를 들어서 그리스도의 생애를 기록한 네 성경을 '복음서'라고 하는데 그것을 쓴 사람은 마태오, 마르코, 루카, 요한입니다. 이들 중 마태오와 요한만이 그리스도의 직계 제자입니다. 이들이 서로 다른 시대에 서로 다른 지방에서 썼지만, 그 내용은 같습니다. 마태오 복음서와 요한 복음서과 쓰인 시기가 서로 다른데도 내용이 같다는 것은 그리스도의 생애, 그리스도의 가르침이 그대로 기록되었다는 것을 말해 줍니다.

송 군   그렇군요. 그런데 '복음'이란 말은 무슨 뜻입니까?

박 신부   성경은 모두 73권인데, 그중 마태오, 마르코, 루카, 요한이 쓴 네 권을 '복음서'라 하고, 이것이 네 개이므로 네 복음서라 합니다. 복음이란 복된 소리, 즉 인류 구원을 위한 기쁜 소식이란 뜻인데, 그리스도의 강생과 그분의 가르침이 기록되어 있기 때문입니다.

송 군   잘 알겠습니다. 성경은 거짓된 것이라는 말을 가끔 듣는데, 그들이 그것을 증명하지는 못한 모양이군요?

박 신부   사실입니다. 수천 년 동안 변함없이 수억 명의 사람들이 이 성경을 절대적으로 믿고 그것을 따라 살아왔는데, 이것이 근거 없는 것이라면 역사가들이 가만히 있겠어요? 더구나 그 당시에 그리스도를 죽인 반대파들이 많았는데, 사실이 아닌 내용으로 그리스도를 위인으로 만들기 위해 이런 조작을 했다면 그들이 가만히 있지 않았을 것입니다.

송 군   그렇겠군요. 그리스도를 반대하던 사람들이 어떻게 가만히 있었겠어요?

박 신부   오늘날도 그리스도를 반대하는 많은 사람들이 성경을 욕하지만, 그들은 성경의 저자, 그리고 기록 연대, 그 내용에 대해서는 전혀 모르면서 그런 소리를 합니다. 하지만 역사의 증거와 수천 년 동안 수많은 사람이 믿고 받아들인 성경을 어떤 이유로 반대한단 말입니까?

송 군   신부님! 잘 알겠습니다. 그런데 성경이 73권이나 된다니, 참 많군요.

박 신부   네, 많습니다. 성경을 시대적으로 나누어, 그리스도 탄생 이전의 성경을 구약이라 하고, 그리스도 탄생 이후에 기록된 것을 신약이라 합니다. 구약 성경이 46권이고, 신약 성경이 27권이라, 합해서 73권이 됩니다.

송 군   그렇군요. 그런데 구약이니 신약이니 하는데 '약'이 무슨 뜻입니까?

박 신부 약은 계약이란 뜻입니다. 즉, 하느님과 인간 사이에 맺어진 계약으로서 이 계약을 지키면 구원을 얻고, 이 계약을 지키지 않으면 그에 따른 책임 추궁을 받는다는 뜻이지요.

송 군 잘 알았습니다.

박 신부 그리고 구약 성경을 내용상으로 구분하면, 교훈적 내용을 담고 있는 '시서와 지혜서', 미래 사정을 말한 '예언서', 그리고 역사적 사실을 기록한 '역사서'로 나뉩니다.

송 군 신부님, 잘 알겠습니다. 그런데 성경만 읽으면 그리스도의 정신을 다 안다고 할 수 있을까요?

박 신부 송 군은 어떻게 생각합니까?

송 군 글쎄요, 저도 의문이 나서 묻는 겁니다.

박 신부 상식적으로 생각해 봐도, 그리스도의 말씀이 성경에 다 기록되었다고 할 수 없지 않겠어요?

송 군 그리스도가 이 세상에 33년 동안 계셨는데, 불과 몇 권의 책에 그분의 말씀이 다 기록되었을 리는 없겠죠.

박 신부 올바른 생각입니다. 그리스도의 말씀이 성경에 다 기록된 것은 결코 아닙니다. 더구나 그리스도는 애초에 당신 말씀을 책으로 남기시고자 하는 의도도 없으셨습니다. 만일 그랬다면 제자들을 시켜서 글을 쓰게 했든지, 아니면 당신 친히 쓰셨을 것입니다. 송 군, 그리스도가 친히 쓰신 책이 있다는 말 들어 봤습니까?

송 군 정말. 역사상 위대한 인물들은 책을 많이 썼는데, 예수님이 책을 썼다는 말은 못 들어봤네요.

박신부   그렇습니다. 이렇게 그리스도는 책보다 말로 가르치셨고, 또 그것을 원하셨습니다. 그러므로 기록된 것 이외에 말로 전해 내려오는 그리스도의 가르침도 얼마든지 있습니다. 이것을 우리는 '성전'이라고 합니다.

송 군   그러면 성전도 성경과 똑같은 권위를 갖겠군요?

박신부   그렇습니다. 권위가 같을 뿐 아니라 시대적으로 보아 성경보다 성전이 먼저 있었습니다.

송 군   성전이 먼저 있었다고요?

박신부   그렇지요. 보세요! 그리스도가 설교하실 때 요즘처럼 어떤 속기사가 그 앞에서 말을 낱낱이 받아썼다고 생각합니까?

송 군   그렇진 않았겠지요.

박신부   그럼 녹음을 해 두었을까요?

송 군   그때 녹음기가 있기나 했겠어요?

박신부   그렇습니다. 속기사도 녹음기도 없었고 그 즉시 기록된 것도 아닙니다. 처음엔 모두가 말로써 서로 주고받으면서 그리스도의 설교를 배웠지요. 그런데 시대가 지남에 따라 나중에 그 제자들이 전해 내려오는 말, 즉 성전을 기록한 것이 성경이 된 것입니다. 신약을 보더라도, 신약 성경 중에 제일 먼저 쓰인 성경은 그리스도가 돌아가신 후라고 알려져 있습니다. 그러면 그 전에는 그리스도의 가르침이 없었단 말일까요?

송 군   아니겠지요, 그 전에는 성전으로 내려오고 있었겠네요.

박 신 부   그렇습니다.

송 군   성전에서 성경이 나왔으니 성전도 중요한 것이겠군요?

박 신 부   물론입니다. 성전을 부정하면 동시에 성경도 부정하게 되는 것입니다. 그러므로 성경만이 유일한 그리스도의 가르침도 아니고, 우리 신앙생활의 유일한 규범도 아닙니다.

송 군   그렇군요. 그런데 신부님, 성경에 혹시 성경 외에 성전이 있다는 말씀이 기록되어 있나요?

박 신 부   그럼요. 예를 들면 요한 복음서를 쓴 요한 사도가 성경을 다 쓰고 마지막에 이런 말을 했습니다.

"예수님께서 하신 일은 이 밖에도 많이 있다. 그래서 그것들을 낱낱이 기록하면, 온 세상이라도 그렇게 기록된 책들을 다 담아 내지 못하리라고 나는 생각한다."(요한 21,25)

이 말은 쓸 것이 많지만 그만 중단한다고 한 것입니다. 그리고 또 "그러므로 이제 형제 여러분, 굳건히 서서 우리의 말이나 편지로 배운 전통을 굳게 지키십시오."(2테살 2,15)라고 했는데, 여기서 편지로 보낸 글은 오늘날 성경이 되었지만, 말로써 가르친 것은 오늘날 성전으로 내려오고 있습니다.

송 군   성경에도 성전에 대한 말씀이 분명히 나오는군요?

박 신 부   그렇습니다. 그런데 어떤 이는 성경만 읽으면 그리스도의 가르침을 다 알 수 있다고 생각하는데, 이것은 잘못입니다. 우선, 성전을 모르고는 성경을 올바로 알아들을 수도 없고, 또 성경만으로는 그리스도의 가르침을 다 알 수도 없기 때문입니다.

송 군　성전을 알아야 성경을 올바로 이해할 수가 있다고요?

박신부　그렇지요. 원문이 아닌 우리말로 번역된 성경을 2천 년이 지난 오늘날의 사람들이 읽으면 옳게 알아들을 수 없지요. 게다가 당시 이스라엘의 풍속과 생활 환경은 지금과 다르지 않습니까? 오직 성전에 의해서, 즉 그리스도께 직접 듣고 배운 제자들이 가르친 것을 그대로 2천 년간 보존하면서 그것을 권위 있게 가르칠 수 있는 가톨릭 교회에 의하지 않고는 성경을 알아들을 수 없다는 말입니다. 그렇지 않겠어요?

송 군　그렇겠지요. 우리가 대학 강의를 듣는 데도 교수의 권위가 있어야 하는데, 더구나 그리스도의 말씀을 듣는 데 어떤 권위 있는 가르침이 필요한 것은 당연한 일이죠.

박신부　그렇죠. 그런데 많은 사람들이 성경을 소설처럼 읽고 마음대로 해석해서 시비를 거는 경우가 많지요.

송 군　신부님, 저도 성경을 한번 읽고 싶은데요.

박신부　네, 읽어야지요. 성경 한 권 빌려 드릴까요?

송 군　네, 그래 주시면 고맙겠습니다.

박신부　원하신다니, 이것을 가지고 가서 읽어 보십시오. 성경과 성전은 하느님이 우리에게 가르쳐 주신 계시가 담겨 있는 그릇입니다. 즉 신앙의 근거입니다.

송 군　신부님, 그럼 성전은 어떻게 알 수 있나요?

박신부　성경을 읽으시면서 모르는 것은 내가 일러 드리겠고, 성경에 기록되지 않은 성전은 차츰차츰 교회를 통해서 배울 수 있습니다.

믿어야 사는가?

박 신부 송 군! 오늘 아침 신문 보았습니까?

송 군 바빠서 못 보았는데요.

박 신부 이 신문 좀 보십시오. 세상에 이런 일이 다 있네요.

송 군 뭔데요?

"아들 사형 소식에 어머니 한강에 투신자살"
참 딱합니다. 하나밖에 없는 아들이 군에서 잘못하여 군법회의에서 사형 선고를 받고 사형되자, 소식을 들은 어머니가 세상을 비관하고 한강에 빠져 자살했군요.

박 신부 얼마나 비참합니까?

송 군 이쯤 되면 기가 막히겠죠. 하나밖에 없는 아들을 태산같이 믿고 있던 어머니의 심정이 오죽했겠어요. 신부님은 이런 일을 어떻게 생각하십니까?

박 신부 그 어머니는 아들 하나만 믿고 모든 어려움과 고통을 달게 참으며 살아왔을 것입니다. 그런데 그렇게 믿었던 아들을 잃었으니……. 아마도 땅을 치며 통곡했을 것입니다.

송 군 그렇겠지요, 물론.

박 신부 사람을 가리켜 '사회적인 동물'이라고 하지요?

송 군   네.

박 신부   사회적인 동물이란 말의 뜻은, 인간은 사회를 떠나서는 살 수 없다는 뜻입니다. 사회를 떠나서 살 수 없다는 말은 인간은 각 개체가 절대 완전한 독립체가 되지 못하고 다른 사람과 서로 돕고 의지하면서 살아야 한다는 뜻입니다. 그래서 우리는 가정 사회, 학교 사회, 국가 사회를 이루게 마련입니다. 우리 사회는 눈에 보이는 인간의 단체이지만, 그 인간의 단체를 지탱해 나가는 눈에 보이지 않는 요소가 있는데, 이것이 곧 '믿음'이란 것입니다. 우리 사회가 믿음으로 연결되어 있기 때문에 우리는 살아갈 수 있는 것입니다. 예를 들어, 가정에서 아버지는 아들을 믿고 살고, 아들은 아버지를 믿고, 아내는 남편을 믿고, 남편은 아내를 믿지요. 또 국가 사회를 보더라도 국가는 국민을 믿고, 국민은 국가를 믿게 되니까 그 사회가 유지되는 것입니다. 믿음이 깨어지는 그 순간 우리 사회는 망하고 맙니다. 진정 믿음이란 우리 사회를 붙들어 매어 주는 끈인 것입니다.

송 군   사실이에요. 믿을 수 없는 사람이란 정말 가시와 같은 존재이지요.

박 신부   불신당하는 것보다 더 괴로운 일도 없지만, 우리의 모든 정력과 물질을 아끼지 않고 믿었던 사람이나 물건이 나의 기대에 어긋나고 희망에 어긋나는 실망을 주는 일보다 더 큰 불행 또한 없습니다.

송 군   정말입니다.

박 신 부   이렇게 생각해 볼 때 인간은 누구나 다 믿음을 가지고 있습니다. 이것은 어찌할 수 없는 인간의 본성입니다. 그런데 문제는 이 믿음을 가진 인간이 사람을 믿는 것으로 만족을 못하고 있다는 것입니다.

송 군   그럼 다른 것을 믿고 있나요?

박 신 부   그렇지요. 인간은 어떤 물질이나 인간을 믿는 것으로 만족을 못했고, 더구나 이것을 믿었다가는 언젠가 한번은 불행과 절망이 닥친다는 것을 알게 되었습니다. 보세요. 아들만 믿고 있던 어머니의 불행을 말입니다. 인간은 오랫동안 경험했습니다. 인간이 인간을 믿긴 하지만 인간에게서 영원한 행복과 영원한 이상은 찾을 수 없고, 그렇게 믿었다가는 반드시 눈물을 흘리는 날이 있다는 것을 말이지요.

인간 외의 물질이나 권리도 마찬가지입니다. 일생을 고생해서 모아 둔 재산이 하루저녁에 잿더미가 되는 것을, 세상을 호령하던 이들이 하루아침에 감옥으로 끌려가는 것을 우리는 눈으로 보았습니다.

송 군   인간이나 재물, 권력은 정말 허무하고 순간적인 것 같습니다. 인간은 그렇게 이슬처럼 사라지고, 재물이나 권력도 순식간에 없어지니 인간을 만족시킬 수 없죠. 옳은 말씀입니다.

박 신 부   인간은 여기에 불만을 품게 됐고, 결국 인간의 믿음은 다른 것으로 뻗어 갑니다. 첫째로 공부를 못한 무지한 사람들의 믿음입니다. 그들도 역시 인간인지라 돈을 전적으로 믿을 수 없다는 것은 압니다. 그래서 자기를 도와줄 수 있는 대상을 찾아 믿기 시작합니다. 서울에서 공부하는 자식이 성공하도록 소반에 생수를 떠 놓고 산신령님께 빌고, 휘영청 밝은 보름달에 수백 번 절을 아끼지 않고 굽실굽실하면서 아들을 낳게 해 달라고 빕니다. 인간은 무엇이든지 믿어야 하기 때문입니다.

송 군 　 신부님, 그런 것은 미신이 아닙니까?

박신부 　 물론 미신입니다. 허무맹랑한 믿음을 가리켜 미신이라고 하는데, 객관적으로 보면 미신인 것이 맞지만, 그들의 주관으로 보아서는 훌륭한 신앙이요 종교입니다. 그들이 지닌 종교심, 믿음은 그것으로 완전히 충족됩니다.

송 군 　 그건 그래요. 그렇게 빌고 나면 그래도 무언지 모르게 마음이 후련함을 느끼게 되니까요.

박신부 　 그다음 둘째로 소위 지식인들의 믿음입니다. 그들은 공부를 했기 때문에 무지한 이들처럼 미신은 갖지 않지만, 그 대신 그들이 공부한 학설을 믿습니다. 철학을 믿거나 또는 인간이 만든 과학을 믿고 살지요. 공산주의자는 물질 외에 어떤 정신적 요소도 인정하지 않습니다. 하느님도, 영원도 말입니다. 대신 그들은 그들의 공산주의 철학, 즉 헤겔의 변증법과 칼 마르크스의 유물 사관으로 이루어진 공산주의의 신조를 믿습니다. 다시 말해서 자본가와 무산계급과의 투쟁은 헤겔의 변증법적 필연이요, 이런 역사적 변화 과정이 지나면 언젠가 한번은 그들이 주장하는 공산주의 지상 천국이 온다는 것이지요. 그래서 열렬한 공산주의자일수록 그만큼 열렬한 신앙가입니다.

송 군   신부님, 그런데 그들이 자기네 생명까지 바쳐가며 그 신념을 따르는, 그 힘은 어디서 나온 걸까요?

박 신부   그것 역시 자신의 철학이나 사상, 신념에 대한 신앙에서 나온 것입니다. 사람은 무엇이든지 믿어야 사니까, 그 믿음이 뿌리를 내리고 틀이 박히면 죽어도 아랑곳하지 않는 것입니다.

송 군   믿음이란 정말 중요한 것 같습니다.

박 신부   공부를 했다는 지성인들은 자기들의 주관이 뚜렷하니까 극히 주관적으로 신앙을 갖습니다. 현대인들의 경향을 보면 자기가 공부한 학설이 있으면 그것을 믿고, 일반적으로 과학 시대에 사는 현대인들은 과학을 믿습니다. 어찌 되었든 누구든지 무엇이든 믿지 않고는 살 수 없습니다. 그리고 마지막 세 번째로 나타나는 인간의 믿음은 곧 우주의 지배자인 하느님을 알아서 그분께 모든 것을 맡기고 사는 종교적 신앙이지요.

송 군   결국 사람은 무엇이든지 믿고 살아야 되나 보지요?

박 신부   믿음이란 인간이 가지고 태어난 것입니다. 즉, 인간 스스로가 완전하지 못하다 보니 어디에든지 종속되고자 하는 것이 인간의 본성인 것입니다. 그러므로 여기서 결론 내릴 수 있는 것은 이것입니다. 인간은 누구나 믿음을 가지고 있다는 것과, 인간이 가진 믿음은 본질상 똑같은 것이지만, 다만 다른 점은 무엇을 믿는가, 그 대상만 다를 뿐이라는 것입니다. 인간을 '종교적 동물'이라고 하는 것도 바로 그 때문입니다. 믿어야 사는 인간이니, 무엇을 믿어야 하는지 그 대상을 똑바로 찾아야 합니다. 믿어야 살 수 있는 인간이 믿음의 대상을 찾지 못하고 헤매는 것은 정말 안타까운 일입니다. 이것보다 더 큰 고민이 있을 수 없습니다. 인생의 갈 길을 찾지 못하고 헤매는 인간, 이것보다 더 큰 불행은 없습니다. 송 군은 과거에 무엇을 믿고 살아왔으며, 앞으로 무엇을 믿고 살아갈 생각입니까?

송 군   그야 지식인답게 과학을 믿고 살아야겠죠.

박신부   과학이 송 군의 믿음을 충족해 주리라 믿습니까?

송 군   물론이지요.

박신부   신앙 없는 과학이 인간을 행복하게 해 줄 거라 생각합니까?

송 군   물론이지요.

박신부   그럼 신앙은 필요 없다는 것이지요?

송 군   글쎄요······. 과학이 인간의 불행과 비참을 해결해 주리라 믿습니다, 결국에는······.

신앙과 과학

박 신부   송 군은 과학으로 모든 것이 해결되리라 생각하지만, 인간은 과학만으로는 만족할 수 없을 뿐 아니라, 과학이 인생의 모든 것을 풀어 주지는 못합니다.

송 군   그럴까요, 신부님? 그런데, 종교와 과학은 근본적으로 어떻게 다릅니까?

박 신부   종교는 하느님과 인간의 관계인 만큼, 종교의 대상은 하느님이시고, 과학의 대상은 자연계입니다. 인간을 놓고 본다면, 과학은 인간의 육체, 즉 생리 조직을 연구하지만, 종교는 인간의 정신, 즉 영혼의 문제를 다루는 것이지요.

송 군   그러니까 과학은 하느님이나 인간의 영혼에 대해 말할 수 없다는 건가요?

박 신부   그렇습니다. 과학은 이미 주어진 질서를 연구하는 것에 불과합니다. 아무리 위대한 과학자라 할지라도 자연 질서를 만들 수는 없습니다. 그러므로 자연 과학은 자연계 안에서만 힘을 쓸 수 있을 뿐, 자연계를 떠나 이 자연을 있게 한 초자연계에 대해서는 완전히 무능합니다. 즉 물질계에서만 과학이지, 정신계, 즉 초자연계에서는 아무 힘도 없습니다. 다시 말해서 2 더하기 3이 5라는 같은 수

학적인 결론이나, 현미경에 나타나는 것만 말할 수 있는 것입니다.

송 군   그런데 과학이 해결할 수 없는 문제에 대해 종교가 무엇을 말할 수 있을까요?

박신부   인간은 종교적 동물이라고 했습니다. 이것은 인간이 과학만으론 살지 못하고 종교를 필요로 한다는 것을 말해 줍니다. 과학자는 우주의 존재 이유, 인간 존재의 근원, 인생의 목적, 생명과 죽음, 죽은 후의 문제에 대해서 답을 주지 못합니다. 또한 인생의 비참이나 고통, 죽음을 해결해 주지도 못합니다.

송 군   신부님! 과학이 발전하면 인간의 모든 불행이 사라지지 않을까요?

박신부   천만에요! 보세요, 과학이 극도로 발달한 오늘날도 인간의 불행이 없어지는 것이 아니라, 경우에 따라서는 더 큰 불행이 초래되기도 합니다.

송 군   실제 예시를 말씀해 주세요.

박신부   그러지요. 과학자들이 수소 폭탄, 원자 폭탄을 만들었는데 그 덕분에 전쟁이 없어지게 되었습니까?

송 군   글쎄요?

박신부   전쟁이 없어진 것이 아닙니다. 오늘날의 전쟁은 인간 말살을 예고하고 있습니다. 스스로 만들어 놓은 수소 폭탄, 원자 폭탄 앞에서 공포와 불안을 느끼며 살고 있습니다. 그뿐 아니라, 과학이 '죽음'이란 숙명적인 인간의 불행한 운명에서 인간을 해방시켜 줄 수는 없지 않습니까?

송 군   그러니까 종교는 과학이 할 수 없는 것을 해결한다는 것이지요?

박신부   그렇습니다. 과학은 자연계를 논하지만, 종교는 자연을 준 창조주, 그리고 생명을 준, 생명의 원천이신 하느님을 얘기합니다. 그러므로 인간이 정신적이고 물질적으로 균형 잡힌 생활을 하려면 반드시 종교를 가져야 합니다. 유럽 선진 국가들을 보세요. 그들의 과학, 즉 물질계가 발전하는 그만큼 정신계를 지배하는 종교도 발전하지 않습니까?

송 군   그건 맞는 것 같습니다.

박신부   인간의 경우도 그렇습니다. 의사는 인간의 생명을 다루는데, 생명이 붙어 있을 때에야 의사로서의 명목이 서는 것과 마찬가지죠. 일단 그 육체에서 영혼이 떠나 생명이 끊어지면 아무리 뛰어난 의사도 다시 살리지는 못합니다. 왜 그럴까요?

송 군   그거야 인간이 생명을 만들지 못하기 때문이지요.

박신부   그렇습니다. 인간은 죽음 앞에 무기력합니다. 이러한 생명이 어디서 왔으며 죽은 다음에는 어떻게 되는지를 가르치는 것이 종교입니다. 그러므로 종교는 엄밀히 말해서 과학을 바탕으로 하고 있으며 과학보다 더 높은 위치에 있습니다. 하지만 종교에서 가르치는 진리나 과학이 가르치는 진리나 결국에 가서는 일치합니다. 왜냐하면 자연 질서를 주신 분도 하느님이요, 종교가 가르치는 진리도 하느님이 주신 진리이기 때문입니다.

송 군   그러니까 과학만 추종할 것이 아니라 신앙을 가지란 말쓺이시죠?

박신부   그야 말할 필요도 없지요.

송 군   그런데 신부님! 신앙을 갖는 것도 자유 아닌가요?

박신부   물론 그렇긴 한데, 아니. 요즘 송 군의 마음이 조금 달라진 것 같습니다.

송 군   신부님, 솔직히 요즘 친구들과 만나 술을 마시다가 종교 이야기를 꺼내면 다들 핀잔을 주더군요. 친구들 하는 말이, "제아무리 가톨릭 신부가 뭐라고 하더라도 신앙은 자유야. 그따위 신부 말 듣지 말고 그냥 인생을 즐기란 말이야." 하는 겁니다.

박신부   정말 안타깝습니다.

송 군   왜요?

박신부   그런 친구들과 사귀는 송 군의 앞날이 걱정되기 때문입니다. 그런 분위기에 휩쓸리면 그다음엔 아무리 좋은 말이라도 귀에 들어가지 않습니다. 요즘 송 군이 달라진 이유가 있군요. 신앙도 자유니까 마음대로 그것을 헌신짝처럼 던져 버리고 말겠다는 건가요?

송 군   신부님, 세상에 즐거운 일이 얼마나 많습니까? 신앙이 무슨 필요가 있습니까?

신앙도 자유인가?

박 신부 송 군, 이제 신앙을 받아들일 것인가, 아니면 버릴 것인가 선택할 단계에 왔습니다. 송 군은 이제 종교가 뭔지, 하느님이 어떤 분인지, 원죄가 무엇인지, 인간의 목적이 뭔지, 그리스도가 누구이신지, 인류의 구원이 뭔지, 신앙과 계시가 무엇인지도 알고 있습니다.

송 군 그동안 신부님께 정말 좋은 말씀 많이 들었습니다.

박 신부 전에 말씀드린 대로, 신앙을 갖기 위해서는 지식만이 아닌 마음의 준비와 하느님의 특별한 은총이 있어야 합니다. 송 군은 이제 신앙을 가져야 하는지 그만두어야 하는지 판단할 수 있다고 봅니다. 그릇된 친구들과 사귀더니 이제 신앙도 자유라고 하면서 발뺌을 하는데, 이제 송 군과 영영 헤어지기 전에 마지막으로 신앙과 자유 문제를 말해 주고 싶은데요.

송 군 사실 오늘도 친구와 술집에서 만나기로 약속했는데……. 그렇지만 저도 염치가 있는 인간이니까 신부님의 말씀을 마지막으로 듣고 가겠습니다.

박 신부 사람들이 툭하면 "자유! 자유를 달라!" 하고 외치지요. 송 군, 도대체 자유가 뭘까요?

송 군   글쎄요, 자유로운 것 아닐까요?

박 신부   무엇이 자유로운 것이란 말입니까?

송 군   아무런 구속도 없이 자기 마음대로 사는 것 아니겠습니까? 하느님을 공경할 수도 있지만, 그런 귀찮은 종교 생활을 하게 되면 그만큼 자유가 구속될 테니 그보다는 친구들과 좀 더 재미있게 살아 보자는 것이 요즘 제 생각입니다.

박 신부   그래요? 자유란 자기 마음대로 하는 것이라고요? 그럼 몇 가지 물어 보겠습니다. 부모님이 귀찮은 일을 시킬 때 하기 싫다고 부모님께 주먹질을 하는 것도 자유인가요?

송 군   네?

박 신부   그럼, 날은 추운데 기름이 없으면, 이웃집 기름을 몰래 훔치는 것도 자유인가요?

송 군   음…….

박 신부   왜 대답이 없어요? 그럼 또 한 가지, 복어 알을 먹고 죽는 것도 자유인가요? 송 군 말대로 자유는 자기 마음대로 하는 것이니까요! 어때요?

송 군   그럼 신부님은 자유가 뭐라고 생각하십니까?

박 신부   송 군이 말하는 것처럼 그런 자유를 찾다가는 우리 사회는 뒤죽박죽 아무것도 될 수 없습니다. 자유란 '정의와 인도人道 안에서 자기 뜻대로 하는 행동'입니다. 그리고 자유는 자기가 한 행동에 대해서 책임을 지는 것입니다.

송 군   정의의 범위 안에서만 자유로운 것이라고요?

박 신부　　그렇습니다. 사회 정의와 인간이 마땅히 해야 하는 윤리 도덕률 안에서만 인간은 자유롭다는 것입니다. 한마디로 인간의 자유는 한계가 뚜렷이 있다는 것입니다. 그 한계를 넘어설 수는 없습니다. 비유를 들어 보겠습니다. KTX가 등장한 후로 전국이 하루 생활권이 되었는데, 열차가 그렇게 빨리 달릴 수 있는 것은 철로 위에서 바퀴가 움직이기 때문입니다. 말하자면 열차는 철로 위에서만 그렇게 빠른 속력으로 자유롭게 달릴 수 있습니다. 만일 열차가 서울 거리를 자유롭게 굴러다니고 있는 택시를 보고, 나도 택시처럼 좀 더 자유롭게 다녀야겠다는 생각으로 철로에서 튀어나온다면 어떻게 되겠어요?

송　군　　그야 말할 것도 없죠. 철로를 벗어난 열차는 그때부터 꼼짝달싹 못하겠지요.

박 신부　　보세요. 더 자유롭게 되려고 했다가 도리어 꼼짝달싹 할 수도 없게 되고 말았습니다. 왜 그렇게 된 거죠?

송　군　　글쎄요…….

박 신부　　열차가 움직일 수가 없게 된 것은, 자기가 가야 할 길, 즉 철로에서 벗어났기 때문입니다. 인간이 윤리 도덕을 벗어나서 하는 행동은 벌써 자유가 아닙니다. 오히려 인간을 구속할 뿐입니다.

송　군　　인간과 열차는 다르지 않습니까?

박 신부　　물론 다릅니다. 무엇이 다른가 하면, 인간은 윤리 도덕에 어긋나는 줄 알면서 그 자유를 잘못 쓰는 것이 다르고, 또 그 행동에 대해서는 책임을 져야 하는 것이 다르지요.

송 군   네?

박신부   아직도 이해가 잘 되지 않는 모양인데, 그럼 송 군, 오늘 집에 돌아가다가 혹시 배가 고프면 중국집에 들어가서 비싼 요리나 시켜서 실컷 먹고 가세요.

송 군   돈은 어떻게 하고요?

박신부   돈은 무슨! 돈을 달라고 하면 이렇게 말하세요. "여보세요, 당신은 아직 자유가 뭔지 모르나 본데, 내가 배가 고파서 음식 먹는 것은 자유입니다. 쓸데없는 소리 작작 하십시오!" 이렇게 말하고 나오다가, 혹시 케이크나 과일이 먹고 싶으면, 또 다른 가게에 들어가 마음대로 잡수세요.

송 군   하하하. 신부님, 왜 그러세요?

박신부   아니, 좀 더 자유롭게 살기 위해 중국 음식 먹고, 과일 좀 먹은 게 무슨 큰 문제인가요?

송 군   신부님이 시키시는 대로 했다가는 맞아 죽기 딱 알맞겠군요.

박신부   그래요. 인간이 더 자유롭게 산답시고 그렇게 분별없이 행동했다가는 감옥에 갇혀 자유마저 잃어버리고 맙니다. 마치 열차가 더 자유롭게 되려고 했다가 꼼짝달싹 못하듯이 말입니다. 열차는 그것으로 끝나지만, 인간은 그 대가로 감옥에 가서 벌을 받습니다. 인간은 자기가 한 행동에 대해서 책임을 져야 하기 때문입니다.

송 군   신부님, 책임 문제에 대해서는 이제 알아듣겠습니다. 그러니까 인간은 정의와 인도의 범위 안에서만 자유롭다는 것이지요?

박 신부   인간의 자유에 한계가 있다는 것은 그 자유가 절대적인 자유가 아니고 어디까지나 상대적인 자유이며, 어떤 권위나 질서 앞에선 꼼짝 못한다는 뜻입니다. 부모님을 공경하는 것은 자유가 아니고 의무이듯이, 하느님 공경도 자유가 아니고 의무입니다. 자녀가 부모 공경을 자유라는 이유로 하지 않았다면, 그것은 자유가 아니라, 자유의 남용이요, 방종입니다. 그래서 그에겐 불효자란 딱지가 붙게 되고, 언젠가 한번은 그 대가로 벌을 받게 됩니다.

송 군   신부님! 그럼 하느님 공경이나 신앙도 자유가 아니고 의무이며, 인간의 자유는 절대적인 것이 못 된다는 말인가요?

박 신부   그렇습니다. 인간은 윤리 도덕률 안에서 이렇게 저렇게 할 수 있을 뿐이지, 인간을 창조하신 하느님 앞에서, 또 자연 질서 앞에서 자유를 부르짖을 권리는 털끝만큼도 없는 것입니다. 여기에는 의무가 따르고, 의무 실행을 못했을 때는 책임을 추궁하여 벌을 받게 마련입니다.

송 군   조금 이해하기 어려운데, 그렇다면 세상 쾌락을 위한 친구보다도 먼저 하느님을 찾아야 된다는 건가요?

박 신부   아직도 알아듣지 못한 모양인데, 마지막으로 묻겠습니다. 송 군, 나중에 늙어서 죽음이 닥칠 때 죽지 않을 자유 있습니까?

송 군   네?

박 신부   송 군! 겨울에 춥지 않을 자유 있어요?

송 군   음…….

박 신부   송 군, 뜨거운 불덩이에 손을 집어넣어서 뜨겁지 않을 자유 있습니까?

송 군 글쎄요…….

박 신부 송 군 말대로 신앙은 자유니까 하느님 공경이라는 인간의 중대한 의무를 버리고 나쁜 친구들과 어울려 쾌락만 찾으며 세상을 살 수도 있습니다. 하지만 언젠가는 죽음을 맞게 될 것입니다. 그리고 죽은 다음 하느님 앞에서 심판을 받을 것입니다. 송 군의 행실대로 상이나 벌이 주어질 것입니다. 송 군, 그때 그 지옥 벌을 받지 않을 자유가 있을까요? 우리에게 죽지 않을 자유가 없듯이, 죽은 후 심판받지 않을 자유도 없고, 행실대로 상이나 벌을 받지 않을 자유도 없습니다. 송 군! 아직도 신앙이 자유인가요?

송 군 신부님! 요즘 저는 왜 저도 모르게 진흙탕 속으로 들어가는지 모르겠습니다. 지금까지 신부님께 예의 없이 함부로 말을 한 것 같습니다. 오늘 저녁에 친구와 했던 약속은 취소하고 다시 한번 인생, 신앙, 자유에 대해 진지하게 생각해 보겠습니다. 그리고 곧 신부님을 찾아뵙겠습니다.

박 신부 네. 언제라도 오십시오.

송 군 신부님, 고맙습니다.

박 신부 네! 안녕히 가십시오.

꼭 알아야 할 문제

1. 최초에 하느님이 창조하신 원조의 이름은 무엇인가?
2. 우리 원조는 어디서 살았으며, 그들은 처음에 어떤 상태로 창조되었는가?
3. 사람이 하느님 모상으로 창조되었다는 말은 무슨 뜻인가?
4. 생명의 은총과 과성 은총은 무엇인가?
5. 원죄는 어떤 죄인가?
6. 원죄를 저지르게 된 동기는 무엇인가?
7. 인간이 원죄를 저지른 후 어떻게 되었는가?
8. 원죄가 후손에까지 영향을 미치는 이유는 무엇인가?
9. 인간은 예외 없이 모두 원죄를 가지고 태어나는가?
10. 마리아의 원죄 없는 특권을 무엇이라고 하는가?
11. 원죄로 상처 입은 인간은 누구를 통해서 구원을 받을 수 있는가?
12. 12월 25일은 무슨 날인가?
13. 그리스도는 언제 어디서 탄생하셨는가?
14. 그리스도의 어머님은 누구인가?
15. 요셉은 그리스도와 어떤 관계가 있는 분인가?
16. 그리스도가 탄생하셨을 때 그분을 찾아온 사람들은 누구인가?
17. 그리스도는 헤로데의 계략을 피하기 위해 어디로 피난하셨는가?
18. 그리스도는 세상에서 몇 년이나 사셨는가?
19. 베드로는 어떤 사람인가?
20. 그리스도가 행하신 기적을 몇 가지 말해 보라.

21. 그리스도는 무슨 이유로, 어떻게 돌아가셨는가?
22. 그리스도가 돌아가신 후 3일 만에 무슨 일이 있었는가?
23. 예수 승천이란 무엇인가?
24. 그리스도가 보통 사람과는 다르다는 것을 무엇으로 알 수 있는가?
25. 예수 그리스도란 무엇을 뜻하는가?
26. 그리스도가 천주성과 인성을 가져야 할 이유는 무엇인가?
27. 구원이란 말의 뜻은 무엇인가?
28. 원죄로 잃은 은총을 다시 찾아 주시기 위해 그리스도는 어떤 대가를 치르셨는가?
29. 그리스도의 십자가는 우리에게 어떤 교훈을 주는가?
30. 원조들이 낙원에서 죄를 저지른 상황과 그리스도가 속죄의 죽음을 당하신 상황을 비교하여 말하라.
31. 죄의 종류를 말하라.
32. 유다인들이 생각하는 구세주는 어떤 구세주인가?
33. 십자가의 공로로 우리가 생명의 은총만 받고 과성 은총을 즉시 받지 못하는 이유는 무엇인가?
34. 그리스도와 사랑에 대해 말해 보라.
35. '객관적 구원 사업', '주관적 구원 사업'이란 무엇인가?
36. 우리도 십자가를 져야 한다는 말은 무엇을 의미하는가?
37. 하느님이 구세주를 더 일찍 보내시지 않은 이유는 무엇인가?
38. 삼위일체 교리를 설명해 보라.
39. 성부, 성자, 성령의 관계를 말해 보라.

40. 비유를 들어 삼위일체를 설명해 보라.
41. 계시 종교와 자연 종교의 다른 점은 무엇인가?
42. 계시는 무엇인가?
43. 신앙은 무엇인가?
44. 맹목적 신앙이란 무엇인가?
45. 사도 신경을 외워 보라.
46. 저승은 어떤 곳인가?
47. 성경은 무엇인가?
48. 성령의 감도란 무엇인가?
49. 네 복음서는 무엇인가?
50. 성경은 모두 몇 권인가?
51. 성전은 무엇인가?
52. 인간이 신앙을 가져야 하는 이유는 무엇인가?
53. 종교와 과학은 어떻게 다른가?
54. 과학으로 인간의 모든 것을 해결할 수 있는가?
55. 하느님 공경도 자유로 돌릴 수 있는가?

제3부

교회와 성사

구원을 가르치는 학교

송 군   안녕하세요, 신부님?

박 신부   예, 안녕하셨어요? 앉으십시오.

송 군   신부님, 지난번엔 실례가 많았습니다.

박 신부   원! 별말씀을 다 하십니다. 어때요? 신앙 문제에 대해서 다시 한번 생각해 보셨어요?

송 군   물론입니다. 지난번 신부님의 말씀을 듣고 느낀 바가 많았습니다. 이제 열심히 교리 공부를 해서 참된 신앙생활을 하기로 완전히 결심했습니다.

박 신부   그래요? 정말 반가운 일입니다. 그런데 그 마음 끝까지 잃지 마십시오.

송 군   단단히 결심했으니까 이제는 어떤 친구가 뭐라고 하더라도 제 신앙을 버리지 않을 겁니다. 신부님, 그런 걱정 마시고 이제부터 본격적으로 교리를 가르쳐 주시기 바랍니다.

박 신부   좋습니다. 그러면 지금부터 순서에 따라 교리 공부를 시작하겠습니다. 송 군은 그동안 여러 가지로 교리를 많이 공부했다고 생각됩니다.

송 군   지금까지 신부님께 들은 교리는 극히 기본적인 것이겠지요?

박신부   물론 그렇긴 하지만, 그래도 대단히 중대한 문제들을 다뤘습니다. 우리는 그동안 종교가 무엇인가부터 시작해서 그리스도의 강생 구속과 계시 신앙에 대해 공부했습니다.

송 군   그리스도가 이 세상에 강생하시어 계시 진리를 가르치시고 마지막에 부활하시고 승천하셨다는데, 그다음은 어떻게 됐나요?

박신부   2천 년 전의 사람들은 인간 그리스도를 직접 눈으로 보고 그분의 가르침을 직접 들었는데, 지금 우리들은 그들과는 상황이 다르니 그리스도의 가르침을 어떻게 받을 수 있겠는가, 이것이 궁금한 거지요?

송 군   네.

박신부   오늘날에는 그 옛날에 나타난 역사적 인물인 그리스도는 계시지 않지만, 그리스도는 언제나 우리를 떠나지 않고 신비로운 방법으로 우리와 함께 계시면서 당신 진리를 가르쳐 주십니다. 그리스도의 죽음은 그 당시 사람들만을 위한 것이 아니고, 전 인류의 구원을 위한 것입니다. 만일 그리스도가 승천하신 것으로 끝났다면, 오늘 우리에게는 그리스도의 구원 사업이 아무런 의미가 없을 것입니다. 그래서 그리스도는 세상 마칠 때까지 당신의 구원 사업이 계속될 수 있도록 이 세상에 교회를 세우신 것입니다.

송 군   그럼, 그리스도가 세운 교회가, 오늘날 그리스도를 대리해서 우리를 가르친다는 말씀입니까?

박신부   그렇지요. 그리스도는 승천하시기 전에 교회를 세우시고 당신의 모든 권리를 교회에 맡겨 세상 사람들을 가르치고 성화시키라고 분부하셨습니다. 송 군, 길 가던 사람들이 길을 잃어버렸을 때 누구를 찾나요?

송 군   글쎄요? 보통 경찰에게 물어 보거나 부동산 중개소에 물어 보겠지요.

박신부   그럼 하느님께로 가야 하는 인간이 그 길을 잘 모를 때는 누구에게 물어야 합니까?

송 군   신부님 말씀대로 교회를 찾아야 하지 않을까요?

박신부   그렇습니다. 교회는 인류에게 인생의 목적을 가르치고, 인간의 구원을 가르칩니다. 그래서 교회를 '구원의 학교'라고 하는 것입니다.

송 군   그런데 신부님, 그리스도가 정말 교회를 세우셨는지, 만약 그렇다면 언제쯤 세우셨는지 알고 싶은데요. 성경에 어떤 근거가 있나요?

박신부   있지요. 그리스도가 으뜸 사도인 베드로에게, "너는 베드로이다. 내가 이 반석 위에 내 교회를 세울 터인즉"(마태 16,18), 이렇게 당신 교회 창설을 명백히 말씀하셨습니다. 그리고 그리스도의 교회는 성령이 오시는 날 정식으로 시작되었습니다.

송 군   신부님, 성령이 오시다니요?

박신부   아참! 내가 미처 말씀을 안 드렸군요. 성령이 누구신지는 아시지요?

송 군   예, 삼위일체의 셋째 위격 아닙니까?

박 신부   맞습니다. 성령은 성부와 성자에서 나온 제3위격으로서, 성부, 성자와 온전히 같으신 하느님이십니다. 이 성령은 그리스도가 승천하신 지 10일 만에 그리스도의 제자들에게 내려왔습니다. 이것을 성령 강림이라고 합니다.

송 군   좀 더 구체적으로 말씀해 주세요.

박 신부   예, 그리스도가 세상에 계실 때, 당신 제자들에게 많은 가르침을 주셨지만, 그 제자들도 역시 인간인지라, 그들의 스승인 그리스도가 십자가에서 비참하게 죽는 것을 보고서는, 자기들도 그런 비참한 꼴을 당할까봐 두려워서 문을 닫아걸고 숨어 있었습니다.

송 군   그래서요?

박 신부   그러자 그리스도는 승천하신 다음, 미리 약속하신 대로 10일 만에 성령을 보내 주셨습니다. 그 성령을 받은 후 제자들은 초인적인 힘을 얻어, 그날부터 그리스도의 가르침을 설교하기 시작했습니다.

송 군   신부님, 그리스도가 성령을 미리 약속하셨다는데, 성경의 근거를 말씀해 주세요.

박 신부   그리스도는 제자들에게, "내가 아버지에게서 너희에게로 보낼 보호자, 곧 아버지에게서 나오시는 진리의 영이 오시면, 그분께서 나를 증언하실 것이다. 그리고 너희도 처음부터 나와 함께 있었으므로 나를 증언할 것이다."(요한 15,26-27), 이렇게 성령을 약속하셨지요.

송 군   그럼 그 성령은 어떤 모양으로 오셨나요?

박신부   사도들은 그리스도가 떠난 다음 한곳에 모여 조용히 기도를 바치고 있었습니다. 그때 성령이 오셨는데, 이것을 목격한 이들이 그 사실을 이렇게 기록했습니다.

"갑자기 하늘에서 거센 바람이 부는 듯한 소리가 나더니, 그들이 앉아 있는 온 집 안을 가득 채웠다. 그리고 불꽃 모양의 혀들이 나타나 갈라지면서 각 사람 위에 내려앉았다. 그러자 그들은 모두 성령으로 가득 차, 성령께서 표현의 능력을 주시는 대로 다른 언어들로 말하기 시작하였다."(사도 2,2-4)

송 군   그런데, 성령이 불꽃 모양의 혀로 내려왔다는데, 그것은 무슨 의미를 갖고 있습니까?

박신부   물론 불꽃 모양의 혀가 성령의 형체는 아닙니다. 단지 성령의 상징일 뿐입니다. 불은 빛을 내어 물건을 비추고 뜨겁게 하며, 혀는 말할 때 쓰잖아요? 그래서 성령이 불꽃 모양의 혀로 오신 것은 하느님의 진리를 열정적으로 가르칠 사도들의 사명을 표시하는 것입니다.

송 군   그러니까 성령이 오신 날 그리스도의 교회가 시작되었다는 것입니까?

박신부   그렇습니다. 사람들 앞에 감히 나서지 못하고 떨고 있던 그리스도의 제자들은, 성령을 받은 다음부터는 열렬히 그리스도의 가르침을 설교했습니다. 말하자면 베드로가 다스리는 교회가 이날 비로소 시작된 것입니다. 그래서 사도들이 성령을 받았던 그날을 교회 창립일이라고 합니다.

송 군   신부님, 만일 성령이 오시지 않았다면 그리스도의 교회는 시작될 수도 없었겠네요?

박 신부   그렇지요. 성령은 교회와 떨어질 수 없는 관계를 맺고 있습니다. 한 개의 건물이 그 기능을 완전히 발휘하기 위해서는, 먼저 주추를 놓고 벽돌 한 개 한 개를 쌓아 올려 건물의 외형을 다 만들어야 합니다. 그런 다음, 비로소 그 건물의 주인이 들어가서 그 건물을 용도대로 써야 하는 것이죠. 그것이 학교라면, 먼저 건물을 다 지어 놓고 교장이 학교의 목적대로 학생을 모으고 선생을 모아서 교육을 시작할 때부터 그것을 학교라 할 수 있는 것입니다. 이와 마찬가지로 그리스도의 교회도, 먼저 그리스도가 제자들을 모아서 하나하나 벽돌을 다 쌓고 겉모양을 다 만드신 다음, 그 교회를 세상 마지막까지 그르치지 않고 끝까지 잘 유지하기 위해 성령을 보내신 것입니다.

송 군   그렇다면, 교회를 이끌어 나가는 주인공은 성령이란 말입니까?

박 신부   그렇습니다. 우리 눈에는 보이지 않지만, 그리스도 교회의 본질적 요소를 이루는 것은 성령입니다. 사도단을 중심으로 이루어진 볼 수 있는 신자들의 무리를 교회의 '육신'이라 하고, 이 신자 단체를 조금도 그르침 없이 이끌고 나가는 성령을 교회의 '영혼'이라고 합니다. 송 군, 그리스도가 왜 교회를 세우셨는지 말할 수 있겠어요?

송 군   조금 전에 신부님이 말씀하신 대로, 그리스도가 이 세상을 떠나신 다음에도 그 구원의 은총을 후대 만민들에게 전달해서, 모든 이가 그리스도의 구원의 은총을 받을 수 있도록 하기 위해 교회를 세우신 것이겠지요.

박신부   맞습니다. 한마디로, 교회는 인간을 위한 것입니다. 그래서 그리스도는 인간의 요소를 그대로 모방하여 교회를 만들었습니다. 인간이 영혼과 육신으로 이루어진 것처럼 교회도 영혼과 육신으로 되어 있습니다. 하지만 세상 사람들은 눈에 보이는 교회만 보기 때문에 그리스도의 교회를 사회의 여느 단체처럼 대수롭지 않게 생각합니다. 실은 그런 것이 아닙니다. 그리스도의 교회는 사회의 어떤 단체나 기업과는 전혀 다릅니다.

송 군   그렇지만, 세상 사람들은 교회의 영혼인 성령을 알아볼 길이 없지 않습니까?

박신부   보세요, 그리스도가 세운 가톨릭 교회는 2천 년의 역사를 가지고 있습니다. 이 세상 어떤 국가나 단체도 2천 년의 역사를 가진 것은 없습니다. 뿐만 아니라 가톨릭은 2천 년간 여러 차례에 걸친 박해를 받았습니다. 그렇지만 가톨릭은 시종 일관, 교리 하나 변함없이 시간이 지날수록 발전하고 있습니다. 세계를 지배하던 로마 제국도 망했고, 나폴레옹도 망했지만 그리스도의 교회인 가톨릭은 망하지 않은 이유가 무엇이겠어요?

송 군   글쎄요…….

박신부   이것이 바로 성령의 힘이란 것입니다. 이것이 바로 인간의 교회가 아니고 하느님의 교회임을 무엇보다 힘 있게 증명하는 것이 아닐까요?

송 군   정말 그렇군요. 우리나라에서도 옛날에 가톨릭 교회를 박해했다고 하던데요.

박신부   박해가 없었던 곳이 없었습니다. 우리나라에도 만 명 이상의 순교자가 있습니다.

송 군   그런데, 신부님. 교회의 두 가지 요소에 대해서 좀 더 자세하게 말씀해 주세요.

박신부   이것을 요약해 표시하면 이렇게 됩니다.

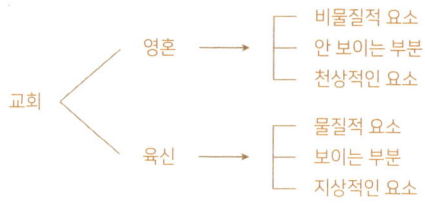

송 군   신부님, 잘 알겠습니다. 교회의 두 가지 요소를 각각 설명해 주시면 좋겠는데요.

박신부   그럼 순서대로 말하겠습니다. 교회를 잘 알아야 그리스도를 제대로 알 수 있습니다.

가시적 교회

송 군 교회의 가시적 요소, 즉 외적으로 보이는 부분은 수많은 신자들로 구성된 교회의 조직을 말하는 것으로 아는데, 가톨릭 교회는 어떻게 조직되어 있습니까?

박 신부 보이는 교회는 크게 두 가지로 '가르치는 교회'와 '배우는 교회'로 나누어집니다. 가르치는 교회란 그리스도의 가르침을 특별히 공부해서 세상 사람들에게 그리스도를 설교하는 성직 계급을 총칭하는 것이고, 배우는 교회란 성직 계급으로부터 가르침을 받는 뭇 신자들이라 하겠습니다.

송 군 마치 교육자와 피교육자와의 관계와 비슷하군요?

박 신부 그렇지요. 학교를 예로 든다면, 먼저 모든 책임을 맡고 있는 교장 선생님이 계시고, 다음 교감 선생님과 여러 선생님이 계시고, 그 밑에 공부하는 학생들이 있는 것과 같습니다. 학교뿐만 아니라 사회 전체를 보아도 그렇습니다. 어떤 단체에든 반드시 간부급이 있게 마련입니다. 국가를 놓고 보더라도 행정부가 있고, 국민이 있듯이, 교회도 마찬가지입니다.

송 군 그런데 가톨릭의 최고 수장은 교황이지요?

박 신부 그렇습니다. 이것을 말씀드리기 전에, 먼저 그리스도가 당시 교회를 세우실 때 과연 어떤 조직으로 만드셨는지 보기로 하겠습니다.

먼저 그리스도는 이 세상에서 공생활을 시작하실 때 열두 제자를 모아서 그들에게 특별 교육을 하셨습니다. 이때 제자를 동등한 급에 두었다면 그들은 제각기 행동하게 되었을 것이고, 결국 교회는 열두 파로 갈라지고 말았을 것입니다. 하지만 하느님의 지혜를 가지신 그리스도는 그 열두 제자 중에서 베드로를 으뜸 제자로 선정하여 다른 제자들을 지도하게 하셨습니다. 그 당시 그리스도가 친히 임명하신 사도단의 으뜸인 베드로는 바로 그리스도가 당신 교회를 맡기신 초대 교황이었습니다.

송 군   신부님, 성경에 베드로의 수위권에 대한 말이 있나요?

박신부   있지요. 그리스도가 베드로를 선정해서 세상의 모든 권리를 주신 장면을 성경 저자는 이렇게 기록했습니다.

"너는 베드로이다. 내가 이 반석 위에 내 교회를 세울 터인즉, 저승의 세력도 그것을 이기지 못할 것이다. 또 나는 너에게 하늘나라의 열쇠를 주겠다. 그러니 네가 무엇이든지 땅에서 매면 하늘에서도 매일 것이고, 네가 무엇이든지 땅에서 풀면 하늘에서도 풀릴 것이다."(마태 16,18-19)

송 군   이 성경 말씀에 상당한 뜻이 포함된 것 같은데, 먼저 베드로란 이름이 무슨 뜻인가요?

박신부   그것은 바로 반석, 즉 튼튼한 바위라는 뜻인데, 그리스도가 지어 주신 이름입니다. 그리스도는 베드로에게 세상 교회를 다스리는 전권을 주시면서, "시몬 바르요나야, …… 너는 베드로이다."(마태 16,17-18), 이렇게 이름을 달리 지어 주시면서 베드로의 사명을 일깨워 주셨습니다.

송 군　잘 알겠습니다. 그다음의 "저승의 세력도 그것을 이기지 못할 것이다."라는 말은 무슨 뜻인가요?

박신부　그것은 그리스도의 교회가 베드로 위에, 즉 반석 위에 세워졌기 때문에, 세상의 어떤 힘도 그것을 무너뜨리지 못한다는 말씀입니다. 다시 말하면, 베드로가 지휘하는 그리스도의 교회는 세상 끝까지 그리스도의 가르침을 그대로 이어 나갈 것이고, 여기에 어떤 분열이나 거짓이 있을 수 없다는 것을 보증하시는 말씀입니다.

송 군　그럼 "하늘나라의 열쇠를 주겠다."는 것은 무슨 뜻인가요?

박신부　송 군, 이런 일이 있다고 생각해 보십시오. 집 주인이 어떤 일로 자기 집을 떠나 먼 여행을 하게 될 때, 집 안에 있는 모든 창고의 열쇠를 누구에게 맡기겠습니까?

송 군　그야 말할 것도 없이 아내나 남편 혹은 자식들에게 맡기겠죠.

박신부　물론입니다. 그런데 열쇠를 받았다는 것은 무엇을 의미하겠습니까?

송 군　그것은 문을 열고 닫을 수 있는 권리를 받았다는 뜻이 아닐까요?

박신부　그렇습니다. 바로 그것입니다. 그리스도가 베드로에게 천국 열쇠를 주셨다는 말은, 당신을 대리해서 세상 교회를 다스리는 전권을 부여했다는 것입니다. 그래서 우리는 베드로의 후계자로서 절대권을 가지고 있는 오늘의 교황을 그리스도의 지상 대리자로서 받들고 있습니다.

송 군   그러니까 오늘의 교황은 베드로의 후계자란 말이지요?

박신부   당시의 베드로와 같은 직책을 맡은 후계자는 오늘의 교황이고, 베드로 사도 밑에 있던 열한 제자의 후임자는 오늘날 각 지역의 주교들입니다.

송 군   그리스도가 베드로와 다른 제자들의 후계자들에게도 그러한 권리를 준다는 말씀을 하신 적이 있습니까?

박신부   있습니다. 그리스도는 제자들에게 "내가 너희에게 명령한 모든 것을 가르쳐 지키게 하여라. 보라, 내가 세상 끝 날까지 언제나 너희와 함께 있겠다."(마태 28,20) 하시면서, 그들의 권리와 사명은 세상 마칠 때까지 후계자들에게 전달된다는 것을 말씀하셨습니다.

송 군   가톨릭의 성직 계급을 보면 최고 수장으로 교황이 있고, 그다음 주교, 그다음 신부님들, 이렇게 되나 보지요?

박신부   그렇습니다.

송 군   그런데 신문에서 추기경이니 대주교니 하는 것을 보았는데, 그건 또 뭔가요?

박신부   예, 미처 말씀 못 드렸군요. 추기경은 교황의 특별 고문입니다.

송 군   주로 어떤 일을 하나요?

박신부   추기경들은 교황청의 주요 직책을 맡기도 하고, 지역의 대주교직을 맡으면서 다른 많은 특권도 가지고 있지만, 가장 큰 특권은 교황 선거권이라 하겠습니다.

송 군 교황은 선거제입니까?

박 신부 그렇습니다.

송 군 교황을 어떻게 뽑는지 궁금하군요.

박 신부 그럼 말씀드리죠. 만일 현 교황이 돌아가시면, 전 세계 추기경들은 전부 로마로 모입니다. 그리고 교황 선거장에 들어가 교황 선거 회의를 하지요. 그 회의를 '콘클라베Conclave'라고 하는데, 이것은 '열쇠로 잠근다'는 뜻입니다.

송 군 왜 그런 말을 쓰지요?

박 신부 그 이유는, 추기경들이 선거장에 들어가면 그곳은 바깥세상과 완전히 단절되어 버리기 때문입니다.

송 군 왜 그렇게 봉쇄해 버리는 건가요?

박 신부 여러 가지 이유가 있습니다. 교황은 한 국가의 원수가 아니고 전 세계의 지도자이기 때문이지요. 따라서 교황 선거라는 중대한 일을 철두철미하게 하지 않으면 여러 가지로 좋지 않은 일이 있을 수 있습니다. 그래서 새 교황을 선출할 때까지 추기경은 선거장에서 나오지 못합니다.

송 군 선거는 어떻게 이루어지나요?

박 신부 3분의 2의 다수결이 나오면 교황에 당선됩니다.

송 군 그럼 그 선거가 한두 번에 끝나지는 않겠군요?

박 신부 그렇지요. 그래서 어떤 때는 며칠 혹은 몇 달씩 걸리는 때도 있습니다.

송 군 처음에 투표해서 당선자가 없을 때, 그 결과를 보고합니까?

박신부 물론 보고합니다. 하지만 그 득표수와 사람을 발표하는 것이 아니라, 교황의 당선 여부만 신호로써 표시합니다. 교황이 뽑히지 않았을 때는 선거장 지붕에 있는 굴뚝으로 검은 연기를 내보냅니다.

송 군 그래요? 그것 참 재미있군요. 그럼 사람들은 굴뚝만 쳐다보고 있겠네요?

박신부 그렇지요. 교황 선거 때가 되면 성 베드로 광장에 모인 군중들은 굴뚝만 쳐다보고 있지요.

송 군 만일 교황이 선출되었으면 어떻게 신호를 합니까?

박신부 그때는 흰 연기를 내보냅니다. 그럼 군중들은 흰 연기를 보고서 교황 만세를 외칩니다.

송 군 신부님, 그것 참 재미있군요. 하하, 그런데 선거권이 추기경에게 있으면, 피선거권은 누구에게 있습니까?

박신부 현행 교회법에 의하면, 가톨릭 신자로서 남자이면 누구에게든지 피선거권이 있습니다.

송 군 그래요?

박신부 하지만 주로 추기경 중에서 당선됩니다.

송 군 추기경의 수는 얼마나 됩니까?

박신부 물론 일정하지는 않습니다. 그때그때 교황의 임명에 따라 다르지만, 현재는 200명이 조금 넘습니다.

송 군   추기경은 교황이 임명합니까?

박 신부   그렇습니다.

송 군   주교와 신부는 어떻게 해야 될 수 있습니까?

박 신부   신부는 가톨릭의 정식 신학교를 나와야 됩니다. 현행 가톨릭 신학교는 7년제로 되어 있습니다. 이렇게 적어도 7년제 가톨릭 신학교를 나와야 신부가 됩니다. 그리고 주교는 교황이 그 교구에서 유력한 신부 중에서 임명합니다.

송 군   일단 주교나 신부가 되면 종신직입니까?

박 신부   그렇습니다.

송 군   교황만이 민주주의식으로 뽑히는군요?

박 신부   물론 선거는 민주주의식이지만, 일단 교황으로 뽑히면 군주제와 비슷한 형태를 띠고 또 종신직입니다. 하지만 이것은 교회의 권위에 의한 것이 아니고, 교회를 창설한 그리스도가 군주주의 조직으로 교회 제도를 만들었기 때문에, 그것을 그대로 이어받고 있습니다. 혹시 모르지요. 그리스도가 오늘날 20세기에 오셔서 교회를 세우셨다면 민주주의식으로 했을 지도요.

송 군   대주교는 주교와 어떻게 다릅니까?

박 신부   대교구의 주교를 대주교라 하는데, 그 관하에 다른 주교들이 속해 있습니다. 말하자면 대주교는 다른 소속 주교들의 수도首都 주교인 것입니다. 그런데 오늘날에는 일반적으로 자기 교구 외의 다른 교구에 대해서는 행정권이 전혀 없고, 오직 지역 주교 회의

가 있을 때 관하 주교들을 소집할 권리와 의무가 있을 뿐입니다.

송 군 　'교구'란 무슨 말입니까?

박 신부 　'교구'는 주교가 다스리는 관할 지역입니다. 가톨릭의 교회 행정을 간단히 말씀드리면, 교황은 전 세계를 한 교구로 해서 모든 가톨릭 신자들을 다스리는데, 너무나 광범위하기 때문에 지역을 나누어 각 지역을 주교들에게 맡깁니다. 대주교가 다스리는 관할 구역을 '대교구'라 하고, 일반 주교가 다스리는 관할 지역을 '교구'라 합니다. 교구를 다스리는 주교나 신부를 다른 말로 '교구장'이라고도 합니다. 그리고 교구를 또 다시 나눈 것을 '본당'이라 해서, 신부가 그 지역을 맡게 되는데, 그 지역을 다스리는 신부를 '본당 신부'라 하고, 본당 신부를 도와주는 신부를 '보좌 신부'라 합니다.

송 군 　우리가 보통 보는 지역 교회가 모두 본당이군요?

박 신부 　그렇지요.

송 군 　가톨릭의 행정 구역도 경상도니 충청도니 하는 식으로 나뉘어 있나요?

박 신부 　그렇습니다. 이제 송 군이 세례를 받고 입교하게 되면, 정식 가톨릭 신자로서 교적을 갖게 되고, 그 교회에 소속되게 됩니다.

송 군 　신부님, 제가 지금 세례를 받으면 어디에 속하게 됩니까?

박 신부 　지금 여기가 서울이니까, 첫째 서울대교구에 속하고, 다음 송 군이 사는 집 부근을 관할하는 본당이 소속 본당이 됩니다. 예컨대 집이 명동에 있다면 명동 본당 신자가 됩니다.

송 군 　결국 본당이 제일 작은 관할 구역이라고 할 수 있겠군요?

박 신부   그런데 한국에서는 성당과 신부가 부족해서 한 본당이 넓은 지역을 맡는 경우도 있습니다. 그럴 때 본당 신부는 자기 구역을 또 나눕니다.

송 군   그때는 어떻게 나눕니까?

박 신부   예를 들어 군청 소재지에 성당이 하나밖에 없을 때, 성당에서 적어도 십 리 이상 떨어진 곳에 신자들은 있지만 성당이 없으면, 그 지역을 하나의 단위로 '공소'란 것을 만듭니다. 그래서 그곳에서 가장 유력한 신자에게 그 공소를 맡기는데, 공소의 책임을 맡은 사람을 공소 회장이라고 합니다.

송 군   그러면 그들은 주일에 어떻게 합니까?

박 신부   그곳엔 신부가 없으니, 물론 미사는 없습니다. 하지만 공소 회장이 신자들을 모두 공소에 모아, 미사 대신 공동으로 공소 예절을 하고 교리도 가르치고 합니다. 그리고 그 지역을 맡은 신부는 1년에 몇 차례씩 정기적으로 그곳을 방문해서 미사도 드리고, 그 밖에 신자들에게 필요한 종교 의식을 거행합니다.

송 군   신부님, 잘 알겠습니다. 그러니까, 가톨릭은 교황을 중심으로 세계적으로 빈틈없이 조직되어 있군요. 그런데 한 가지 더 궁금한 게 있는데요, 교황은 로마에 계시잖아요?

박 신부   그렇지요.

송 군   왜 하필 로마에 계시나요?

박 신부   그럼 어디기 좋겠어요? 교황이 한국에 계시면 좋을까요? 아니, 송 군의 고향인 진천에 계시면 좋겠지요? 하하하. 이건 농담이고……. 물론 예수님이 베드로에게 로마에서 다스리라는 명령을 하시진 않았습니다. 그런데 로마가 가톨릭의 수도가 된 이유는, 첫째로 그리스도의 제자들이 로마에서 자리 잡아, 그 당시 로마 제국의 정치 수도인 로마에서 그리스도의 말씀을 전하기 시작했기 때문입니다. 둘째로 오늘날 교황이 계신 교황청은 로마 시의 한 부분인 바티칸에 자리 잡고 있는데, 그곳은 초대 교황 베드로가 순교한 유서 깊은 곳이기 때문입니다. 따라서 가톨릭에서는 그곳에 세계에서 제일 웅장한 베드로 대성전을 지어 전 세계 가톨릭 교회의 수도로 정했습니다.

송 군 가톨릭 교회의 수도를 미국이나 영국으로 옮길 수도 있을까요?

박 신부 물론 로마에 있어야 한다는 것이 절대적인 것은 아닙니다. 하지만 다른 곳으로 옮겨야 할 특별한 이유가 없으니, 제 생각엔 세상 마칠 때까지 가톨릭 교회의 수도는 변함이 없으리라 생각됩니다. 바티칸 시국은 인구가 불과 몇 천 명에 지나지 않는, 세계에서 가장 작은 국가이지만 이탈리아 정부와는 아무런 상관이 없는, 국제법상 정식으로 인정된 독립 국가입니다. 그래서 세계 각국과 대사 교환을 하고 있습니다. 우리나라와도 외교 관계를 정식으로 맺고, 대사들도 파견되어 있습니다. 교황은 전 세계의 영적 지도자이므로, 한 국가의 수장으로만 머무는 것은 아닙니다. 교황은 그리스도의 지상 대리자로서, 동시에 바티칸 시국의 원수이며 또 로마 시의 주교이기도 합니다.

송 군   신부님, 교황이 계신 바티칸 시국에 대해서 이야기 좀 해 주세요.

박신부   바티칸 시국에는 일반 시민들은 거의 없고, 대부분이 교회의 행정 직원들입니다. 그곳 건물도 대부분이 교회 공공건물들이며 크기가 7,200평이나 되는 베드로 대성전을 위시해서 교황 관저, 바티칸 방송국, 도서관, 박물관, 바티칸 비밀문서고 등이 있습니다. 교황청에는 마치 국가 행정부에 외무부, 국방부 등의 부서가 있듯이, 신앙교리성, 인류복음화성 등 아홉 개의 성이 있고, 거기에는 각각 성장(장관)이 있어, 교황과의 성장 회의를 통해 전 교회를 다스리고 있습니다. 그뿐 아니라, 교황청에는 법원, 사무국 등도 있습니다.

송 군   그런데 바티칸 시국에도 군대가 있습니까?

박신부   하하하.

송 군   아니, 군대가 없으면 곤란하지 않겠어요?

박신부   그렇지요, 교황청에도 군대가 있습니다. 바티칸 시국은 중립 국가이기 때문에 전쟁에 휘말릴 일은 없지만 교황청을 보호하고, 특히 교황을 시종하는 군인이 있는데, 이곳의 군인이 되려면 스위스 사람으로서 미혼자라야만 됩니다.

송 군   그래요? 한국 사람은 될 수 없군요?

박신부   될 수 없지요. 만일 한국 사람도 될 수 있다면, 송 군도 생각이 있어요?

송 군   하하하, 그런 곳에 가서 군인이 되면 좋을 것 같아요.

박신부   지금까지 말씀드린 것이 가톨릭 교회의 조직입니다. 이런 조직을 통해 교황은 모든 권리를 가지고 몇십억 명의 신자를 다스리고 있습니다.

송 군   신부님, 잘 알겠습니다. 그런데 약간 실례가 될지도 모르겠는데, 한 가지 궁금한 게 있습니다.

박 신부   뭔데요? 말씀하세요.

송 군   다름이 아니라, 신부님들은 왜 치마처럼 생긴 기다란 제복을 입고 있나요?

박 신부   하하. 내가 이 치마를 입고 외출하면 나이 먹은 어른들은 신기한 듯이 물끄러미 쳐다보기만 하고, 어린 학생들은 너무 이상한지 수군거리기도 합니다.

"얘, 얘, 저것 봐! 남자가 치마 입고 있어!"

"정말이네! 남자가 치마 입고 간다!"

송 군   하하하, 처음 보는 애들은 그럴 만도 하겠지요.

박 신부   가끔 재미있는 일도 많이 있습니다. 사실이지, 아직은 가톨릭에 대한 인식이 부족해 잘 모르는 사람이 많습니다. 가톨릭 성직자들이 입는 이 제복을 '수단'이라고 합니다. 보통은 검은색인데, 이것은 사치품이 아니고, 세상의 모든 허영과 체면, 그리고 자기 자신의 현세적 행복이나 쾌락을 끊어 버린다는 뜻입니다. 극단적으로 표현하면, 신부란 세속과 육신의 쾌락을 끊어 버리고 세속에서 완전히 죽어 버린 존재로서, 수단은 일종의 상복이라고도 할 수 있습니다.

송 군   신부님, 그건 너무한데요.

박 신부   물론 가톨릭 밖에선 이것을 이해하기 힘들 겁니다. 수도

자들이 입는 수도복도 마찬가지입니다.

송 군   신부님들은 수단을 입는데, 교황이나 주교님들도 같은 수단을 입나요?

박 신부   물론 같은 수단을 입지만, 직위에 따라 색깔이 다릅니다.

송 군   색깔이 어떻게 다른가요?

박 신부   신부의 수단은 원칙적으로 검은색입니다. 물론 경우에 따라 여름에는 흰색도 입지만, 검은색이 본래의 색깔입니다. 주교들은 자색 수단을 입고, 추기경은 붉은색 수단을 입습니다. 그래서 추기경을 다른 말로 '홍의 주교'라고도 합니다. 그리고 교황은 흰색 수단을 입습니다.

송 군   잘 알겠습니다. 그런데 가톨릭 성직자들은 언제나 기다란 수단을 입고 외출해야 합니까?

박 신부   이것은 지역에 따라 약간 다르긴 하지만, 때로는 약식 제복을 입을 수도 있습니다.

송 군   약식 제복이란 어떤 것입니까?

박 신부   소위 '로만 칼라'란 것을 하고 검은 양복을 입는 것입니다.

송 군   로만 칼라요?

박 신부   처음 듣나요? 내가 지금 수단 속에 입고 있는 바로 이것을 말합니다.

송 군   예, 알겠습니다.

박 신부   가톨릭 신부의 로만 칼라는 이미 전 세계적으로 알려진 것이며, 전 세계 가톨릭 신부들의 공통된 복장 규정입니다.

송 군   하지만 한국 사람들은 아직도 잘 모르겠지요?

박신부   대부분이 잘 모르는 것 같아요. 내가 어느 날 로만 칼라를 하고 버스를 탔는데 내 뒷자리에 앉아 있던 두 청년이 내 로만 칼라를 보고서는 수군대더군요.

"저것 봐, 저 사람 칼라를 거꾸로 했어!"

"하하하, 정말 앞으로 가야 할 칼라 고리가 뒤로 와 있군. 정말 웃기는 사람이네."

송 군   하하하, 신부님, 오늘 교리도 교리지만, 좋은 상식도 배웠습니다. 한 가지 궁금한 게 있는데 어떤 미국 잡지를 보니까, 교황님이 높다란 관을 쓰고 있더군요. 교황은 관을 씁니까?

박신부   교황뿐 아니라 주교들도 관을 쓰는데, 그것은 직위를 표시합니다. 그런데 교황은 삼중으로 된 더 높은 관을 씁니다.

송 군   그때 제가 본 것이 삼중으로 되어 있었던가 잘 모르겠습니다. 유심히 보지 않아서……

박신부   틀림없이 삼중관일 것입니다.

송 군   교황이 삼중관을 쓰는 이유는 무엇인가요?

박신부   예, 그것은 의미가 있습니다. 삼중관은, 교황이 전 교회의 우두머리로서 가지고 있는 권리를 뜻합니다. 삼이라는 숫자는 교황의 세 가지 권능, 즉 성품권, 통치권, 교도권을 상징합니다.

송 군   신부님, 교황이 가지고 있는 성품권, 통치권, 교도권을 자세히 알고 싶은데요.

그리스도로부터 받은 교회의 권리

박 신부   그것을 설명하기 전에 미리 말씀드리면, 그리스도는 인류 구원을 위해 세상에 오실 때, 학자로서, 왕으로서, 그리고 제관으로서 오셨습니다. 앞에서 얘기했는데 기억날지 모르겠습니다. 그리스도란 이름이 무슨 뜻이지요?

송 군   예, 지난번 신부님이 말씀하셨지요, 그리스도는 기름으로 축성된 임금과 제관이란 뜻이라고요.

박 신부   맞습니다. 그 이름대로 그리스도는 임금이요 동시에 제관이십니다. 그런데 그리스도는 영원한 진리를 가르치러 오셨기 때문에 또한 학자이시기도 합니다. 그리스도가 학자라고 하는 것은 곧 가르치는 권리가 있다는 뜻인데, 이것을 교도권이라 하고, 그리스도가 왕이라고 하는 것은 곧 백성을 다스릴 권리가 있다는 것으로, 이것을 통치권이라 하며, 그리스도가 제관으로서, 하느님과 인간 사이를 연결시키는 권리를 성품권이라고 합니다.

송 군   그런데 그리스도가 그 세 가지 권리를 교회에 양도했다는 것입니까?

박 신부   그렇습니다. 교회는 그리스도의 구원 사업을 그대로 이어 받아 세상 마칠 때까지 그리스도의 역할을 해야 하므로, 앞에 말한 세 가지 권리가 있어야 당연합니다.

송 군   그러면 그것을 하나씩 구체적으로 말씀해 주시죠.

박신부   먼저 교도권입니다. 교회를 구원을 가르치는 학교라고 했는데, 학교에서 학생을 제대로 가르치지 못한다면 학교의 의미가 없듯이, 교회도 그리스도의 진리를 가르치는 권리가 없다면 교회를 세운 의미가 하나도 없지 않겠어요?

송 군   그렇긴 하지만, 그리스도가 제자들에게 사람을 가르치라는 말씀을 하신 적이 있나요?

박신부   물론입니다. 그리스도는 제자들에게 "그러므로 너희는 가서 모든 민족들을 제자로 삼아"(마태 28,19)라고 하시며 교도권을 주시고 가르칠 것을 명령하셨습니다.

송 군   그런데 그리스도가 아닌 그 제자들이 잘못 가르칠 경우, 즉 교회에서 잘못 가르친다면 그 책임은 누가 져야 합니까?

박신부   큰 문제지요. 하지만 안심하십시오, 송 군. 우리 가톨릭 교회는 절대로 잘못 가르치진 않습니다.

송 군   교황이나 주교, 신부들도 사람인데, 어떻게 잘못을 저지를 수 없단 말입니까?

박신부   물론 그들도 사람이니까 얼마든지 잘못을 저지를 수 있습니다. 다만 교회의 권위로써 인류 구원에 관한 그리스도의 진리를 가르칠 때는 틀릴 수 없습니다. 교회가 순수 인간의 단체라면 이것이 이해되지 않겠지만, 교회에는 눈에 보이는 교회의 육신인 신자들 외에 또 무엇이 있다고 했지요?

송 군 교회의 영혼인 성령이…….

박신부 그렇습니다. 가톨릭은 성령의 보호를 받는 교회이기 때문에, 신앙이나 윤리 도덕 문제를 가르칠 때 그르칠 수 없습니다. 이것을 교회의 '무류성'이라고 합니다.

송 군 그렇다면, 가톨릭 신자들이 말하는 것은 모두가 틀리지 않고 참된 진리란 말인가요?

박신부 그렇지 않습니다. 정확히 말해서 무류성이란 교회에서 우리 구원과 직접 관계되는 신앙과 윤리 도덕에 관한 문제를 가르칠 때만 그르칠 수 없다는 것입니다.

송 군 이해하기 어렵군요. 그걸 어떻게 증명할 수 있나요?

박신부 첫째로 그리스도가 이것을 보증하셨습니다. "너는 베드로이다. 내가 이 반석 위에 내 교회를 세울 터인즉, 저승의 세력도 그것을 이기지 못할 것이다."(마태 16,18)라고 하셨습니다. 죽음의 힘도 감히 그것을 누르지 못한다는 말씀은, 곧 당신 교회 안에 어떠한 그르침도 감히 침입할 수 없다는 것을 보장하신 것입니다. 제자들에게도 "나는 하늘과 땅의 모든 권한을 받았다. 그러므로 너희는 가서 모든 민족들을 제자로 삼아, 아버지와 아들과 성령의 이름으로 세례를 주고, 내가 너희에게 명령한 모든 것을 가르쳐 지키게 하여라. 보라, 내가 세상 끝 날까지 언제나 너희와 함께 있겠다."(마태 28,18-20)라고 말씀하셨는데, 이 말씀은 곧 제자들에게 교도권을 주시면서, 당신이 세상 끝까지 함께 계시면서 그르치지 않도록 보호하시겠다는 약속인 것입니다. 둘째로 2천 년 교회 역사상, 비록 교황이나 주교의 개인 사생활에는 잘못이 있었을지언정, 교리 면에 있어서는 절대로 오류를 범하지 않았습니다. 따라서 가톨릭은 초창기부터 오늘까지 교리적으로 조금도 변함없이 내려오고 있습니다. 이것은 곧 교회의 무류권을 증명하는 것입니다.

송 군 신부님, 잘 알겠습니다. 그러니까 교황이 교리를 가르칠 때만 그렇다는 거지요?

박 신부 교황이 정식으로 교황의 직권으로써 교좌에서 가르칠 때와 주교들이 공의회에서 교황과 한가지로 신앙과 윤리 문제를 가르칠 때만이 무류성이 있는 것입니다. 그러니까, 달나라에 사람이 있느니 없느니 하는 자연 과학의 문제와 교회의 무류성과는 아무 관계가 없습니다.

송 군 그리스도가 초대 교황 베드로에게도 이런 언약을 하신 일이 있나요?

박 신부 물론입니다. 베드로에게 세상의 모든 권리를 맡기시면서, "또 나는 너에게 하늘나라의 열쇠를 주겠다. 그러니 네가 무엇이든지 땅에서 매면 하늘에서도 매일 것이고, 네가 무엇이든지 땅에서 풀면 하늘에서도 풀릴 것이다."(마태 16,19)라고 하시면서, 베드로의 교도권 행사에 그르침이 없을 것을 보장하셨고, 또 한번은 베드로의 나약성을 보시고, "시몬아, 시몬아, 보라. 사탄이 너희를 밀처럼 체질하겠다고 나섰다. 그러나 나는 너의 믿음이 꺼지지 않도록 너를 위하여 기도하였다. 그러니 네가 돌아오거든 네 형제들의 힘을 북돋아 주어라."(루카 22,31-32)라고 말씀하셨습니다. 이렇게 베드로를 위해 기도하신 것은 그의 두 어깨에 교회의 책임이 놓여 있기 때문입니다. 만일 하느님의 진리를 가르치는데 가톨릭 교회에서 잘못 가르칠 가능성이 있다면, 아무도 교회의 가르침을 그대로 받아들이지 못하겠지요. 이렇게 되면 아무도 그리스도의 참진리와 참신앙을 가질 수 없을 텐데 누가 안심하고 구원의 길을 찾을 수 있겠습니까? 그러니까 하느님의 지혜를 가지신 그리스도는 이렇게 하지 않으시고, 당신 교회에 무류권을 주시어 절대적으로 그 권위를 보장하시는 것입니다.

송 군 잘 알겠습니다. 그런데 공의회란 말을 하셨는데, 그것은 무엇입니까?

박 신부 공의회는 교황이 소집하는 전 세계 가톨릭 주교들의 공식적 회합입니다.

송 군 어떤 경우에 공의회를 여나요?

박 신부 그 시기는 일정치 않고, 언제라도 필요하다고 생각될 때 교황이 임의로 소집합니다.

송 군 공의회가 여러 번 있었나요?

박 신부 2천 년의 교회사에 무려 21차례나 있었습니다. 제21차 공의회는 우리가 잘 아는 대로 1962년에 로마 바티칸에서 열렸습니다. 공의회는 그 회의마다 명칭을 가지는데, 그것은 개최 지역의 이름을 따는 것이 상례로 되어 있습니다. 1962년에 열린 공의회는 로마 바티칸에서 열렸고, 이것은 바티칸에서 두 번째로 열린 공의회이므로 '제2차 바티칸 공의회'라고 합니다.

송 군   공의회에서는 어떤 문제들이 논의됩니까?

박신부   그것은 일정치 않습니다. 그 시대에 따라 다르지만, 언제나 신앙이나 윤리 도덕의 문제를 다루고, 여기서 논의된 것은 반드시 교황이 승인하고 공포해야만 유효합니다. 물론 교황이 의결 공포하는 문제에 대해서는 교회의 무류성에 의해서 오류가 있을 수 없습니다.

송 군   잘 알겠습니다. 다음에는 통치권에 대해서 말씀해 주십시오.

박신부   통치권은 곧 교회를 다스리는 권리입니다. 말하자면 교회 행정이라고 할 수 있습니다. 행정을 하기 위해선 법을 만들어야 하고, 이것의 준수 여하에 따라 법의 제재가 있어야 하므로, 통치권에는 법을 세우고 다스리고 판단하는 세 가지 권리가 포함됩니다.

송 군   통치권이란 입법, 행정, 사법의 세 가지 권리를 다 말하는 것입니까?

박신부   그렇습니다.

송 군   그렇다면 가톨릭 교회에도 교회법이 있나요?

박신부   있지요. 교회에도 법전이 있고, 그것에 준해서 다스립니다.

송 군   교회에서 법을 만든다니 이상한데요?

박신부   그래요? 그럼 학교에서 교칙을 만드는 것도 이상합니까?

송 군   네?

박신부   그럼, 어떤 집회에서 회칙을 만드는 것도 이상합니까?

송 군   음, 글쎄요…….

박 신부   어떤 단체든지 그 모임의 목적이 있고, 목적이 있으면 그 목적 수행을 위해서 방법이 필요합니다. 그리고 목적에 어긋나는 행동은 금하고, 목적 달성에 더욱 필요한 것을 강조하는 것이 당연합니다. 그리스도도 베드로에게 사랑의 다짐을 받고서 "내 양들을 돌보아라."(요한 21,17) 하시면서 통치권을 주신 것입니다. 그리고 또 "그들의 말을 들으려고 하지 않거든 교회에 알려라. 교회의 말도 들으려고 하지 않거든 그를 다른 민족 사람이나 세리처럼 여겨라."(마태 18,17) 하신 말씀은 곧 교회의 판단 권리를 말합니다.

송 군   알겠습니다. 다음에는 성품권에 대해서 말씀해 주시죠.

박 신부   예, 성품권은 그리스도의 제자들이 그리스도께 받은 권리로서, 그들이 종교 의식을 행함으로써 신자들의 영혼을 거룩하게 하는 권리입니다. 달리 말하면, 그리스도께 받은 사죄권으로 사람들의 죄를 사하고 하느님의 은총을 전달하는 권리입니다.

송 군   신부님, 가톨릭 교회에서는 어떻게 죄를 사합니까?

박 신부   여기에 대해서는 다음에 자세히 말씀드리겠습니다. 만일 그리스도가 세운 교회에 죄를 사해 주는 권리가 없다면 그리스도가 교회를 세운 의미가 없을 것이고, 더구나 인류를 대신해서 십자가에서 피를 흘린 의미가 없을 것입니다.

송 군   그러면 죄를 사하는 문제에 대해서는 다음에 자세히 가르쳐 주십시오.

박 신부   그렇게 하겠습니다. 성품권에 대해서 그리스도의 말씀을 몇 개 인용하면, "나를 기억하여 이를 행하여라."(루카 22,19) 하시면서 '미사 의식'을 명하셨고, 또 성경의 다른 곳에서는 "여러분 가운데에 앓는 사람이 있습니까? 그런 사람은 교회의 원로들을 부르십시오. 원로들은 그를 위하여 기도하고, 주님의 이름으로 그에게 기름을 바르십시오. 그러면 믿음의 기도가 그 아픈 사람을 구원하고, 주님께서는 그를 일으켜 주실 것입니다. 또 그가 죄를 지었으면 용서를 받을 것입니다."(야고 5,14-15)라고 하시면서 사제들이 행하는 성품권을 통해 하느님의 은총이 주어진다는 점을 가르치셨습니다.

하느님의 백성인 교회

박 신부 제2차 바티칸 공의회에서는 교회를 '하느님의 백성'이라고 규정했습니다.

송 군 하느님의 백성이란 무슨 뜻인가요?

박 신부 하느님은 개별적으로 사람을 거룩하게 하시고 구원하시기를 원치 않으시고 한 백성으로서 당신을 믿고 섬기기를 원하셨습니다.

송 군 지난번 말씀하신 대로, 그리스도는 이 세상에 오실 때 스승으로서 제관으로서 또한 왕으로서 오셨다고 했는데 그 왕권으로써 새로운 나라를 세우신다는 뜻인가요?

박 신부 예, 바로 그것입니다. 그리스도는 전 인류의 구세주이셨습니다. 모든 인류가 하느님의 계약에 따라 하느님의 한 백성으로서 구원받기를 원하신 것입니다. 그래서 하느님은 구약 시대에는 특별히 이스라엘 민족을 당신의 백성으로 삼으시어 그들과 계약을 맺으셨고, 신약 시대에 와서는 당신 아들의 피로써 당신의 새로운 백성이 되도록 모든 사람을 불러 모으셨습니다.

송 군 좀 더 구체적으로 말씀해 주셨으면 좋겠는데, 하느님의 백성이 되려면 어떻게 해야 됩니까?

박 신부   성경에 보면 "내가 진실로 진실로 너에게 말한다. 누구든지 물과 성령으로 태어나지 않으면, 하느님 나라에 들어갈 수 없다."(요한 3,5)라고 기록되어 있습니다. 그러니까 나중에도 나옵니다만 세례를 받음으로써 정식으로 하느님 나라의 한 백성이 되는 것입니다.

송 군   그럼 세례를 받으면 하느님의 백성이 되었다는 어떤 표시가 생기나요?

박 신부   물론 외적으로 드러나는 표시는 없지만 세례는 재생의 성사이기 때문에 새로 태어나는 것이나 마찬가지입니다. 따라서 새로 태어난다는 것은 새로운 사회에서 새로운 단체에 속한다는 뜻이 아니겠습니까? 그래서 세례로 다시 나는 사람들은 하느님의 백성이 되는데, 이것은 눈에 보이지 않는 은총의 힘으로 되는 것입니다.

송 군   그런데 하느님의 은총이란 것이 구체적으로 어떤 것인지 잘 모르겠습니다.

박 신부   만일 우리 가톨릭에 교도권과 통치권만 있다면 어디까지나 지상적인 교회로서 현세 사회적인 것으로 끝나겠지요. 하지만 성품권이 있어서 하느님의 은총을 전달함으로써 지상에서 천국으로 인간을 인도할 수 있는 것이며, 자연계의 인간을 초자연계로 이끌어 가는 것입니다. 성품권이 있기 때문에 종교의 본뜻인 하느님 공경과 구원이란 목적이 달성되는 것입니다.

송 군   신부님, 하느님의 은총을 어떻게 받을 수 있으며, 이것을 받지 않으면 어떻게 되는지 알고 싶은데요.

박 신부   그럼 이제부터는 은총에 대해서 이야기하지요. 은총은 눈에 보이지 않는 초자연적인 하느님의 은총입니다. 지금까지는 눈으로 볼 수 있는 교회의 조직과 권리를 말씀드렸는데, 이제는 성품권을 가진 교회가 보이지 않는 하느님의 은총을 어떻게 전달해서 영혼을 거룩하게 하는지 살펴보겠습니다.

비가시적 교회

박 신부   먼저 하나 물어 보겠습니다. 송 군은 가톨릭에서 가르치는 교리를 믿기만 하고 또 교회에서 지시한 대로 착하게만 살면 우리의 구원 문제가 해결될 거라고 생각합니까?

송 군   글쎄요?

박 신부   기억하는지 모르겠는데, 아담과 하와가 원죄를 저지르기 전에 받은 은총을 무엇이라고 했었지요?

송 군   생명의 은총과 과성 은총이라고 했습니다.

박 신부   그렇지요. 그 은총을 원죄로 잃어버렸는데, 그리스도의 피의 값으로 우리에게 도로 찾아 주셨다고 했습니다. 그렇다면, 그리스도의 모든 권리를 받은 교회가 구체적으로 그리스도가 십자가에서 치르신 피의 값을 우리에게 전달해 주는 방법이 있어야 되지 않겠습니까?

송 군   그렇겠지요.

박 신부   그러니까 교회는 그리스도로부터 받은 성품권으로 십자가의 은총을 각 영혼에게 전달해 주는데, 이 은총은 눈에 보이지 않습니다. 하지만 이것을 우리에게 전달해 주지만, 보이지 않는 교회의 요소가 있습니다. 이것을 '비가시적 교회'라고 하는 것입니다.

송 군　따라서 교회에서 가르치는 교리를 믿기만 하고 계명에 따라 착하게 사는 것만으로는 부족하고, 하느님의 은총을 받아야 된다는 거지요?

박신부　그렇습니다. 대부분의 사람들은 눈에 나타나는 교회만 보기 때문에, 우리에게 하느님의 은총을 전해 주는 종교 의식에 대해서 오해를 많이 하고 있습니다. 교회는 보이는 '조직의 교회'가 있고 안 보이는 '은총의 교회'가 있습니다.

송 군　그럼 교회에서는 그리스도가 십자가에서 쌓으신 구원의 은총을 어떻게 전달해 주나요?

박신부　이제부터 교회의 영혼, 성령의 역할인 성화 사업에 대해 살펴보겠습니다. 그런데 은총을 주는 방법을 말씀드리기 전에 하느님이 주시는 은총이란 무엇인지를 먼저 알아야 되겠지요?

송 군　네.

박신부　그럼 이제는 '은총'에 대해 공부해 봅시다.

은총이란 무엇인가?

박 신부   은총은 사람이 영원한 생명을 얻기 위해 하느님께 공짜로 받는 '초성 은혜'입니다.

송 군   신부님, 이해가 잘 가지 않습니다.

박 신부   간단히 설명하면, 인간은 하느님의 은총을 통해서 영원한 생명을 얻을 수 있습니다.

송 군   말하자면, 구원에 해당되는 말이겠지요?

박 신부   그렇습니다. 그런데 이와 같은 은총은 하느님이 주십니다. 이것을 주시되 우리의 인격이나 자격을 보시고서 주시는 것이 아니고 온전히 '하느님의 자비'로서 거저 주시는 것입니다. 은총을 그라시아Gratia라고 하는데, 이것은 그라티스Gratis란 말에서 나왔습니다. 그라티스는 거저 준다는 뜻입니다.

송 군   그렇다면 은총은 모든 사람이 다 받을 수 있겠군요, 거저 주는 것이니 말이지요.

박 신부   물론 모든 사람이 다 받을 수 있는 것이지만, 이것을 받기 위해서는 합당한 준비를 해야 합니다.

송 군   그런데 은총을 받으면 이 세상에서 어떤 행복을 얻게 되나요?

박신부 많은 사람들이 송 군처럼 생각합니다. 하느님의 은총을 받으면 세상에서 부자가 되어 행복하게 될 거라 생각하지요. 하지만 이것은 은총의 첫째 목적이 아닙니다. 방금 말씀드린 대로, 영원한 생명을 주는 것이 은총이지, 잠깐 있다가 썩어 없어질 황금이나 육체의 쾌락을 주는 것은 아닙니다. 어떤 이는 하느님을 믿으면 아들도 낳게 되고 돈벌이도 잘된다고 생각하여, 이런 것을 하느님의 은총이라 여깁니다. 하지만 은총은 그 자체가 초자연적 은총이기 때문에, 이것을 받았다고 해서 자연적인 행복을 꼭 받는 것은 아닙니다. 물론 경우에 따라서는 세상에서 어떤 은총을 받긴 하지만, 은총의 본뜻은 죽은 다음 영원한 생명을 약속하는 초자연적 은총입니다.

송 군 잘 알겠습니다.

박신부 그런데 은총에는 두 가지가 있습니다. 즉, '상존 은총'과 '조력 은총'입니다.

송 군 그 두 가지가 어떻게 다릅니까?

박신부 첫째로 상존 은총, 다른 말로 생명 은총이라고도 하는데 우리 영혼에 항상 머물러 있는 은총입니다. 이 은총을 받은 영혼은 하느님의 자녀가 되고, 하느님과 비슷하게 됩니다. 따라서 그 영혼은 거룩하고 빛나게 됩니다. 그리고 아들이 아버지의 재산을 상속받을 권리가 있듯이, 상존 은총으로 하느님의 아들이 된 그에게는 천국을 얻을 수 있는 자격이 생기는 것입니다. 말하자면 상존 은총으로 하느님과 벗이 되어 천국 시민권을 얻게 되는 것입니다. 이

상존 은총을 받기 전에는 죄악의 상태에서 있었지만 이제 상존 은총으로 하느님 나라의 시민이 되는 것입니다. 또한 상존 은총으로 인해서 우리 영혼은 '성령의 궁전'이 됩니다. 성경에도 "여러분이 하느님의 성전이고 하느님의 영께서 여러분 안에 계시다는 사실을 여러분은 모릅니까? …… 하느님의 성전은 거룩하기 때문입니다. 여러분이 바로 하느님의 성전입니다."(1코린 3,16-17)라는 말씀이 나오는데, 이 말씀은 은총으로 말미암아 성령이 우리 마음 안에 계신 만큼 우리가 하느님과 가까이 있게 되었다는 것을 가르칩니다.

송 군 신부님, 그것 정말 굉장한 은총이군요? 그렇다면 그 은총을 받지 못하면 구원을 받을 수 없겠네요?

박 신부 물론입니다. 누구라도, 어른이든 아이든 이 은총을 받지 못하고는 영원한 생명을 차지할 수 없습니다.

송 군 그럼, 상존 은총은 어떻게 해야 받을 수 있는 건가요?

박 신부 상존 은총은 세례성사를 통해 처음으로 받게 됩니다.

송 군 세례를 말하는 것입니까?

박 신부 그렇습니다. 나중에 차차 설명하겠습니다.

송 군 그렇지만 한 가지 궁금한 게 있는데 세례성사로써 상존 은총을 받으면 그것이 죽을 때까지 계속됩니까? 혹시 잘못하면 다시 그것을 빼앗길 수도 있나요?

박 신부 좋은 질문입니다. 상존 은총을 받은 영혼을 '의화된 영혼' 또는 '성화된 영혼'이라고 하는데, 의화된 영혼일지라도 자기의 잘못으로 대죄를 범하면 그 순간 고스란히 상존 은총을 잃어버리고 다시 마귀의 손아귀에 들어가게 됩니다.

송 군   그렇게 되면 그걸로 끝인가요?

박신부   아닙니다. 그 대죄의 사함을 받으면 은총의 상태를 다시 회복하게 됩니다.

송 군   대죄를 용서받는 방법이 있나요?

박신부   있습니다. 고해성사나 혹은 상등 통회를 통해서 가능합니다.

송 군   고해성사? 상등 통회요?

박신부   나중에 차차 다루게 될 겁니다.

송 군   그러면 조력 은총은 어떤 은총인가요?

박신부   이 조력 은총은 다른 말로 도움의 은총이라고도 불립니다. 이 은총은 우리가 선과 하느님에게로 향하도록 이끌어 줍니다. 이 은총을 통해 본성이 약한 우리 인간이 악행을 피하고 선행을 해서 공을 세우고 죽을 때까지 신앙생활을 충실히 하여 영원한 생명을 얻게 됩니다.

송 군   조력 은총도 꼭 필요한가요?

박신부   꼭 필요합니다. 물론 조력 은총이 없더라도 마음이 착한 사람이 불쌍한 걸인에게 동전 한 푼을 주는 그러한 자연적인 선행은 할 수 있지요. 하지만 영원한 생명을 얻기 위해서 필요한 선행이나 또는 강한 유혹을 이겨내는 것은 이러한 조력 은총이 없이는 불가능합니다. 상존 은총을 받은 다음에도 대죄를 범하지 않고 이것을 끝까지 보존하기 위해서는 조력 은총이 필요하고, 혹 잘못하여 상존 은총을 잃은 경우 이것을 다시 회복하는 데에도 조력 은총이 꼭 필요합니다.

송 군　조력 은총도 항상 우리에게 있습니까?

박신부　그렇지 않고, 우리에게 필요한 때에 하느님이 주십니다.

송 군　그런데 은총에 대해서 성경에 기록된 것이 있나요?

박신부　있습니다. 예컨대, 그리스도는 "너희는 나 없이 아무것도 하지 못한다."(요한 15,5)고 하시면서, 모든 행동에 있어 하느님의 도움이 필요함을 말씀하셨고, 또 "여러분은 믿음을 통하여 은총으로 구원을 받았습니다. 이는 여러분에게서 나온 것이 아니라 하느님의 선물입니다. 인간의 행위에서 나오는 것이 아니니 아무도 자기 자랑을 할 수 없습니다."(에페 2,8-9)라는 성경의 말씀을 보아도 은총의 참뜻을 알 수 있습니다.

송 군　이러한 은총을 우리가 가만히 앉아 있기만 해서는 얻을 수 없겠지요?

박신부　그야 말할 것도 없지요. 우리는 은총을 얻기 위해 노력해야 합니다.

송 군　어떻게 노력해야 합니까?

박신부　우리가 은총을 받기 위해서는 성사를 받아야 하고, 기도를 해야 합니다.

송 군　성사는 또 뭔가요?

성사란 무엇인가?

박 신부   송 군이 사는 집에 수도 있지요?

송 군   예, 있습니다.

박 신부   수도꼭지를 틀면 물이 나오는데, 어디에 있던 물이 나오는 건가요?

송 군   저수지에 담긴 물이 수도관을 통해서 나오는 것이지요.

박 신부   그렇습니다. 그리스도는 십자가의 희생을 통해서 우리 인간에게 필요한 은총을 저수지에 가득 담아 놓으셨습니다. 이제 문제는 그 은총을 우리가 받아야 하는 것입니다. 이 은총을 각 영혼에게 전달해 주는 방법으로 그리스도는 성사를 세우셨습니다.

송 군   성사는 은총의 수도관이란 말씀이군요?

박 신부   그렇지요. 그래서 신학자들도 성사를 '은총의 운하'라고 합니다. 성사를 다시 정확히 말씀드리면, '그리스도가 제정하신 눈에 보이는 표징으로서, 그것이 표시하는 은총을 주는 것'이라 할 수 있습니다. 따라서 성사가 되기 위해서는 다음과 같은 조건이 필요합니다.

첫째로, 그리스도가 제정하셨어야 하고,

둘째는, 그것이 어떤 감각적인 표시를 가지고 있어야 하며,

셋째는, 감각적 표시를 통해 눈에 안 보이는 은총을 주는 것이어야 합니다.

송 군   물론 그리스도가 만드신 것이니까, 성경에 근거가 있겠지요?

박신부   그렇지요.

송 군   그럼 구체적으로 그리스도가 만드신 성사는 몇 가지나 됩니까?

박신부   그리스도는 일곱 가지 성사를 만드셨습니다.

송 군   꽤 많군요.

박신부   일곱 가지가 뭐가 많아요?

송 군   은총을 주는 것이 성사인데, 두 가지 은총, 즉 상존 은총과 조력 은총만으로도 충분할 텐데, 일곱 가지 성사가 있다니, 그렇다면 일곱 가지 성사가 다 다른 은총을 주나요?

박신부   은총은 두 가지뿐인데, 성사는 왜 일곱 가지나 되느냐는 말이지요?

송 군   그렇습니다.

박신부   일곱 가지 성사가 주는 은총은 다시 두 가지로 나누어집니다. 첫째로, 그 성사가 상존 은총을 처음으로 주든지, 혹은 상존 은총을 이미 받은 경우엔 그 은총을 더 증가시켜 줍니다. 둘째는 성사 은총인데, 일곱 가지 성사는 내용이 다 다르고, 목적이 다 다릅니다. 따라서 그 성사가 뜻하는 목적에 알맞은 은총을 주고, 그 목적 달성에 필요한 도움의 은총도 받을 수 있는 권리를 줍니다.

송 군   신부님, 일곱 가지 성사가 어떤 것인지 궁금합니다.

박신부   일곱 가지 성사는 세례, 견진, 고해, 성체, 병자, 성품, 혼인성사입니다.

송 군   그러면 누가 성사를 줄 수 있고, 누가 받을 수 있는지요?

박신부   먼저 성사의 집행자는 원칙적으로 그리스도이시지만, 그리스도는 성사 집행권을 교회에 맡겨 놓으셨기 때문에, 교회의 지시에 따르면 됩니다. 하지만 성사 집행자는 언제나 성사가 무엇인지 알아야 하고, 성사를 집행하겠다는 의향이 있어야 하며, 성사를 받을 사람도 타당한 준비와 의향을 가져야 합니다. 그리고 성사가 유효하게 성립되기 위해서는, 그리스도가 성사의 구성 요소로서 정해 놓은 질료와 형상이 일치되어야 합니다.

송 군   질료와 형상이란 무엇입니까?

박신부   모든 성사에는 감각적이고 유형한 형식이 있습니다. 그 형식에 사용되는 물질과 행동을 성사의 질료라고 하고, 그 질료를 쓰면서 동시에 외우는 기도문을 형상이라고 합니다.

송 군   일곱 가지 성사의 구체적인 내용이 무엇인지 궁금합니다.

박신부   하나씩 살펴보기로 하죠. 그 성사의 내용을 알면, 성사 은총이나 질료와 형상 문제도 이해가 될 것입니다.

세례성사

박신부 세례성사는 하느님의 자녀로 새로 태어나는 성사입니다. 성경에서 그리스도는 이 세례성사를 통해 다시 하느님의 자녀로 나지 않고는 구원될 수 없다는 것을 그 당시 학자의 한 사람인 니코데모와의 대화에서 가르쳐 주셨습니다. "예수님께서 그에게 이르셨다. '내가 진실로 진실로 너에게 말한다. 누구든지 위로부터 태어나지 않으면 하느님의 나라를 볼 수 없다.' 니코데모가 예수님께 말하였다. '이미 늙은 사람이 어떻게 또 태어날 수 있겠습니까? 어머니 배 속에 다시 들어갔다가 태어날 수야 없지 않습니까?' 예수님께서 대답하셨다. '내가 진실로 진실로 너에게 말한다. 누구든지 물과 성령으로 태어나지 않으면, 하느님 나라에 들어갈 수 없다.'"(요한 3,3-5) 이렇게 세례성사를 통해 은총으로 영혼이 다시 태어나야 천국을 얻을 수 있다고 하신 것을 보면 세례성사가 구원의 절대 필수 조건임을 알 수 있습니다.

송 군 물과 성령으로 난다는 말은 무슨 말입니까?

박신부 물은 세례성사에 사용되는 질료이고, 성령은 이 예절을 통해서 우리가 처음으로 받는 상존 은총을 말합니다. 우리가 세례를 받게 되면 완전히 새로 태어나는 것이기 때문에 원죄로부터 시작해서 과거에 자신이 범한 모든 죄와 그 죄로 받을 벌까지 사함을 받습니다. 그리하여 하느님의 자녀가 되고, 정식으로 가톨릭 신자가 되어 하느님의 한 백성이 되며, 또 다른 성사를 받을 자격이 생깁니다.

송 군 성경에 세례를 받아 죄가 사해진다는 말이 있나요?

박 신부 있습니다. 그리스도 친히 제자들에게, "너희는 온 세상에 가서 모든 피조물에게 복음을 선포하여라. 믿고 세례를 받는 이는 구원을 받고 믿지 않는 자는 단죄를 받을 것이다."(마르 16,16)라고 하시면서, 세례를 받지 않은 자는 구원을 받을 수 없다는 것을 말씀하셨습니다. 그리스도의 제자들도 그 당시 모든 이들에게 "회개하십시오. 그리고 저마다 예수 그리스도의 이름으로 세례를 받아 여러분의 죄를 용서받으십시오."(사도 2,38)라고 강조했습니다.

송 군 그러면 세례성사의 질료와 형상은 무엇입니까?

박 신부 세례성사의 질료는 물로써 이마를 씻는 것이고, 형상은 "나는 성부와 성자와 성령의 이름으로 아무에게 세례를 줍니다." 하는 기도문입니다.

송 군 물을 쓴다고 했는데, 왜 하필이면 물을 쓰는지 그리고 어떤 물을 써야 하는지 궁금합니다.

박 신부 첫째로 물은 사람이 사는 곳에는 어디든지 있는 물질이니 누구라도 쉽게 세례를 받을 수 있게 하기 위함이고, 둘째, 물은 더러운 것을 씻는 것이므로, 물로써 이마를 씻는 것은 원죄와 자기가 지은 모든 죄를 씻는 좋은 상징이 되기 때문입니다. 세례 때 쓰는 물은 일반적으로 다른 것이 섞이지 않은 순수한 물인데, 자연수를 뜻합니다. 즉 샘물, 냇물, 바닷물, 눈 녹은 물, 수돗물, 이슬 모은 물 등입니다. 다른 성분이 첨가된 사이다나 커피, 우유 같은 것은 쓸 수 없습니다.

송 군   자연수가 없거나 긴급할 때는 어떻게 합니까?

박신부   할 수 없습니다. 질료와 형상은 그리스도가 정해 주신 것이기 때문에, 이것을 함부로 바꾸면 성사는 무효입니다. 바쁘다고 침을 손가락에 찍어 세례를 주면 될 것 같습니까?

송 군   하하하, 글쎄요, 급할 때는 할 수 없잖아요?

박신부   하지만 안 됩니다.

송 군   아, 그리고 기도문을 외울 때 아무라고 하신 것 같은데, 이때는 뭘 부르는 건가요?

박신부   그것은 세례 때 새로 받는 이름을 부르는 것입니다. '세례명'이라고 하는데, 보통 성인들의 이름을 땁니다. 그 성인을 특별히 수호자로 정하여, 성인을 본받고, 보호를 받자는 뜻으로 교회에서 정한 것입니다. 우리 사회에서도 아기가 태어나면 이름을 짓지 않습니까?

송 군   그렇지요.

박신부   마찬가지입니다. 이제 하느님의 자녀로서 새로 났으니, 이름을 지어야 되지 않겠습니까?

송 군   잘 알겠습니다. 그럼 세례성사는 누가 집전합니까?

박신부   물론 신부가 정식으로 집전할 수 있고, 또 본당 신부의 특별한 허락이 있으면 부제도 정식으로 집전할 수 있습니다. 하지만 위급할 때는 아무라도 세례를 줄 수 있습니다.

송 군   부제는 어떤 분입니까?

박신부   신부가 되기 바로 전 단계의 사람을 부제라고 하는데, 나중에 성품성사 때 말씀드리죠.

송 군   예, 그런데 위급한 때는 누구든지 줄 수 있다고 하셨는데, 저도 줄 수 있나요?

박신부   물론이지요. 주는 방법만 알면, 급할 때는 받을 만한 사람에게 언제라도 줄 수 있습니다.

송 군   급할 때라고 하는 것은, 구체적으로 어떤 경우를 말합니까?

박신부   죽음이 임박했을 경우, 신부가 없을 때입니다.

송 군   그렇다면, 죽을 위험이 있을 땐 아무라도 세례를 받을 수 있나요?

박신부   그렇지 않습니다. 죽어 가는 사람의 환경을 알아야 합니다. 예를 들어, 같이 버스를 타고 가던 사람이 사고로 갑자기 죽게 되었을 때, 그이가 벌써 정신을 잃고 있다면 세례를 줄 수 없습니다. 하지만 과거에 서로 아는 친구 관계로서 비록 성당에는 나가지 않았다 할지라도, 종교에 관심이 있었다는 것이 드러나면 그때는 조건부로 세례를 줄 수 있습니다.

송 군   조건부로 주는 세례는 어떤 것입니까?

박신부   죽을 위험에 있거나, 죽음이 임박한 때에 이른 사람이 세례를 받고자 하는 의지가 있을 때 주는 것을 임종 세례라고 합니다.

송 군   죽어 가는 사람이 세례를 받기 위해서는 어떤 준비를 해야 합니까?

박 신부   아직 의식이 있으면, 적어도 중요한 교리를 배우고, 이것을 믿어야만 세례를 받을 수 있습니다. 신부에게 정식으로 세례를 받지 못하고 일반 다른 사람들의 손으로 죽을 때 받는 세례를 '임종 세례'라고 하는데, 그 효과는 동일합니다.

송 군   죽어 가는 사람이 중요한 교리를 알아야 된다고 하셨는데, 어느 정도로 알아야 합니까?

박 신부   적어도 지금 말씀드리는 네 가지 기본 교리를 알고 믿어야만 됩니다.

첫째, 천주 존재: 우주를 창조하시고 다스리시는 하느님(천주)이 계심을 믿어야 하고,

둘째, 상선 벌악: 하느님이 착한 사람에게는 상을 주시고, 악한 사람에게는 벌을 주심을 믿어야 하고,

셋째, 삼위일체: 이해하기는 어렵지만, 하느님은 한 분이시나, 세 위격, 성부, 성자, 성령이 있다는 것을 믿어야 하고,

넷째, 강생 구속: 사람이 죄로 인하여 하느님을 잃게 된 것을, 성자께서 이 세상에 오시어 우리 죄를 씻기 위해 십자가에서 돌아가심으로써 누구든지 세례를 받으면 그 공로로 천국 영광을 얻을 수 있다는 것을 믿어야 합니다.

이상 네 가지 기본 교리를 믿고, 자기가 일생 동안 저지른 죄를 뉘우치고 세례를 받을 의사가 있으면 임종 세례, 즉 비상 세례를 받을 수

있습니다.

송 군   비상 세례란 무슨 뜻입니까?

박신부   정식으로 모든 예절을 갖추지 않고 가장 중요한 부분인 물로써 이마를 씻으면서 기도문을 외우는 것을 뜻합니다. 위급할 때만 받을 수 있기 때문에 비상 세례라고도 하지요.

송 군   그런데 신부님, 임종 세례를 받은 다음 죽지 않고 다시 살게 되면 어떻게 됩니까?

박신부   그런 경우에 그 사람은 완전한 가톨릭 신자입니다. 따라서 가톨릭 신자로서 지켜야 할 본분을 다해야 하고, 또 다른 성사도 받을 수 있습니다만 보례를 받아야 합니다.

송 군   보례요?

박신부   신부가 정식으로 성당에서 세례를 줄 때는 세례성사의 질료와 형상 외에 다른 예식을 집전합니다. 물론 이것은 세례성사의 본질적인 것은 아니지만, 성사의 성스러움과 그 중대성을 위해 교회에서 만든 것입니다. 그런데 임종 세례자는 이것을 받지 못했으니까 나중에 다른 예를 보충해야 되는데, 이것을 보례라고 합니다. 가톨릭 신자 자녀 중에서도, 신부가 없거나 혹은 성당과 집이 멀리 떨어져 있어서 임종 세례만 받았으면 나중에 기회를 만들어 보례를 받아야 합니다. 그래서 이것을 임종 세례라고 하는 겁니다.

송 군   가톨릭 신자 가정에서는 아이가 태어나면 즉시 세례를 수나요?

박신부   물론입니다. 가능한 한 수일 내로 대부나 대모와 함께 성당에 가서 세례를 받아야 합니다. 부모님도 같이 참례하면 더 좋습니다.

송 군 대부, 대모는 누구지요?

박신부 아참! 내가 말씀드리지 않았군요? 세례를 받는 사람이 남자면 대부를, 여자면 대모를 한 분씩 정합니다. 대부, 대모란 곧 자기 영혼을 지도하고 인도해 주는 영혼의 부모란 뜻입니다. 그래서 대부모와 대자녀 관계를 '신친 관계'라고 합니다.

송 군 정말 복잡하군요. 그러면 어떤 사람들이 대부모가 될 수 있나요?

박신부 교리 지식이 풍부하고 열심하고 착실한 신자로서, 영성적인 지도를 할 수 있는 교우면 됩니다.

송 군 남자면 대부를 세운다고 했는데, 왜 대부, 대모 둘을 세우지 않고 하나만 세웁니까?

박신부 물론 세례자는 대부, 대모 둘을 세울 수도 있습니다. 하지만 우리 한국에서는 전례상 보통 한 분만 세웁니다.

송 군 미리 부탁드리는 건데, 제가 세례받을 때는 신부님이 꼭 대부를 서 주셔야 합니다.

박신부 하하하. 미안하지만, 나는 대부가 될 수 없습니다.

송 군 왜요?

박신부 원칙적으로 신부나 수도자는 대부모가 될 수 없고, 대부모가 되려면 교회의 허락이 있어야 합니다.

송 군 왜 그런가요?

박신부 신부는 모든 교우의 아버지인데, 내가 송 군의 대부가 되어 송 군이 독차지하는 아버지가 될 수 있겠어요? 하하하.

송 군 그렇군요. 그런데 제가 세례를 받으려면 앞으로 얼마나 준비해야 합니까?

박 신부 일반적으로 성인이 세례를 받으려면, 보통 6개월 정도 교리 공부를 해야 합니다. 그 예비 신자 기간은 사목 지침에 따라 다를 수 있어요. 그리고 예비 신자 기간에도 교우처럼 주일을 지키고 신앙생활을 해야 합니다.

송 군 세례는 언제 어디서 받게 됩니까?

박 신부 위급한 때는 어디서든지 누구나 받을 수 있지만, 교회에서 정식으로 할 때에는 될 수 있는 대로 성당 안에서, 그리고 큰 축일 전날, 예컨대 주님 부활 대축일이라든지 성령 강림 대축일이나 주님 성탄 대축일에 하게 됩니다.

송 군 그런데 세례를 줄 때 반드시 이마에 물을 붓고 씻으며 "나는 성부와 성자와 성령의 이름으로 아무에게 세례를 줍니다."라고 해야 합니까? 혹시 그렇게 하지 못한 경우에는 어떻게 됩니까?

박 신부 예, 그렇습니다. 하지만 예를 들어 태아가 모체에서 다리만 나오고 죽게 될 때에는, 다리에라도 세례를 주되, 이때는 조건부로 주어야 합니다. 그리고 세례를 주는 방법에는 옛날부터 세 가지가 있습니다.

첫째는 주수례로 오늘날 우리 교회에서 하듯 이마를 씻으면서 주는 세례이시요. 둘째는 침수례로 세례자를 물속에 들어가게 하는 세례입니다. 셋째는 살수례로 물을 뿌리면서 주는 세례입니다. 이와 같은 방법들이 있지만, 오늘날에는 일반적으로 주수례를 하고 있습니다.

송 군   세례를 줄 때, 한 사람은 이마를 씻고, 한 사람은 기도문을 읽고 하면 어떻게 됩니까?

박신부   그렇게 하면 안 됩니다. 한 사람이 씻으면서 기도문까지 외워야 합니다. 이제 마지막으로 물로써 받는 수세 외에 혈세와 화세에 대해 살펴보겠습니다.

송 군   혈세는 피로써 받는 세례입니까?

박신부   피로써 이마를 씻는 것이 아니고, 가톨릭 신앙이나 덕행을 지키기 위해 생명을 바치는 순교의 행위를 말합니다. 비록 물로써 세례를 받지는 않았다 할지라도, 하느님을 위해 순교하면 세례의 은총을 받아 구원받게 됩니다.

송 군   신부님, 혈세는 어디에 근거를 두고 있습니까?

박신부   그리스도가 "제 목숨을 얻으려는 사람은 목숨을 잃고, 나 때문에 제 목숨을 잃는 사람은 목숨을 얻을 것이다."(마태 10,39)라는 말씀을 통해 순교자의 구원을 보장하셨기 때문입니다.

송 군   하기야, 하느님을 위해 생명을 바쳤다면 더 말할 수도 없겠지요. 화세는 불로써 받는 세례인가요?

박신부   불로써 이마를 지지는 것이 아니고 하느님에 대한 열렬한 사랑으로 자기가 지은 죄를 깊이 뉘우치고 세례받을 뜻을 가지고 있다면, 이것으로 구원받을 수 있다는 것입니다. 이것을 화세라고 합니다.

송 군   화세를 받아 구원을 받은 사람이 있었나요?

박 신부   있었습니다. 그리스도가 십자가에 달렸을 때, 함께 매달린 죄수 하나가 있었습니다. 그가 화세를 통해 구원을 받았습니다. 그 죄수가 자기 죄를 진심으로 뉘우치며 "예수님, 선생님의 나라에 들어가실 때 저를 기억해 주십시오."라고 말했을 때, 예수님께서는 그의 참회를 보시고, "내가 진실로 너에게 말한다. 너는 오늘 나와 함께 낙원에 있을 것이다."(루카 23,42-43)라고 하며 즉각 천국을 약속하셨습니다.

송 군   혈세나 화세도 수세와 똑같은 건가요?

박 신부   구원받는다는 점에선 같지만, 한 가지 다른 점은 수세와 달리 인호를 받지 못하고, 또 다른 성사도 받을 자격이 없습니다.

송 군   인호는 무엇입니까?

박 신부   인호는 글자 그대로, 우리 영혼에 인을 찍어 주는 것입니다. 세례성사를 받으면 하느님의 자녀란 표시로서 인호가 새겨지는데 이것은 지옥에 가든 천국에 가든 영원히 없어지지 않습니다.

송 군   알겠습니다. 그런데 화세를 받은 사람이 다른 성사를 받으려면 어떻게 해야 합니까?

박 신부   다시 정식으로 수세를 받아야 합니다.

송 군   잘 알겠습니다. 세례 다음에 받는 성사는 무엇입니까?

박 신부   견진성사입니다.

견진성사

박 신부 견진성사는 '축성 성유'와 '안수'로써 그 사람을 은총으로 견고하게 합니다. 그리스도에 대한 증인이 되는 성사이기도 하지요.

송 군 그럼 견진성사도 세례성사 때처럼 인호가 새겨지게 됩니까?

박 신부 그렇습니다. 견진성사에서도 세례성사와 같이 인호를 새겨 줍니다. 견진은 한마디로 상존 은총을 증가시키고, 성령의 일곱 가지 은사를 주는 성사입니다.

송 군 성경에도 견진성사에 관한 말씀이 나오나요?

박 신부 그리스도는 "내가 아버지께 청하면, 아버지께서는 다른 보호자를 너희에게 보내시어, 영원히 너희와 함께 있도록 하실 것이다. 그분은 진리의 영이시다. 세상은 그분을 보지도 못하고 알지도 못하기 때문에 그분을 받아들이지 못하지만, 너희는 그분을 알고 있다."(요한 14,16-17)라고 하시면서 성령을 보내실 것을 언약하셨고, 사도들은 성령을 받는 견진성사의 집전을 다음과 같이 기록하였습니다. "그들이 주 예수님의 이름으로 세례를 받았을 뿐, 그들 가운데 아직 아무에게도 성령께서 내리지 않으셨기 때문이다. 그때에 사도들이 그들에게 안수하자 그들이 성령을 받았다."(사도

8,16-17) 이런 사실로 보아, 세례성사를 받은 다음에 견진성사로써 성령의 은총을 받은 사실이 사도 시대부터 있었습니다.

송 군 손을 얹으니까 성령을 받았다고 했는데, 지금도 견진 때에 손을 얹나요?

박 신부 그렇습니다. 견진성사의 질료는 성유를 이마에 바름과 동시에 머리에 손을 얹는 안수입니다.

송 군 성유는 어떤 기름이고, 왜 바릅니까?

박 신부 성유는 당시 사도들이 이용하던 올리브기름에 발삼 수지를 섞은 것으로, 특별히 주교가 축성한 것입니다. 이를 축성 성유라고도 하지요. 기름은 물체를 견고하게 해 주고, 투명하게도 하며, 빛나게 하지요? 그리고 부패를 방지해 주기도 하고, 기계가 잘 돌아가지 않을 때 기름을 치면 잘 돌아가지 않습니까? 견진 역시도 신앙의 견고함과 모든 덕행을 갖추는 성령의 은총을 잘 표현해 주기 때문에 이마에 성유를 바르는 것이지요.

송 군 잘 알겠습니다. 성유를 바르고 안수하면서 외우는 견진성사의 형상은 무엇이지요?

박 신부 견진성사를 집행하는 주교는 오른손 엄지손가락으로 이마에 십자 모양으로 성유를 바르면서, "성령 특은의 날인을 받으십시오!"라고 합니다.

송 군 견진성사는 누가 집전하나요?

박 신부 원칙적으로 주교가 집전하고, 주교가 없을 땐 교회의 특별한 허가를 받아 일반 신부가 집행할 수 있지만 그때는 반드시 주교가 축성한 성유를 써야 합니다.

송 군   신부님. 견진 때도 대부모를 세웁니까?

박신부   예, 견진 때도 대부모를 세웁니다.

송 군   아까 신부님께서 성령의 일곱 가지 은사란 말을 하셨는데, 그것은 어떤 것입니까?

박신부   견진성사를 통해서 받는 성령 칠은은 다음과 같습니다.

1. 지혜: 하느님을 공경하고 우리 구원을 위해서 필요한 조건에 관심을 갖고 그것에 마음을 붙이는 은총.
2. 통찰: 교리의 어려운 점을 잘 알아들어서 믿음의 이치를 판단하는 은총.
3. 의견: 선과 악을 올바로 분별하는 은총.
4. 용기: 신앙에 반대되는 것과 싸워 순교까지도 할 수 있는 은총.
5. 지식: 교리와 성경의 뜻을 잘 알아듣게 하는 은총.
6. 공경: 하느님을 우리의 참아버지로 받드는 은총.
7. 경외: 죄를 지어 하느님의 마음을 상하게 해 드릴까 두려워하는 은총입니다.

송 군   견진성사를 받기 위해서는 어떻게 준비해야 합니까?

박신부   견진성사를 통해서 그리스도의 군사가 되어 세속과 육신, 악마와 싸워야 하기 때문에, 굳은 신덕과 충분한 교리 지식이 필요합니다. 그래서 오늘날에는 죽을 위험의 경우가 아니면 어린이들에게는 견진성사를 주지 않습니다. 적어도 제대로 사리 판단을 할 수 있는 나이가 되어야 이 성사를 받을 수 있습니다.

송 군   죽을 위험이 있으면 어린이도 받을 수 있나요?

박신부   그렇습니다. 이런 경우엔 신부도 견진성사를 집전할 수 있으니까, 세례받은 어린이가 죽게 될 때는 될 수 있는 대로 견진을 받게 하는 것이 좋습니다.

송 군   잘 알겠습니다.

고해성사

박 신부 이제는 세 번째로, 고해성사에 대해서 말씀드리지요. 고해성사는 '세례 후에 저지른 모든 죄를 사하는 성사'입니다.

송 군 지난번에도 잠깐 죄를 사하는 문제에 대해서 이야기를 들었지만, 사실 이 문제에 대해서 여러 가지 말이 많더군요.

박 신부 사실 가톨릭을 오해하는 이유 중 하나가 이 고해성사 문제입니다. 송 군은 주로 어떤 말을 들었습니까?

송 군 신부님도 사람인데, 어떻게 사람이 사람의 죄를 사하느냐, 죄를 사해 주는 고해성사는 결국 죄를 더 많이 짓게 조장할 뿐이다 등등 많지요.

박 신부 송 군은 고해성사에 대해서 어떻게 생각합니까?

송 군 글쎄요, 아직 자세히 모르니까 뭐라고 말할 순 없지만 사실 의문이 많습니다.

박 신부 좋습니다. 그런데 신부는 고해성사를 통해서 인간인 신부의 어떤 권한으로 죄를 사하는 것이 아니고, 그리스도께 받은 권리를 대행하는 것에 불과합니다.

송 군 그렇다면 그리스도가 죄를 사해 주라는 권리를 주신 일이 있습니까?

박 신부 있지요. 그리스도는 제자들에게 "내가 진실로 너희에게 말한다. 너희가 무엇이든지 땅에서 매면 하늘에서도 매일 것이고, 너희가 무엇이든지 땅에서 풀면 하늘에서도 풀릴 것이다."(마태 18,18)라고 하시면서, 죄를 풀고 매는 권한을 주셨고, "성령을 받아라. 너희가 누구의 죄든지 용서해 주면 그가 용서를 받을 것이고, 그대로 두면 그대로 남아 있을 것이다."(요한 20,22-23)라고 하시며 명확하게 사죄권을 주셨습니다. 그리스도가 당신 교회를 세우시고 교회에 죄를 사하는 권리를 주시지 않았다면 세례받은 다음에 범한 죄는 어떻게 처리해야 합니까? 이것을 처리하는 사죄의 방법이 없다면, 어떻게 죄 없이 이 세상을 떠날 수 있겠습니까?

송 군 하느님은 인자하시니까, 죄를 저지른 다음 참회를 하면 되지 않을까요?

박 신부 참회만 하면요?

송 군 그렇지요.

박 신부 그럼, 어떤 사람이 살인죄를 저지른 뒤, 집에 돌아와서 5분간 참회를 하면 그 죄가 즉시 사해질까요?

송 군 음…….

박 신부 그리고 이튿날엔 또 옆집 텔레비전을 훔치고 돌아와서 참회를 5분간 하면 죄가 사해지고, 그 다음 날 지나가는 사람의 돈을 빼앗고 집에 돌아와서 또 참회하고, 회사의 공금을 횡령하고 또 참회하고, 이렇게만 하면 죄가 다 사해질까요? 죄가 사해졌는지 어떻게 확신을 해요? 또 5분간 참회를 하고 나면 죄 사함을 받은 느낌이

들어 양심의 가책이 없어지고 마음이 평화로울까요? 이것이 가능하다면, 이것이야말로 죄를 저지르게 하는 방법이 되고 말겠네요?

송 군 그렇다면 가톨릭에서는 죄를 어떻게 사하게 되나요?

박신부 그걸 말씀드리기 전에 하나 더 물어 보겠습니다. 법정에서 재판을 받는 사형수를 생각해 봅시다. 재판관이 사형을 선언했습니다. 그런 경우, 사형을 언도한 그 재판관은 죄라곤 조금도 없기 때문에 그렇게 죄를 판단합니까?

송 군 글쎄요…….

박신부 그럼 법관도 아닌 송 군이 그 사람이 불쌍하다고 해서 무죄 석방시킬 수 있나요?

송 군 재판관이 판결을 내리는 것은 국가로부터 권리를 위임받아서 하는 것이고, 저는 법관이 아니니까 법적인 판결은 할 수 없죠.

박신부 그와 마찬가집니다. 신부도 죄를 범하는 인간이지만, 마치 재판관이 죄를 판결하듯 그리스도로부터 사죄권을 받아 고해소에서 죄를 사해 주는 것입니다.

송 군 신부님, 제 생각에는 세례받은 후에 죄를 저질렀으면 다른 기회에 다시 세례를 받으면 될 것 같습니다.

박신부 하하하. 세례성사는 일생에 한 번밖에 받지 못합니다. 송 군이 몹시 괴로운 병에 걸렸는데, 죽은 후 다시 어머니 배 속에서 날 수 있나요?

송 군 하하하, 당연히 안 되죠.

박신부 그것이 불가능하듯이 세례성사 역시 한 번뿐입니다. 그 후에 영혼이 죄로 상처를 입었으면 고해성사를 받아야 합니다.

송 군 그러고 보니, 고해성사는 영혼의 병을 치료하는 것과 비슷하군요?

박신부 그렇습니다. 고해자는 '영혼의 병자'요, 고해소는 '영혼의 병원'이며, 고백을 듣는 신부는 '영혼의 의사'입니다. 병원에 있는 의사들은, 자기들은 절대로 병이 나지 않아서 다른 사람의 병을 치료합니까?

송 군 이제 어느 정도 알 것 같습니다. 그런데, 소죄를 한 번만 범해도 즉시 고해성사를 받아야 합니까?

박신부 물론 그렇게도 할 수 있지만, 고해성사는 원칙적으로 대죄를 범한 사람이 받는 것입니다. 소죄는 고해성사가 아니라도, 통회로써 사함을 받을 수도 있습니다.

송 군 고해성사 받는 법을 좀 더 구체적으로 말씀해 주시죠.

박신부 고해성사를 받기 위해서는 다음의 다섯 가지 요건을 갖추어야 됩니다.

첫째, 그동안 지은 죄를 생각해 내는 성찰.

둘째, 자신이 지은 죄에 대해서 진심으로 뉘우치고 아파하는 통회.

셋째, 통회한 죄를 앞으로 다시는 저지르지 않겠다고 결심하는 정개.

넷째, 성찰, 통회하고 정개한 죄를 겸손하게 고해 신부에게 털어놓는 고백.

다섯째, 그 죄에 대한 대가를 치러야 하는 보상으로서, 보속입니다.

송 군 그 하나하나에 대해 자세히 말씀해 주십시오.

박 신부 고해성사를 위한 첫째 준비로서, 세례받은 후나 또는 지난번 고백한 후로 범한 모든 죄를 될 수 있는 대로 자세하게 반성하여 알아내야 합니다. 특별히 대죄의 경우엔 그 환경과 종류와 횟수까지 알아내도록 노력해야 합니다.

송 군 죄의 종류와 횟수까지 말입니까?

박 신부 그렇지요. 예를 들어 송 군이 토사병에 걸려 병원 의사를 찾아갔다고 생각해 보십시오. 의사가 병세를 물을 때, 언제부터 병이 시작되었고, 하루에 몇 번이나 토했는지 밝혀야 병을 제대로 고치지 않겠습니까?

송 군 예, 그 뜻은 알겠는데, 죄를 저지른 것을 하나하나 수첩에 기록하지 않는 한 어떻게 다 알 수 있겠습니까?

박 신부 그렇게 불가능한 것까지 요구하진 않아요. 본인의 능력대로 반성하면 됩니다. 확실한 숫자를 모를 때는 대개 몇 번, 이런 정도로 밝히면 됩니다.

송 군 알겠습니다. 그다음 통회에 대해서 말씀해 주십시오.

박 신부 지은 죄를 반성했으면 그다음에는 자연적으로 그 죄를 뉘우치고 마음으로 아파하게 됩니다. 이렇게 죄를 저지른 것에 대해서 진정으로 참회하는 것을 통회라고 합니다. 다섯 가지 요건 중에서 제일 중요한 것이 바로 이 통회입니다. 잊지 마십시오. 고해성사 때 통회가 전혀 없었다면 그 고해성사는 완전히 무효입니다. 왜냐하면 죄를 뉘우치는 마음이 없는 자는 죄를 용서받을 수 없기 때문입니다.

내가 어릴 때 이런 이야기를 들었습니다.

어느 날 천국에서 하느님이 천사들을 모아 놓고, 인간이 사는 세상에서 제일 아름다운 것을 구해 오라고 하셨답니다. 한 천사가 세상에 내려와 아름다운 것을 찾기 위해 헤매다가 우연히 가시덤불 속에 피어 있는 한 송이 장미꽃을 발견했습니다. 천사가 이것을 천국에 가지고 가서 하느님께 보이면서, "이것이 세상에서 제일 아름다운 것입니다."라고 했습니다. 하지만 하느님은, "아니다, 이것보다 더 아름다운 것이 있다."라고 대답하셨습니다. 천사는 다시 세상에 내려왔습니다. 온종일 헤매다가 이번에는 한 어머니가 갓난아이를 안고 마루에 앉아 있는 것이 보였습니다. "정말 죄라고는 그림자도 없는, 저 순진하고 고결한 아기를 봐! 정말이지 세상에서 제일 아름답군!" 천사가 그 아기를 하느님께 데리고 가서 보였더니, 하느님은 다시 "아니야, 이보다 더 아름다운 것이 있단다!"라고 하셨습니다.

천사는 다시 세상에 내려왔습니다. 하지만 아무리 찾아보아도 더 이상 아름다운 것이 보이지 않았습니다. 결국 포기하고 마지막으로 성당에 들어가 기도를 드리고 빈손으로 하느님께 가기로 했습니다. 이미 해가 진 저녁 무렵이라 성당 안엔 어둠이 짙었습니다. 그런데 제대 앞에 어떤 사람이 고개를 숙이고 기도를 바치고 있는 것이 어렴풋이 보였습니다. 천사는 그가 누구인지 보려고 한 발자국 한 발자국 앞으로 다가가서 그 사람 앞에 섰습니다. 그는 칠순이 넘어 보이는 할아버지였고, 제단 앞에서 일생 동안 범한 죄를 뉘우치면서 참회의 눈물을 흘리고 있었습니다. 천사에게는 할아버지가 일생 동안 지은 죄를 참회하며 흘리는 그 눈물이 너무나 아름다워 보였습니다. "이것이야말로 이 세상에서 제일 아름다운 것이 아닐까?"라고 생각한 천사는 그 눈물방울을 손에 받아 하느님께로 가지고 갔습니다. 하느님이 보시더니, "그래! 바로 이것이다. 세상에서 가장 아름다운 것은 통회의 눈물이다."라고 하시더랍니다.

송 군 신부님, 정말 그렇습니다. 아이들도 잘못한 다음 용서를 청할 땐 어떻게 더 해 볼 길이 없지요.

박신부 하느님께도 마찬가지입니다. 그래서 고해성사에 있어서 제일 중요한 것이 통회입니다.

송 군 그런데 자기가 지은 죄에 대해서 하나하나 전부 통회해야 합니까?

박신부 물론 그렇게 하면 더욱 좋고, 그러지 못할 땐 전반적으로 통회할 수 있지만, 특별히 대죄에 대해서는 하나하나 기억나는 대로 통회해야 합니다. 그리고 통회에는 '상등 통회'와 '하등 통회'가 있습니다. 상등 통회를 하면 고백하기 전이라도 죄를 용서받을 수 있지요. 얼마 전에 화세에 대해 말씀드렸는데, 기억나나요?

송 군 화세요?

박신부 세례성사에 수세가 있고, 혈세, 그리고 화세가 있다고 했지요?

송 군 예, 기억납니다. 진정으로 뉘우치면 화세로써 죄 사함을 받을 수 있다고 하셨지요.

박신부 바로 거기에 해당되는 것입니다. 그러므로 죄를 저지른 후에는 상등 통회를 해야 합니다. 특별히 고해성사를 받지 못하고 죽을 경우에는 이 상등 통회가 반드시 필요합니다.

송 군　신부님, 상등 통회를 했으면 고해성사를 받을 필요도 없겠네요?

박 신부　물론 이론상으론 그렇지요. 하지만 실제로 자신의 통회의 정도를 알 수 없으니까, 비록 상등 통회를 했다고 생각되더라도 고백해야 합니다. 또한 이렇게 함으로써 또한 은총을 받게 됩니다.

송 군　하등 통회는 어떤 것입니까?

박 신부　하등 통회는 지옥 벌에 대한 두려움으로 뉘우치는 통회인데 반드시 나중에 고해성사를 봐야 합니다.

송 군　신부님, 상등 통회와 하등 통회를 구별하는 확실한 기준을 모르겠습니다.

박 신부　기준은 이렇습니다. 죄를 저지른 후 통회를 할 때, 하느님을 중심으로 하면 상등 통회가 되겠지만, 자기중심으로 통회가 이루어진다면 그건 하등 통회가 되겠지요. 다시 말해서, 우리가 죄를 저질러 지극히 선하신 하느님의 마음을 상하게 해 드린 것을 생각하고 뉘우치면 그것이 상등 통회가 됩니다. 하지만 내가 저지른 죄 때문에 벌을 받게 될 것이 두려워 마지못해 뉘우치게 된다면 하등 통회입니다.

송 군　예, 알겠습니다. 그런데, 고해성사를 받기 위해선 꼭 상등 통회를 해야 합니까? 하등 통회만 하면 안 되나요?

박 신부　물론 하등 통회만 해도 고해성사는 완진히 유효합니다.

송 군　통회를 한 다음에는 무엇을 해야 한다고 하셨지요?

박 신부　　그다음에 자연적으로 따라오는 것은, 이제는 죄를 짓지 않겠다는 결심이겠지요. 이것을 '정개'라고 합니다.

송 군　　정개도 통회와 같은 방법으로, 대죄에 대해선 하나하나 해야 합니까?

박 신부　　그렇습니다. 하나하나 기억이 나지 않으면 전체적으로 할 수 있지만, 대죄의 경우엔 반성한 대로 정개를 해야 합니다.

송 군　　그런데 한 가지 의문이 생기는데, 정개란 것은 다시 죄를 짓지 않겠다는 결심인데, 결심은 했지만 다시 죄에 떨어진 경우에는 어떻게 하나요?

박 신부　　우리는 고해성사 때는 착실히 살기로 결심하지만, 역시 약한 인간인지라 자기도 모르게 주위 환경의 탓으로 그 열이 식게 되고, 다시 죄를 저지르게 됩니다. 하지만 그렇다고 이전의 통회와 정개가 무효한 것은 아닙니다. 솥에 물을 붓고 불을 때면 뜨거워지지만 밑에 불이 없어지면 차차 식습니다. 그렇다고 해서 그전에 뜨거웠던 것이 거짓인가요?

송 군　　물론 아니지요.

박 신부　　우리의 고해성사도 마찬가지입니다. 통회와 정개를 하고도 또 죄를 범했다고 해서 실망하거나 낙담할 것이 아니라 그럴수록 겸손하게 자신의 약함을 깨닫고 자주 통회와 정개를 하고 고해성사를 받아야 됩니다.

송 군　　신부님, 좋은 말씀 많이 들었습니다. 그다음엔 죄를 고백하는 것이지요? 신부님께 죄를 고백한다는 것은 어쩐지…….

왜 죄를 고백하는가?

박 신부   자기의 죄를 고백하는 것을 어떻게 보면 수치스럽게 느낄 수도 있지만, 실상은 그렇지 않습니다. 고해소는 영혼의 병원이며, 고백을 듣는 신부는 영혼의 의사이니, 고백을 하는 사람은 환자로서 자기 영혼의 상처를 자세히 말해야 하고, 의사는 그것을 자세히 알아야만 올바른 진단을 내릴 수 있지 않겠습니까?

송 군   음…….

박 신부   재판관이 정확한 판결을 내리기 위해서는 범죄의 동기와 환경, 그리고 범죄 횟수와 범인의 정신 상태를 자세히 파악해야 하듯이, 고백을 듣는 신부도 고해자의 죄를 똑바로 알아야만 풀고 풀지 못할 죄를 분간하지 않겠습니까?

송 군   풀 수 있는 죄와 풀지 못하는 죄가 있는 모양인데, 어떤 종류의 죄를 풀지 못합니까?

박 신부   고해성사로써 사할 수 없는 죄가 따로 있는 것이 아니라, 고해자의 준비 여하에 따라 사해 줄 수 없는 죄가 있습니다. 예컨대, 고향에 본처가 있는 사람이 객지에 와서 다른 여자와 동거하고 있다는 것을 고백하면, 고백을 듣는 신부는 먼저 가서 완전히 헤어지지 않으면 그것을 풀어 주지 않습니다. 또 다른 예를 들면, 남에게 어떤 손해를 끼쳤다든지 어떤 사람과 마음 상한 일이 있다는 것을 고백하면, 고백을 듣는 신부는 먼저 그 손해를 갚았는지, 마음 상하게 한 사람과 서로 화해했는지 물어 보게 됩니다. 만약 손해를 갚지도 않고 화해하지도 않았다면 고백을 듣는 신부는 고해성사 후에 손해를 갚고 화해할 것인지 물어 봅니다. 만일 고백 후에 이 것을 이행하겠다는 조건이 없다면 그는 그 죄의 사함을 받을 준비가 되어 있지 않은 것입니다. 따라서 고해 신부는 그 죄를 풀 수 없기 때문에 고백하러 온 사람을 그대로 내보냅니다.

송 군 신부님, 남에게 손해 끼친 것을 갚지 않는다든지, 마음이 상한 친구끼리 화해하지 않고는 죄를 용서받지 못합니까?

박 신부 물론입니다. 그가 진정으로 통회와 정개를 했다면, 결코 그런 결과가 나올 수 없습니다. 죄를 고백하지도 않고 그저 "신부님, 죄를 많이 지었으니 너그러이 용서하고 사해 주십시오." 하는 사람에게 죄를 사해 준다면, 그야말로 고해성사는 죄를 더 짓게 하는 방법이 되고 말 것입니다. 그렇지 않겠어요?

송 군 그렇겠지요. 예컨대 남의 물건을 훔친 다음 고해성사를 받고, 이튿날 또 훔치고, 또 고해성사 받고…….

박 신부 그렇지요. 그러니까 고해성사가 죄를 조장한다고 하는 사람들은 고해성사가 무엇인지를 모르기 때문입니다. 그리고 죄를 고백한다는 그 자체는 그만큼 겸손하다는 증거입니다. 비록 내가 젊은 신부이지만, 고해소에 앉아 있으면 나이 많은 어르신부터 시작해서 사회적으로 저명한 인사, 교수, 판·검사도 고해소에서 죄를 고백합니다. 그것을 보고 들을 때, 진정 그들의 겸손 앞에 감탄하게 됩니다. 그리고 그들도 그들의 죄를 고백함으로써 그들이 저지른 죄를 뉘우치고 다시는 그런 부끄러운 죄를 짓지 않겠다는 결심을 하게 됩니다. 송 군! 혹시 정신 분석학이니 심리 요법이니 하는 말을 들어 본 적 있나요?

송 군 예, 있습니다.

박 신부 현대 의학에 따르면 정신적인 문제는 가끔 육체의 병으로 나타나기도 한다고 합니다. 저도 한 잡지에서 정신 요법과 가톨릭의 고해성사를 비교한 글을 본 적이 있습니다.

송 군 사실 비슷한 점도 있겠군요?

박 신부 그렇습니다. 그 논문에 따르면, 정신적으로 고통받고 있어 의사를 찾은 사람일지라도 자기의 과거를 있는 그대로 털어놓을 수 없을 때도 있다고 합니다. 그리고 정신과 의사도 소위 직업의식이 있어서 그들과 액면 그대로 대화하기 어려운 경우도 있다고 하더군요. 하지만 고해소는 고해자와 고백을 듣는 신부 사이에는 어떠한 장벽도 없습니다. 그래서 있는 그대로 마음의 상처를 털어놓을 수 있는 곳이기 때문에 아무리 발달된 정신 요법이라도 가톨릭의 고해성사를 따라갈 수 없다는 것입니다. 이런 이유로 고해성사를 제정하신 그리스도를 인류 최대의 심리학자라고 높이 평가하더군요.

송 군 인간의 심리적 측면을 보더라도 죄를 고백하는 것이 타당하단 말이죠?

박 신부   그렇습니다. '임금님 귀는 당나귀 귀'라는 옛날이야기에 나오듯, 인간은 자기 안의 숨은 것을 이야기하지 않으면 언제나 정신이 불안하기 마련입니다. 배 속에 독약이 들어갔으면 그것을 토해 내야 삽니다. 살 속에 가시가 박혀 있으면 그것을 뽑아내야 아프지 않듯이, 가슴속에 박혀 있는 죄 의식을 토해 버리고 뽑아 내지 않으면 그 마음에는 언제나 못이 박혀 있어 괴로운 것이 인간 본성입니다. 내가 보기엔 현대인 중 많은 이들이 정신적인 문제를 안고 있는데, 근본 원인은 그것을 치료할 만한 방법이 없기 때문입니다. 그 방법이란 곧 그의 정신적 상처를 털어 내는 것입니다. 아내도 남편에게 하지 못할 말이 있습니다. 남편도 여자와 관련된 죄를 지었으면 아내에게 이야기할 수 없고, 아무리 부모일지라도 자식들에게 할 수 없는 이야기가 있습니다. 하지만 신부 앞에서는 하지 못할 말이 없습니다. 고해성사의 참뜻은 가톨릭 신자가 되어 경험해 보지 않고는 결코 알 수 없습니다.

송 군   죄를 고백해야 하는 이유는 대강 알겠습니다. 그런데 죄를 고백할 때는 하나하나 빼놓지 않고 다 고백해야 합니까?

박 신부   대죄에 대해서는 하나도 빠뜨림 없이 횟수까지 정확히 고백해야 합니다.

송 군   그 횟수를 정확히 모르면 어떻게 합니까?

박 신부   그런 경우엔 대략적인 횟수라도 말해야 합니다. 그리고 죄를 고백할 때는 겸손하고 정직하게, 그리고 간단하게 말해야 합니다. 가끔 어떤 분들은 죄를 고백하지 않고 집안 이야기를 하고,

또 어떤 이는 죄가 없다고 쓸데없는 변명을 하기도 하고 자기 자랑만 내세우는 분도 있어요. 이런 고백은 올바른 고백이 아닙니다.

송 군   신부님, 저는 아직 잘 모르겠는데, 잘못된 고백의 예를 좀 구체적으로 이야기해 주십시오.

박 신부   예를 들면, 이런 경우가 있습니다.

"나쁜 짓을 한 번 했습니다."

"어떤 나쁜 짓입니까?"

"알고 지내는 여자 친구와 나쁜 짓을 했습니다."

"무슨 죄입니까? 같이 싸웠나요?"

"아닙니다. 같이 음란한 짓을 한 번 했습니다."

이런 경우 "나쁜 짓을 한 번 했습니다."라고 고백하면 고백을 듣는 신부는 그 죄를 알 수 없잖아요? 이런 때엔 간단하게 "여자 친구와 간음죄를 한 번 저질렀습니다."라고 고백해야 합니다. 또 어떤 이는 쓸데없는 구실을 댑니다. "우리 딸이 서울에서 신발 장사를 합니다. 그런데 요즘 들어 장사 밑천이 없다고 자꾸만 와서 돈을 달라기에, 우리 집 뒤에 있는 밭을 팔아서 돈을 가지고 서울로 갔습니다. 그런데 서울역에서 그만 소매치기를 당하고 말았어요. 얼마나 마음이 아프고 괘씸한지, 딸네 집에 가서 분풀이로 딸하고 한 번 싸웠습니다. 죄라고는 이것뿐입니다." 이것도 잘못된 고백입니다. "딸과 한 번 싸운 일이 있습니다."라고만 하면 됩니다. 또 하나 예를 들어 볼까요?

송 군   예, 신부님, 처음 듣는 이야기라 재미있네요.

박 신부 본당 신부 밑에서 일하는 한 청년이 용돈이 없어서 신부의 책상 위에 있는 만년필을 훔쳤습니다. 그리고 고해소에 들어가서 이렇게 고백했습니다.

"주인 모르게 만년필을 하나 훔쳤습니다."

물론 신부의 것이라고 밝힐 필요는 없지요.

"만년필을 돌려주었나요?"

"아직 돌려주지 않았습니다."

"돌려줄 마음이 없으면, 나는 사죄경을 드릴 수 없습니다."

"그럼 꼭 돌려주겠습니다. 그리고 이웃 사람과 한 번 다툰 적이 있습니다."

그러고는 이 청년은 주머니에서 만년필을 꺼냈습니다.

"신부님, 만년필 하나 드릴까요?"

"아닙니다. 고해소에서 그런 것 주고받는 것 아닙니다."

"신부님, 그리고 술을 과음해서 정신을 잃은 적이 두 번 있습니다. 참, 신부님, 만년필 주인이 받지 않겠다면 어떻게 해야 합니까?"

"그렇다면 주인이 용서하고 그냥 주는 것이니까 괜찮습니다."

송 군 하하하.

박 신부 이와 같은 고백은 정당한 것이 아니고, 둘러맞추는 것이므로 안 됩니다.

송 군 그런데 말입니다. 잘 아는 신부님에게 가서 추잡한 죄를 고백하는 것은 정말 인간적으로 보아 부끄러울 것 같은데, 그런 경우 다른 신부님을 찾아가도 되나요?

박 신부   물론 됩니다. 하지만 아무리 잘 아는 신부라도, 일단 고해소에 앉으면 그리스도의 대리자로서 판단하는 것이기 때문에, 사생활과는 전혀 관계가 없습니다. 그래서 어떤 분들은 일부러 잘 아는 신부를 찾아가서 죄를 고백합니다. 또 어떤 이는 고백을 듣는 신부를 한 분 정해 두고, 언제나 그 신부에게 고백을 합니다.

송 군   그렇게 해서 특별히 유익한 점이 있나요?

박 신부   있지요. 송 군, 높은 지위에 있는 분들이나 돈이 많은 분들은 소위 주치의를 정해 두고, 언제나 그 의사에게 가서 치료를 받는데 이것이 어떤 점에서 좋겠습니까?

송 군   물론이지요. 주치의는 그 사람의 생활 환경이나 건강 상태를 누구보다도 잘 알 수 있으니까 그만큼 정확한 치료를 받을 수 있겠지요.

박 신부   맞습니다. 고백을 듣는 신부도 마찬가지입니다. 고백을 듣는 신부를 정해 두면, 그는 영혼의 지도를 그만큼 정확하게 받을 수 있습니다. 옛날 성인들의 전기를 보면, 훌륭한 성인들에겐 그만큼 훌륭한 지도 신부가 있었습니다.

송 군   그런 경우엔, 자기의 체면이나 수치감을 다 떨쳐 버리고 고백을 듣는 신부님에게 온전히 자기의 영혼 상태를 맡기는 것이군요?

박 신부   그렇습니다. 송 군은 고백을 듣는 사제 앞에서 느낄지 모를 수치감이니 모욕감이 걱정되는 것 같은데, 사실 고백을 듣는 신부는 고해자가 어떤 추잡한 죄를 고하더라도 동요하지 않습니다.

그와 같은 죄를 무수히 많이 들었기 때문입니다. 얼마 전에 교구 일 관계로, 천만 원짜리 수표를 사용할 일이 있었어요. 그런데 천만 원짜리 수표를 손에 쥐어 본 것이 처음이라 그런지 괜히 두려워지고 마음이 이상한 것을 느꼈습니다. 하지만 돈만 만지고 사는 은행원들은 천만 원, 이천만 원 만지는 게 보통입니다. 이와 마찬가지로 고해자는 혼자 생각에 자기만이 이런 큰 죄를 범한 것같이 생각되기 때문에 이 죄를 고하면 고백을 듣는 신부가 깜짝 놀라지나 않을까 두려워하겠지만, 그런 죄를 수없이 들은 고해 신부는 그 고백을 듣고도 눈 하나 깜짝하지 않습니다. 알겠습니까, 송 군?

송 군 정말 그렇겠군요.

박신부 사실입니다. 도리어 그런 죄를 둘러대는 것을 보면 더 불쾌해집니다. 우리는 누구나 다 같은 죄인입니다. 죄를 범한 다음엔 겸손하게 통회하고 죄를 고백해야 합니다.

송 군 신부님들도 고해성사를 받나요?

박신부 신부는 죄를 안 짓나요? 신부도 인간이니까 죄를 짓게 되고, 따라서 당연히 고해성사를 받아야 합니다. 대법원 판사가 죄를 범했으면 어떻게 처리합니까?

송 군 그거야 다른 판사가 재판하겠지요.

박신부 맞습니다. 신부도 다른 신부를 찾아가서 겸손하게 무릎을 꿇고 죄를 고백합니다. 주교도, 교황도, 고해 신부 앞에 가서 머리를 숙이고 죄를 고백합니다.

송 군 잘 알겠습니다. 그런데 고해자가 죄를 고백하려다가 부끄러워서 일부러 죄를 고하지 않았으면 어떻게 됩니까?

박신부 그것은 죄인을 살리기 위해 세워 놓은 고해성사에 대한 모독입니다. 달리 말해서 하느님의 구원 계획을 모독하는 것이 되므로 이것을 '모고해'라고 하는데 모고해는 대죄입니다. 모고해를 하려면 차라리 고백하지 않는 것이 낫습니다.

송 군 모고해를 한 죄는 다시 사함을 받을 수 없나요?

박신부 다시 고해소에 들어가 모고해한 사실을 밝히고, 진정으로 통회하면 죄 사함을 받을 수 있습니다.

송 군 깜빡 잊고 고백하지 못한 대죄는 어떻게 됩니까?

박신부 그런 경우엔 간접적으로 사함을 받습니다. 그러니까 즉석에서 다시 고백하지 않더라도 다음 고백 때 그것을 고백하면 됩니다.

송 군 잘 알겠습니다. 신부님, 좀 거북한 질문입니다만 묻지 않을 수 없는데요.

박신부 괜찮습니다. 안심하고 말씀하십시오.

송 군 다름이 아니고, 고백을 듣는 신부님이 고해소에서 들은 죄를 혹시 다른 사람에게 말한다든지, 신부님 자신이 그런 죄를 듣고서 고해자를 개인적으로 따로 불러 꾸중을 한다든지 하는 경우는 없습니까?

박신부 좋은 질문입니다. 송 군, 안심하십시오. 고해소에서의 비밀은 절대로 보장이 됩니다. 고백을 듣는 신부는 그렇게 많은 사람들의 죄를 기억하려 해도 할 수 없을 뿐만 아니라 고해의 비밀을 지키는 일은 고백을 듣는 신부의 생명입니다. 교회에서 엄격히 규정할 뿐 아니라, 신부가 고해의 비밀을 누설하는 것은 하느님께 가혹한 심판을 받을 극죄입니다. 그런데 송 군! 가톨릭 신자 중에 고해한 내용이 알려져 인격적인 모욕을 받았다거나 사회적인 문제가 일어났다는 이야기를 들어본 적 있습니까?

송 군   물론 그런 이야기는 들어 보지 못했습니다.

박 신부   이런 일이 있다고 상상해 보십시오. 어떤 사람이 신부의 제복을 훔쳐서 입고 신부를 가장해서 살인죄를 범했습니다. 그러고는 신부에게 "제가 신부님의 제복을 훔쳐 입고 살인죄를 범했습니다."라고 고백했습니다. 몇 시간 후 경찰에서는 신부를 살인자로 단정하고 감옥으로 끌고 갔습니다. 이런 경우, 신부는 누가 진범인지를 알지만, 고해의 비밀을 위해서 그 사실을 말할 수 없고 그대로 그는 죄 없이 희생됩니다.

송 군   신부님! 정말입니까?

박 신부   역사적으로 보면, 고해의 비밀을 지키기 위해 순교까지 하신 신부님이 한두 분이 아닙니다. 고해의 비밀 얘기가 나왔으니, 고해의 비밀을 지키기 위해 순교하신 성인 신부님 한 분을 소개하겠습니다. 바로 네포묵의 요한 성인 사제 순교자입니다.

"네포묵의 요한 성인의 초상은 보통 사제 복장 위에 소백의와 영대를 하고 오른손에 십자가를 들고 왼편에 입을 다문 모양을 그린다. 그 이유를 알려면 로마 순교록을 보면 된다. 거기에는 다음과 같은 기사가 실려져 있다. '네포묵의 요한 성인은 고해의 비밀을 누설하라는 강요를 당하고도 단호히 거절했기 때문에 몰다우강에 던져져

용감한 순교의 죽음을 당했다.'

이와 같이 그는 고해의 비밀을 지킨 성인으로서 유명하다.

이 성인은 1350년경 보헤미아(지금의 체코와 슬로바키아) 지방의 네포묵에서 태어나 가문 이름인 뵐플라인 대신에 고향 이름을 따서 자신의 이름으로 삼았다. 사제를 지원해 열심히 법학과 신학을 연구하고 박사 학위를 획득한 요한은 사제가 되고 나서는 대주교의 신임을 얻어 중책을 맡아보며 나라의 수도 프라하에서 강론가 및 고해 신부로서 충실히 근무하고 있었다.

그때 마침 보헤미아를 통치하고 있던 벤체슬라오 1세라는 왕은 그리스도교 신자였지만 타락의 길을 걸었고, 성격도 잔인하기 짝이 없었으나 그의 왕비 요안나는 그와 반대로 경건 온순하며 오로지 하느님을 섬기는 데에만 낙을 붙이고 사는 부인이었다. 그러던 중에 요한은 요안나 왕비의 고해 신부로 선택되었다.

그런데 왕은 악으로서인지 호기심으로서인지 하루는 요한을 대령시키고 나서 왕비가 무슨 고해를 했는지 말해 보라고 명했다. 요한은 이런 난폭한 왕의 말에 놀랄 수밖에 없었으나 곧 정장을 하고 위엄있게 대답했다. '성스러운 고해의 비밀을 누설한다는 것은 하느님이 엄히 금하시는 것입니다. 그러므로 모처럼 명하신 것을 순종치 못하는 것을 유감으로 생각하는 바입니다.'

이런 단호한 거절의 말을 듣자 벤체슬라오 왕은 대노해 즉각 요한에게 갖은 고문을 가하게 하고 친히 참혹하게도 불에 달은 쇠로 그의 옆구리를 지지고 거의 완전한 데가 없을 만큼 그의 몸을 상하게 했으나 요한은 처음부터 끝까지 일체의 학대를 꿋꿋이 인내했던 것이다. 하다못해 왕은 그의 손을 뒤로 결박시키고 몸을 가재처럼 구부려 놓고 발을 머리에 잡아매어 몰다우강의 가루르 다리 위에 싣고 가서 거기에서 소리를 지르며 수중에 던지게 함으로써 물속에 생매장을 했던 것이다. 그 날 밤, 성 순교자의 유해가 가라앉은 부근에는 이상하게도 별과 같이 광채가 떠 있었다. 다음 날 아침 사람들은 그 유해를 발견하고 대성당으로 운반해 정성껏 안장하고 곧 고해성사의 신성함을 옹호한 순교자로서 특별한 공경을 드리기 시작했다.

네포묵의 요한이 성인품에 오른 것은 1729년 3월 19일 베네딕토 13세 교황의 시대였다. 10년 전에 시성 조사가 행해지던 때에 그의 무덤을 열어 시체를 검사하니 원체 3백년 이상이나 경과되었으므로 전신은 모조리 다 썩어 있었지만 혀만은 마른 채로 그대로 남아 있었다. 사람들은 이것이야말로 고해의 비밀을 지킨 성인의 충실함에 대한 하느님의 존귀한 보수의 표시라고 기뻐하며 정성스럽게 황금의 성광에 모셔 성당의 보물로서 영구히 보존했던 것이다. 또한 이 성인은 다리 위에서 물속에 던져져 순교한 점에서 다리의 성인이라 칭하고 수많은 다리 위에 그의 초상을 모시게 되었다. 그는 보헤미아의 수호 성인이자 고해자들의 수호 성인이다."(김정진 편역, 《가톨릭 성인전(下)》, 가톨릭출판사)

송 군 정말 놀라운 일이군요. 그러면 이제 고해자가 고해소에 가서 해야 할 고해성사의 절차를 이야기해 주십시오.

고해성사의 절차

박 신부   고해성사를 받을 뜻을 갖고 성당에 들어가 조용히 얼마 동안 그동안의 생활을 성찰하면서 죄를 저지른 것을 하나하나 살펴야 합니다. 그다음엔 저지른 죄에 대해서 진심으로 뉘우치는 통회가 있어야 하며, 다음에는 앞으로는 죄를 짓지 않기로 굳게 결심을 하고, 고해소에 들어가기 전에 고백 기도와 통회 기도를 외워야 합니다. 이렇게 준비를 마친 후 고해소로 들어가 무릎을 꿇고 성호를 그은 후 고해 신부가 "하느님께서 우리 마음을 비추어 주시니 하느님의 자비를 굳게 믿으며 그동안 지은 죄를 사실대로 고백하십시오."라고 하면, 세례받은 후 첫 고해라든가, 혹은 고해성사 받은 지 얼마 되었다는 것을 밝혀야 합니다. 그리고 혹시 지난번 고해성사 때 받은 보속을 다 못했으면 못했다는 것을 밝혀야 합니다. 그것을 밝히지 않으면 고해 신부는 그것을 다한 것으로 간주합니다. 이렇게 하고는 반성한 죄를 대죄부터 시작해서 하나하나 똑똑히 고백합니다. 생각한 죄를 다 고백한 다음에는 "이 밖에 알아 내지 못한 죄도 모두 용서하여 주십시오."라고 말해야 합니다.

그러면 고백을 듣는 신부는 고백을 듣고 고해자에게 석설한 훈계를 하고, 그 죄에 해당되는 보속을 줍니다. 고해자는 그 보속을 잘 기억했다가 고해소에서 나온 다음 보속을 실행해야 합니다. 보속을 받은 다음에 고해자는 '통회 기도', 즉 "하느님, 제가 죄를 지어……"를 외워야 합니다. 고해자가 통회 기도를 외우는 동안 고백을 듣는 신부는 "나는 성부와 성자와 성령의 이름으로 이 교우의 죄를 용서합니다." 하고 하느님의 이름으로 사죄경을 외웁니다. 이것이 끝나면 고해자는 "감사합니다." 하고 고해소를 나오면 됩니다.

송 군   잘 알겠습니다. 고해성사의 마지막 요소로서 이제 남은 것이 보속인데, 신부님들은 보통 어떤 보속을 주시나요?

보속이란?

박 신부   보속은 죄에 해당되는 벌입니다.

송 군   죄 사함을 받아도 보속은 또 따로 해야 되는 건가요?

박 신부   그렇습니다. 죄 사함을 받는 것과 그것으로 오는 벌은 전혀 다른 것입니다. 예를 들어, 급성 맹장염 환자의 경우를 생각해 보십시오. 그가 살기 위해서는 빨리 수술을 받아야 합니다. 수술을 받았으면 이제 죽을 위험은 없어졌지만, 수술의 상처가 아물기까지는 그 수술의 결과로 따라오는 고통을 받아야 되는 것입니다. 대죄를 범했으면 그는 지옥 벌을 받게 됩니다. 그러니 빠른 시일 내에 고해성사로 대죄의 사함을 받아야 되는데, 죄의 사함을 받았다는 것은 수술을 한 것과 같은 겁니다. 이제 지옥 벌은 면하게 되었지만, 그 수술의 상처는 아직 남아 있듯이, 대죄는 사해졌으나 그것으로 따라오는 보속은 아직도 남아 있습니다.

송 군   그렇다면 죄에 따라 보속도 다르겠군요?

박 신부   그렇습니다. 세상에서 고해성사를 통해 죄는 사함을 받았지만 보속을 다 못하고 죽으면, 죽은 다음에 그 보속을 받게 마련입니다. 죽은 다음에 보속 받는 곳을 연옥이라고 합니다.

송 군   성경에도 연옥에 대한 말씀이 나오나요?

박 신 부   나옵니다. 구약 시대에 마카베오가 전쟁에서 죽은 자들을 위해 제사를 드렸다는 것은, 곧 죽은 이들이 다시 구원받을 수 있는 연옥의 존재를 의미합니다. "각 사람에게서 모금을 하여 속죄의 제물을 바쳐 달라고 은 이천 드라크마를 예루살렘으로 보냈다. 그는 부활을 생각하며 그토록 훌륭하고 숭고한 일을 하였다. 그가 전사자들이 부활하리라고 기대하지 않았다면, 죽은 이들을 위하여 기도하는 것이 쓸모없고 어리석은 일이었을 것이다. 그러나 경건하게 잠든 이들에게는 훌륭한 상이 마련되어 있다고 내다보았으니, 참으로 거룩하고 경건한 생각이었다. 그러므로 그가 죽은 이들을 위하여 속죄를 한 것은 그들이 죄에서 벗어나게 하려는 것이었다."(2마카 12,43-45) 이렇게 죽은 다음 보속하는 연옥이 있는 것을 밝혔습니다. 이 연옥 문제에 대해서는 우리가 상식적으로 생각해도 알 수 있습니다. 법정에서 죄가 없다고 판단되면 어떻게 되지요?

송 군   그거야 무죄 석방이지요.

박 신 부   하느님의 심판대에서도 죄가 하나도 없으면 천국으로 가고, 대죄가 있으면 지옥으로 갑니다. 즉 영혼의 사형을 당하는 것입니다. 그리고 소죄만 있거나 죄벌이 남아 있으면 당연히 천국도 지옥도 부당하니까 연옥을 거치게 됩니다. 법정 판결에서 약간의 죄가 있는 이에게 3, 4년의 징역을 선고하는 것과 마찬가지입니다.

송 군   잘 알겠습니다. 그러니까 연옥을 거치지 않기 위해서는 세상에서 미리 보속을 하는 것이 상책이겠군요?

박 신 부   그렇습니다. 그런데 보속은 하느님이 정해 주신 것과, 신부가 정해 주는 것 두 가지가 있습니다.

송 군   하느님이 정해 주신 것이라니요?

박신부   그것은 다른 게 아니고, 아까도 이야기했지만, 남에게 끼친 손해를 갚는 것을 말합니다. 손해는, 물질적 손해와 정신적 손해 두 가지가 있습니다. 정신적 손해라는 것은 나의 잘못으로 남의 마음을 상하게 한 것입니다. 따라서 고백을 하기 전에 마음 상한 일을 먼저 풀고 와야 하는 것이 원칙입니다.

송 군   조금 전에 고해성사를 받기 위해서는 마음 상한 일이 있으면 화해하고, 남에게 끼친 손해가 있으면 갚아야 된다고 하셨는데요. 만일 현재 사정상 손해를 갚을 능력이 없으면 어떻게 합니까?

박신부   가능하면 고백 전에 갚아야 하고, 이것이 불가능하면, 앞으로 가능할 때는 즉시 갚겠다는 진실한 결심만 있으면 고해성사를 받을 수 있습니다.

송 군   예컨대 남에게 5만 원을 손해 끼치고 그것을 갚을 능력이 없어 갚지 못하고 죽었다면 어떻게 될까요? 이는 연옥에서 보속하게 됩니까?

박신부   그렇습니다. 공의하신 하느님은 불의한 죄를 그대로 지나치시지 않습니다. "네가 마지막 한 닢까지 갚기 전에는 결코 거기에서 나오지 못할 것이다."(마태 5,26)라고 했으니까요.

송 군   신부님이 정해 주시는 보속은 어떤 것인가요?

박신부   어떤 기도를 하라는지, 희생이나 작한 일을 하라는 보속을 줍니다.

송 군   그러면 하느님이 정해 주신 보속과 신부님이 정해 주신 보속만 하면 충분합니까?

박신부   그렇지 않습니다. 우리는 우리도 모르는 많은 죄를 범하기 때문에, 스스로 보속을 더 해야 합니다. 희생과 선행을 통해서 보속하는 방법도 있지만, 가장 쉬운 방법은 대사를 받아 부족한 보속을 충당하는 것입니다.

송 군   대사는 또 어떤 것입니까?

박신부   대사에 대해 얘기하기 전에, 고해성사의 기본 요소로 성찰, 통회, 정개, 고백, 보속이 있다고 했는데, 이제는 고해성사의 질료와 형상을 말씀드릴까 합니다. 고해성사의 질료는, 세례 후에 저지른 죄와, 이 죄에 대한 통회와 고백, 보속입니다. 여기서 보속은 주요 질료가 아니고 다만 완성하는 부분으로서, 비록 보속을 다 못했다 할지라도 죄는 사해집니다. 고해성사의 형상은 금방 말씀드린 고해 신부의 사죄경이지요.

송 군   그러니까, 고해성사가 유효하게 되려면, 고해자는 범한 죄를 통회하고, 다음 그것을 고백하고, 고백한 후에는 보속을 하고, 고백을 듣는 신부는 이것과 동시에 고해소에서 사죄경을 염하면 되는 것이군요?

박신부   그렇지요. 이렇게 되면 우리는 죄로 잃어버린 은총을 다시 얻어 하느님의 은총 속에서 하느님의 자녀이자 벗이 되어, 초자연적 생명을 얻게 됩니다.

송 군   잘 알겠습니다. 그럼 대사에 대해서 말씀해 주십시오.

대사란 무엇인가?

박 신부 대사는 고해성사로써 죄 사함을 받은 다음, 그 죄의 잠벌을 없애 주는 것입니다.

송 군 대사는 교회에서 주는 건가요?

박 신부 그렇습니다. 대사는 교황이나 주교들이 줍니다. 교황이 교회의 으뜸으로서, 그리스도가 전 인류를 위해서 쌓아 놓은 보속과, 성모님과 기타 성인, 성녀들의 남은 보속을 우리에게 전달해 주는 것이 대사입니다.

송 군 신부님, 그런데 십자고상 위에 'I·N·R·I'라고 써 놓은 것은 무슨 뜻인가요? 대사를 준다는 표시인가요?

박 신부 하하, 대사와는 상관없습니다. 그것은 예수Iesus, 나자레노Nazarenus, 왕Rex, 유다인들의Iudaeorum, 이상 네 단어의 첫 자를 딴 글자인데, 그 당시 유다인들이 그리스도를 십자가에 못 박을 때 "유다인의 왕 나자렛 예수"라고 하면서 조롱하고 비웃었던 사실을 말해 주는 것입니다.

송 군 예, 그런 뜻이군요. 십자가에는 거의 다 저런 글자가 붙어 있더군요. 그런데 대사를 받으면 어떻게 됩니까?

박 신부 아직도 이해가 잘 안 가는 모양인데, 우리의 구원은 그리스도가 십자가의 수난을 통해 쌓으신 공로를 통해서 이루어집니다. 교회는 그리스도의 무한한 공로와 옛 성인 성녀들의 남은 공로를 간직하고 있습니다. 이것을 '성교회의 보고'라고 하는데, 이것을 교회의 권리로 각 영혼에게 나누어 주는 것이 대사입니다. 따라서 대사를 받으면 우리 죄에 따르는 보속이 면제되지요. 말하자면 연옥에서 치러야 할 보속을 세상에서 미리 해 버리는 것입니다.

송 군 그러면 대사를 한 번만 받으면 모든 보속이 없어지나요?

박 신부 대사는 '전대사'와 '부분대사', 이렇게 두 가지가 있습니다. 전대사는 우리가 할 보속을 전부 없애 주는 대사고, 부분대사는 보속의 일부분만 없애 주는 대사입니다.

송 군 좀 더 구체적으로, 전대사를 받으려면 어떻게 해야 하고, 부분대사를 받으려면 어떻게 해야 합니까?

박 신부 대사를 받으려면, 세례받은 교우로서,

1. 은총 지위에 있어야 하고,
2. 대사를 얻겠다는 뜻을 두어야 하며,
3. 정해진 기도를 바치면 됩니다.

송 군 은총 지위란 것은 대죄가 없으면 되고, 그것을 받겠다는 뜻은 지금이라도 가지면 되겠는데, 정해진 기도란 어떤 것입니까?

박 신부 기도서를 보면, 어떤 특수한 기도문에는 대사가 붙어 있음을 밝혀 놓았습니다. 예컨대 '7년 대사', '한 달 동안 매일 이 기도문을 바치면 보통 조건하에 전대사', 이렇게 쓰여 있습니다.

송 군 신부님! 저도 세례를 받으면 대사를 많이 받을 생각입니

다. 대사가 붙어 있는 제일 쉬운 기도문 하나만 알려 주십시오.

박 신부 제일 쉬운 것만 골라서 대사를 몽땅 받겠다는 거지요?

송 군 하하하, 그럼요.

박 신부 좋습니다. 부분대사를 받는 제일 간단한 기도문은 '성호경'입니다.

송 군 "성부와 성자와 성령의 이름으로. 아멘." 하는 거 말이지요?

박 신부 그렇습니다. 이것을 정성껏 한 번 바치되 특별히 '성수'를 손에 찍어서 하면 더 많은 대사를 받습니다.

송 군 성수요?

박 신부 송 군, 혹시 성당에 들어갈 때 신자들이 문 언저리에 있는 물을 손에 찍어 성호를 긋는 것 본 적 있습니까?

송 군 예! 저도 언제 한번 신부님께 물어 볼 생각이었는데, 잘 되었군요. 그게 뭔가요?

박 신부 그게 바로 '성수'라고 하는 건데 보통 물에다 소금을 넣어서 신부가 특별히 강복한 물로 여러 예식 때 사용합니다. 물에 소금을 넣는 것은 물이 상하지 않게 하기 위해서입니다.

송 군 세상에서 대사를 많이 받고 보속을 많이 하면 연옥 보속도 그만큼 짧아지겠군요?

박 신부 그야 그렇지요.

송 군 전대사에 대해서도 말씀해 주시죠.

박 신부 전대사는 보통 한 달 동안 어떤 기도문을 바치면 보통 조건하에 받게 됩니다.

송 군   신부님, 보통 조건하에 전대사를 받는다는데, 어떤 조건입니까?

박 신부   이것을 꼭 기억해 두십시오. 지금 말씀드리는 조건 중 하나라도 빠지면 전대사를 받지 못합니다. 보통 조건이란 다음과 같습니다.

1. 고해성사를 받아야 합니다.
2. 영성체를 해야 합니다.
3. 성당 참배를 해야 합니다.
4. 교황의 지향을 위한 기도를 바쳐야 합니다.

대사를 받을 수 있는 지침에는 기도문이나 행동의 횟수를 대폭 줄이고 각자가 자기의 임무를 수행할 때나 또는 역경을 당했을 때 하느님을 신뢰하고 경건한 마음으로 도우심을 청하는 기도를 기도문이나 마음으로 바칠 때와, 자선 행위와 보속을 할 때 대사를 받을 수 있다고 밝히고 있습니다.

송 군   성당 참배나 교황의 지향을 위한 기도는 어떤 것인가요?

박 신부   간단히 설명하면, 대사를 받으려면 고해성사를 보고, 영성체를 해야 합니다. 그런데 당일에 하지 못하면 그 전날 혹은 그 날이 지난 다음 8일 안으로 하면 되고, 성당 참배는 하느님 공경을 목적으로 성당에 가면 됩니다. 교황의 지향을 위한 기도는 보통 주님의 기도, 성모송, 영광송을 한 번씩 바치면 됩니다.

송 군   그런데 만일 대사를 받겠다는 뜻 없이 어떤 기도를 바치면 어떻게 됩니까?

박 신부   물론 대사를 받을 수 없습니다. 하지만 어떤 기도문에 어떤 대사가 있는지는 모르지만, 어떤 대사든지 다 받겠다는 뜻을 한 번 가졌고 그것을 취소하지 않았으면 모든 대사를 다 받을 수 있습니다. 수도꼭지를 틀어 놓으면 그것을 다시 잠그지 않는 한 계속 물이 나오듯이, 한 번이라도 대사를 받겠다는 뜻만 있었으면, 그것으로 충분합니다.

송 군   대사를 받은 다음 그것을 다른 사람에게 양도할 수 있나요?

박 신부   물론 할 수 있지만 교회에서는 살아 있는 사람에게는 양도하지 못하게 하고, 이미 세상을 떠난 영혼에게만 양도하라고 합니다. 왜냐하면, 살아 있는 사람은 자기가 노력해서 보속할 수 있지만 죽은 자는 자기 힘으로 도저히 보속할 수 없기에 살아 있는 세상 사람의 도움을 받아야 하기 때문입니다.

송 군   잘 알겠습니다.

박 신부   한 가지 더 말씀드리고 싶은 것은, 교회에서는 가끔 일정한 기간을 정해 놓고 전대사를 베푸는 때가 있는데, 이것을 '성년'이라고 합니다.

송 군   그것은 보통 몇 년마다 있나요?

박 신부   옛날엔 100년마다, 50년마다 있었는데 요즘엔 25년을 주기로 성년을 정합니다. 지난 1975년과 2000년이 성년이었고 2025년이 다음 성년이 됩니다. 그런데 가톨릭의 대사를 잘못 알아듣고 어떤 사람들은 대사를 면죄부라고 오해를 하고 있지요.

송 군   신부님, 면죄부 문제에 대해서는 저도 예전에 들은 일이 있는데, 자세히 말씀해 주시면 좋겠습니다.

박 신부   이것은 결국 16세기 종교 개혁 문제로 올라가는데, 다음 기회에 말씀드리겠습니다(종교 개혁 문제에 대해서는 필자의 다른 책인《천주교와 개신교》란 책을 참고하십시오). 대사는 이 정도로 말씀드리고 이제는 일곱 성사 중에서 가장 중요한 성체성사를 말씀드리겠습니다.

성체성사

박 신부 일곱 가지 성사 중에서 가장 신비스런 성사가 곧 '성체성사'입니다. 그 존엄성으로 보더라도 일곱 가지 성사 중에서 가장 으뜸가는 성사입니다. 다른 여섯 가지 성사는 성체성사를 위해서 있다고도 볼 수 있습니다. 송 군! 성당에서 가톨릭 신자들이 미사 중에 하얀 제병을 받아먹는 것 본 적 있지요?

송 군 예, 있습니다. 그게 '성체'입니까?

박 신부 그렇습니다. 성체는 '빵'과 '포도주'의 모양 속에 실제로 살아 계신 예수 그리스도의 '몸'과 '피'입니다.

송 군 조금 이해하기 어렵군요.

박 신부 그렇겠지요. 우리 눈엔 제병과 포도주로 보이겠으나 그 제병은 그리스도의 몸이고, 포도주는 그리스도의 피이지요.

송 군 성체에 대해서 그리스도가 하신 말씀이 있나요?

박 신부 있지요. 그리스도가 십자가에서 돌아가시기 전날(목요일) 마지막으로 제자들과 함께 최후 만찬을 하실 때 이 성체성사를 세우셨는데, 성경에는 다음과 같이 기록되어 있습니다.

"그들이 음식을 먹고 있을 때에 예수님께서 빵을 들고 찬미를 드리신 다음, 그것을 떼어 제자들에게 주시며 말씀하셨다. '받아 먹어

라. 이는 내 몸이다.' 또 잔을 들어 감사를 드리신 다음 제자들에게
주시며 말씀하셨다. '모두 이 잔을 마셔라. 이는 죄를 용서해 주려
고 많은 사람을 위하여 흘리는 내 계약의 피다.'"(마태 26,26-28).
또 다른 성경에는 다음과 같이 기록되어 있습니다.
"예수님께서는 또 빵을 들고 감사를 드리신 다음, 그것을 떼어 사
도들에게 주시며 말씀하셨다. '이는 너희를 위하여 내어 주는 내
몸이다. 너희는 나를 기억하여 이를 행하여라.' 또 만찬을 드신 뒤
에 같은 방식으로 잔을 들어 말씀하셨다. '이 잔은 너희를 위하여
흘리는 내 피로 맺는 새 계약이다.'"(루카 22,19-20).
성체성사에 대해서 그리스도의 말씀이 없었다면, 빵과 포도주가
그리스도의 몸이요 피라는 것은 도저히 믿을 수 없는 일입니다.

송 군   그런데 "너희는 나를 기억하여 이를 행하여라."라고 하신 것은 무슨 뜻인가요?

박신부   이것은 제자들이 빵과 포도주를 가지고 그리스도가 했듯이 그것을 축성하여 신자들에게 나누어 줄 성품권을 의미합니다. 그래서 오늘날 가톨릭에서는 그리스도의 말씀대로 제자들의 후계자인 주교, 신부들이 미사성제를 드리면서 성체를 축성해서 신자들에게 나누어 주는 것입니다.

송 군   성당에서 하는 미사가 바로 그것이군요?

박신부   그렇습니다.

송 군   그런데 어떻게 축성하면 빵과 포도주가 그리스도의 몸과 피로 변합니까?

박 신부 그리스도가 하신 말씀대로, 사제는 미사 중에 빵을 들고 "이는 내 몸이다.", 포도주를 들고 "이는 내 피다." 하게 되면, 그 순간 빵과 술의 모양만 남아 있고 그 빵과 술의 실체는 즉시 그리스도의 '몸'과 '피'로 변화됩니다.

송 군 그리스도가 성체성사를 세우신 이유는 무엇입니까?

박 신부 예, 성체성사는 방금 얘기한 대로, 그리스도가 십자가 죽음을 앞둔 전날 저녁에 제자들에게 마지막으로 남겨 놓은 유산입니다. 부모님이 돌아가시기 직전에 남겨 주시는 유언이나 유산은 정말 진실하고 부모의 사랑으로 가득 차 있지요? 이처럼 그리스도의 마지막 유언, "이는 내 몸이다." 그리고 "나를 기억하여 이를 행하여라." 하신 것은 정말 진실한 것이며 인간에 대한 사랑의 극치라고 볼 수 있습니다. 사랑하는 사람들은 서로 떨어지기를 싫어하지요?

송 군 물론이죠.

박 신부 그리스도는 인간을 사랑하셨기 때문에 우리를 고아처럼 내버려 둘 수가 없었고, 언제나 같이 있기를 원하셨습니다. 언제나 우리와 같이 계시기 위해 성체성사를 세워 주셨습니다. 그래서 성체성사를 다른 말로 '사랑의 성사'라고도 합니다. 성체성사의 설정 이유를 간단히 말씀드리면,

1. 언제나 우리와 함께 계시고자,
2. 미사성제를 제정하시어 신약의 참된 희생을 세상이 끝날 때까지 계속하시어 모든 인류에게 구원을 주시기 위함이며,
3. 성체로서 우리 영혼의 초자연 생명을 길러 주시기 위해서입니다.

송 군 그리스도가 성체성사를 세울 뜻을 미리부터 하고 계셨던 건가요? 그리고 제 생각에는 살이니 피니 하는 것이 어떤 상징적인 뜻을 가지고 있는 것 같은데요…….

박 신부 그리스도는 사람들이 성체 교리를 알아듣지 못할까 봐 여러 번 이것을 암시해 주셨습니다. 어느 날 당신을 따르는 많은 이들에게 빵을 많게 하는 기적을 행하신 후에 "나는 생명의 빵이다. 나에게 오는 사람은 결코 배고프지 않고", "나는 하늘에서 내려온 살아 있는 빵이다. 이 빵을 먹는 사람은 누구든지 영원히 살 것이다. 내가 줄 빵은 곧 나의 살이다. 세상은 그것으로 생명을 얻게 될 것이다."라고 하셨습니다. 그때 사람들은 이것을 잘 알아듣지 못하고 "이렇게 말씀이 어려워서야 누가 알아들을 수 있겠는가?" 하면서 그리스도를 떠났습니다. 그때 그리스도는 당신의 뜻을 끝까지 밝히시면서 제자들을 보고 "너희도 떠나가겠느냐?"라고 반문하셨습니다.

만일 그리스도가 말씀하신 성체가 어떤 비유나 상징이었다면 이것을 오해하고 물러가는 사람들에게 그것은 상징이요 비유란 것을 밝히고 그 뜻을 해명하셨겠지요. 하지만 그리스도가 '성체의 신비'를 알아듣지 못하는 그들에게, 더구나 당신 제자들에게도 너희도 떠나가려면 가라는 뜻을 보이신 것을 보면, 어떤 비유나 상징이 아님을 알 수 있습니다. 요한 복음 6장을 한번 읽어 보십시오. 그리고 그리스도가 성체성사를 세우지 않고, "내가 세상 끝 날까지 언제나 너희와 함께 있겠다."(마태 28,20)라고 거짓말을 하실 수도 없지요.

송 군   글쎄요, 참 어렵군요.

박 신부   사실입니다. 그리스도의 말씀이 아니라면 누가 이것을 믿겠어요? 인간은 본래 감각적 요소를 지니고 있어요. 그래서 본성적으로 감각적인 하느님을 원하고, 그 앞에 무릎을 꿇으려고 하지요. 이것을 누구보다도 잘 아신 그리스도는, 빵과 술의 형태로 된 성체를 주시어 최대의 흠숭을 바치게 하셨습니다. 그래서 우리 가톨릭 신자들은 누구나 이 성체 앞에 무릎을 꿇고 조배합니다. 때로는 이 뜻깊은 신비와 우리의 신앙을 드러내고자 '성체 대회'를 열고 행렬도 하지요. 사실 보이지 않는 하느님 앞에 무릎을 꿇기보다 보이는 것에 신앙 행위를 하는 것이 더 실감은 나지요. 미신을 믿는 무지한 사람도, 반드시 어떤 눈에 보이는 대상을 만들어 놓고 그 앞에 절을 하니까 말입니다.

송 군   그럼요. 하다못해 돌이나 비석이라도 세워 놓고 절을 하지요. 그런데 성체성사가 이루어지는 미사에 대해선 잘 모르겠습니다. 가끔 성당에 가긴 하지만, 그 내용을 모르니까 흥미를 못 느끼겠더군요.

미사성제

박 신부   미사는 사제가 그리스도의 몸과 피를 성부께 바치면서, 십자가상의 제헌을 새롭게 하는 가톨릭의 참제사입니다.

송 군   미사라는 말은 제사란 뜻인가요?

박 신부   그렇진 않습니다. 미사는 '보낸다mittere'라는 말에서 나왔습니다. 즉 옛날에 사제가 제사를 다 바치고 난 다음에 "예식이 끝났으니 돌아가십시오."라고 한 말에서 유래된 것입니다.

송 군   예, 그렇군요. 그런데 종교에 있어서 제사가 꼭 있어야 하나요?

박 신부   물론입니다. 제사는 합법적인 제관이 하느님께 감각적인 어떤 희생물을 바침으로써 절대적인 하느님의 권능에 승복한다는 뜻을 표현하는 공식적 경신 행위입니다. 옛말에 "인류가 있었던 곳에 제단이 있었다."라고 했는데, 이것은 하느님 공경에 있어서 제사가 최대의 종교 의식임을 말하는 것입니다. 어떤 민족이든지 어떤 위대한 존재를 섬길 때는 언제나 제사를 지내 왔지요. 이 제사가 그들의 종교 의식의 중심이 되었던 것입니다. 성경에도 "이는 죄를 용서해 주려고 많은 사람을 위하여 흘리는 내 계약의 피다."(마태 26,28), "나를 위해서 당신 자신을 바치신 하느님의 아드님"(갈라 2,20)이라고 그리스도의 제사를 말했고, "나를 기억하여 이를 행하여라." 하시면서 그리스도는 제자들에게 성품권을 주시어 제사를 지내게 하셨습니다.

송 군　사제란 말은 미사를 드리는 신부님을 말하는 건가요?

박 신부　그렇습니다. 신부가 제단에 있을 때는 사제라고 불립니다. 그리고 그리스도라는 이름 자체가 대제관이라는 뜻이라고 말씀드린 적이 있는데, 기억납니까?

송 군　예……? 예. 그리스도란 말은 기름으로 축성된 제관이라고 하셨지요.

박 신부　그리고 송 군! 기우제란 말 들어 봤지요?

송 군　예, 신부님이 그전에 말씀하셨지요. 그리고 저도 실제로 보았는걸요.

박 신부　어떻게 하지요?

송 군　비가 오랫동안 오지 않으면 돼지를 잡아 산에 올라가서 비를 내려 달라고 제사를 드리더군요.

박 신부　왜 제사를 드리죠?

송 군　하느님께 비를 내려 달라는 거겠죠……. 글쎄요, 잘 모르겠습니다.

박 신부　그뿐 아니라, 동양인은 돌아가신 부모님을 위해서도 제사를 드리지요?

송 군　그럼요.

박 신부　그것은 무엇을 뜻합니까?

송 군　돌아가신 부모님에 대한 존경의 표시가 아닐까요?

박 신부　맞습니다. 오늘날에도 어떤 절대자에게 존경을 바치고 은총을 빌 때는 제사를 바치는 풍속이 있습니다. 그렇다면, 하느님을 공경하는 종교 의식에 제사가 없을 수 없겠지요. 제사가 없는 종교가 있는데, 그것은 기형적인 종교로 큰 결함을 가지고 있습니다. 우리가 미사성제를 통해서 하느님을 공경하는 것은 다음 네 가지 뜻이 있습니다.

1. 하느님의 절대성을 최대로 받들고,
2. 하느님께 받은 은총에 감사하고,
3. 하느님께 잘못된 죄의 용서를 빌고,
4. 우리에게 필요한 은총을 비는 것입니다.

그러니 제사가 없는 종교는 그 믿음의 내용이 산만하게 되고, 허술하고 무게가 없을 수밖에 없습니다.

송 군　잘 알겠습니다. 그런데 제사는 꼭 하느님께만 바쳐야 합니까?

박 신부　인간에게 절대적인 제사의 대상자는 하느님뿐입니다.

송 군　그러면 미사 제사와 십자가에서 바쳐진 그리스도의 제사는 어떤 관계가 있습니까?

박 신부　두 가지 제사는 본질적으로 같은 것입니다. 왜냐하면, 십자가 제사와 미사성제 모두 제단과 제물이 같기 때문입니다. 다만 십자가 제사는 피 흘림의 제사였고 미사성제는 피 흘림이 없는 빵과 포도주의 제헌이라는 것과, 십자가에서는 그리스도가 직접 제헌하셨지만 미사는 그리스도의 대리자인 사제의 손으로 봉헌되는 점이 다르다고 하겠습니다.

송 군 그 효과에 있어서는 똑같은가요?

박 신부 효과로 보아서는, 십자가의 제사는 인류 구원에 필요한 모든 구원의 공을 쌓아 놓았고, 미사성제는 십자가의 제사로 쌓아 놓은 구원의 은총을 우리에게 전달해 주는 것이 다릅니다. 예를 들어, 우리가 수도관을 통해 물을 먹기 위해서는 먼저 이 물이 내려오는 수원지가 있어야 합니다. 여기서 수원지는 십자가 제사의 공로요, 수도관은 우리에게 그것을 전달해 주는 미사성제라고 볼 수 있습니다.

송 군 미사의 결과라고 할까, 혹은 그 효과라고 할까요? 한마디로 미사가 얼마만큼의 가치를 가지고 있는지 말씀해 주세요.

박 신부 미사성제의 제물이 그리스도이므로, 그 자체로 보아서는 무한하고 절대적인 가치를 가지고 있습니다. 하지만 이것을 드리는 교회나 사제 또는 미사의 은총을 받는 사람의 편에서 볼 때는 유한한 가치를 가집니다.

송 군 그 자체는 무한한 가치가 있는데, 받는 사람들에게는 무한하지 못하다니 이해하기 어렵군요.

박 신부 왜냐하면, 유한한 인간은 무한한 객체를 다 받아들일 수 없기 때문입니다. 예컨대 소나기가 막 쏟아지는데, 빗물을 받으려고 그릇을 밖에 내놓았습니다. 그럴 때 그 그릇의 크고 작음에 따라 받을 수 있는 물의 양도 달라지겠지요?

송 군 그렇지요.

박 신부 소나기가 한없이 쏟아져도 그것을 받아들이는 그릇의 크기는 제한되어 있기 때문에 그 비를 모두 다 받아들일 수 없는 것과 마찬가지입니다.

송 군   알겠습니다. 그렇다면 미사의 은총을 가장 많이 받을 수 있는 특별한 방법은 없나요?

박신부   역시 송 군은 언제나 최고만을 찾는군요. 하하하.

송 군   하하, 이왕이면……

박신부   미사의 은총은 세 가지로 나누어집니다.

첫째는 미사를 드리는 사제가 받는 은총,

둘째, 미사를 청한 이들이 받는 은총,

셋째, 미사에 참여하는 일반 신자들이 받는 은총입니다.

송 군   신부님, 미사를 청한 이가 받는 은총이란 무엇을 뜻합니까?

박신부   어떤 미사든지 거기에는 목적이 뚜렷이 있습니다. 비를 오게 하기 위한 목적으로 기우제를 지내는 것처럼 말이죠. 미사도 제사니까, 뚜렷한 지향이 있습니다. 그래서 사제에게 부모님을 위해서 미사를 드려 달라든지, 또는 자녀들을 위해 미사를 드려 달라고 청하게 됩니다.

송 군   그럼 언제나 아무라도 청할 수 있나요?

박신부   물론 할 수 있는데, 미사를 청할 때는 미사 예물을 바칩니다.

송 군   미사 예물이요?

박신부   처음 듣는 말인 모양인데, 만일 송 군이 미사를 청한다고 합시다. 그렇다면, 의리상 적어도 미사 때 사용되는 제물인 빵과 포도주는 사제에게 바쳐야 마땅하지 않겠습니까?

송 군   그거야 당연히 그렇겠지요. 그러니까 미사 예물은 빵과 포도주를 바치는 것입니까?

박신부   미사 예물에 대한 간단한 역사를 말씀드리면, 옛날 신자들은 미사 참례할 때 빈손으로 가지 않았어요. 미사는 자기들의 제사니까, 미사에 사용되는 빵과 포도주를 가지고 가서 제단 위에 바쳤지요. 그러면 사제는 그 제물 중 미사에 쓸 것만 사용하고 나머지는 사제의 생활비로 사용했던 것입니다.

송 군   요즘엔 성당에 갈 때 빵과 포도주를 들고 가는 사람은 하나도 못 보았는데요.

박신부   예, 이야기를 들어 보십시오. 옛날에 빵과 포도주를 바친 것이 곧 미사 예물이었습니다. 그런데 이것이 여러 가지로 복잡하고 불편한 점이 많기 때문에 요즘엔 제물 대신에 일정한 금액을 봉투에 넣고, 안에는 누구를 위한 미사임을 밝히고, 겉봉에는 미사 예물이라 써서 신부에게 바칩니다. 그러면 사제는 그 뜻대로 그날에 미사를 봉헌합니다.

송 군   예, 알겠습니다. 그러면 돈은 얼마나 드려야 합니까? 돈을 많이 내면 미사의 은총이 더 큰가요?

박신부   돈의 액수에 따라 은총이 달라지는 것은 절대로 아닙니다. 미사의 은총을 돈으로 계산한다면, 그것은 미사를 모독하는 죄가 됩니다. 그래서 '미사 값'이라 하지 않고, '미사 예물'이라고 하지요. 그 금액은 일정하지 않습니다. 하지만 교구 주교는 일반적인 기준을 정해 놓습니다. 기준을 정하는 원칙은 사제가 하루 생활할 수 있는 생활비에 두고 있습니다.

송 군   그러니까 꼭 일정하진 않군요?

박신부   그렇습니다. 하지만 미사 때 성가대들이 동원되고 제대나 성당 내부 장식을 한다든지 해서 비용이 크게 들어가는 대미사 같은 경우엔 그만큼 많은 비용이 들어가니까, 예의상 더 많은 예물을 드리는 것이 마땅할 것입니다.

송 군   미사는 누구를 위해서 청할 수 있습니까?

박신부   산 사람을 위해서도 청할 수 있고, 죽은 사람을 위해서도 청할 수 있습니다. 산 사람을 위한 미사를 '생미사'라 하고, 죽은 사람을 위한 미사를 '위령 미사'라고 합니다. 그러니까 미사를 청할 때는 세례명을 밝히고, 생미사인지 위령 미사인지를 밝혀야 합니다. 우리는 될 수 있는 대로 다른 기도보다도 미사를 바치는 것이 가장 큰 은총을 받는다는 것을 잊어서는 안 됩니다. 특별히 죽은 사람을 위해서, 그들을 연옥에서 구원시키는 가장 좋은 방법은 가끔 위령 미사를 바치는 것입니다. 그래서 신심 깊은 신자들은 돌아가신 부모님을 위해서, 또 자기 자녀들을 위해서 미사를 많이 바치고 있습니다.

송 군   잘 알겠습니다. 그런데, 미사에 정성스럽게 참여하고 싶어도 미사 예식이 너무 복잡해서 무엇이 무엇인지 통 모르겠더군요. 어떻게 하면 좋을까요?

미사 예식

박신부 미사 참례를 잘하려면, 십자가의 제헌을 생각하면서 사제와 한마음으로 미사성제를 바쳐야 합니다. 그러기 위해서는 미사 때 바치는 기도문, 그리고 사제의 행동 하나하나와 미사 제구에 대해 잘 알아야 하지요.

송 군 그런데 전혀 알 수 없으니 말이죠······.

박신부 미사 예식에 대한 자세한 것은 다른 책으로 공부하기로 하고, 여기서는 간단히 말씀드리겠습니다. 미사는 제사이기 때문에, 제사의 요소를 다 가지고 있습니다. 미사는 크게 두 부분으로, '말씀 전례'와 '성찬 전례'로 나누어집니다. 먼저 말씀 전례를 시작하기 전에 개회식을 통해서 간단한 사제의 인사가 있고 이어서 미사 참례 준비를 위한 간단한 참회의 기도를 바친 후 "주님, 자비를 베푸소서." 하는 자비송을 바칩니다. 그리고 축일에 따라 대영광송을 바친 후 그날 본기도를 바칩니다. 이것이 끝나면 곧 말씀 전례의 본부분으로 들어갑니다.

송 군 그런데 신부님, 말씀 전례가 무슨 뜻입니까?

박신부 예, 그것은 하느님의 말씀을 듣고 묵상하는 의식을 말합니다. 그래서 먼저 구약 성경의 말씀이나 혹은 사도들이 신자들에게 써 보낸 서간을 읽습니다. 이렇게 독서가 끝나면 화답송을 바치고 사제가 예수님의 말씀을 낭독한 후 강론(설교)을 합니다. 강론이 끝나면 일요일이나 큰 축일에는 우리의 신앙 조문(條文)인 사도 신경을 바치고, 이어서 그 미사의 특별한 의향인 보편 지향 기도를 바치면 말씀 전례 부분은 끝이 납니다.

송 군 조금 복잡하군요. 하지만 차차 알게 되겠지요?

박신부 그럼요.

송 군 그러고는 성찬 전례로 들어갑니까?

박신부 그렇습니다. 말씀 전례가 끝나면 이제 미사의 본부분인 봉헌과 성찬식을 위한 부분인데 먼저 사제는 빵과 포도주를 제물로 봉헌합니다. 이어서 봉헌 기도와 감사송을 바치고는 본격적으로 축성문, 즉 빵을 들고 "너희는 모두 이것을 받아 먹어라. 이는 너희를 위하여 내어 줄 내 몸이다."라고 기도합니다. 이 순간 그 빵은 그리스도의 몸으로 변화됩니다. 그리고 이어서 포도주가 담긴 잔을 들고는, "너희는 모두 이것을 받아 마셔라. 이는 새롭고 영원한 계약을 맺는 내 피의 잔이니 죄를 사하여 주려고 너희와 많은 이를 위하여 흘릴 피다. 너희는 나를 기억하여 이를 행하여라."라고 말합니다. 이렇게 포도주를 그리스도의 피로 축성합니다.

송 군 미사 때 보니까 사제가 축성한 성체와 성혈을 두 손으로 높이 들어 올리자 신자들이 그 성체를 보고 열심히 최고의 경의를 표하더군요.

박신부 예, 그렇습니다. 이 순간을 '성체 거양'이라고 하는데 미사 중 가장 거룩한 순간이며 미사의 절정이 되는 부분입니다.

성체 거양이 끝나면 사제는 이 제사를 받아 주실 것을 기도하고, 죽은 사람들을 위해 기도합니다. 그리고 다시 천상 성인들을 기억하면서 간단한 기도를 바친 후 곧 영성체를 준비합니다. 일반 제사에서도 반드시 제물을 먹는 부분이 있습니다. 이것을 '음복'이라고 하지요. 미사도 제사이기 때문에 음복 부분이 있는데, 이것이 곧 축성된 성체를 받아 먹는 영성체입니다. 그리스도도 만찬 시에 "이는 내 몸이니 너희는 받아 먹어라."라고 하셨지요.

송 군 예, 저도 봤습니다. 이때가 되니까 신자들이 줄을 지어 제대 앞으로 나가더군요. 저도 나가 볼까 하는 생각을 몇 번 했었습니다.

박 신부 그래서요? 나가서 영성체를 했나요?

송 군 아뇨, 뭘 알아야죠.

박 신부 안 됩니다, 안 되지요. 이렇게 영성체 부분이 끝나면 그다음 감사하는 부분이 이어지고 미사는 끝납니다.

송 군 그런데 제가 영성체를 한다니까 신부님이 염려스러운 표정을 하셨는데, 영성체를 하려면 어떻게 해야 합니까?

영성체

박신부 영성체는 축성된 성체를 받아먹음으로써 살아 계신 예수님을 마음에 모시는 것입니다. 우리는 영성체로 그리스도와 밀접한 결합을 하게 됩니다. 사랑이 두 인격의 결합이라면, 영성체는 가장 깊은 사랑의 관계를 말한다고 할 수 있습니다.

송 군 영성체를 꼭 하라는 그리스도의 말씀이 있었습니까?

박신부 그렇습니다. 영성체는 그리스도의 명령입니다. 그리스도는 "내가 진실로 진실로 너희에게 말한다. 너희가 사람의 아들의 살을 먹지 않고 그의 피를 마시지 않으면, 너희는 생명을 얻지 못한다."(요한 6,53)라고 하셨습니다.

송 군 그런데 신부님, 그리스도가 성체성사를 세우실 때 빵과 포도주를 축성해서 빵을 먹고 포도주를 마시라고 하셨지요?

박신부 그렇습니다.

송 군 그렇다면 요즘 성당에서 성체만 영해 주고 성혈은 주지 않는데, 그 이유가 뭔가요?

박신부 좋은 질문입니다. 그리스도는 분명히 빵과 포도주 두 가지를 축성해 먹고 마시라고 하셨습니다. 하지만 오늘날 사제는 성체와 성혈을 다 영하지만, 일반 교우들은 성체만 영합니다. 옛날에는 일반 교우들도 성체와 성혈을 다 영하는 관습이 있었는데, 이것이 폐지되었습니다. 그 이유는 빵, 즉 성체 안에도 온전한 그리스도가 계시고, 포도주인 성혈 안에도 온전한 그리스도가 계시기 때문입니다. 성경에서도 "나는 생명의 빵이다.", "나는 하늘에서 내려온 빵이다.", "빵을 떼어 제자들에게 주시니"(마태 14,19/마르 6,41), 이렇게 빵을 중요시했을 뿐 아니라, 둘 중 어느 것이든 하나만 영해도 온전한 그리스도를 모시는 것이라고 밝히고 있습니다. 이것을 없앤 다른 이유는 신자 수의 급격한 증가에 있습니다, 시대가 흐름에 따라 신자 수가 급증하기 시작했는데 이들에게 성혈까지 다 영해 준다는 것은 너무나 힘든 일이었지요. 더구나 나이 드신 분이나 어린아이들이 성혈을 잘못 영하여 도리어 성혈을 욕되게 하는 경우가 많이 있어서, 교회에서는 일반 교우들은 성체만 영하도록 정했습니다. 하지만 몸과 피는 서로 떨어질 수 없기 때문에, 성체만 영해도 그리스도의 몸과 피를 다 영하는 것이 됩니다.

송 군 그럼 언제부터 성체만 영하기 시작했나요?

박 신부 성체를 영하기 시작한 것은 오래 되었습니다. 하지만 특별한 미사, 예컨대 혼인 미사와 같은 경우에는 혼배자들도 성혈을 영할 수 있습니다.

송 군 그런데 신부님, 만일 신부님이 성체를 영해 주시다가 그것이 쪼개지거나 부서지면 어떻게 됩니까?

박 신부 상관없습니다. 성체가 부족할 때는 그것을 쪼개어 두 조각, 세 조각으로 나누어 영해 주기도 합니다.

송 군   성체를 나눈다고요?

박신부   이상할 것 없습니다. 그리스도도 큰 빵을 축성하여 그것을 떼서 제자들에게 나누어 주셨습니다. 그리스도가 빵을 축성하신 후 떼어 주시며 말씀하시기를, "받아라. 이는 내 몸이다."(마르 14,22)라고 하셨잖아요?

송 군   그렇다면 그 조각 하나하나에 그리스도가 온전히 계십니까?

박신부   그렇습니다. 온전한 그리스도가 계십니다. 이것은 마치 큰 거울이 하나로 있을 때는 사람 얼굴이 한 개 나타나지만, 그것을 두 개, 세 개로 쪼개면 사람의 얼굴이 그 조각마다 비치는 것과 같습니다.

송 군   영성체는 아무나 하지 못하는 모양인데, 이것을 위해서는 어떤 조건을 갖추어야 합니까?

박신부   두 가지 조건을 갖추어야 합니다. 사람은 영혼과 육신의 결합체이기 때문에, 영혼의 준비와 육신의 준비 두 가지가 필요합니다. 첫째, 영혼의 준비는 대죄가 없어야 합니다.

송 군   소죄는 괜찮나요?

박신부   소죄는 영성체하는 데 지장이 없습니다. 대죄가 있으면 영성체할 수 없으므로, 고해성사를 받아 은총 지위를 회복해야 하고, 둘째, 육신의 준비는 영성체하기 적어도 한 시간 전부터 '공복재'를 지키는 것입니다.

송 군   공복재요?

박신부　공복재는 영성체하기 전 한 시간 동안 다른 음식을 먹지 않는 것을 말합니다. 공복재의 규정은 다음과 같습니다.

1. 모든 음식물은 한 시간 전부터 먹지 말아야 하고,
2. 맹물은 언제라도 마실 수 있고,
3. 약은 고체이든 액체이든 언제라도 먹을 수 있습니다.

송군　만일 이상의 조건을 지키지 않고 영성체하면 어떻게 됩니까?

박신부　대죄가 있으면서도 알고도 일부러 영성체를 하거나, 공복재를 지키지 않고 영성체하면, 그는 성체를 모독하는 죄를 저지른 것입니다. 이것을 '모령성체'라고 합니다.

송군　영성체를 자주 하는 것이 좋습니까?

박신부　물론입니다. 성체는 우리 영혼의 양식이니까, 자주 하는 것이 좋습니다. 대죄만 없고 공복재만 지키면 되니까, 자주 할 수 있지요. 그래서 신앙심이 깊은 신자는 매일 아침 미사에 참례하여 영성체를 영합니다. 우리는 영성체하기 전에, 예수님이 내 마음에 오실 것을 간절히 원하면서 마음으로 준비해야 합니다. 영성체 후에는 마음에 오신 예수님께 흠숭과 감사를 드리고, 특별히 은총을 구할 것이 있으면 영성체 후에 구하는 것이 좋습니다.

송군　영성체를 함으로써 오는 유익은 어떤 건가요?

박신부　영성체로 말미암아 우리는 그리스도와 완전히 결합될 수 있고, 우리 영혼은 그만큼 큰 은총을 받아 더욱 힘 있게 신앙생활을 할 수 있습니다.

송 군   신부님, 잘 알겠습니다. 그런데 성당에서 보니까, 신부님께서 영성체 전에 제대 근처에 있는 상자 같은 곳에서 성체를 꺼내는 것 같던데 그것은 뭔가요?

박신부   성체는 미사 때만 제단에 계시지 않고, 성당 안에 언제나 계십니다. '감실'이라고 하는 곳에 성체를 모셔 둠으로써 언제라도 교우들이 성당에 가서 성체께 기도할 수 있도록 합니다. 성당이 다른 교회들과 다른 점도 결국 성체가 계시는 성전이라는 데 있습니다. 그래서 교우들은 성당 안에서 언제나 엄숙하고 조용하게 모든 예의를 갖춥니다.

송 군   그래서 성당 안이 언제나 조용하고 엄숙한 거군요.

박신부   성당에 오는 사람마다 공통적으로 느끼는 점입니다. 그리고 제대상에 성체를 모셔 둘 땐 언제나 제대 앞에 감실등을 켜 둡니다. 성체 앞에 와서 특별한 존경을 바치는 것을 '성체 조배'라고 합니다. 송 군도 세례를 받은 후에는 가끔 성당에 가서 성체 조배 하는 습관을 길러야 합니다(성체 조배에 대해서는 필자의 다른 책인 《성체 성사》를 참고하십시오).

병자성사

송 군   병자성사는 어떤 성사입니까?

박 신부   병자성사는 병으로 죽을 위험이 있는 신자들을 도와주는 성사입니다.

송 군   병자성사는 어떻게 줍니까?

박 신부   병자성사의 질료는 성유를 바르는 것이며, 이것을 바르면서 성경에 나타난 성사의 형상인 기도문을 외우면 됩니다.

송 군   물론 병자성사도 사제가 집전하겠지요?

박 신부   그렇습니다.

송 군   성유를 어디에 바릅니까?

박 신부   집전 사제는 인간에게 가장 중요한 부분인 병자의 머리(이마)에 성유를 바르고 이어서 양손에 성유를 바릅니다.

송 군   사제가 성유를 바르면서 어떻게 기도합니까?

박 신부   집전 사제는 병자에게 성유를 바르면서, "주님께서는 주님의 자비로우신 사랑과 기름 바르는 이 거룩한 예식으로 성령의 은총을 베푸시어 아무를 도와주소서. 또한 아무를 죄에서 해방시키시고 구원해 주시며 사비로이 그 빙고도 가볍게 해 주소서. 아멘." 하고 기도합니다.

송 군   성경에서는 병자성사에 대해서 어떻게 말하고 있습니까?

박신부   야고보 서간은 병자성사에 대해 다음과 같이 말하고 있습니다.

"여러분 가운데에 앓는 사람이 있습니까? 그런 사람은 교회의 원로들을 부르십시오. 원로들은 그를 위하여 기도하고, 주님의 이름으로 그에게 기름을 바르십시오. 그러면 믿음의 기도가 그 아픈 사람을 구원하고, 주님께서는 그를 일으켜 주실 것입니다. 또 그가 죄를 지었으면 용서를 받을 것입니다."(야고 5,14-15)

송 군   아주 자세하게 나오는군요.

박신부   성경은 병자성사 주는 방법과 그 결과까지 자세히 가르쳐 주고 있습니다. 병자성사의 효과를 추려서 말씀드리면 다음과 같습니다. 첫째, 병자에게 은총을 줍니다. "앓는 사람을 낫게 할 것이며"라고 한 것은 병자성사로써 받는 은총을 말합니다.

둘째, 마음을 위로하고 견고케 하며, 마지막으로 닥치는 유혹을 물리치게 합니다. "주님께서는 그를 일으켜 주실 것입니다."(야고 5,15)라고 한 것은 바로 이것을 말합니다. 사실 사람이 죽는 순간이 가장 중대하고, 또한 이때는 악마의 유혹도 가장 강렬하기 때문에 이것을 이겨낼 수 있는 은총이 필요합니다. 그래서 그리스도가 병자성사를 만드신 것입니다.

셋째, 죄의 잠벌과 미처 고백하지 못한 죄라도 통회가 있었다면 사함을 받게 됩니다. "그가 죄를 지었으면 용서를 받을 것입니다."(야고 5,15)라고 한 것은 바로 이것을 뜻합니다. 때로는 경우에 따라 육체의 병이 낫기도 합니다.

송 군 만일 대죄를 범한 사람이 고해성사를 받지 못했을 때도 병자성사를 받으면 죄 사함을 받습니까?

박신부 될 수 있는 대로 병자성사 전에 고해성사를 받게 해야 하지만, 벌써 의식이 없어 고백하지 못할 경우 적어도 하등 통회만 있으면 대죄까지 사함을 받을 수 있습니다.

송 군 병자성사는 죽을 때 아무라도 받을 수 있겠지요?

박신부 아기들은 원칙적으로 병자성사의 대상이 되지 않습니다. 또한 태어날 때부터 정신 질환을 앓고 있었던 이들도 마찬가지지요. 왜냐하면, 그들은 자신이 저지른 죄가 없으니까요.

송 군 그런데 병자성사를 받고 다시 나을 경우에는 다음에 또 병자성사를 받을 수 있나요?

박신부 예, 병자가 건강을 회복했다가 다시 병이 더 중해지는 경우 이 성사를 또 받을 수 있습니다. 그리고 지난번 병은 낫고 다른 중병에 걸려도 다시 받을 수 있습니다.

송 군 병이 아니고 다른 일로 죽음 직전에 있다면, 예컨대 사형수나 전장에 나가는 군인들도 병자성사를 미리 받을 수 있습니까?

박신부 받지 못합니다. 오직 위험한 병자만이 받을 수 있습니다. 하지만 특별한 병은 없지만 너무 노쇠한 분들은, 노쇠 자체가 병으로 간주되어 병자성사를 받기도 합니다.

송 군 잘 알겠습니다. 어찌 되었든 신자가 죽어 가는 경우엔 꼭 병자성사를 받게 노력해야겠군요?

박 신부 그렇습니다. 너무 오래 미루지 말고, 환자가 의식이 있을 때 미리 고해성사를 보게 하고 또 죽기 직전에 가능하면 영성체까지 하게 해야 합니다.

송 군 영성체를 하다니요? 집이 성당에서 멀리 떨어져 있으면 곤란하잖아요?

박 신부 환자가 위험하면 어디서든지 언제라도 본당 신부에게 고해성사와 병자성사를 청할 수 있고, 또 영성체도 청할 수 있습니다. 그러면 신부는 성체를 모시고 가서 마지막으로 환자에게 성체를 영해 주는데, 이것을 '노자 성체'라고 합니다. 노자 성체를 영할 경우에는 공복재를 지킬 필요가 없습니다. 그리고 신부는 그런 경우 마지막으로 환자에게 '임종 전대사'를 줍니다.

송 군 그러니까, 임종 전대사는 마지막으로 모든 죄의 잠벌을 사해 주는 것이군요?

박 신부 그렇습니다. 이렇게 준비를 다하고 죽는다면, 그 영혼은 연옥을 거치지 않고 바로 천국에 오를 수 있습니다.

송 군 그런데, 죽기 전에 신부님을 만나면 다행인데, 신부님을 만나지 못할 경우에는 어떻게 해야 합니까?

박 신부 사제가 없으니 고해성사도 병자성사도 받지 못하지만 병자가 자기의 죽음을 죄의 보속으로 달게 참아 받고 통회하면서, 십자고상을 손에 쥐고 예수님의 이름을 부르면 얼마든지 임종 전대사를 받을 수 있습니다.

송 군　　사제가 없어도 임종 전대사를 받을 수 있나요?

박신부　　받을 수 있습니다. 하지만 병자는 이때 정신을 제대로 차리지 못하는 것이 보통이니까, 옆에서 잘 도와주어야 합니다.

송 군　　잘 알겠습니다.

박신부　　병자성사는 이 정도로 하고, 다음에는 성품성사에 대해서 말씀드리겠습니다.

성품성사

박신부 먼저, 그리스도가 당신의 구원 업적을 세상 마칠 때까지 전달하기 위해 무엇을 만드셨지요?

송 군 음……. 교회인가요?

박신부 그렇습니다. 그러면 교회만 있으면 됩니까?

송 군 교회를 다스릴 지도자가 필요하겠지요.

박신부 맞습니다. 그리스도는 교회를 세우시고, 교회를 통해서 전 인류에게 은총을 전달하기 위해 사제직을 세우셨습니다. 그래서 그리스도의 업적은 결국 사제의 손을 거치게 마련입니다. 성품은 성사를 집행할 수 있는 신권을 주는 성사입니다.

송 군 말하자면 사제가 되는 성사군요?

박신부 그렇습니다. 그리스도를 대리하는 성직자가 없으면 그리스도의 교회는 유지될 수 없을 뿐 아니라, 신자들은 하느님의 은총을 받기가 극히 어려울 것입니다.

송 군 그럼 제일 먼저 성품성사를 받아서 사제가 된 분은 누구입니까?

박신부 그리스도의 열두 사도였습니다.

송 군 그런데 그리스도의 제자들이 또 다른 이에게 성품성사를 준 일이 있나요?

박 신부   있습니다. 그러지 않았다면 그리스도의 신권은 오늘까지 계승될 수 없었겠죠. 가톨릭 사제들의 신권은 모두가 그리스도에게까지 소급될 수 있습니다. 사도들이 성품성사를 집행한 사실이 이렇게 기록되어 있습니다.

"그들이 주님께 예배를 드리며 단식하고 있을 때에 성령께서 이르셨다. '내가 일을 맡기려고 바르나바와 사울을 불렀으니, 나를 위하여 그 일을 하게 그 사람들을 따로 세워라.' 그래서 그들은 단식하며 기도한 뒤 그 두 사람에게 안수하고 나서 떠나보냈다."(사도 13,2-3)

송 군   성품성사는 누가 집행할 수 있습니까?

박 신부   주교만이 집행할 수 있습니다.

송 군   신부가 되려면 어떤 준비가 필요합니까?

박 신부   신부는 남자만이 될 수 있고, 신부가 되려면 품행이 단정하고 자기의 일생을 온전히 하느님께 바치고자 하는 진실한 뜻이 있어야 합니다. 그리고 소속 본당 신부의 추천을 받으면 신학교 지원 자격이 주어집니다.

송 군   신학교도 입학시험을 칩니까?

박 신부   그럼요. 정확히 말하면 가톨릭 대학교 신학과입니다.

송 군   대학에서는 주로 어떤 공부를 몇 년이나 하게 됩니까?

박 신부   7년 동안 철학과 신학을 공부하게 됩니다.

송 군   7년 동안이나 말입니까?

박 신부   예, 7년 동안 공부와 수련을 하면서 두 가지 '직'과 두 가지 '품급'을 받아야 신부가 됩니다.

송 군 두 가지 '직'과 '품급'은 어떤 건가요?

박신부 첫 번째 직은 독서직입니다. 즉 미사에서 공적으로 성경을 봉독할 수 있는 직책을 받는 것이지요. 두 번째 직인 시종직은 사제를 도와 제대에서 봉사할 수 있는 직위입니다.

송 군 두 가지 품급은 뭔가요?

박신부 두 가지 품급은 부제품과 사제품입니다. 부제는 부사제라는 뜻인데 사제가 되기 직전에 받는 품급입니다. 부제가 될 때 사제가 되기 위한 모든 준비를 갖추어야 합니다. 그리고 이때 독신 서약을 하게 됩니다.

송 군 부제가 되면 꼭 신부가 되어야 합니까? 혹은 부제직으로 끝날 수는 없습니까?

박신부 예, 신학교에서는 원칙적으로 신부가 되는 과정으로서 부제품을 주지만 때로는 지역에 따라, 예컨대 미국 같은 곳에서는 결혼한 신자들에게 부제품을 주어 사제를 돕게 하는 제도가 있습니다. 하지만 이들은 현대 교회법상으로는 사제품은 받을 수 없고 종신 부제직으로 끝납니다.

송 군 부제들이 할 수 있는 구체적인 직책은 무엇입니까?

박신부 예컨대 교회에서 강론(설교)을 한다든지, 결혼 주례, 교회 장례 주례, 또는 세례를 준다든지 성체를 나누어 주는 등의 직책입니다.

송 군 그런데 신학교에 입학했다고 해서 모두 신부가 되는 건 아니겠지요? 중간에 그만두는 분도 계시겠지요?

박신부   그럼요. 신학교에 입학한다고 모두 신부가 되는 것이 아닙니다. 우리 반에서도 불과 30퍼센트밖에 신부가 되지 못했는데, 이것도 많이 된 것입니다.

송 군   신부가 되는 것이 그렇게 어려운가요?

박신부   쉽지 않습니다.

송 군   끝까지 마치지 못하는 것은 주로 어떤 이유 때문인가요?

박신부   첫째로 신부가 될 자격이 갖추어져 있지 않을 때 퇴교되고, 둘째는 자기가 오랫동안 생각해서 신부가 될 뜻이 없으면 언제라도 스스로 그만둡니다. 신부가 되는 것은 온전한 자유입니다. 부모나 선생이 강제로 시킬 수 없는 일입니다.

송 군   그거야 그렇겠지요. 그런데 신부가 될 자격이란 어떤 것을 말합니까?

박신부   신부가 되려면 첫째로 품행이 단정하고 온순하며 덕행이 뛰어나야 하고, 둘째는 건강해야 하고, 셋째는 신자들을 지도할 수 있는 충분한 지식을 갖추어야 합니다. 따라서 몸이 너무 약하다든지, 지식이 너무 부족해도 신부가 될 수 없습니다.

송 군   잘 알겠습니다. 하지만 독신 생활에 대해서는 이해가 잘 안 갑니다.

박신부   어째서요?

송 군   그것이 어떻게 가능합니까?

박신부   물론 인간적으로만 생각하면 불가능해 보입니다. 하지만 신부가 되기까지 신학교에서 엄격한 규칙 생활과 규율 안에서 수년 동안 수련을 하고, 또 성품은 하나의 성사이기 때문에, 성사로 받는 성품 은총의 힘으로 얼마든지 가능합니다. 성직자들의 독신 생활이야말로 하느님에 대한 생생한 신앙의 산 증거이기도 합니다.

송 군   그럼 독신 생활이 하느님의 뜻인가요?

박 신부   물론 그리스도가 제자들에게 독신 생활을 명하신 일은 없습니다. 하지만 그리스도는 친히 독신이셨고, 그 당시에 벌써 독신으로 그리스도의 제자가 된 요한 사도도 있었습니다. 그리고 그리스도는 여러 번 하느님을 위해 독신 생활을 하는 이들에게 큰 상급이 있다는 것을 가르치셨습니다.

송 군   구체적으로 그리스도의 말씀을 소개해 주시면 좋겠습니다.

박 신부   그리스도는 "모든 사람이 이 말을 받아들일 수 있는 것은 아니다. 허락된 이들만 받아들일 수 있다. 사실 모태에서부터 고자로 태어난 이들도 있고, 사람들 손에 고자가 된 이들도 있으며, 하늘나라 때문에 스스로 고자가 된 이들도 있다. 받아들일 수 있는 사람은 받아들여라."(마태 19,11-12)라고 하셨습니다. 이 말씀의 뜻인즉, 천국을 위하여 스스로 자신의 육욕을 포기하고 독신 생활을 하는 사람도 있으니, 할 수 있는 사람은 이렇게 하면 좋다는 권고 말씀이죠. 하지만 어디까지나 "하늘나라 때문에"입니다. 더 높은 사랑을 위해, 더 높은 진리와의 결합을 위한 것이기에, 하늘나라가 무엇인지조차 모르는 이들은 "하늘나라 때문에 스스로 고자가 된 이들"을 이해하기 어렵지요.

베드로 사도가 모든 것을 버리고 그리스도를 따르면서 "보시다시피 저희는 모든 것을 버리고 스승님을 따랐습니다. 그러니 저희는 무엇을 받겠습니까?"(마태 19,27)라고 물었을 때, 그리스도는, "내 이름 때문에 집이나 형제나 자매, 아버지나 어머니, 자녀나 토지를 버린 사람은 모두 백 배로 받을 것이고 영원한 생명도 받을 것이다."(마태 19,29)라고 대답하셨습니다. 독신 생활은 천국의 상급을 백 배나 받을 수 있는 담보물입니다. 바오로 사도는 독신 생활을 권장하면서 그 이유를 이렇게 말했습니다.

"혼인하지 않은 남자는 어떻게 하면 주님을 기쁘게 해 드릴 수 있을까 하고 주님의 일을 걱정합니다. 그러나 혼인한 남자는 어떻게 하면 아내를 기쁘게 할 수 있을까 하고 세상일을 걱정합니다. 그래서 그는 마음이 갈라집니다. 남편이 없는 여자와 처녀는 몸으로나 영으로나 거룩해지려고 주님의 일을 걱정합니다. 그러나 혼인한 여자는 어떻게 하면 남편을 기쁘게 할 수 있을까 하고 세상일을 걱정합니다."(1코린 7,32-34)

얼마나 좋은 말씀입니까? 가족이 있으면 그만큼 성직 수행에 지장이 있지 않겠어요?

송 군 사실 그렇긴 하죠.

박 신부 신부에게 가족이 있다면 먼저 아내 걱정, 자식 공부시킬 걱정 때문에 성무에 지장이 있지 않겠어요? 또 신부는 사제입니다. 따라서 거룩한 제물을 바치기 위해서는 영혼과 육신이 깨끗해야 합니다. 그래서 그리스도도 독신 생활을 권고하셨고, 또 의당한 것이기 때문에 교회에서 성직자들의 독신 생활을 정한 것입니다. 그리고 요즘에는 성직자가 아니더라도 교육자나 과학자들 중에도 독신으로 인류에게 봉사하는 이들을 많이 볼 수 있습니다.

송 군 신부님 말씀이 옳긴 합니다. 사실 신부님이 가족이 있다면 누가 신부님을 그렇게 존경하고 죄를 고백하겠어요?

박 신부 신부가 독신 생활을 하는 데는 두 가지 이유가 있습니다. 첫째, 독신 생활이 더욱 거룩한 생활이기 때문이고, 둘째는 그리스도와 같이 자기 자신의 전부를 온전히 하느님께 바칠 수 있기 때문입니다. 사제도 사람이니까 인간적인 결함과 약점이 많지만 성사를 집행할 때는 그리스도의 지상 대리자이므로 이 세상에서 가장 고귀한 지위라고 볼 수 있습니다. 그래서 가톨릭 신자들은 성직자들을 특별히 존경합니다. 그리고 성품성사는 특수한 계급을 부여하는 성사이기 때문에, 이 성사를 받으면 세례나 견진과 같이 인호가 새겨집니다.

송 군 그렇군요.

박 신부 자! 이제 마지막 일곱째 성사인 혼인성사가 남았습니다.

송 군 벌써 다른 성사는 다 이야기하신 건가요?

혼인성사

박 신부 혼인성사는 가톨릭의 결혼을 말하는 것인데, 그리스도는 남녀의 결혼을 신성시해서 성사로 제정하셨습니다.

송 군 저도 언젠가 제 친구가 성당에서 결혼식을 올리는 걸 보았는데, 정말 엄숙하고 좋았습니다. 그런데 역시 혼인성사도 신부님이 집전하시더군요.

박 신부 아닙니다. 신부는 혼인성사를 집전할 수 없습니다.

송 군 아니, 제가 보니까 신부님 앞에 가서 결혼하던데요?

박 신부 혼인성사는 다른 성사와 달라서, 결혼하는 두 남녀가 성사를 집전하는 것입니다.

송 군 그럼 신부님은 뭘 하는 거죠? 어떻게 당사자들이 성사를 집전할 수 있나요?

박 신부 혼인성사는 부부의 계약입니다. 일생 동안 한 몸이 되어 살 것을 하느님 앞에서 서약함으로, 부부의 도를 이행하는 데 필요한 은총을 받는 것이 혼인성사입니다. 혼인성사의 주례 신부는 엄밀히 따지면 부부 계약의 공적 증인에 불과합니다.

송 군 구체적으로, 이렇게 혼인성사를 합니까?

박 신부 혼인 당사자는 각각 증인 한 사람씩을 데리고 제단으로 가서 사제 앞에서 부부의 공식 계약을 합니다. 주례 사제는 다음과 같이 질문합니다.

"신랑 ○○○과 신부 ○○○는 어떠한 강박도 없이 완전히 자유로운 마음으로 혼인하려고 합니까?"

(신랑) "예, 그렇습니다."

(신부) "예, 그렇습니다."

결혼은 자유의사에서 시작되어야 합니다. 인격과 인격의 결합이기 때문에 어떠한 타의도 개입될 수 없습니다.

주례 사제는 다시 묻습니다.

"두 분은 혼인 생활을 하면서 일생 서로 사랑하고 존경하겠습니까?"

(신랑) "예, 사랑하고 존경하겠습니다."

(신부) "예, 사랑하고 존경하겠습니다."

다음 주례 사제는 결혼의 중요한 목적의 하나인 자녀 교육에 대해 질문합니다.

"두 분은 하느님께서 주실 자녀를 사랑으로 받아들이고 그들을 그리스도와 교회의 가르침에 따라 기르겠습니까?"

(신랑) "예, 그렇게 기르겠습니다."

(신부) "예, 그렇게 기르겠습니다."

결혼하는 부부는 부부의 사명과 동시에 어버이로서의 사명도 깊이 깨달아야 합니다. 자녀 교육의 중요성을 이행할 수 없다면 결혼할 자격이 없습니다.

이제 주례 사제는 신랑 신부가 서로 오른손을 잡게 한 다음 마지막 서약의 뜻을 묻습니다.

"두 분은 이제 거룩한 혼인 계약을 맺으려는 것이니 서로 오른손을 잡고 하느님과 교회 앞에서 두 분의 뜻을 밝히십시오."

(신랑) 나 ○○○는 당신을 아내로 맞아들여 즐거울 때나 괴로울 때나, 성할 때나 아플 때나 일생 신의를 지키며 당신을 사랑하고 존경할 것을 약속합니다.

(신부) 나 ○○○는 당신을 남편으로 맞아들여 즐거울 때나 괴로울 때나, 성할 때나 아플 때나 일생 신의를 지키며 당신을 사랑하고 존경할 것을 약속합니다.

이렇게 일생을 부부로 살 것을 서약하면 주례 사제는 다음과 같이 두 사람이 부부가 되었다는 것을 선언합니다.

"주님께서는 두 분이 교회 앞에서 밝힌 이 합의를 당신 은혜로 확고하게 하시고 두 분에게 복을 가득 내리실 것입니다. 하느님께서 맺으신 것을 사람이 풀지 못합니다."

이렇게 서약이 끝나면 부부의 계약을 확인하는 예물인 반지를 주고받는 예절이 뒤따릅니다. 주례 사제는 반지를 놓고 강복합니다.

"사랑과 신의의 표지로 서로 주고받는 이 반지에 주님 친히 강복하소서."

다음에 신랑 신부는 서로 반지를 끼워 주는데, 신랑이 먼저 말합니다.
"나의 사랑과 신의의 표지로 당신께 드리는 이 반지를 받아주십시오. 성부와 성자와 성령의 이름으로 드립니다."

다음은 신부가 역시 반지를 신랑에게 끼워 주면서 같은 말을 되풀이합니다.

이상으로 결혼 예식이 끝나면 주례 사제는 신랑, 신부를 위한 미사 성제를 거행합니다.

한번 하느님 앞에서 계약하고 결혼했으면, 한 편이 죽기 전에는 절대로 이혼할 수 없고, 정혼자를 두고 다른 남자나 여자를 취할 수 없습니다.

송 군   그럼 가톨릭 신자로서는 어떤 일이 있어도 이혼을 할 수 없다는 건가요?

박 신부   그렇습니다. 결혼은 혼인성사로서 하느님 앞에서 약속한 것이기 때문에, 이것을 인간이 풀 수 없습니다. 성경에도 분명히 나옵니다.

"남자는 아버지와 어머니를 떠나 아내와 결합하여, 둘이 한 몸이 된다."(창세 2,24)

"창조주께서 처음부터 '그들을 남자와 여자로 만드시고' 나서, '그러므로 남자는 아버지와 어머니를 떠나 아내와 결합하여, 둘이 한 몸이 될 것이다'하고 이르셨다. 따라서 그들은 이제 둘이 아니라 한 몸이다. 그러므로 하느님께서 맺어 주신 것을 사람이 갈라놓아서는 안 된다."(마태 19,4-6)

이것은 곧 이혼의 부당성을 말씀하시는 것입니다. 이혼의 부당성이란 곧 한 몸을 두 개로 나눌 수 없듯이, 혼인성사로 한 몸이 된 이상 이것은 다시 떨어질 수 없다는 것입니다. 그리고 축첩 제도의 죄악에 대해서도, "아내를 버리고 다른 여자와 혼인하는 자는 누구나 간음하는 것이다. 남편에게 버림받은 여자와 혼인하는 자도 간음하는 것이다"(루카 16,18)라고 하셨는데, 이것은 한 남자는 한 여자에게만, 한 여자는 한 남자에게만 매여 있어야 함을 말합니다. 그러므로 비록 남자는 결혼하지 않았다 할지라도, 정식으로 혼인성사를 받아 남편이 있는 여자와는 결혼할 수 없습니다.

송 군 가톨릭은 정말 엄격하군요.

박신부 가톨릭이 엄격한 것이 아니라, 그리스도가 결혼 문제에 대해서 이렇게 엄격히 규정하신 것뿐입니다. 성경의 정신을 사회적인 면에서 보더라도, 이혼은 사회적으로 혼란을 가져옵니다. 예컨대, 자녀들에게도 큰 타격이 되고 특히 약자인 여성에게 많은 어려움을 끼칩니다. 또 이혼이 가능하다고 한다면 누구나 쉽게 이혼하려고 할 것입니다.

송 군 사실입니다. 가정불화로 이혼한 사람을 보았는데, 아이들이 정말 불쌍하더군요.

박신부 어찌 되었든 가톨릭에서는 신자들의 결혼을 소홀히 다루지 않고, 교회 규정대로 결혼하게 합니다.

송 군 신부님, 그러면 가톨릭 신자는 신자 아닌 사람과는 혼인하지 못합니까?

박신부 원칙적으로는 하지 못합니다. 하지만 한국처럼 외교인이 많은 나라에서는 누 가지 조건이 있으면 할 수 있는데, 이것을 '관면 혼인'이라고 합니다.

송 군   어떤 조건을 갖춰야 합니까?

박신부   먼저 신자 아닌 측에서, 첫째로 신자 측의 신앙생활을 방해하지 않겠다는 것과 둘째로 자녀를 낳으면 가톨릭 교회 법대로 세례(입교)를 받게 하겠다는 것을, 신자 측에서는 첫째로 자기 신앙을 버리지 않겠다는 것과 둘째로 자녀가 나면 세례를 받게 하겠다는 것을 서약해야 합니다.

송 군   만일 그런 조건을 서약하지 않고 그대로 결혼하면 어떻게 됩니까?

박신부   그것은 무효입니다. 그런 것 외에도 결혼을 무효케 하는 것이 많이 있습니다. 혼인을 금지하는 법적 조건을 '혼인 장애'라 합니다. 혼인 장애는 여러 가지가 있습니다.

송 군   예를 들면 어떤 것이 있습니까?

박신부   합법적으로 결혼한 사람이 배우자가 살아 있는데도 불구하고 다시 혼인한다면 무효 장애입니다. 8촌 이내의 혈족 사이에 이루어진 혼인, 사기 또는 강박으로 이루어진 혼인, 부부 생활을 할 수 없는 악성 질병이나 기타 중대한 이유가 있는 경우도 마찬가지입니다.

이 밖에도 여러 가지 혼인 장애가 있습니다.

송 군   그런데 그런 혼인 장애가 있는지 없는지 어떻게 알 수 있나요?

박신부   물론 본당 신부는 잘 알 수 없으니까, 두 남녀가 혼인하기 전에 그들의 성명과 주소, 부모의 성명을 기록한 '혼인 공시'를 성당 게시판에 붙이고, 누구든지 이들이 합법적으로 혼인할 수 없는 혼인 장애가 있음을 알면 본당 신부에게 통지할 것을 명합니다.

송 군 그럼 미리 본당 신부님께 혼인 사실을 이야기해야겠군요?

박신부 그렇습니다. 적어도 20일 전에 본당 신부에게 알려서 혼인 공시를 붙이게 해야 합니다. 혼인 공시 기간은 주일을 두 번 거쳐야만 유효하게 됩니다. 혼인 공시를 통해 혼인 장애가 없는 것이 확인되면, 본당 신부는 혼인을 주례합니다. 하지만 특수한 경우에는 혼인 공시 없이도 결혼이 가능합니다.

송 군 혼인 공시는 남녀가 사는 두 곳에 다 붙이나요, 한 곳에만 붙이나요?

박신부 두 곳에 다 붙여야 합니다. 일반적으로 혼인 예식은 여자가 소속된 성당에서 하기 마련이고, 남자 소속 본당 신부는 남자 쪽에 혼인 장애가 없다는 증명서를 여자 쪽 신부에게 통지하게 되어 있습니다.

송 군 상당히 복잡하군요.

박신부 약간 복잡하지만, 이렇게 해야만 제대로 된 혼인을 할 수 있습니다. 이렇게 해서 혼인이 끝났으면, 하느님의 계명대로 혼인 목적을 달성하도록 최선의 노력을 해야 합니다.

송 군 혼인의 목적이라니요? 어떤 특별한 목적이 있습니까?

박신부 물론 있지요. 송 군도 머지않아 세례받고 결혼하게 될 텐데, 송 군은 결혼을 왜 합니까?

송 군 그야 으레 결혼하는 것이지 따로 특별한 목적이 있나요?

박 신 부   그럼 아무 목적도 없이, 남이 하니까 따라서 결혼하는 겁니까?

송 군   글쎄요. 남자는 여자를 좋아하고, 여자는 남자를 좋아하니까 결혼하는 것 아닌가요?

박 신 부   물론 그런 이유가 있으니까 결혼이 성립되지만, 하느님이 한 남자와 한 여자를 창조하여 결혼시키시는 데는 큰 목적이 있습니다.

송 군   하느님이 혼인성사를 만드신 목적이란 어떤 것입니까?

박 신 부   두 가지가 있습니다.

첫째, 부부의 선익을 지향하고,

둘째, 자녀를 낳고, 낳은 자녀를 교육시키는 것입니다.

(혼인성사에 대해서는 필자의 다른 책인 《축복받는 혼인성사》를 참고하십시오.)

일곱 성사의 종합

박신부 그동안 공부한 일곱 성사에 대해서 다시 한번 종합해 봅시다. 먼저 일곱 성사 이름을 한번 말씀해 보세요.

송 군 예. 세례, 혼인, 고해……. 기억이 잘 안 나는데요…….

박신부 다시 한번 생각해서 순서대로 말씀해 보세요.

송 군 세례, 견진, 고해, 성체, 병자, 성품, 혼인, 이렇지요?

박신부 맞았습니다.

송 군 그런데 신부님, 왜 하필이면 일곱 가지 성사만 만드셨을까요?

박신부 그 이유는 일곱 가지 성사의 내용이 우리에게 꼭 필요하기 때문입니다. 우리 육신 생활과 비교해서 말씀드리면, 사람이 되려면 먼저 세상에 태어나야 합니다. 우리 영혼도 세례성사로 하느님의 자녀로 태어나지요. 그다음 금방 태어난 아기는 성장해서 어른이 되듯, 우리 영혼도 견진성사로써 견고하게 됩니다. 살다 보면 때로는 몸에 병이 납니다. 그럼 의사를 찾고 약을 먹어야 하지요. 이처럼 영혼도 죄악으로 인해 병이 날 경우 고해성사로써 치료를 받게 됩니다. 육신이 먹어야 살듯이, 영혼도 성체성사로써 성장해 나갑니다. 그리고 우리가 잘 죽어서 영원한 생명의 문으로 들어가도록 하느님은 병자성사를 주셨고, 인류가 서로의 결합으로 이루어지는 창조 사업을 하려면 결혼이 필요했기에 혼인성사를 주셨지요. 또한 이 모든 영혼들을 지도하기 위해서는 지도자가 필요했기에 성품성사를 만드신 것입니다.

송 군   일곱 성사의 뜻이 더욱더 분명해지는 듯합니다.

박 신부   일곱 성사 중에는 인호가 새겨지는 성사가 있지요?

송 군   예, 세례와 견진, 성품입니다.

박 신부   그래서 이 세 가지 성사는 일생에 한 번밖에 받지 못합니다. 그리고 일곱 성사 중 세례와 고해는 죄인들을 위한 성사고, 나머지 다섯은 의인들을 위한 성사입니다.

송 군   정말 그렇군요.

박 신부   그리고 성품과 혼인은 어떤 개인을 위한 성사가 아니고 사회 전체를 위한 성사이며, 나머지 다섯 성사는 순전히 개인을 위한 성사이기도 합니다.

송 군   신부님, 잘 알겠습니다. 그 밖에 다른 성사는 물론 없겠지요?

박 신부   물론 다른 성사는 없지만, 성사를 모방해서 만든 '준성사'라는 것이 있습니다.

준성사

송 군 준성사니까 완전한 성사가 아니란 뜻이군요?

박신부 그렇습니다. 준성사는 가톨릭 교회에서 신자들에게 특별한 은총을 베풀어 주기 위해 성사를 모방해서 만든 물건이나 행동 또는 기도문입니다.

송 군 성사와 준성사의 근본적인 차이점은 무엇인가요?

박신부 두 가지 차이점이 있습니다. 첫째로, 성사는 그리스도가 만드신 것이고, 준성사는 교회에서 만든 것입니다. 둘째는, 그 효과에 있어서 성사는 이미 우리가 공부한 대로 그 예절의 힘으로, 즉 사효적事效的 효과를 내지만 준성사는 그렇지 못하고 준성사를 받는 사람의 마음가짐에 따라 그 은총이 달라진다는 것입니다.

송 군 말하자면 인효적인 효과를 낸다는 거지요?

박신부 그렇습니다.

송 군 준성사에는 어떤 것들이 있나요?

박신부 여러 가지가 있는데, 우선 '축복'이 있습니다. 축복은 사람과 사물에게 하느님의 보호와 은총이 내리기를 청하는 교회의 기도입니다. 사람들에게 주는 축복의 예로는 수도자의 축복이나 독서직과 교리 교사 등의 교회 직무를 위한 축복이 있습니다. 물건에 대한 축복은 예컨대 구약 때 하느님의 성전을 짓고 나서 봉헌식을 성대하게 지낸 사실을 들 수 있습니다(1열왕 8장). 오늘날에도 하느님과 직접 관계되는 것, 즉 성당이라든지 미사 때 쓰는 성작 같은 것을 하느님 공경을 위해서만 거룩하게 쓰겠다는 의미에서, 그것을 사용하기 전에 예식을 행하는데, 이럴 때는 축복이 아니라 '축성'이라고 부릅니다. 또한 축복은 고상이나 기타 성패에 은사를 붙여 주어 그것을 사용하는 사람들에게 대사를 주는 것입니다.

송 군 그러면 제가 어떤 십자가나 성물을 샀다면, 신부님께 축복을 받아야 합니까?

박 신부 그렇지요. 예컨대 십자고상을 몸에 지니고 싶으면, 고상을 사서 축복을 받아야 그 물건을 통해 은총을 받게 됩니다.

송 군 준성사에는 여러 가지가 있다고 하셨는데, 또 어떤 것이 있나요?

박 신부 구마라는 것이 있는데, 글자 그대로 마귀를 쫓는 것입니다. 옛날에는 더욱 심했지만 오늘날도 가끔 악마들의 장난이 심하고, 심지어는 악마가 사람에게 접하기도 합니다.

송 군 예, 며칠 전에 신부님도 이야기하셨습니다.

박 신부 그런 경우, 교회의 이름으로 마귀 쫓는 기도와 의식을 구마라고 합니다. 이밖에도 여러 가지로 사제는 준성사를 행하여 신자들에게 복을 빌어 줍니다.

송 군 잘 알겠습니다.

박 신부 지금까지 우리는 은총을 얻는 방법으로서 일곱 성사와 준성사를 이야기했는데, 성사 외에도 은총을 얻는 방법이 또 하나 있다고 한 것 기억합니까?

송 군   기도라고 했던가요?

박 신부   그렇습니다. 하느님의 은총을 전달하는 교회는 기도에 대해서도 가르치고 있습니다.

송 군   오늘은 시간이 너무 길어졌으니 다음 토요일 오후에 찾아뵙겠습니다.

박 신부   그러시지요. 안녕히 가십시오.

기도

송　군　　신부님, 안녕하세요? 약속 시간에 늦어서 죄송합니다.

박신부　　괜찮습니다. 살다 보면 그럴 수 있지요.

송　군　　변명 같지만 말씀드리면, 오는 길에 어릴 때 저를 특별히 사랑해 주시던 선생님을 약 6년 만에 만났습니다. 너무 반가워 그냥 헤어질 수가 없어서 근처 카페에 들러 이야기하느라 늦었습니다.

박신부　　오늘 송 군이 옛 스승을 만났다는 것은 정말 다행한 일이고 뜻깊은 일입니다.

송　군　　무슨 말씀이신지요?

박신부　　그 이유는 조금 후에 이야기하겠습니다. 실례가 될지 모르지만, 송 군은 선생님을 만나서 어떤 이야기를 주고받았나요?

송　군　　예, 그 선생님은 정말 훌륭한 교육자이십니다. 제가 제일 존경하는 분이지요. 처음에는 그냥 땅에 넙죽 엎드려 큰절이라도 하고 싶었지만, 그렇게는 못하고 깍듯이 인사를 드리고는 마주 앉아서 옛날이야기를 했지요. 과거 선생님의 사랑에 대해서 다시 한번 감사를 드렸고, 또 어릴 때 철없이 여러 가지로 잘못한 것에 대해 용서를 구하기도 하고…….

박신부　　그리고 마지막으로 헤어질 때는 어떻게 했습니까?

송 군   앞으로도 여러 가지로 지도해 주시길 부탁드리고 헤어졌습니다. 아니, 신부님, 이런 잡담은 다음 기회에 하기로 하고, 오늘은 기도에 대해서 이야기하기로 하셨잖아요? 기도란 무엇입니까?

박신부   기도란 '하느님과의 대화'입니다.

송 군   너무 간단해서 알아듣기 어렵군요. 그럼 기도를 어떻게 해야 합니까?

박신부   오늘 송 군이 오던 길에 옛날 스승을 만나서 한 행동들을 하느님께 한다면, 그것이 바로 훌륭한 기도가 됩니다. 흔히 사람들은 기도를 잘못 알아듣고 어렵게 생각하는데, 기도란 하느님과 대화하는 것입니다. 오늘 송 군이 선생님을 만나자 그분에 대한 존경심으로 넙죽 엎드려 큰절을 하고 싶었다고 했지요? 우리가 하느님이 어떤 분인지를 깨달은 다음 그분께 최대의 존경을 드리는 것을 흠숭이라고 하는데, 이것이 기도의 첫째 요소입니다. 그리고 선생님과 대화하면서 과거의 모든 은총에 대해 감사드렸다고 했지요?

송 군   예.

박신부   하느님께 먼저 흠숭의 예로써 인사를 드린 후에 하느님께 받은 모든 은총에 감사하는 것, 이것이 기도의 둘째 요소입니다. 다음 송 군은 선생님께 과거의 잘못에 대해 용서를 청했다는데, 우리가 하느님께 죄를 짓고 하느님의 은총에 보답하지 못한 것에 대해 용서를 청하는 것이 기도의 셋째 요소입니다. 그리고 마지막으로 선생님과 어떻게 헤어졌다고요?

송 군   앞으로도 많은 가르침을 주시기를 부탁드리고 헤어졌습니다.

박 신부　그렇습니다. 우리도 마지막으로 하느님께 우리에게 필요한 모든 은총을 구합니다. 이것이 기도의 마지막 요소입니다. 이렇게 기도는 흠숭, 감사, 속죄, 은총을 청하는 것의 네 가지 요소로 구성되는데, 이것은 대인 관계에 있어서도 마찬가지입니다. 오늘 마침, 기도가 무엇인지를 공부하게 되었는데, 송 군이 길에서 선생님을 만났다니 정말 의미가 있네요.

송 군　하하하! 신부님, 이제야 알아들었습니다.

박 신부　하나 더 묻겠습니다. 송 군이 오늘 우리집에 오면서 많은 사람들을 길에서 만났을 텐데, 왜 하필이면 옛날 선생님과는 이야기를 하고, 다른 이들은 본척만척하고 지나쳤나요?

송 군　그거야……. 서울 거리에 수만 명이 오가고 있지만, 다들 모르는 사람들인 걸요?

박 신부　그렇습니다. 한 번도 인사한 일이 없는 사람, 즉 모르는 사람들은 서로 만나도 얼굴도 쳐다보지 않고 휙휙 지나가지만, 군중 속에서 옛 선생님이나 친구를 만나면 악수를 하고 인사를 하며 이야기가 시작되지요. 서로 아는 사이니까요. 하지만 모르는 사람끼리는 말하지 않습니다. 우리가 하느님께 기도한다는 것은 곧 우리가 하느님을 아는 사람들이란 뜻입니다. 하느님을 모르는 사람들은 기도하지 않습니다. 기도한다는 것은 곧 하느님을 안다는 증거입니다. 송 군도 하느님을 알았으면 기도해야 합니다.

송 군　신부님, 저도 앞으로는 기도를 하겠습니다.

박 신부   하느님을 믿는 사람 중에서 전혀 기도하지 않는 이가 있다면, 그는 벌써 신앙과는 동떨어진 사람이고, 하느님과도 거리가 멀어진 사람입니다.

송 군   성경에도 기도에 대한 말이 있습니까?

박 신부   그럼요. 그리스도는 "낙심하지 말고 끊임없이 기도해야 한다."(루카 18,1)라고 하시고 특히 유혹이 있을 때 기도하라고 하시면서, "유혹에 빠지지 않도록 깨어 기도하여라."(마르 14,38)라고 하셨습니다.

그리스도도 큰일을 하시기 전과 마음이 괴로울 땐 언제나 기도하셨습니다. 그래서 우리 가톨릭에서는 항상 기도를 하되, 아침에 일어나서, 또 저녁에 잠들 때, 그리고 주일과 축일에, 특별히 육신 영혼에 어려운 일이 있을 때 기도할 것을 가르칩니다.

송 군   사실 성당에 가서, 누군가 조용히 기도를 올리는 것을 보면 정말 무엇인가를 느끼게 됩니다. 그런데 저는 아직도 초보자라, 성당에 가도 기도를 어떻게 바치는지 그 방법을 모릅니다. 어떻게 하면 되는지요? 우선 기도 책을 구해서 읽으면 됩니까?

박 신부   물론 먼저 기도 책이 필요합니다. 우선 기도는 소리 기도와 묵상 기도로 나누어집니다.

송 군   소리 기도는 어떤 기도입니까?

박 신부   교회에서 만들어 준 기도문을 읽거나 외우면서 바치는 기도로서 가장 중요한 것은 성호경, 주님의 기도, 성모송입니다.

송 군   그런데 가톨릭에서는 왜 일정한 기도의 형태를 완전히 고정시켜 놓고 그대로 줄줄 외우게 합니까?

박신부 소리 기도문을 만들어 놓은 데는 이유가 있습니다. 송 군이 금방 말했듯이 기도하는 방법도 가르쳐 주지 않고 무조건 기도하라고 한다면 성당에 가서 그냥 공상만 하기 쉬울 겁니다. 그래서 교회는 일정한 형태의 기도문을 만들어 신자들이 기도하는 것을 도와줍니다. 예컨대, 아침에 바치는 '아침 기도'라는 기도문이 있는데, 이것은 아침에 일어나서 오늘 하루를 어떻게 살 것인지 준비하게 해 줍니다. 하루를 다 지내고 잠자리에 들기 전에 바치는 저녁 기도 역시 그에 걸맞은 내용이 담겨 있습니다. 만일 이런 일이 있다고 생각해 보십시오. 본당 신부가 아이들에게 성당에 가서 기도를 바치라고 하면 성당에 들어가 자기 멋대로, "하느님, 오늘 아버지께 꾸중 듣지 않게 해 주십시오. 하느님, 친구들과 싸울 때는 내가 꼭 이기게 해 주십시오. 하느님, 오늘 우리 어머니 마트에 가시거든 과자 많이 사 오게 해 주십시오." 하고 기도할 겁니다.

송 군 하하하. 신부님이 무슨 말씀을 하시려는지 알겠습니다. 그런데, 성당에서 보니까 조그만 애들도 어떤 기도문을 줄줄 외우던데, 저도 기도문을 외워야 합니까?

박신부 간단하고 기본적인 기도문은 외워야 합니다. 예를 들면 성호경, 주님의 기도, 성모송, 사도 신경, 고백 기도 등인데요. 자! 송 군, 오늘 선물로 이 책 한 권 드립니다. 받으십시오.

송 군 《주요 기도문 풀이》라, 처음 보는 책입니다. 아니, 이것도 신부님이 쓰셨군요.

박 신부 예, 거기에 '주요 기도문'이라는 가톨릭의 기본 기도문이 있는데, 그것을 외워야 합니다. 전 세계 가톨릭 신자는 모두 그것을 외우고 있답니다. 그런데 그 내용도 모르고 앵무새처럼 외우기만 하는 사람도 있어서 주요 기도문의 내용을 쉽고 간단하게 풀이해 놓았습니다. 그 풀이 내용을 읽으면서 주요 기도문 본문을 외워야 합니다.

송 군 예, 외우도록 노력하겠습니다. 신부님, 그런데 묵상 기도란 어떤 것입니까?

박 신부 묵상 기도는 하느님과 이야기하면서 하느님 앞에서 어떤 진리나 윤리 문제를 혼자서 명상하는 것입니다. 소리 기도만 바치면 싫증이 날 수도 있고 또 우리가 따로 하고 싶은 기도도 있을 수 있기에 묵상 기도를 통해 우리의 기도 생활은 더욱 완성된다고 할 수 있습니다. 농사짓는 사람은 곡식을 언제 어떻게 심을 것인가를 혼자서 생각하고, 학생은 무엇을 어떻게 공부할 것인가를 생각하지요. 이처럼 하느님을 공경하는 우리는 하느님을 어떻게 공경하고 어떻게 하면 잘 살 수 있는지, 옛날 성인들은 어떻게 살았기에 위대한 성자가 되었는지를 생각하는 것이 묵상입니다.

송 군 묵상 기도를 하려면 그만큼 교리 지식이 풍부하고 오랫동안 숙달되어야겠군요.

박 신부 물론 그렇게도 생각할 수 있지만 어떻게 생각하면 소리 기도보다도 쉽다고 할 수 있습니다. 묵상 기도를 하는 어떤 순박한 할머니 이야기를 하나 소개하겠습니다.

어떤 할머니가 늘 붉은색, 흰색, 검정색 종이 석 장을 가지고 성당에 와서 만지작거리더랍니다. 이상히 여긴 본당 신부가 종이를 뒤적거리는 이유를 물었더니, 할머니가 "신부님! 저는 무식하기 때문에 글을 읽을 줄 모릅니다. 그래서 이 종이의 빛깔을 가지고 기도를 합니다. 붉은 종이는 그리스도가 십자가에서 흘리신 피와, 또 순교자들이 흘리신 붉은 피를 저에게 가르쳐 줍니다. 붉은 종이로 그리스도의 수난을 묵상하며 슬퍼하고, 또 순교자들의 용기를 본받기로 결심합니다. 다음 흰 종이는 그리스도의 부활과 성인, 성녀들의 천국 즐거움을 저에게 가르쳐 줍니다. 즉 흰 종이로 그리스도의 영광과 성인, 성녀들의 즐거운 모습을 묵상합니다. 마지막 검은 종이는 지옥의 영벌과 연옥의 괴로움을 저에게 가르쳐 줍니다. 지옥 불에 탄 악인들의 모습을 보고 죄를 짓지 않기로 결심합니다."라고 대답하더랍니다. 이 얼마나 훌륭한 묵상법입니까? 이와 같이 묵상 기도란 어려운 것이 아닙니다.

송 군   신부님, 참 재미있는 말씀이었습니다.

박 신부   묵상 기도 외에도 소위 '화살 기도'라고 해서, 일하면서도, 놀면서도, 순간적으로 하느님을 생각하면서 하는 기도도 있습니다. 예컨대, "주님, 저에게 자비를 베푸소서.", "주님, 당신을 사랑합니다.", 이와 같은 식으로 순간적으로 바치되, 화살처럼 직통으로 하느님께 간다고 해서 화살 기도라고 합니다.

송 군   신부님, 잘 알겠습니다. 그런데 들어 보니까 성모님께 기도한다든지 어떤 성인에게 기도한다고 하는데, 그것은 무엇을 뜻합니까?

박 신부   물론 우리는 하느님께 직접 기도할 수 있지만, 하느님께 바치는 기도를 마리아나 어떤 성인의 힘을 빌려서 할 수도 있습니다. 마치 자녀들이 아버지에게 직접 말하기 곤란할 때는 어머니에게 가서 아버지에게 말해 달라고 조르는 것과 같은 것입니다.

송 군   그러니까 나 대신 빌어 달라는 뜻이겠지요?

박 신부   그렇습니다. 기도문을 자세히 보십시오. 하느님께 바치는 기도문은 언제나 "하소서."라고 직접 기도하지만, 마리아나 다른 성인들에게 바치는 기도를 보면, "저희를 위하여 빌어 주소서."라고 간접적으로 기도하게 되어 있습니다.

송 군   알겠습니다. 그러면, 우리가 마리아나 성인들을 통해서 하느님께 기도하듯이, 내가 나 자신을 위해서뿐만 아니라 다른 사람들을 위해서도 기도할 수 있는지요?

박 신부   할 수 있습니다. 그 내용을 말씀드리지요.

그리스도의 신비체인 교회

박신부 좀 어려운 교리이긴 하지만, 잘 생각하면 알아들을 수 있습니다. 우리는 세례성사를 통해서 하느님 집안의 한 가족이 됩니다. 즉 세례성사로서 하느님의 백성이 된다고 말씀드렸지요? 한 집안 가족들은 서로 어려움을 도와주고 기쁜 일이 있으면 같이 즐거워합니다. 세례성사로 하느님의 자녀가 된 우리는 그리스도 안에 하나의 형제이며, 따라서 서로서로 기도로, 선행으로, 희생으로 도와주고 도움을 받습니다. 이것을 '모든 성인의 통공'이라고 합니다.

송 군 서로 공을 통할 수 있다는 말이지요?

박신부 그렇지요. '성인의 통공'은 지상에서 순례하는 우리들과 천상에서 영광을 누리는 성인들 사이에 존재하는 유대 관계와 일치를 말하는 것입니다. 그런데 여기서 말하는 '성인'은 시성된 성인을 가리키는 것이 아니라 은총으로 성화된 모든 영혼을 가리키는 것입니다. 그래서 교회를 크게 세상에서 세속, 육신, 악마와 싸우는 '투쟁 교회'와 연옥에서 단련을 받고 있는 '정화 교회', 천국에서 영원한 복락을 누리는 천국의 '승리 교회'로 나눕니다. 이 세 교회는 밀접한 관계를 맺고 있으며, 그리스도를 머리로 해서 하나의 지체로서 하나의 유기체와 같이 떨어질 수 없는 신비한 결합을 이루고 있습니다. 그래서 신학자들은 이것을 '그리스도의 신비체'라고 합니다.

송 군   지옥에 있는 영혼은 여기서 제외되는군요?

박 신부   물론입니다. 하느님을 영원히 거역한 사람들이니까요. 그뿐 아니라, 이 세상에 있는 사람 중에도 하느님을 전혀 모르는 사람이라든지, 하느님을 알지만 대죄 중에 있어 상존 은총을 잃었다면, 그리스도의 완전한 신비체의 일원이 될 수 없습니다.

송 군   신비체란 것이 좋은 표현인 듯한데, 완전히 이해가 되지는 않습니다. 성경에서는 어떻게 가르칩니까?

박 신부   성경에도 "여러분은 이제 더 이상 외국인도 아니고 이방인도 아닙니다. 성도들과 함께 한 시민이며 하느님의 한 가족입니다."(에페 2,19)라고 은총 중에 있는 영혼을 하느님의 한 가족이라고 했으며, "그분은 또한 당신 몸인 교회의 머리이십니다. …… 과연 하느님께서는 기꺼이 그분 안에 온갖 충만함이 머무르게 하셨습니다. 그분 십자가의 피를 통하여 평화를 이룩하시어 땅에 있는 것이든 하늘에 있는 것이든 그분을 통하여 그분을 향하여 만물을 기꺼이 화해시키셨습니다."(콜로 1,18-20)라고 하면서 교회가 그리스도의 몸이고, 따라서 신자들은 그리스도를 머리로 해서 모든 은총을 받는다고 했습니다. "우리가 한 몸 안에 많은 지체를 가지고 있지만 그 지체가 모두 같은 기능을 하고 있지 않듯이, 우리도 수가 많지만 그리스도 안에 한 몸을 이루면서 서로서로 지체가 됩니다."(로마 12,4-5)

그리스도 또한 신비체의 교리에 대해 "나는 포도나무요 니희는 가지다. 내 안에 머무르고 나도 그 안에 머무르는 사람은 많은 열매를 맺는다. 너희는 나 없이 아무것도 하지 못한다. 내 안에 머무르지 않으면 잘린 가지처럼 밖에 던져져 말라 버린다. 그러면 사람들이 그런 가지들을 모아 불에 던져 태워 버린다."(요한 15,5-6)라고 하시며 포도 줄기와 덩굴의 비유를 들어 그리스도와의 신비적인 결합을 말씀하셨습니다.

송 군   뜻이 깊군요. 그런데, "잘린 가지"란 무슨 뜻입니까?

박신부   줄기에서 떨어져 나간 덩굴이 생명을 받지 못해 말라 죽듯이, 그리스도와 이어진 은총의 생명이 끊어지면 영원히 하느님과 떨어진다는 뜻입니다. 그리고 말라 버린 덩굴은 불에 태워 버린다고 했습니다. 그러므로 우리는 혼자 있는 것이 아니라, 신비체 안에서 내가 맡은 일을 함으로써 신비체 전체를 위하여 있는 것입니다. 마지막으로 바오로 사도의 신비체 교리를 소개합니다.
"발이 '나는 손이 아니니 몸에 속하지 않는다'고 말한다 해서, 몸에 속하지 않는 것이 아닙니다. 또 귀가 '나는 눈이 아니니 몸에 속하지 않는다.'고 말한다 해서, 몸에 속하지 않는 것이 아닙니다. 온몸이 눈이라면 듣는 일은 어디에서 하겠습니까? 온몸이 듣는 것뿐이면 냄새 맡는 일은 어디에서 하겠습니까? 사실은 하느님께서 당신이 원하시는 대로 각각의 지체들을 그 몸에 만들어 놓으셨습니다. 모두 한 지체로 되어 있다면 몸은 어디에 있겠습니까? 사실 지체는 많지만 몸은 하나입니다."(1코린 12,15-20) 얼마나 재미있고 쉬운 설명입니까?

송 군   신부님, 잘 알겠습니다. 저도 세례를 받으면 그리스도 신비체의 한 지체가 되겠지요?

박 신부　물론입니다. 우리는 비록 개인으로 이 세상에 살지만, 천국과 연옥과 세상의 모든 성인들과 하나의 신비체를 이루어 공을 통하고 있습니다. 여기서 특별히 말씀드리고 싶은 것은, 우리는 누구보다 연옥에 있는 영혼들을 위해 기도해야 한다는 것입니다.

송 군　왜요? 연옥에 있는 사람들은 기도를 하지 못합니까?

박 신부　물론 그들도 기도는 할 수 있지만, 자기들의 힘으로는 공을 세울 수 없습니다. 세상 사람들이 도와주어야 하루빨리 천국에 들어갈 수 있습니다. 감옥에 갇힌 사람을 생각해 보십시오. 감옥에서 그들이 무엇을 할 수 있습니까?

송 군　아무것도 할 수 없죠.

박 신부　바깥 사람들이 도와주어야 빨리 풀려 나올 수 있듯이, 우리가 연옥 영혼들을 위해 기도하고 희생과 선행을 하면 그들은 보다 빨리 연옥에서 풀려 천국에 오르고, 또 우리를 위해 하느님께 기도해 줍니다.

송 군　지금까지 성사로써 받는 은총과 오늘 신비체에 대한 말씀을 듣고 보니, 결국 그리스도의 교회, 즉 가톨릭에서만 구원을 독점하는 것 같은데, 누구라도 가톨릭 교회의 한 사람이 되지 않고는 절대로 구원이 불가능합니까?

박 신부　중요한 문제인데, 말하자면 가톨릭 교회 밖에서도 구원될 수 있느냐 없느냐 하는 거지요?

송 군　그렇습니다.

가톨릭 교회와 구원

박 신부   먼저 원리 원칙을 말씀드리면, 그리스도를 통하지 않고는 아무도 구원받을 수 없습니다. 만일 그리스도를 통하지 않고도 구원되는 길이 있다면 어떻게 되겠습니까? 그리스도가 이 세상에서 구원 사업을 하신다는 것이 도리어 웃음거리이고, 그리스도를 구세주라고 하는 것도 아무런 의미가 없지 않겠습니까?

송 군   그렇겠죠.

박 신부   따라서 그리스도를 통하지 않고는 구원이 없다는 말은, 그리스도가 전 인류를 위해 세운 그분의 유일한 교회를 통하지 않고는 구원이 있을 수 없다는 말입니다. 그래서 아우구스티노 성인도 교회 밖에서는 아무도 구원을 받지 못한다고 단언했습니다. 그런데 반대로 비오 9세 교황은 비록 교회 밖에 있다 할지라도, 자신의 잘못이 없다면 구원이 가능하다고 했습니다.

송 군   그러면 그렇게 서로 다른 두 가지 말을 어떻게 이해해야 합니까?

박 신부   앞서 말씀드린 대로 교회를 영혼과 육신으로 구별해서 생각해야 합니다. 먼저 송 군에게 하나 물어 보겠습니다. 가톨릭 신자라면 누구든지 구원된다고 생각합니까?

송 군　그렇게 생각지는 않습니다. 사실 가톨릭 신자 중에도 나쁜 사람들이 있는 걸요.

박 신부　그렇다면 어떤 사람들이 구원됩니까?

송 군　대죄가 없이 은총 지위에 있는 영혼이 구원되는 것 아닌가요?

박 신부　그렇습니다. 가톨릭 신자라고 다 구원되지 않듯이, 가톨릭 신자가 아니라고 다 구원을 못 받는 것도 아닙니다. 송 군 대답대로 은총 지위에 있어야 구원되는데, 은총 지위에 있다는 것은 그리스도의 신비체의 일원으로 초자연적 생명을 받는다는 뜻이고, 결국 그는 교회의 영혼, 즉 은총의 생명에 속해 있기 때문에 구원됩니다. 물론 세례받은 가톨릭 신자니까 교회의 육신 부분에도 속합니다. 하지만 대죄 중에 있다면, 그는 비록 교회 육신에는 속해도 영혼에는 속하지 못하기 때문에 구원을 받지 못합니다.

송 군　그렇다면, 비록 가톨릭 신자는 아닐지라도, 교회의 영혼에만 속한다면 구원은 가능하겠군요?

박 신부　바로 그것입니다. 좀 더 자세히 말씀드리면, 가톨릭 밖에서도 진정으로 하느님을 사랑하는 마음으로 착하게 살고, 자기가 속해 있는 교회가 참된 그리스도의 교회임을 믿고 있다면 그는 비록 교회의 육신에는 속하지 않았다 할지라도 교회의 영혼에 속할 수 있습니다. 따라서 은총의 생명을 받을 수 있기에 구원이 가능한 것이지요.

송 군　신부님, 세례성사에 대해서 말씀하실 때 비록 수세가 아니라도 혈세와 화세로써 구원이 가능하다고 하셨지요? 그러면 가톨릭 밖에 있다 할지라도, 혈세나 화세를 받으면 구원받을 수 있겠군요.

박신부　이론상으로는 그렇지만, 가톨릭 밖에는 성사가 없고, 특히 중요한 고해성사가 없을 뿐 아니라 죽는 날까지 대죄 없이 산다는 것은 극히 어려운 일이지요. 또 상등 통회를 한다 할지라도 그것이 어느 정도의 통회인지도 의심스러운 것인 만큼, 실제로 가톨릭 밖에서의 구원은 신학적인 과제입니다.

송　군　신부님, 조금 죄송한 말씀이지만 제가 보기에 가톨릭은 지나치게 자기 교회만 내세우는 독선적 경향이 많은 것 같습니다.

박신부　어떻게 보면 그렇게도 볼 수 있지요. 하지만 가톨릭만을 내세운다는 것은 그만큼 교리가 진실성이 있고 확실하다는 신념에서 나오는 것이 아닐까요? 한 개신교 신자로부터 들은 이야기인데, 그들은 어떤 교리를 믿든지 하느님만 믿으면 구원된다고 하는데, 나는 그것을 이해할 수 없습니다. 교회가 다르다는 것은 교리가 다르다는 것인데, 서로 다른 교리가 다 진리라면 2 더하기 2는 4도, 5도, 6도 다 맞는 답이라고 하는 결과가 되지 않을까요?

송　군　그렇긴 하군요.

박신부　그렇다고 해서 우리가 다른 교파를 무시한다든지 증오하는 것은 아닙니다. 다만 예수님 말씀대로 하나의 참교회로 돌아오기를 빌 뿐입니다.

송　군　예수님의 말씀이라니요?

박신부   그리스도는 이미 2천 년 전에 당신 교회에서 갈라져 나갈 영혼들에 대해서 이렇게 말씀하셨습니다. "나에게는 이 우리 안에 들지 않은 양들도 있다. 나는 그들도 데려와야 한다. 그들도 내 목소리를 알아듣고 마침내 한 목자 아래 한 양 떼가 될 것이다."(요한 10,16)

송 군   신부님, 종교 개혁에 대해서는 어떻게 생각하십니까?

박신부   종교 개혁과 관련된 역사적인 문제에 대해서는 다른 책에서 얘기하기로 하고 여기서는 그 핵심만을 말하겠습니다. 사람들은 종교 개혁이라고 하지만, 엄밀히 말하면 종교 개혁이 아니고 종교 분열이었습니다. 인간 루터가 감히 그리스도가 세운 교회를 개혁한다는 것은 말도 되지 않습니다. 개신교 측에서는 당시 가톨릭이 부패해서 종교 개혁이 필요했다고 하지만, 몇몇 성직자들이 부패한 것이지 교리와 성사가 부패했던 것은 아닙니다. 올바른 개혁을 하려면 부패한 성직자들을 처벌하고 참된 성직자를 세우면 되는데, 루터는 교리와 성사 문제를 자기 마음대로 뜯어고쳤으니 도리어 그리스도를 모욕한 것이라고 하지 않을 수 없지요. 만일 백 보 양보해서 2천 년의 역사를 가진 가톨릭이 참된 교회가 아니고 루터의 개혁 종교가 참된 종교라면 결국 루터는 그리스도보다 더 위대하다고 할 수밖에 없겠지요. 또 루터가 나오기 이전 무려 1,500년 동안 가톨릭을 신봉했던 자들은 모두가 그릇된 교리를 믿은 셈이니 이것을 만든 그리스도는 결국 허수아비 노릇을 한 셋밖에는 안 됩니다.

송 군   어쨌든 그리스도가 두 개의 교회를 세웠다고는 볼 수 없겠지요?

박신부   물론입니다. 설사 두 개를 세웠다고 합시다. 그러면 오늘날 개신교의 500여 종파 중 어느 것을 그리스도의 교회라고 하겠습니까? 우리는 그리스도를 믿는 모든 사람들이 하나로 합쳐지기를 기원할 뿐입니다.

송 군   가톨릭과 개신교의 차이점을 좀 알고 싶은데요.

박신부   자세한 내용은 《천주교와 개신교》란 책을 드릴 테니까 읽어 보십시오.

송 군   알겠습니다.

박신부   오늘은 간단히 가톨릭 교회가 가지고 있는 특징만을 몇 가지 말씀드리고 교회 문제는 끝맺기로 하겠습니다.

가톨릭 교회의 특징

박 신부 첫째, 가톨릭은 그리스도의 신비체입니다. 둘째, 가톨릭은 하나로 통일된 교회입니다. 셋째, 가톨릭은 모든 의식이 엄숙하고 거룩하고 보편된 교회입니다. 넷째, 가톨릭은 그리스도가 세운 교회로서, 그리스도의 제자들로부터 내려오는 2천 년의 역사를 가진 정통 교회입니다. 다섯째, 가톨릭은 일곱 가지 성사로써 은총을 주는 교회입니다.

이상으로써 교회 문제에 대한 것을 끝내고, 다음부터는 가톨릭 신자들의 윤리 문제와, 마지막 죽음과 심판, 부활 문제를 공부하겠습니다.

송 군 신부님, 감사합니다.

박 신부 끝까지 앉아 들으시느라 수고가 많았습니다. 오늘은 이만하지요. 감사합니다.

송 군 신부님, 안녕히 계십시오.

꼭 알아야 할 문제

1. 그리스도가 교회를 세우신 이유는 무엇인가?
2. 교회를 구원의 학교라고 하는 이유는 무엇인가?
3. 그리스도가 교회를 세운 성경적 근거를 설명하라.
4. 성령 강림이란 무엇인가?
5. 성령은 그리스도의 승천 후 며칠 만에 어떤 모양으로 오셨는가?
6. 가톨릭 교회의 창립일은 언제인가?
7. 교회의 영혼과 육신을 설명하라.
8. 교회 안에서의 성령의 역할을 설명하라.
9. 베드로의 수위권에 대한 그리스도의 말씀을 말해 보라.
10. 그리스도가 베드로에게 천국의 열쇠를 주셨다는 것은 무슨 뜻인가?
11. 오늘날 베드로의 후계자는 누구인가?
12. 추기경은 어떤 분인가?
13. 교황은 어떻게 뽑는가?
14. 교구와 본당, 공소를 설명하라.
15. 교황은 어디에 계시는가?
16. 성직자들이 수단을 입는 이유는 무엇인가?
17. 교황이 삼중관을 쓰는 이유는 무엇인가?
18. 교도권을 설명하라.
19. 교회의 무류성이란 무엇인가?
20. 공의회는 무엇인가?

21. 통치권을 설명하라.
22. 성품권을 설명하라.
23. 교회를 하느님의 백성이라고 하는 이유는 무엇인가?
24. 은총이란 무엇인가?
25. 상존 은총은 무엇인가?
26. 상존 은총은 언제 처음 받게 되는가?
27. 상존 은총은 어떻게 잃게 되는가?
28. 조력 은총은 무엇인가?
29. 성사는 무엇인가?
30. 성사를 은총의 운하라고 하는 이유는 무엇인가?
31. 성사 은총은 무엇인가?
32. 일곱 성사의 이름을 말해 보라.
33. 세례성사는 무엇인가?
34. 그리스도가 세례성사를 세우신 장면을 말해 보라.
35. 세례성사를 받으면 어떻게 되는가?
36. 세례성사를 주는 의식에 대해 말해 보라.
37. 세례 때 세례명을 정하는 이유는 무엇인가?
38. 세례성사는 누가 줄 수 있는가?
39. 조건 비상 세례란 무엇인가?
40. 임종 세례를 받는 데 필요한 기본 교리를 말해 보라.
41. 보례란 무엇인가?
42. 신자 가정에서 자녀를 낳으면 어떻게 해야 하는가?

43. 대부모는 무엇이며, 왜 대부모를 세우는가?

44. 혈세와 화세는 무엇인가?

45. 화세로 구원된 사람의 이름을 한 명만 말해 보라.

46. 인호란 무엇인가?

47. 세례 때 물을 쓰는 이유는 무엇인가?

48. 견진은 무엇인가?

49. 견진성사의 예식에 대해 말해 보라.

50. 견진성사는 누가 집전하는가?

51. 성령 칠은은 무엇인가?

52. 고해성사는 무엇인가?

53. 그리스도가 제자들에게 사죄권을 주신 것에 대해 말해 보라.

54. 누구에게 고해성사가 꼭 필요한가?

55. 고해성사를 받기 위해 필요한 다섯 가지 요건은 무엇인가?

56. 고해성사의 다섯 가지 요건 중 제일 중요한 것은 무엇인가?

57. 통회는 무엇인가?

58. 상등 통회는 무엇인가?

59. 하등 통회는 무엇인가?

60. 상등 통회와 하등 통회를 구별하는 방법은 무엇인가?

61. 상등 통회를 하면 어떻게 되는가?

62. 하등 통회만으로 고해성사를 받을 수 있는가?

63. 고백은 무엇인가?

64. 고해소에서 죄를 고백해야 하는 이유는 무엇인가?

65. 죄 사함을 받을 수 없는 경우를 말해 보라.
66. 고해는 어떻게 해야 잘하는 것인가?
67. 모고해는 무엇인가?
68. 잊어버리고 고백하지 못한 죄는 어떻게 되는가?
69. 고백을 듣는 신부는 고해의 비밀을 누설할 수 있는가?
70. 고해소에 들어가서 하는 절차를 말해 보라.
71. 보속은 무엇인가?
72. 보속은 몇 가지가 있는가?
73. 하느님이 정해 주신 보속은 무엇인가?
74. 세상에서 보속을 다 못하고 죽으면 어떻게 되는가?
75. 남에게 끼친 손해를 보상하지 않고도 고해성사를 받을 수 있는가?
76. 보속하는 방법에 대해 말해 보라.
77. 대사란 무엇인가?
78. 대사는 누가 주는가?
79. 교회의 보고寶庫란 무엇인가?
80. 대사에는 몇 가지 종류가 있는가?
81. 전대사란 무엇인가?
82. 전대사를 받기 위한 보통 조건이란 무엇인가?
83. 전대사를 받을 수 있는 가장 간단한 방법 하나를 말해 보라.
84. 대사는 누구에게 양보할 수 있는가?
85. 성년이란 무엇인가?

86. 성체성사는 무엇인가?
87. 성체성사에 대한 그리스도의 말씀을 말해 보라.
88. 성체성사를 세우신 이유는 무엇인가?
89. "이는 내 몸이다.", "이는 내 피다." 하신 말씀은 무슨 뜻인가?
90. "나를 기억하여 이를 행하여라."는 말씀은 무엇을 뜻하는가?
91. 미사는 무엇인가?
92. 하느님께 제사를 바쳐야 하는 이유는 무엇인가?
93. 미사의 네 가지 목적은 무엇인가?
94. 제사와 미사성제의 차이점은 무엇인가?
95. 십자가 제사와 미사성제의 효과의 차이점은 무엇인가?
96. 미사의 은총을 세 가지로 나누어 설명하라.
97. 미사 예물이란 무엇인가?
98. 미사 예식을 크게 두 가지로 나누어 보라.
99. 성체 거양은 무엇인가?
100. 영성체는 무엇인가?
101. 성경에 성체를 받아먹으라는 말이 있는가?
102. 영성체를 위해서는 어떻게 준비해야 하는가?
103. 소죄를 범한 다음 영성체할 수 있는가?
104. 공복재는 무엇인가?
105. 모령성체는 무엇인가?
106. 성체 조배는 무엇인가?
107. 병자성사는 무엇인가?

108. 병자성사 예식에 대해 설명하라.
109. 병자성사를 세우신 성경 말씀을 말해 보라.
110. 병자성사를 받으면 어떤 효과가 있는가?
111. 병자성사는 어떤 사람이 받을 수 있는가?
112. 병자성사는 여러 번 받을 수 있는가?
113. 노자 성체는 무엇인가?
114. 임종 전대사는 어떻게 받을 수 있는가?
115. 성품성사는 무엇인가?
116. 신부가 되려면 어떤 조건을 갖추어야 하는가?
117. 가톨릭 신부가 독신 생활을 하는 이유는 무엇인가?
118. 혼인성사는 무엇인가?
119. 혼인성사 예식에 대해 설명하라.
120. 혼인 후에 이혼할 수 없는 이유는 무엇인가?
121. 관면 혼인은 무엇이며, 이것을 하기 위해서는 어떤 조건을 갖춰야 하는가?
122. 혼인 장애는 무엇이며, 그 한 가지 예를 들어 보라.
123. 혼인 공시는 무엇인가?
124. 혼인성사의 목적은 무엇인가?
125. 그리스도가 일곱 성사를 세우신 이유는 무엇인가?
126. 일생에 한 번밖에 못 받는 성사는 무엇이며, 그 이유는 무엇인가?
127. 죄인이 받는 성사는 무엇인가?
128. 준성사는 무엇인가? 그 예를 들어 보라.

129. 준성사와 성사는 어떻게 다른가?
130. 축복은 무엇인가?
131. 기도는 무엇인가?
132. 기도의 네 가지 요소는 무엇인가?
133. 기도는 언제 해야 하는가?
134. 기도는 몇 가지로 나누어지는가?
135. 소리 기도를 만든 이유는 무엇인가?
136. 묵상 기도는 무엇인가?
137. 화살 기도는 무엇인가?
138. 신비체란 무엇인가? 성경 구절과 함께 설명하라.
139. 모든 성인의 통공이란 무엇인가?
140. 신전 교회는 무엇인가?
141. 가톨릭 교회 밖에도 구원이 있을 수 있는가? 그 이유는 무엇인가?
142. 루터의 소위 종교 개혁은 정당했는가?
143. 가톨릭 교회의 특징을 말해 보라.

부록: 가톨릭 주요 기도문

성호경

(십자 성호를 그으며)

성부와 성자와 성령의 이름으로.
아멘.

주님의 기도

하늘에 계신 우리 아버지,
아버지의 이름이 거룩히 빛나시며
아버지의 나라가 오시며
아버지의 뜻이 하늘에서와 같이
땅에서도 이루어지소서!
오늘 저희에게 일용할 양식을 주시고
저희에게 잘못한 이를 저희가 용서하오니
저희 죄를 용서하시고
저희를 유혹에 빠지지 않게 하시고
악에서 구하소서.
아멘.

성모송

은총이 가득하신 마리아님, 기뻐하소서!
주님께서 함께 계시니 여인 중에 복되시며
태중의 아들 예수님 또한 복되시나이다.
천주의 성모 마리아님,
이제와 저희 죽을 때에
저희 죄인을 위하여 빌어 주소서.
아멘.

영광송

(밑줄 부분에서 고개를 숙이며)
<u>영광이 성부와 성자와 성령께</u>
처음과 같이
이제와 항상 영원히.
아멘.

사도 신경

전능하신 천주 성부
천지의 창조주를 저는 믿나이다.
그 외아들 우리 주 예수 그리스도님
(밑줄 부분에서 모두 깊은 절을 한다.)
<u>성령으로 인하여 동정 마리아께 잉태되어 나시고</u>
본시오 빌라도 통치 아래서 고난을 받으시고
십자가에 못 박혀 돌아가시고 묻히셨으며
저승에 가시어 사흗날에 죽은 이들 가운데서 부활하시고
하늘에 올라 전능하신 천주 성부 오른편에 앉으시며
그리로부터 산 이와 죽은 이를 심판하러 오시리라 믿나이다.
성령을 믿으며
거룩하고 보편된 교회와 모든 성인의 통공을 믿으며
죄의 용서와 육신의 부활을 믿으며
영원한 삶을 믿나이다.
아멘.

반성 기도

주님, 오늘 생각과 말과 행위로 지은 죄와
의무를 소홀히 한 죄를 자세히 살피고
그 가운데 버릇이 된 죄를 깨닫게 하소서.
아멘.

십계명

일. 한 분이신 하느님을 흠숭하여라.
이. 하느님의 이름을 함부로 부르지 마라.
삼. 주일을 거룩히 지내라.
사. 부모에게 효도하여라.
오. 사람을 죽이지 마라.
육. 간음하지 마라.
칠. 도둑질을 하지 마라.
팔. 거짓 증언을 하지 마라.
구. 남의 아내를 탐내지 마라.
십. 남의 재물을 탐내지 마라.

고백 기도

전능하신 하느님과 형제들에게 고백하오니
생각과 말과 행위로 죄를 많이 지었으며
자주 의무를 소홀히 하였나이다.

(가슴을 치며) 제 탓이요

(가슴을 치며) 제 탓이요

(가슴을 치며) 저의 큰 탓이옵니다.

그러므로 간절히 바라오니
평생 동정이신 성모 마리아와
모든 천사와 성인과 형제들은
저를 위하여 하느님께 빌어 주소서.

(✚ 전능하신 하느님, 저희에게 자비를 베푸시어
죄를 용서하시고 영원한 생명으로 이끌어 주소서.)

아멘.

통회 기도

하느님,
제가 죄를 지어
참으로 사랑받으셔야 할
하느님의 마음을 아프게 하였기에
악을 저지르고 선을 멀리한 모든 잘못을
진심으로 뉘우치나이다.
하느님의 은총으로 속죄하고
다시는 죄를 짓지 않으며
죄지을 기회를 피하기로 굳게 다짐하오니
우리 구세주 예수 그리스도의 수난 공로를 보시고
저에게 자비를 베풀어 주소서.
아멘.

삼덕송

신덕송

하느님, 하느님께서는 진리의 근원이시며
그르침이 없으시므로
계시하신 진리를
교회가 가르치는 대로 굳게 믿나이다.

망덕송

하느님, 하느님께서는 자비의 근원이시며
저버림이 없으시므로
예수 그리스도의 공로를 통하여 주실
구원의 은총과 영원한 생명을 바라나이다.

애덕송

하느님, 하느님께서는 사랑의 근원이시며
한없이 좋으시므로
마음을 다하여 주님을 사랑하며
이웃을 제 몸같이 사랑하나이다.

봉헌 기도

하느님, 저를 사랑으로 내시고
저에게 영혼 육신을 주시어
주님만을 섬기고 사람을 도우라 하셨나이다.
저는 비록 죄가 많사오나
주님께 받은 몸과 마음을 오롯이 도로 바쳐
찬미와 봉사의 제물로 드리오니
어여삐 여기시어 받아 주소서.
아멘.

삼종 기도

○ 주님의 천사가 마리아께 아뢰니
● 성령으로 잉태하셨나이다.

(성모송)

○ "주님의 종이오니
● 그대로 제게 이루어지소서!"

(성모송)

○ 이에 말씀이 사람이 되시어
● 저희 가운데 계시나이다.

(성모송)

○ 천주의 성모님, 저희를 위하여 빌어 주시어
● 그리스도께서 약속하신 영원한 생명을 얻게 하소서.

✚ 기도합시다.
　하느님, 천사의 아룀으로
　성자께서 사람이 되심을 알았으니
　성자의 수난과 십자가로 부활의 영광에 이르는 은총을
　저희에게 내려 주소서.
　우리 주 그리스도를 통하여 비나이다.
◎ 아멘.

부활 삼종기도

(주님 부활 대축일부터 성령 강림 대축일까지)

○ 하늘의 모후님, 기뻐하소서. 알렐루야.

● 태중에 모시던 아드님께서, 알렐루야.

○ 말씀하신 대로 부활하셨나이다. 알렐루야.

● 저희를 위하여 하느님께 빌어 주소서. 알렐루야.

○ 동정 마리아님, 기뻐하시며 즐거워하소서. 알렐루야.

● 주님께서 참으로 부활하셨나이다. 알렐루야.

✢ 기도합시다.
　하느님, 성자 우리 주 예수 그리스도의 부활로
　온 세상을 기쁘게 하셨으니
　성자의 어머니 동정 마리아의 도움으로
　영생의 즐거움을 얻게 하소서.
　우리 주 그리스도를 통하여 비나이다.
◎ 아멘.

묵주 기도

환희의 신비

1단 마리아께서 예수님을 잉태하심을 묵상합시다.
2단 마리아께서 엘리사벳을 찾아보심을 묵상합시다.
3단 마리아께서 예수님을 낳으심을 묵상합시다.
4단 마리아께서 예수님을 성전에 바치심을 묵상합시다.
5단 마리아께서 잃으셨던 예수님을 성전에서 찾으심을 묵상합시다.

빛의 신비

1단 예수님께서 세례 받으심을 묵상합시다.
2단 예수님께서 카나에서 첫 기적을 행하심을 묵상합시다.
3단 예수님께서 하느님 나라를 선포하심을 묵상합시다.
4단 예수님께서 거룩하게 변모하심을 묵상합시다.
5단 예수님께서 성체성사를 세우심을 묵상합시다.

고통의 신비

1단 예수님께서 우리를 위하여 피땀 흘리심을 묵상합시다.
2단 예수님께서 우리를 위하여 매 맞으심을 묵상합시다.
3단 예수님께서 우리를 위하여 가시관 쓰심을 묵상합시다.
4단 예수님께서 우리를 위하여 십자가 지심을 묵상합시다.
5단 예수님께서 우리를 위하여 십자가에 못 박혀 돌아가심을 묵상합시다.

영광의 신비

1단 예수님께서 부활하심을 묵상합시다.
2단 예수님께서 승천하심을 묵상합시다.
3단 예수님께서 성령을 보내심을 묵상합시다.
4단 예수님께서 마리아를 하늘에 불러올리심을 묵상합시다.
5단 예수님께서 마리아께 천상 모후의 관을 씌우심을 묵상합시다.

식사 전 기도

✚ 주님, 은혜로이 내려 주신 이 음식과 저희에게 강복하소서.
　우리 주 그리스도를 통하여 비나이다.
◎ 아멘.

식사 후 기도

✚ 전능하신 하느님,
　저희에게 베풀어 주신 모든 은혜에 감사하나이다.
◎ 아멘.

✚ 주님의 이름은 찬미를 받으소서.
◎ 이제와 영원히 받으소서.

✚ 세상을 떠난 모든 이가 하느님의 자비로
　평화의 안식을 얻게 하소서.
◎ 아멘.

일을 시작하며 바치는 기도

○ 오소서, 성령님.
  저희 마음을 성령으로 가득 채우시어
  저희 안에 사랑의 불이 타오르게 하소서.
● 주님의 성령을 보내소서. 저희가 새로워지리이다.
  또한 온 누리가 새롭게 되리이다.
✚ 기도합시다.
  하느님, 성령의 빛으로 저희 마음을 이끄시어
  바르게 생각하고
  언제나 성령의 위로를 받아 누리게 하소서.
  우리 주 그리스도를 통하여 비나이다.
◎ 아멘.

일을 마치고 바치는 기도

(성모님께 보호를 청하는 기도)

천주의 성모님, 당신의 보호에 저희를 맡기오니
어려울 때에 저희의 간절한 기도를 외면하지 마시고
항상 모든 위험에서 저희를 구하소서.
영화롭고 복되신 동정녀시여.

아침 기도

(십자 성호를 그으며)

✢ 성부와 성자와 성령의 이름으로.
◎ 아멘.
○ 하늘에 계신 우리 아버지,
　아버지의 이름이 거룩히 빛나시며
　아버지의 나라가 오시며
　아버지의 뜻이 하늘에서와 같이
　땅에서도 이루어지소서!
● 오늘 저희에게 일용할 양식을 주시고
　저희에게 잘못한 이를 저희가 용서하오니
　저희 죄를 용서하시고
　저희를 유혹에 빠지지 않게 하시고
　악에서 구하소서.
◎ 아멘.

◎ 하느님, 저를 사랑으로 내시고
　저에게 영혼 육신을 주시어
　주님만을 섬기고 사람을 도우라 하셨나이다.
　저는 비록 죄가 많사오나

주님께 받은 몸과 마음을 오롯이 도로 바쳐
찬미와 봉사의 제물로 드리오니
어여삐 여기시어 받아 주소서.
아멘.

✚ 우리 주 하느님께 권능과 영광
지혜와 굳셈이 있사오니
찬미와 감사와 흠숭을 영원히 받으소서.
◎ 아멘.

✚ 전능하신 하느님,
오늘도 저희 생각과 말과 행위를
주님의 평화로 이끌어 주소서.
◎ 아멘.

저녁 기도

(십자 성호를 그으며)

✛ 성부와 성자와 성령의 이름으로.
◎ 아멘.

✛ 주님, 오늘 생각과 말과 행위로 지은 죄와
의무를 소홀히 한 죄를 자세히 살피고
그 가운데 버릇이 된 죄를 깨닫게 하소서.

(잠깐 반성한다.)

◎ 하느님,
제가 죄를 지어
참으로 사랑받으셔야 할
하느님의 마음을 아프게 하였기에
악을 저지르고 선을 멀리한 모든 잘못을
진심으로 뉘우치나이다.
하느님의 은총으로 속죄하고
다시는 죄를 짓지 않으며
죄지을 기회를 피하기로 굳게 다짐하오니
우리 구세주 예수 그리스도의 수난 공로를 보시고

저에게 자비를 베풀어 주소서.
아멘.

○ 하느님, 하느님께서는 진리의 근원이시며
그르침이 없으시므로
계시하신 진리를
교회가 가르치는 대로 굳게 믿나이다.

● 하느님, 하느님께서는 자비의 근원이시며
저버림이 없으시므로
예수 그리스도의 공로를 통하여 주실
구원의 은총과 영원한 생명을 바라나이다.

○ 하느님, 하느님께서는 사랑의 근원이시며
한없이 좋으시므로
마음을 다하여 주님을 사랑하며
이웃을 제 몸같이 사랑하나이다.

+ 하늘에 계신 우리 아버지, 오늘 하루도 이미 저물었나이다.
이제 저희는 구세주 예수 그리스도를 통하여

모든 천사와 성인과 함께 주님을 흠숭하며
지금 이 순간까지 베풀어 주신
주님의 사랑에 감사하나이다.
◎ 아멘.

✚ 전능하신 천주

(십자 성호를 그으며)

성부와 성자와 성령께서는
저희에게 강복하시고 지켜 주소서.
◎ 아멘.

고해성사

1. 먼저 고해자는, 지은 죄를 모두 알아내고
2. 진정으로 뉘우치며
3. 다시는 죄를 짓지 않기로 굳게 결심하고
4. "고백 기도"와 "통회 기도"를 바친다.

(십자 성호를 그으며)

● 성부와 성자와 성령의 이름으로.
　아멘.

✚ 하느님께서 우리 마음을 비추어 주시니
　하느님의 자비를 굳게 믿으며
　그동안 지은 죄를 사실대로 고백하십시오.
● 아멘.
● 고해한 지 (며칠, 몇 주일, 몇 달) 됩니다.

(알아낸 죄를 낱낱이 고백한다.)

(죄를 고백한 다음)

● 이 밖에 알아내지 못한 죄도 모두 용서하여 주십시오.

(사제는 고해자에게 통회를 하도록 권고하고 보속을 준다.)
(필요하다면 고해자에게 아래의 통회 기도를 바치게 할 수 있다.)

● 하느님,
　제가 죄를 지어 참으로 사랑받으셔야 할
　하느님의 마음을 아프게 하였기에
　악을 저지르고 선을 멀리한 모든 잘못을
　진심으로 뉘우치나이다.
　하느님의 은총으로 속죄하고
　다시는 죄를 짓지 않으며
　죄지을 기회를 피하기로 굳게 다짐하오니
　우리 구세주 예수 그리스도의 수난 공로를 보시고
　저에게 자비를 베풀어 주소서.

(사제는 고해자의 머리 위에 두 손을 얹거나 적어도 오른손을 펴 들고 사죄경을 외운다.)

✚ 인자하신 천주 성부께서는 성자의 죽음과 부활로
　세상을 당신과 화해시키시`고
　죄를 용서하시려고 성령을 보내 주셨으니

교회의 직무를 통하여
몸소 이 교우에게 용서와 평화를 주소서.

나도 성부와 ✠ 성자와 성령의 이름으로
이 교우의 죄를 용서합니다.
● 아멘.

고해자가 죽을 위험이 있으면, 사죄경의 핵심 구절만 아래와 같이 할 수 있다.

✠ 나는 성부와 ✠ 성자와 성령의 이름으로
이 교우의 죄를 용서합니다.
● 아멘.

✠ 주님은 좋으신 분이시니 찬미합시다.
● 주님의 자애는 영원하시다.

✠ 주님께서 죄를 용서해 주셨습니다.
평화로이 가십시오.
● 감사합니다.

제4부

하느님의 계명과 영원한 생명

왜 착하게 살아야 하는가?

송 군   신부님! 안녕하셨어요? 더위에 별고 없으셨어요?

박신부   예, 별고 없었습니다. 어때요, 그간 교리 공부 열심히 했나요?

송 군   물론이죠. 주일이면 성당에도 꼬박꼬박 나갑니다. 하지만 아직도 모르는 것이 많은 것 같습니다.

박신부   그렇겠지요. 아직 공부가 끝나지 않았으니…….

송 군   이제부터는 무엇을 공부합니까?

박신부   예, 지금까지 우리는 종교의 근본 문제인 창조주, 인간, 영혼 불멸, 죄, 그리스도의 구속, 계시와 신앙 문제를 공부했고, 또한 그리스도가 세우신 교회와 교리를 통해 은총을 받는 성사를 공부했습니다.
이제 윤리 도덕 문제와 죽음, 심판, 부활 등의 주제가 남아 있습니다.

송 군   신부님, 중요한 것이 하나 빠졌는데요.

박신부   뭔데요?

송 군   제가 세례받는 문제 말입니다.

박신부   정말 그렇군요. 교리 공부가 곧 끝나면 세례를 받을 수 있지만, 신앙생활이란 교리 지식이 풍부하다고 해서 되는 것은 결코 아닙니다. 신앙이란 어디까지나 지식보다도 의지의 문제입니다. 하느님 앞에 의지를 굽힐 줄 아는 겸손하고 착한 마음이 무엇보다 중요한 것이고 교리 지식은 그에 비하면 부차적인 것입니다.

송 군 그러니까, 아는 것과 믿는 것은 다르다는 말씀이지요?

박 신부 그렇지요. 교리 지식의 양에 비례해서 신앙이 깊어지는 것은 아닙니다. 교리를 많이 알지 못하는 시골 할머니들이 누구보다 열심히 신앙생활을 하는 경우도 있고, 가톨릭을 연구하여 교리 지식이 풍부한 학자가 반드시 신앙생활을 잘한다고 말할 수도 없습니다.

송 군 잘 알겠습니다.

박 신부 신앙 조문條文을 믿기만 하고 착한 생활을 하지 않는 사람은 참된 종교 생활을 하는 것이 아닙니다. 하느님이 우리에게 가르쳐 주신 신앙 조문을 믿고, 죄를 피하며 선한 그리스도인으로서 덕을 닦고 하느님의 은총을 받아야 하겠지요. 그래야 우리 영혼이 거룩하게 되어 구원을 받습니다.

송 군 그런데 가톨릭에서 가르치는 윤리 도덕과 일반 사회에서 말하는 윤리 도덕에 다른 점이 있습니까?

박 신부 물론 도덕은 인간의 양심법에 근거를 두는 것이기에 다 같은 것이라고 할 수 있겠지만, 나는 여기서 양자 간의 근본적인 차이점을 지적하고 싶습니다. 세상 사람들이 말하는 윤리 도덕은 첫째로 그 기준이 흐리고, 둘째로 윤리 도덕이 가야 하는 목표가 없습니다.

송 군   무슨 말인지 이해가 잘 안 됩니다.

박신부   질문 하나 하겠습니다. 윤리 도덕법대로 살아야 하는 이유가 무엇입니까?

송 군   그거야 착한 사람이 되기 위해서지요.

박신부   그럼 착한 사람이 되어야 하는 이유는 무엇인가요? 착한 사람이 되면 돈 뭉치가 하늘에서 뚝뚝 떨어집니까?

송 군   그렇진 않지만 인간이니까 인간답게 살아야 되는 것 아닌가요?

박신부   물론 그것도 좋습니다. 그런데 인간답게 살아야 하는 이유가 무엇인가 말입니다. 보십시오. 이 세상에서 소위 양심을 지키고 윤리 도덕대로만 산다는 사람들은 출세도 못하고 돈벌이도 못하고 더 힘들게 살 때가 많습니다. 그러면 무엇 때문에 윤리 도덕을 따라야 합니까?

송 군   신부님 말씀을 듣고 싶습니다.

박신부   내가 말하려는 것은 사람들이 윤리 도덕을 말하긴 하지만 그 목표가 없다는 것입니다. 그들의 도덕은 알맹이 없는 껍데기일 뿐입니다. 왜냐하면 윤리 도덕법을 주신 절대자와 잘잘못을 판가름할 심판관을 모르기 때문이에요. 그러니 윤리 도덕이 지향하는 참된 선이라는 목표를 잃어버리고 만 것이지요. 하지만 우리 가톨릭의 윤리는 그렇지 않습니다. 윤리 도덕법을 주신 윤리의 절대자가 있습니다. 우리의 행동을 판결하여 상과 벌, 행복과 불행을 내리시는 절대자가 있는 것이지요. 그렇지만 하느님을 모르는 그들의 윤리 도덕은 '눈 감고 아웅'하는 식입니다. 그래서 입으로만 윤리니 양심이니 말하지만 속으로는 얼마든지 사기, 부정, 횡령을 합니다. 그래서 가끔 신심 깊은 가톨릭 신자들에게 이런 말을 듣습니다.

"신부님, 제 사무실 친구들이 저를 보고 바보라고 합니다."

"이유가 무엇입니까?"

"글쎄, 문서를 위조해서 예산을 잘라먹자고 하기에 양심상 할 수 없다고 했더니 그러잖아요."

송 군 신부님, 사실입니다. 이 세상에서 그런 방법을 모르고 양심만 꼿꼿이 지키다가는 바보가 되고 매장당하고 맙니다.

박 신부 제 말이 그 말입니다. 윤리의 심판관, 즉 하느님을 모르는 그들의 윤리는 속이 다 들여다보이는 것입니다. 양심이 무엇인지도 모르고, 양심을 따라 착하게 살아야 하는 이유를 모르니까요.

송 군 그렇다면 신부님, 가톨릭 신자들은 모두가 참된 윤리 도덕가들인가요?

박 신부 그렇진 않습니다.

송 군 제가 보기에도 가톨릭 신자 중에 고약한 사람들이 많더군요.

박 신부 예, 그렇습니다. 그것을 부인하는 것이 아닙니다. 가톨릭 신자 중에도 얼마든지 나쁜 사람이 있습니다. 마치 그리스도의 열두 제자 중에 그리스도를 팔아먹은 악한이 있었듯이 말입니다. 유다 이스카리옷이라는 제자는 돈에 매수당해 그리스도를 박해하는 사람들에게 넘겨주었습니다. 이것은 우연한 것이 아닙니다. 인간 사회에는 얼마든지 큰 죄인이 있고 또 얼마든지 위대한 선인도 있는 것입니다. 그런데 그리스도가 유다에게 그런 죄악을 가르치셔서 그런 짓을 했다고 생각합니까?

송 군 물론 그렇진 않겠죠.

박 신부 마찬가지로, 가톨릭 교회에서 가르치는 윤리 도덕이 잘못되었기 때문에 가톨릭 신자 중에 나쁜 사람이 있는 것은 아닙니다. 그것은 어디까지나 본인의 책임입니다.

송 군 신부님, 윤리 도덕을 지켜야 하는 이유는 알겠습니다. 그런데, 제 친구 중 한 사람이 이런 말을 하더군요.

"성당에 무엇 때문에 나가? 그만 둬. 네가 아직 모르는 모양인데, 나도 가톨릭 신자 한 사람을 알고 있는데, 성당에 나가도 별수 없더라고. 그러니 양심대로만 착하게 살면 되지 않겠어? 구태여 성당에 갈 필요가 없다고 생각하는데 말이야."

양심대로 살기만 하면 되는가?

박 신부 좋은 말씀입니다. 내가 아는 어떤 유식한 사람도 언젠가 내게 그런 말을 하면서 성당에 가기를 꺼리더군요.

송 군 사실 어떻게 보면 그럴 법도 하잖아요?

박 신부 어떻게 그럴듯합니까?

송 군 양심대로 착하게 살겠다는데 나쁠 거 없지 않습니까?

박 신부 그럼 송 군이 후에 자녀를 낳거든 애들을 학교에 보내지 마십시오. 부탁합니다.

송 군 왜요?

박 신부 무엇 때문에 귀찮게 학비를 들여가면서 학교에 보내요? 집에서 혼자 공부만 하면 되지 않겠어요?

송 군 혼자서 선생님도 없이 어떻게 공부를 하겠습니까?

박 신부 그렇습니다. 8 나누기 2는 4이다. 이런 문제 하나를 풀기 위해서도 선생을 찾아야 하고, 학교를 찾아야 한다면 어째서 참된 윤리 생활을 하고 구원의 진리를 배우는 데 학교가 필요 없겠습니까?

송 군 전에 '교회는 구원의 진리를 가르치는 학교'라고 하신 말씀이 생각나네요.

박 신부 그뿐입니까? 교회는 인생의 목표를 가르치고, 거기로 가는 길, 즉 윤리 도덕을 올바로 가르칩니다. 그렇다면 어째서 이것이 필요 없다는 것입니까? 학교라는 것이 무엇인지 전혀 모르는 사람이 학교가 필요 없다고 할 수 있다면 교회가 무엇인지를 모르는 사람 역시 교회가 필요 없다고 할 것입니다. 무정부주의가 위험하듯이, 무교회주의 역시 위험합니다.

송 군 그들이 생각하는 교회는 우리가 생각하는 교회와 다르겠지요?

박신부 그렇습니다. 아이가 학교에서 나쁜 친구들과 휩쓸려 나쁜 짓만 하고 다닌다고 해서 아예 학교도 보내지 말고 학교도 없애자는 것이 올바른 생각이겠습니까?

송 군 그렇지 않죠.

박신부 학교에서 학생들이 잘못된 것은 자기들 탓입니다. 학교에서 나쁜 것을 가르쳐서 그런 것은 아닙니다. 마찬가지로, 가톨릭 신자 몇몇이 악하다고 해서 교회의 윤리 도덕이 타락했다고 할 수 없는 것입니다. 따라서 교회도 필요 없다는 결론은 어불성설입니다. 그뿐 아니라 우리는 은총의 힘으로 초자연계와 연결된다는 것을 지난번 성사 편에서 말씀드린 바 있습니다. 그러니 하느님의 은총을 받기 위해서도 교회가 필요하고 초자연적 계시 진리를 배우기 위해서도, 참된 윤리 도덕을 배우기 위해서도 교회는 필요합니다. 학교 교육이 필요하기 때문에 학교가 있고, 종교 교육이 필요하기 때문에 교회가 있는 것입니다.

송 군 그런데 신부님, 교회에서 말하는 양심과 일반 사람들이 말하는 양심이 다르다고 생각하십니까?

박신부 양심이란 선을 행하고 악을 피하게 하는 실천적 판단 능력이라고 할 수 있습니다. 이것은 인간 본성에 박혀진 창조주의 율법이기 때문에 인간이 마음대로 바꿀 수 없습니다.

송 군 그렇다면 모든 사람이 지니고 있는 양심은 똑같은 것입니까?

박신부 물론 창조주의 뜻이 새겨져 있다는 점에서는 같다고 하겠지만 앞서 우리가 공부했듯이 인간이 원죄를 저질렀기 때문에 인간 본성 자체에는 금이 갔습니다. 따라서 하느님께 받은 그 깨끗한 양심을 잘 가꾸어야 합니다. 우리의 양심은 주위 환경과 교육에 따라서 제각기 다르게 되었습니다.
옛날 중국의 순자는 인간의 본성은 근본적으로 악하다고 하는 성악설을 말했고, 맹자는 반대로 성선설을 말했습니다만, 나는 여기서 두 가지 설을 부분적으로 긍정하고 또한 부분적으로 부정하고 싶습니다.

송 군 사실 그 양심 문제에 있어서 사람마다 주장이 다른 것 같습니다.

박신부 인간은 본래 선하게 창조되었지만 악을 저지를 수 있는 가능성을 동시에 갖고 태어났고, 더구나 원죄로 말미암아 본성이 타락되었기 때문에 본성을 선 자체로 보기는 힘듭니다. 하지만 그렇다고 인간의 본성이 악 자체라고는 볼 수 없습니다. 인간의 양심을 잘 가꾸면 얼마든지 착한 사람이 될 수도 있고 이것을 잘못 다루면 동물 이하로 떨어질 수도 있는 것입니다. 따라서 그 사람의 환경과 교육에 따라 그 양심의 성격이 달라지므로 이것을 절대적인 윤리 기준으로 삼을 수는 없습니다.

송 군 구체적으로 어떤 양심을 두고 하시는 말씀입니까?

박신부 윤리 신학에서는 양심을 여러 가지로 분류합니다. 예를 들면 어떤 사람은 회사 공금을 빼돌리고도 양심에 거리낌 없이 도리어 쾌감을 느끼기도 하지만, 어떤 사람은 남의 집 안방을 들여다보기만 해도 양심이 찔려서 가슴이 두근두근합니다. 이 둘 사이에는 엄청난 차이가 있습니다.

송 군 사실입니다.

박신부 그러니 양심대로만 살면 된다는 생각은 위험하기 짝이 없습니다. 가끔 양심이 고운 착한 사람들이 있습니다. 하지만 그들도 때때로 다른 부류의 사람들과 상종하다 보면 실수로 양심을 거스르는 일을 하기도 하지요. 그리고 나서 즉시 후회하지만 이것이 몇 차례 되풀이되면 자기도 모르게 양심이 무뎌지고 맙니다. 그런 사람 많잖아요? 처음엔 착하던 사람이 악인으로 변하는 일 말입니다.

송 군 그런 일이 많죠.

박신부 이런 양심을 윤리의 기준으로 삼는다면 죄와 선의 일정한 기준이 없어지고 각자 판단에 따라 달라질 텐데 어떻게 사회적인 도덕이 세워지겠습니까? 전 이런 사람들을 많이 보았습니다. 불의한 일을 해 놓고는 그것을 변명하면서 '이 정도는 괜찮아!' 하고는 입을 싹 닦아 버리고 맙니다.

송 군   그러니까 신부님 말씀은, 각자의 양심 판단이 아닌 다른 윤리 기준이 있어야 한다는 건가요?

박신부   그렇지요. 양심이 본래는 좋은 것입니다. 하지만 때 묻은 양심이 너무 많기 때문에 그 양심을 가르치는 다른 객관적인 윤리의 기준이 있어야만 참된 윤리 도덕법이 세워질 수 있습니다. 생각하면 한심합니다. 우리 사회에 윤리 도덕법에 대해서 말은 많지만 실천이 부족합니다. 실천이 부족하다는 것은 윤리의 확고한 목표가 없고 기준이 없다는 말입니다. 되는 대로 살아 버리지요. 그렇기 때문에 "양심대로 살면 되지, 성당에 나갈 필요가 있는가?" 이렇게 나옵니다. 송 군, 그들이 말하는 양심이 창조주가 뜻하는 그러한 절대적인 윤리의 기준이 될 수 있다고 봅니까?

송 군   글쎄요?

박신부   그들의 주관적인 양심이 윤리의 절대적 심판대에서 과연 승리할 수 있다고 봅니까?

송 군   글쎄요……. 신부님, 그럼 윤리의 참된 기준이 뭔가요?

윤리 도덕의 기준인 십계명

박신부 송 군도 십계명이란 말을 처음 들어보는 것은 아니겠죠?
송 군 그럼요. 영화도 보았는걸요.
박신부 그래요? 그럼 한번 이야기해 보세요.
송 군 신부님이 더 잘 아실 텐데요…….
박신부 아니, 영화를 본 후 기억나는 것을 말씀해 보세요.
송 군 지금 생각나는 것은……. 그 사람이 누구였더라……. 모세지요? 이스라엘의 영도자 말입니다.
박신부 예, 그렇습니다.
송 군 그가 수십만의 군중을 데리고 본고향으로 가면서 여러 가지 기적을 행하더군요. 특히 그중에서 바다를 건너는 장면은 지금도 생생합니다. 모세의 군중들은 무사히 건너가고, 이집트 군대들이 바다에 빠지는 것 말입니다.
박신부 그리고 그 다음은요?
송 군 그다음엔 그게 무슨 산이던가? 거기서 돌에 새겨진 십계명을 하느님께 받던데요. 그 산 이름은 모르겠습니다.
박신부 시나이산 아니던가요?
송 군 예, 예. 시나이산 맞아요, 신부님.

박 신부   구약의 이스라엘 지도자 모세는 수십만의 군중을 거느리고 고국인 가나안으로 돌아오면서 시나이산에서 십계명을 받았습니다. 이 십계명은 인간이 만들어 낸 윤리가 아니고, 하느님이 우리에게 주신 윤리 도덕이므로 더욱 가치가 있고, 그 내용이 풍부합니다.

송 군   그런데 그때 받은 그 십계명의 돌이 아직까지 남아 있나요?

박 신부   아쉽게도 분실되고 말았습니다. 그 당시 잦은 전쟁과 민족의 이동 등으로 그것을 오늘까지 보존하지 못했지만, 그 정신은 그대로 내려옵니다.

송 군   그럼 그 십계명이 어떻게 전해 옵니까?

박 신부   예, 그것은 구약 성경에 기록되어 전해 오고 있습니다. 모세가 이스라엘 민족을 이집트에서 구출하는 역사가 기록된 탈출기 20장에 나옵니다. 그런데 이것을 아우구스티노 성인이 쉽게 열 가지로 분류했습니다. 그것을 소개하면 다음과 같습니다.

일. 한 분이신 하느님을 흠숭하여라.

이. 하느님의 이름을 함부로 부르지 마라.

삼. 주일을 거룩히 지내라.

사. 부모에게 효도하여라.

오. 사람을 죽이지 마라.

육. 간음하지 마라.

칠. 도둑질을 하지 마라.

팔. 거짓 증언을 하지 마라.
구. 남의 아내를 탐내지 마라.
십. 남의 재물을 탐내지 마라.

첫째 계명

박신부 열 가지 계명 중에서 첫째 계명은 하느님을 최대로 공경하고 최대로 사랑하는 것입니다. 하느님은 행복의 원천이요, 사랑의 원천이며, 우리의 최후 목적이기 때문에 우리의 모든 행동이 하느님에 대한 존경과 사랑에서 나와야 된다는 것입니다.

송 군 하느님 앞에 완전히 굴복하여 노예처럼 살아야 된다는 건가요?

박신부 자식이 부모를 사랑하고 존경하는 것이 노예적 근성에서 나온 것입니까? 하기야 가톨릭 신자가 되면 성당에도 나가야 하고, 기도도 바쳐야 하고, 또 무엇은 해야 하고, 어떤 것은 하지 말아야 하지요. 그러니 자신처럼 게으른 사람은 아무 것도 할 수 없게 되겠다며, 아예 신자가 되는 걸 포기하는 것이 낫다고 하는 사람도 있긴 합니다.

송 군 그런 사람 많습니다. 가톨릭이 좋다는 것은 알지만, 신자로서 생활할 엄두가 나지 않아 못하겠다는 사람이 많습니다.

박신부 그들은 아직도 신앙생활이 무엇인지 모르고 신앙생활의 경험이 없기 때문입니다. 신앙생활을 하면 거기에 꼭 매여서 사회생활은 아무것도 못 할 것 같지만, 사실은 정반대입니다. 신앙생활을 하면 그만큼 사회생활을 더 쉽게 더 잘할 수 있습니다. 갑자기 어떤 책에서 본 이야기가 생각나는군요.

송 군 무슨 이야긴데요?

박 신부 어떤 프랑스 신부가 아프리카의 원주민들을 찾아 전교하러 갔습니다. 신부가 간 곳은 문명의 흔적이라고는 조금도 찾아볼 수 없는 원시생활을 하는 곳이었습니다. 어느 날 그들이 집을 짓는 것을 보니, 산에서 큼직큼직한 돌을 가져오더랍니다. 그 돌은 어떤 이는 들고 어떤 이는 등에 메고 낑낑거리면서 운반하고 있었습니다. 신부는 그것이 딱해서 손수 수레를 만들어서 그들에게 주었지요. 그러면서 돌을 들고 다니면 힘들 테니 수레에 실어 끌고 다니라고 했습니다. 그랬더니 그들이 깜짝 놀라는 기색을 보이면서 하는 말이 "이 사람 어처구니없는 말만 하는구먼. 글쎄 돌만 들고 다녀도 무거워 죽을 지경인데 거기에 또 수레까지 들고 다니라니, 원 바보 같은 소리 작작 하구려." 하더란 것입니다.

송 군 하하하, 수레의 가치를 모르는 사람들이 도리어 신부님을 보고 바보라고 했군요? 하하.

박 신부 그렇습니다. 신앙의 가치를 모르는 사람들은 이렇게 미리부터 겁을 내지요.

송 군 신부님, 무슨 말씀인지 잘 알겠습니다.

박 신부 신앙생활을 하면 그만큼 사회생활도 쉽게 더 잘할 수 있다는 것을 실제로 경험하지 않고는 알 수 없습니다. 우리가 하느님을 사랑하는 것은 그만큼 사랑을 받고 행복을 얻기 위한 것입니다.

그리고 그만큼 우리 생활이 평화롭고 행복해집니다. 그리고 하느님 아닌 다른 것을 하느님처럼 공경한다면, 이것은 하느님에 대한 일종의 배신입니다.

송 군 예컨대 어떤 경우입니까?

박신부 하느님께 기도하지 않고 고목이나 해, 달을 보고 기도하는 것과 같은 모든 미신 행위를 말합니다.

송 군 만일 가톨릭 신자가 무당을 불러 굿을 하거나 점을 보면 어떻게 됩니까?

박신부 그것은 하느님께 배신행위를 하는 중죄가 됩니다. 인간은 본성적으로 누군가에게 기원하게 되어 있으며, 또 누군가를 믿게 되어 있습니다. 그래서 하느님을 모르는 사람들은 이와 같은 미신을 따르게 되는 것이지요. 미신이란 절대자가 아닌 물건이나 사람을 절대자처럼 공경하는 것을 말합니다.

송 군 점치는 사람이 가끔 용하게 알아맞히곤 하잖아요? 그것을 무조건 미신이라고 봐야 합니까?

박신부 점이나 굿은 마귀가 붙어야 됩니다. 귀신이 접하지 않은 점이나 굿은 거짓입니다. 마귀가 접한 굿이나 점은 가끔 맞는 경우가 있습니다. 왜냐하면 마귀란 인간보다 더 큰 능력을 갖고 있기 때문입니다. 전에 천사와 악마에 대해서 이야기할 때 말씀드렸지요?

송 군 예, 잘 알겠습니다. 그런데 정감록이나 사주팔자라든가 손금 같은 것을 보는 것은 어떻습니까?

박신부 역시 미신입니다. 예컨대, 사주팔자라는 것은 세상에 출생한 해와 달, 일, 시를 따져서 그 사람의 행, 불행을 말하는데 그것이 무슨 근거가 있습니까? 이 밖에 토정비결이니 풍수설, 강신술이니 하는 것도 다 마찬가지입니다.

송 군 잘 알겠습니다. 그러면 가톨릭 신자들은 미신 행위에 동참해서는 안 됩니까?

박 신부 물론입니다. 미신에 협력한다는 것은 그 미신을 인정한다는 뜻이 아니겠어요?

송 군 그러면 이웃에 사는 사람이 고사를 지낸 떡이나 술 같은 것을 줄 경우 그것을 먹지도 못합니까?

박 신부 그것은 먹을 수 있습니다. 음식 그 자체는 미신이 아니니까요.

송 군 그러면 꿈을 꾼 다음 그것을 해몽하여 장래 일을 판단하는 것도 잘못인가요?

박 신부 꿈이란 주로 생리적인 또는 정신적인 조건에 달려 있습니다. 때로는 그것이 우연의 일치로 맞는 수도 있지만, 전적으로 믿을 수 있는 근거는 없습니다. 장난삼아 꿈대로 되기를 바라거나 또는 되지 않기를 바랄 수는 있겠지만 그것을 전적으로 믿는 것은 역시 미신입니다.

송 군 신부님, 가톨릭에서는 하느님을 무엇보다도 사랑하고 공경하라고 하면서도 하느님 이외에 마리아도 공경하는데요. 그것은 어떻게 이해해야 합니까?

마리아 공경과 성인, 성상, 성화 공경

박신부 가톨릭에서는 하느님 외에 마리아와 그 밖의 다른 성인, 성녀와 천사들도 공경합니다. 그런데 일반적으로 여기에 대해서 오해하는 사람들이 많은 것 같습니다. 심지어 어떤 이는 가톨릭은 마리아교라고까지 말합니다.

송 군 저도 그런 소리를 여러 번 들었는걸요.

박신부 그럴 겁니다. 하지만 하느님과 마리아, 그리고 성인들을 공경하는 그 내용에 많은 차이가 있습니다. 하느님께는 최상의 공경을, 마리아는 그다음으로, 성인들은 또 마리아 다음으로 공경합니다. 이것을 교회 용어로 말하면 하느님에 대한 공경을 '흠숭'이라고 하고, 성모님에 대한 것을 '상경'이라고 하며, 성인들에 대한 것을 '공경'이라고 합니다. 이렇게 완전히 구별됩니다. 마치 우리가 사람을 사랑하라 할 때 부모에 대한 존경과 사랑이 다르고, 삼촌에 대한 것이 다르고, 이웃집 할아버지에 대한 것이 다른 것과 마찬가지입니다.

송 군 그런데, 마리아나 다른 성인들에게 기도를 바치는 것은 어떤 뜻을 가지고 있나요?

박신부 하느님께 바치는 기도와는 전혀 다르지요. 하느님께 기도할 때는 직접 "저희에게 자비를 베푸소서." 하고 기도를 바치지만, 성모 마리아나 성인들에게는 "저희를 위하여 빌어 주소서."라고 기도합니다. 이 뜻은 우리를 대신해서 하느님께 기도해 달라는 것입니다. 왜냐하면, 마리아나 성인들도 우리와 같은 사람이기에 하느님처럼 절대적인 능력이 없기 때문입니다. 이것은 마치 개신교 신자들이 목사님께 기도를 부탁하는 것과 같은 것입니다.

송 군 대신 기도를 부탁하는 것은, 마리아나 성인들의 기도가 우리의 기도보다 더 가치 있다는 뜻이겠지요?

박 신부 맞습니다. 내가 어떤 학교에서 강의를 하고 있습니다. 그런데 입학 때가 되면 사람들이 많이 찾아옵니다. 와서는 자기 아들 딸을 학교에 입학시켜 달라고 부탁합니다. "우리가 말하는 것보다 신부님이 말씀하시면 교장 선생님이 틀림없이 들어주실 겁니다. 그러니 꼭 좀 부탁합니다." 직접 말하기가 곤란하니 다른 사람을 통해서 일을 이루어 보려는 것은 우리 사회에서도 얼마든지 볼 수 있는 일이지 않습니까?

송 군 그럼요.

박 신부 우리가 기도할 때 성모 마리아나 성인들을 통하는 것도 이와 마찬가지입니다.

송 군 잘 알겠습니다.

박 신부 특별히 마리아는 그리스도의 어머니입니다. 어머니 말을 안 듣는 아들은 부모에 대한 효성이 있다고 할 수 없잖아요? 성경에도 보면 그리스도는 어머니의 부탁 때문에 기적을 행하신 일이 있습니다. 예수님과 마리아가 카나라는 곳에서 열린 혼인 잔치에 초대받으신 적이 있습니다. 그런데 그 잔치에서 술이 떨어진 겁니다. 마리아가 예수님께 이를 얘기하였더니, 예수님은 "아직 저의 때가 오지 않았습니다."(요한 2,4)라고 명백히 말씀하셨지요. 그러나 어머니의 뜻을 물리치지 않으시고, 물을 술로 만드는 첫 기적을 행하셨습니다.

송 군   마리아는 그리스도를 낳은 어머니시니까 마리아를 통해 기도하는 것은 정말 의미가 있는 것 같습니다.

박 신부   다만 기도를 대신 청하는 것 외에도 마리아는 그리스도의 모친이므로 마리아를 모친답게 공경하는 것도 당연한 예의입니다. 만일 우리가 어떤 선생님을 공경하면서 선생님의 모친을 공경하지 않는다면 그것은 선생님에 대한 일종의 불경입니다. 저희 가족 이야기를 하나 하지요. 제 동생들 중에는 신부도 있고 수녀도 있습니다. 그런데 저희 어머니가 살아 계실 때의 일인데 어머니께서는 도무지 어딜 가려고 하시질 않았습니다.

송 군   왜요?

박 신부   어디든지 가면 사람들이 '신부님의 어머님'이라며 지나친 대우를 하기 때문에 싫으시다는 것이었습니다.

송 군   신부님을 존경하는 사람이 신부님의 어머님을 존대하는 것이 지나친 일은 아니겠죠.

박 신부   그러니 예수님만 공경하고 마리아는 모른 체한다면 이것은 그리스도에 대한 예의가 아닙니다. 하지만 하느님께 바쳐야 하는 흠숭의 예를 성모님께 바친다면 이것은 큰 잘못입니다.

송 군 잘 알겠습니다. 그런데 말이 나왔으니 하는 얘기지만, 신부님 방도 그렇고 성당이나 가톨릭 신자 가정에 가면 성화나 동상이 있지 않습니까? 그리고 그 앞에서 기도를 하시곤 하는데 그것에 대해 우상 숭배라고 비판하는 사람도 많더군요.

박신부 송 군은 그것에 대해서 어떻게 생각합니까?

송 군 글쎄요.

박신부 그럼 국민들이 국경일 기념식 때 국기를 보고 경례를 하는 것도 우상 숭배인가요?

송 군 그거야 다르죠.

박신부 똑같은 것입니다. 국기는 국가를 상징합니다. 국기에 경례하는 것이 국가를 사랑한다는 뜻인 것처럼, 성화나 성상 공경은 그것이 표현하는 분에 대한 존경입니다. 예컨대 성모상에 대한 존경은 그 상이 표현하는 성모님에 대한 존경을 의미하는 것입니다. 가톨릭을 '우상 숭배교'라고 하는 것은 개신교에서 잘 모르고 하는 말입니다.

송 군 그렇군요.

박신부 내가 군대에 있을 때 목사님과 같이 일했습니다. 아침 조례 때 목사님은 저보다 계급이 더 높으니까 제 앞에 섭니다. 목사님이 하는 것을 보니 '국기에 대하여 경례'라는 명령이 떨어지자 즉시 국기에 대해서 척척 경례를 하더군요. 이것은 어떻게 해석해야 할까요?

송 군   글쎄요.

박 신부   유명한 인물이나 순국열사들의 동상 앞에서 모자를 벗고 인사를 하는 것이 우상 숭배인가요? 미국인은 링컨이나 워싱턴 상 앞에서 모자를 벗고 경건히 인사하는데 이것도 우상 숭배인가요? 송 군! 그들이 국기를 보고 또는 어떤 동상을 보고서 인사할 때 그 종잇조각이나 돌덩이에게 인사를 드리는 겁니까?

송 군   물론 아니지요.

박 신부   마찬가지로 성상이나 성화 역시 그 종잇조각이나 돌덩이 앞에 기도하는 게 아닙니다. 가톨릭을 우상 숭배교라고 하는 사람을 찾아가 보세요. 아마 그도 부모님을 존경하는 의미에서 방에 부모님의 사진을 걸어 놓았을 것입니다. 그 사진을 보고 송 군이 침을 뱉는다든지 그 눈을 바늘로 찔러 구멍을 낸다면 어떻게 되겠어요?

송 군   하하하, 신부님 큰일 날 소리를 하시는군요.

박 신부   그렇습니다. 같은 종이인데, 휴지에다 했을 땐 왜 아무 말이 없지요? 그 까닭은 부모님의 사진이 부모님을 표현하기 때문입니다. 훌륭한 조각품, 미술품도 마찬가지입니다. 아무것도 아닌 종잇조각을 걸어 놓고 사람들이 감탄을 하고 대통령상을 주는 것은 그 종이 자체에 가치가 있는 것이 아니라 그것을 그린 사람의 예술적 가치가 거기서 드러나기 때문입니다. 마찬가지로 그리스도의 성상이나 성인들의 성화에는 그 성인들의 정신과 인격이 표현되어 있기 때문입니다. 송 군, 시청각 교육이란 말 들어 봤지요?

송 군   그럼요.

박 신부 가톨릭의 성상이나 성화는 성인, 성녀를 공경하는 방법도 되지만 거기에는 시청각적인 종교 교육의 뜻도 있습니다. 요즘에 와서 교육자들이 시청각 교육을 말하지만 가톨릭은 벌써 2천 년 전부터 시청각 교육을 해 왔습니다. 우리는 그리스도의 십자가 형틀을 눈으로 봄으로써 더욱더 그리스도에 대한 사랑이 솟아오릅니다. 송 군! 익살스런 만화를 보고서 사람들이 웃지요?

송 군 예.

박 신부 그럼 왜 휴지 뭉치를 보고서는 웃지 않습니까?

송 군 거기엔 웃을 만한 내용이 없으니까 그렇지요.

박 신부 사람들은 영화관 스크린을 보며 울고 웃으며 감동합니다. 그렇다면 그리스도에 대한 사랑과 존경심도 성상이나 성화를 통해서 더욱 강렬하게 느낄 수 있지 않을까요? 성상이나 성화가 없는 교회를 생각하면 왠지 허전함과 부족함을 느끼게 됩니다. 하지만 성상이나 성화가 있는 성당에서는 누가 말하지 않더라도 보는 것만으로도 무엇을 느끼게 되고 자기도 모르게 엄숙한 종교심을 갖게 되는 것입니다.

송 군 신부님, 잘 알겠습니다.

박 신부 그러니 가톨릭을 우상 숭배교라고 하는 사람은 가톨릭에 대해서 무지하든지 아니면 일부러 가톨릭을 헐뜯고자 하는 좋지 않은 사람이든지 둘 중 하나입니다. 지금까지 마리아 공경, 성상, 성화에 대해서 말씀드렸는데, 끝으로 한 가지 더 말씀드리면, 비록 하느님의 성상이나 성화는 아니지만 하느님과 관련된 물건을 하느님과 관련되었다는 이유로 나쁘게 다룬다면 이것 역시 첫째 계명을 거스르는 죄입니다.

송 군 구체적으로 말하면 어떤 건가요?

박신부 예컨대 성당을 파손한다든가, 성경, 성물을 일부러 불사른다든가, 성직자나 수도자를 욕하거나 비방하는 것, 십자고상이나 묵주 같은 것을 속되게 사용하는 것 등입니다.

둘째 계명과 셋째 계명

박 신부 다음은 둘째 계명입니다. "주 너의 하느님의 이름을 부당하게 불러서는 안 된다."(탈출 20,7) 하신 성경 말씀에 따라 하느님의 거룩한 이름을 존경을 갖춰 불러야 하고 하느님과 약속한 바를 지켜야 하는 계명입니다. 우리 동양 사상에서도 어른의 이름을 함부로 부르지 못하게 하잖아요?

송 군 그런데 어떤 경우엔 이것이 너무 지나친 것 같습니다.

박 신부 어째서 그렇죠?

송 군 이웃집 어른의 이름을 부르지 못하니까 결국 호칭으로 부르는 수밖에 없습니다. 그러나 고작 남자를 부르는 호칭은 아저씨, 여자를 부르는 호칭은 아주머니뿐이니, 우리 주위엔 온통 아저씨, 아주머니 일색입니다.

박 신부 하하하, 사실 그래요. 물론 지나친 점도 있지만 어쨌든 윗사람에 대한 존경에서 나온 것인 만큼 좋은 점도 있습니다. 사람의 이름은 그 사람의 인격과 동일시됩니다. 그렇기 때문에 하느님이 절대적 존재라면 그분의 이름도 그만큼 존경의 대상이 되는 것입니다. 인간 사회에서도 그렇다면 더구나 하느님의 이름에 대해서야 더 말할 것도 없겠지요.

송 군   그런데 하느님과 무엇을 약속한다고 말씀하셨는데, 그건 무슨 뜻이죠?

박 신부   예, 하느님 앞에서 어떤 좋은 일을 하겠다고 약속하는 것을 '서원'이라고 합니다. 물론 이것은 반드시 실천해야 하고, 이것을 이행하지 않았을 때에는 실례가 됩니다.

송 군   구체적으로 예를 들면 어떤 것입니까?

박 신부   여러 가지가 있는데, 쉬운 예를 들면, 만일 송 군이 하느님께 개인적으로 약속하기를, "나는 세상 사람들의 죄를 보속하는 의미에서 오늘부터 한 달 동안 매일 특별 기도를 성당에서 10분씩 바치겠습니다." 했다면 이것도 일종의 사적인 서원입니다. 그런데 만일 송 군이 이것을 지키지 않았다면 어떻게 되겠어요?

송 군   곤란하겠지요. 인간 사회에서도 약속을 지키지 않으면 실없는 사람이 되고 마는데…….

박 신부   그렇습니다. 이것을 지켜야 합니다. 성직자나 수도자들 역시 서원을 합니다.

송 군   아니, 신부님도 서원을 합니까?

박 신부   그럼요. 신부가 될 때 제 삶을 오롯이 하느님께 바치겠다고 약속했습니다. 그러므로 내가 지금이라도 사제 생활을 그만둔다면 하느님께 큰 실례를 하게 됩니다.

송 군   수도자들은 어떤 서원을 하나요?

박 신부   수도자들은 몇 년간의 수련기를 마치고 수도 생활을 시작할 때 일생을 하느님께 순명하고, 가난하고 정결하게 살겠다고 서원합니다.

송 군 　아, 그렇군요.

박신부 　이 밖에도 둘째 계명에 어긋나는 죄로는, 하느님의 이름을 걸고 하는 거짓 맹세와 하느님에 대한 욕된 말이나 행동 등이 있습니다.

송 군 　거짓 맹세의 실례를 하나 말씀해 주시면 좋겠습니다.

박신부 　예컨대 법정에서 거짓 증언을 하거나 또는 다른 사람과의 언쟁에서 엄연히 거짓임을 알면서도 진실이라고 고집할 때 하느님의 이름을 빌려서 하는 것을 말합니다.

송 군 　알겠습니다. 다음엔 셋째 계명을 말씀해 주십시오.

박신부 　셋째 계명은 "안식일을 기억하여 거룩하게 지켜라."(탈출 20,8)라고 하신 성경 말씀을 따라 주일을 거룩하게 지내라는 계명입니다. 하느님을 알고 믿는 사람이 주님의 날을 모른다면 그것은 하느님에 대해 무관심한 것입니다. 이것은 사실상 하느님에 대한 사랑이 없다는 표시입니다. 어떤 자녀가 부모님의 생신을 모르고 지나갔다면 어떻게 될까요?

송 군 　그건 부모님에 대한 사랑과 존경이 부족하다는 표시이고, 부모님도 정말 섭섭하게 생각할 겁니다.

박신부 　마찬가지로 하느님의 자녀인 우리도 주님의 날을 무심히 지내서는 안 됩니다.

송 군 　그래서 일요일엔 모두들 교회에 가는군요?

박신부 　그렇습니다. 안식일은 쉬는 날이란 뜻인데, 하느님이 우주를 창조하시고 쉬셨던 마지막 날, 즉 토요일입니다. 그래서 지금도 달력을 보면 토요일이 주말로 되어 있습니다.

송 군   예, 알겠습니다. 흔히 일요일을 주말로 생각하는 사람도 있는데 이건 잘못이군요. 그런데 왜 오늘날에는 일요일을 주일로 지내는 건가요?

박 신부   옛날 구약 시대에는 토요일을 안식일로 지냈지만 신약에 와서 일요일로 바뀌었습니다. 그 이유는 그리스도가 구원 사업의 승리를 거두신 날, 즉 부활하신 날이 일요일이었기 때문이고 또 우리 교회의 창립일이라 할 수 있는 성령 강림일 역시 일요일이었습니다. 그래서 신약에서 가장 거룩하고 중요한 부활과 성령 강림을 기념하기 위해서 초대 교회에서 일요일을 주일로 정했던 겁니다.

송 군   신약과 구약은 벌써 주일을 지키는 것에서부터 구별되는군요.

박 신부   그렇습니다.

송 군   그러면 가톨릭이 아닌 개신교에서는 왜 소위 성경대로만 한다면서 토요일을 안식일로 지내지 않고 일요일을 주일로 지내는 거죠?

박 신부   그런 문제까지 끌어내면 곤란한데요. 그들 역시 가톨릭에서 갈라져 나간 것이니까 가톨릭을 모방할 수밖에 없지요. 분명히 신약 성경에 일요일을 주일로 지내라는 말은 없습니다. 다만 금방 말씀드린 그러한 이유로 교회의 권위로 정한 것뿐입니다. 송 군, 혹시 '안식교'란 말 들어 본 적 있습니까?

송 군   예, 있습니다.

박 신부   안식교는 안식일을 주일로 지내는 교파입니다. 안식교가 생긴 경위는 이렇습니다. 1844년 미국에 엘렌 화이트라는 자칭 여예언자가 있었습니다. 그 여인이 말하기를, 오늘날 하느님의 자녀들이 저지르는 대죄는 토요일을 안식일로 지키지 않고 로마 교황이 제정한 일요일을 주일로 지내는 것이라고 했습니다. 그러고는 토요일을 주일로 지내는 교파를 만들어 1860년에 신자 대회를 열고 '제칠일 안식일 예수 재림교회', 즉 '안식교'라고 불렀습니다.

송 군   그렇군요. 그러면 주일을 지키는 구체적 방법은 어떤 건가요?

박 신부   주일을 지키는 문제는 다음 교회 법규에 또 나오니까, 그때 자세한 말씀을 드리기로 하고 이제는 넷째 계명에 대해 살펴보겠습니다.

넷째 계명

박신부   첫째, 둘째, 셋째 계명은 우리가 하느님께 해야 할 계명이었고, 넷째 계명부터 마지막까지는 사람들끼리 서로 지켜야 할 계명입니다.

송 군   우리 동양 사상의 삼강오륜과도 관계가 있어 보이는군요.

박신부   삼강오륜은 넷째 계명에 거의 다 포함됩니다. 그런데 동양의 윤리는 한 가지 큰 결함이 있다고 생각합니다.

송 군   어떤 결함을 말씀하시는 건가요?

박신부   예컨대 삼강에서 임금과 신하, 아버지와 아들 그리고 남편과 아내와의 관계를 가르칩니다. 여기서 공통적인 결함은 아래 있는 사람이 윗사람에 대하여 할 것은 말했지만, 윗사람이 아랫사람에 대하여 해야 하는 도리에 대해서는 별 말이 없다는 것입니다. 보십시오. 임금과 신하의 관계에 있어서 신하는 무조건 임금에게 충성하기를 요구하지만, 임금이 신하에게 해야 하는 윤리는 없고 또 부모와 자녀 관계에 있어서도 자식은 무조건 부모에게 효도해야 한다고 하지만, 부모가 자식에게 해야 할 윤리에 대해서는 아무 말이 없습니다. 그리고 부부 관계에 있어서도 여자는 무조건 남자를 섬겨야 합니다. 여자에게는 소위 삼종지의니 칠거지악이니 해서, 조금만 잘못하면 쫓아내면서 남자는 외도를 하거나 첩을 두셋씩 두어도 괜찮다니 이것이 될 말입니까? 그렇지만 십계명 중 넷째 계명에는 부모와 자녀와의 관계에서 먼저 부모가 자녀에게 해야 할 윤리 의무가 나옵니다.

송 군   가톨릭의 십계명이 동양 윤리보다 훨씬 앞선 것 같습니다.

박 신부   그럼 순서대로 먼저 부모가 자녀에게 해야 하는 도리에 대해 말하겠습니다. 첫째는 자녀들의 영혼에 관계되는 문제로서 올바른 교육을 시켜야 합니다. 세속 교육도 좋지만 이것보다 먼저 종교 교육을 철저히 시켜 깊은 신앙심을 갖도록 해야 합니다. 어렸을 때부터 교리 공부를 시켜 인생의 참된 길을 가르쳐야 하지요. 솔직히 말해서 아무리 부모가 신자일지라도 어떤 이들은 자녀들을 좋은 학교에 보내기 위해 학원을 보내거나 고액 과외를 시키는 데에는 열성이지만 교리 공부에 대해선 등한시합니다. 도리어 성당에 시간을 뺏겨 공부에 지장이 될까 봐 걱정하지요. 일류 학교에 입학해서 세상을 호령하는 영웅호걸이 된들 그 영혼을 잃어버린다면 무슨 의미가 있겠어요?

송 군   신부님 말씀이 옳긴 하지만…….

박 신부   그다음 둘째 의무는 자녀들의 육신 생활에 관한 것입니다. 부모는 자녀를 낳았으면 자녀들이 자립할 수 있을 때까지 건강한 육체를 위해 의식주를 책임져야 합니다.

송 군   사실 부모의 책임이란 어려운 것 같습니다.

박 신부   이 두 가지 의무를 잘하기 위해서, 첫째로 자녀들을 손수 가르쳐야 합니다. 교리를 가르치고 주일 지키는 법을 가르쳐야 합니다. 부득이 부모들이 시간이 허락되지 않아 가르치지 못할 때는 성당 주일학교에 보내야 합니다.

송 군　　주일학교는 어떤 학교입니까?

박 신부　　주일학교는 학생들을 위해 성당에서 운영하는 교리 학교입니다. 부모들이 해야 하는 것을 성당에서 교리 선생님들을 두어 학년 별로 교리를 가르칩니다.

송 군　　그렇다면 자녀들에게 교리를 가르치는 건 어려울 게 없겠군요?

박 신부　　그렇지요. 송 군이 나중에 아이들을 주일학교에 잘 보내는지 두고 보겠습니다. 많은 부모들이 집에서 가르치지도 않으면서 주일학교에도 보내지 않습니다. 일반 학교에는 하루만 결석해도 난리가 나지만, 주일학교에 빠지는 것은 대수롭지 않게 생각합니다. 하지만 자녀들이 신앙을 잃고 그 영혼이 지옥으로 떨어진다면 그것은 누가 책임져야 되겠습니까? 둘째는 잘 보살펴야 합니다. 주일에 성당에 나가는지 또 어떤 친구들과 사귀는지 어떤 책을 읽는지 말이죠. 셋째는, 좋은 표양을 보여야 합니다. 자식들의 잘못은 보통 부모에게 배운 것입니다. 송 군, 놀이터의 꼬마들이 소꿉장난하는 것을 유심히 보십시오. 어머니 역을 하는 아이가 욕하는 소리를 들어 보면 집에서 자기 엄마에게서 들은 욕설을 그대로 흉내 냅니다.

송 군　　하하하, 신부님 관찰력이 보통이 아니시군요.

박신부   마지막으로 부모는 자식을 진정으로 사랑해야 합니다. 동물도 자기 새끼를 사랑합니다. 하지만 자녀들을 본능적으로 사랑한다면 아무런 가치가 없을 뿐 아니라 도리어 자식을 망쳐 놓고 맙니다.

송 군   본능적인 사랑이란 어떤 것입니까?

박신부   자녀가 좋다는 대로 무조건 해 주는 것이지요. 아이에 대한 과잉보호나 자신의 허영을 만족시키기 위해 자녀를 사랑하는 허영적 사랑도 자녀를 망칩니다.

송 군   허영적 사랑이란 또 어떤 건가요? 구체적으로 설명해 주시면 좋겠습니다.

박신부   예컨대, 자기 딸이 음악에 전혀 소질이 없는데도 허영심을 채우기 위해 딸에게 일류 성악가나 피아니스트가 되기를 강요하는 따위의 부모 중심적 사랑 같은 것이 한 예가 될 수 있겠죠. 어떤 어머니는 자기 딸이 학예회 때 중요한 역할을 맡지 않았다고 딸을 꾸짖고 학교 선생님에게 따지기도 합니다.

송 군   사실 그런 사람들 많습니다.

박신부   제가 들은 이야기를 하나 하겠습니다. 지금부터 몇 해 전의 일입니다. 어떤 초등학교의 5학년 한 반이 산에 식물 채집을 하러 갔습니다. 그중 한 아이가 보기 드문 식물을 채집해서 선생님께 그 식물의 이름을 물었습니다. 선생님은 그 식물의 이름을 몰랐는데 제면상 모른다고 할 수는 없고 해서 "내일 학교에 가서 우리 다 같이 공부하자." 하고 그 순간을 넘겼습니다. 아이는 신이 나서 그 식물을 집으로 가지고 와서 어머니에게 보이면서 그날 일을 얘기했습니다. 그 아이의 어머니는 일찍이 외국에서 식물학을 공부한 사람이었습니다. 학교에서 돌아온 아이는 "오늘 식물 채집을 했는데, 선생님께 이 식물의 이름을 물었더니 잘 모르시나 봐요. 내일 알려 주신대요. 엄마는 이거 이름이 뭔지 알아요?" 어머니는 그 식물에 대해 잘 알고 있었지만 시치미를 떼고 "영란이 선생님도 모르시는데 내가 어떻게 알겠니? 영란이 선생님이 내일 틀림없이 가르쳐 주실 테니까 나한테도 가르쳐 주렴." 하고는, 즉시 그 식물에 대한 자세한 내용을 편지로 써서 사람을 시켜 선생님에게 보냈습니다.

송 군 정말 훌륭한 어머니군요.

박 신부 그런데 학교에서 돌아온 담임 선생님은 그 식물의 이름을 찾기 위해 책이란 책은 다 뒤지느라 정신이 없었습니다. '내일 수업 때 이것을 말하지 못하면 선생으로서 위신이 서지 않는데…….' 하고 혼자 근심하고 있는데 갑자기 편지가 배달되었습니다. 하지만 그 편지를 뜯어 볼 마음의 여유조차 없었습니다. 얼마 동안 책과 씨름을 하다가 지쳤는지 잠시 쉬다가 그 편지를 뜯었습니다. 그 안에는 그 식물의 이름과 원산지 특성 등 그 식물에 대한 자세한 내용이 담겨 있었습니다. 편지 끝에는 "내일 수업 때 우리 애를 잘 가르쳐, 우리 아이가 존경하는 선생님이 되어 주십시오." 라고 덧붙여져 있었습니다. 선생님은 그 어머니의 정신에 감탄했습니다. 이튿날 교단에 선 선생님은 자신 있게 그 식물에 대해 설명했습니다. 공부가 끝나자 아이는 재빨리 집으로 돌아와서는 엄마를 찾았습니다. "엄마! 오늘 우리 선생님이 가르쳐 주셨어요!" 어머니는 "그것 봐, 선생님이 제일이지. 선생님 말씀을 항상 잘 들어야 해요."라고 타일렀습니다.

송 군   정말 훌륭한 어머니십니다. 보통 어머니 같으면 아이 앞에서 선생이 엉터리라고 한바탕 쏘아 버리고 자기의 지식을 자랑했을 텐데 말입니다.

박신부   그렇지요. 그랬다면 그 어린이는 선생님을 얕보게 됐겠지요. 부모들이 가끔 아이들에게 "너희 학교는 시시한 학교야."라고 한다거나 "너희 선생 엉터리더라."라는 말을 하는데 이것은 자녀들을 망치는 어리석은 짓입니다. 초등학교 시기의 어린이에게는 선생님이 제일인데 선생님이 엉터리라면 정말 그런가 보다 생각하고 그때부터는 학교도 싫어지고 선생님 말씀도 듣지 않게 됩니다.

송 군   정말 부모들이 한번쯤 생각해 볼 문제인 것 같습니다.

박신부   이제 주제를 돌려 자녀가 부모에게 해야 할 도리에 대해 살펴보겠습니다.

첫째로, 부모님을 진정으로 사랑해야 하고,

둘째로, 부모님을 공경해야 합니다. 비록 부모님에게 나쁜 습관이 있더라도, 예컨대 술주정을 부린다 할지라도 부모님을 미워해선 안 되며, 더구나 부모님에게 대들거나 주먹질을 해선 안 됩니다. 그리고 부모님 말씀에 순종해야 합니다.

송 군   어떤 말이든지 부모님의 말씀엔 **무조건** 순명해야 하나요?

박신부   물론 분별이 필요합니다. 부모님이 대단치 않은 것을 잔

소리조로 이렇게 저렇게 말하는 것에 대해서는 순명치 않더라도 문제가 되지 않습니다. 그리고 자녀들이 결혼하여 부모 슬하를 떠나서 산다면 자기들의 직장이나 자기들의 가정 문제에 대해서 부모의 명령에 꼭 따라야 되는 것은 아닙니다. 물론 부모님들도 자녀들의 결혼이나 진학과 관련해서 지나친 강요를 해서는 안 됩니다. 하지만 자녀들은 가정 화목에 관계되는 문제라면 언제나 부모님의 뜻을 존중할 줄 알아야 합니다.

부모와 자녀 관계 외에도, 넷째 계명에서는 고용주와 고용인의 관계를 가르칩니다. 즉 고용주는 노동자를 채용하되 반드시 정당한 보수를 제때에 주어야 합니다. 역대 교황들도 여러 번 자본가들에게 노동자들을 잘 대우해야 한다고 말했습니다. 만일 고용주가 노동자에게 지나치게 일을 시키고 너무 적은 보수를 준다면 그것도 죄가 됩니다. 고용주로서 여러 가지 어려운 점이 많겠지만 노동자를 쓸 때는 반드시 최소한의 생활 보장을 해 주어야 합니다.

송 군 　노동자들이 고용주에게 해야 할 도리는 무엇입니까?

박신부 　노동자는 고용인을 존경하고 그의 정당한 지시에 따라서 정직하고 충실하게 일해야 합니다.

송 군 　이 밖에 또 넷째 계명에 관계 되는 것이 있나요?

박신부 　이 밖에도 부부 사이의 윤리, 그리고 선생님과 제자 간의 윤리, 또 국민이 국가에 정당한 세금을 바치고 국법을 준수해야 하는 의무라든지 신자들이 신자로서 교회에 해야 하는 의무도 전부 넷째 계명에 속합니다.

다섯째 계명

박신부 　다섯째 계명은 "살인해서는 안 된다."(탈출 20,13)라는 성경 말씀을 따르는 것입니다. 사람의 생명을 보호하는 계명이지요.

송 군 　사람을 죽이는 것만 하지 못하게 합니까?

박신부 　그렇지 않습니다. 살인 외에도 남의 육체를 해친다든지 또는 이유 없이 자기 몸을 손상하는 것 모두 다섯째 계명을 거스르는 것입니다.

송 군 　그럼 맹장 수술 하는 것도 안 됩니까?

박신부 　아니지요. 그렇다면 수술도 하지 못하고 죽어 버리게요?

송 군 　자살하는 것도 문제가 되나요?

박신부 　자살은 어떤 이유를 막론하고 대죄가 됩니다.

송 군 　왜 그런지 궁금하군요.

박신부 　자살이란 스스로 자기 생명을 끊는 것인데 우리에게는 생명을 끊을 권리가 없습니다. 왜냐하면 우리의 생명은 우리에게 그 소유권이나 소멸권이 없기 때문입니다. 송 군의 생명을 송 군이 만들었나요?

송 군 　아니지요.

박신부 　우리 생명의 주인은 하느님이십니다. 그러니 하느님의 허락 없이 생명을 끊는 것은 주인에 대한 큰 모욕입니다. 송 군이 어떤 친구에게서 물건을 빌렸는데 며칠 후에 친구 허락 없이 그것을 팔았다면 어떻게 되겠어요?

송 군   친구가 화를 내겠지요.

박신부   마찬가지로 내 생명을 주신 하느님의 뜻을 무시하고 생명을 끊는 것도 하느님이 화내실 일 아니겠습니까?

송 군   잘 알겠습니다. 그런데 정당방위에 대해 사회에서는 죄가 아니라고 하는데 가톨릭 교회에서는 어떻게 보나요?

박신부   정당방위로 악인을 죽이는 것은 죄가 아닙니다. 물론 정당방위가 되기 위해서는 조건이 갖춰져야 합니다.

송 군   어떤 조건이 필요합니까?

박신부   나를 죽이려는 사람이 내 앞에 왔을 때, 첫째로 그 사람이 나를 죽인다는 것이 확실해야 하고, 둘째로 도저히 저항하거나 도망칠 수도 없어 그대로 죽게 될 경우에만 정당방위가 허용될 수 있습니다.

송 군   그러면 전쟁 중에 사람을 죽이는 문제는 어떻게 됩니까?

박신부   그것은 개인 문제가 아니고 국가 차원의 문제이므로 국법에 따라 전장에서 사람을 죽이는 것은 개인적인 죄가 되지 않습니다. 하지만 가톨릭 신자는 원칙적으로 불의한 전쟁에는 참가하지 못합니다. 그렇지만 우리가 그것을 판단하기 어려울 땐 국법에 따르면 됩니다.

송 군   생명을 걸고 결투하는 것은 어떻습니까?

박신부   안 됩니다.

송 군   신부님! 정당방위는 죄가 아니라고 하셨는데, 물건을 훔치러 오는 도둑을 죽이는 것도 문제가 됩니까?

박신부   그것은 안 됩니다. 물건보다는 생명이 더 중합니다. 이 밖에도 다섯째 계명에 해당되는 대죄로서는 낙태가 있습니다. 그리고 남의 육체를 손상시킨다든지, 다른 사람을 유도해서 죄를 저지르게 한다든지, 남의 불행을 바라거나 일으키는 일, 분노, 시기, 원수 갚기를 원하는 마음 등이 여기에 해당됩니다.

송 군   잘 알겠습니다.

여섯째 계명과 아홉째 계명

박 신부 여섯째 계명은 사람의 정조를 보호합니다. 따라서 정당한 부부 관계 이외에는 어떠한 이성과의 관계도 금합니다.

송 군 남녀 관계에 있어서 여러 가지 부정한 행동을 말하는 것이죠?

박 신부 그렇습니다. 여기에 해당하는 죄는 간음, 강간 등이 있고 이 밖에 자기 혼자서 하는 행동으로서는 육체적 쾌락을 목적으로 하는 수음이라든지, 또는 나쁜 영상이나 그 밖의 유해 매체를 통해 어떤 쾌락을 누리는 것 등이 있습니다.

송 군 성경에도 음란 행위에 대한 말씀들이 나오나요?

박 신부 많이 있지요. 예컨대 성경에는 "우상 숭배, 마술, 적개심, 분쟁, 시기, 격분, 이기심, 분열, 분파, …… 이런 짓을 저지르는 자들은 하느님의 나라를 차지하지 못할 것입니다."(갈라 5,20)라고 쓰여 있는데, "하느님의 나라를 차지하지 못할 것"이라는 말은 그런 행위가 죄라는 말입니다.

송 군 신부님, 남녀 간에 키스하는 것도 안 됩니까?

박 신부 지역에 따라서는 이것이 하나의 인사 예절인 곳도 있긴 합니다. 이런 경우엔 죄라고 할 수 없겠지만, 한국 같은 사회에서는 좀 더 생각해 볼 문제입니다. 단정 지어 '그것은 죄다', '아니다'라고 말하기는 어렵습니다. 단순히 키스 그 자체는 죄라고 할 수 없겠지만 그 동기와 방법이 문제가 될 것입니다.

송 군 알겠습니다. 그러면 연애하는 것은 괜찮나요?

박신부 연애 그 자체를 나쁘다고 할 수는 없겠지만 그 동기라든지 목적 또는 방법에 따라 판단할 수 있겠지요.

송 군 요즘 성 문제가 참으로 심각한 것 같습니다.

박신부 정말입니다. 순간적인 즐거움을 위해서 윤리 도덕을 헌신짝처럼 내동댕이치니 말입니다. 옛날 성인들도 지옥에 있는 많은 영혼들이 세상에서 저지른 음탕한 죄 때문에 불행하게 되었다고 말씀하셨습니다. 누구든지 자신을 믿을 수 없습니다. 더구나 성 문제는 한 번 저지르면 계속될 가능성이 많습니다. 그러니 마음의 진정한 평화를 가지고 살고 싶으면 이런 것을 아예 미리 피해야 합니다.

송 군 신부님, 아홉째 계명은 여섯째 계명과 어떤 관계가 있습니까?

박신부 여섯째 계명은 말과 행동으로 음란의 죄를 저지르는 것이고, 아홉째 계명은 마음으로 저지르는 죄를 말합니다.

송 군 마음으로 죄를 저지른다고요?

박신부 어떤 사람과 음행을 했으면 하는 생각이라든지 전에 범한 죄를 생각하면서 즐거워한다든지, 또는 혼자서 음란한 생각을 하면서 즐기는 것을 말합니다. 이런 것은 고백 때에 구별해서 밝혀야 합니다.

송 군 이런 경우가 있잖아요. 자기는 생각지도 않았는데, 그런 생각이 언뜻 떠오르는 경우 말입니다. 그것도 죄인가요?

박 신부 그것은 음욕에 대한 일종의 유혹이라고 볼 수 있는데, 그것 자체는 죄가 아닙니다. 그것이 본능적으로 일어난 다음 즉시 물리치면 죄가 되지 않지만 그것에 동의해서 계속 어떤 쾌감을 느낀다면 곤란하지요.

송 군 음란죄에서 벗어나 깨끗한 마음으로 살 수 있는 좋은 방법이 없을까요?

박 신부 원죄로 타락한 인간 본성 탓에 인간이 이것을 완전히 피할 수는 없습니다. 여러 가지 방법이 있겠지만 첫째로 한가한 시간을 피해야 합니다. 사람이 분주하게 살면 보통 죄를 짓지 않습니다. 여가 시간에는 책을 보거나 운동 경기를 관람하는 것도 좋은 방법이 될 수 있습니다. 어찌 되었든 혼자서 우두커니 앉아 있는 시간이 없어야 합니다. 둘째는 나쁜 장소와 사람, 나쁜 말을 피해야 합니다. 그리고 나쁜 영화나 책 같은 것도 피해야 되겠지요.

송 군 잘 알겠습니다.

박 신부 아홉째 계명에서 금하는 것은 마음으로 저지르는 죄라고 했는데, 마음에서 시작된 죄는 보통 행동으로 실행되는 경우가 많기 때문에 이것을 미리 막아 주는 것입니다.

일곱째 계명과 열째 계명

박신부 일곱째 계명은 남의 물건을 불의하게 빼앗지 못하도록 합니다. 여기서 금하는 것을 추려 보면,

첫째, 남의 물건을 불의하게 빼앗지 못하고,

둘째, 남에게 어떤 모양으로든지 손해를 끼칠 수 없고,

셋째, 물건을 빼앗고 손해를 끼치는 일에 직·간접으로 협력할 수 없고,

넷째, 자기 재산을 함부로 낭비하지 못합니다.

송 군 다른 것은 쉽게 이해가 갑니다만, 자기 물건이나 돈이라도 함부로 쓸 수 없다는 말입니까?

박신부 그렇지요. 돈이 많다고 아무렇게나 함부로 남용하는 것은 죄가 됩니다.

송 군 남의 집 바늘 하나 훔치는 것도 대죄라고 할 수 있나요?

박신부 그런 정도로 대죄가 되진 않습니다.

송 군 어느 정도로 물건을 훔쳐야 대죄가 됩니까?

박신부 기준을 정하기는 어렵습니다. 도둑질은 훔친 물건도 문제이지만 누구의 물건을 훔쳤는가도 문제입니다. 송 군, 부자에게 돈 만 원 훔쳤다면 대죄가 되겠어요?

송 군   제 생각엔 대죄는 안 될 것 같은데요.

박 신부   그럼 어렵게 사는 장애인의 돈 만 원을 훔쳤다면 어떻게 될까요?

송 군   그 경우엔 문제가 다르겠지요.

박 신부   그렇습니다. 같은 액수지만 누구의 것이냐에 따라서 죄의 경중이 달라집니다. 일반적인 원칙을 말씀드린다면 그 주인이 가족과 함께 하루 생활에 쓸 만한 양을 훔치면 대죄라고 합니다. 그러므로 노동자의 하루 품삯을 훔치면 비록 그것이 오천 원일지라도 대죄라 할 수 있겠죠.

송 군   일곱째 계명은 열째 계명과 어떤 관계가 있습니까?

박 신부   열째 계명은 마음으로 물욕을 일으키는 죄입니다. 예컨대 남의 재산을 사기, 횡령하려는 마음, 남에게 손해를 끼쳐가면서 재산을 모으려는 생각이나 재산 상속을 위해서 누가 빨리 죽기를 바라는 것 등이 그것입니다.

송 군   잘 알겠습니다.

박 신부   이제 여덟째 계명으로 들어갑니다.

여덟째 계명

박 신부   여덟째 계명은 명예를 보호합니다.
첫째, 거짓말을 하지 말 것,
둘째, 말로써 남에게 해를 끼치지 말 것을 명합니다.

송 군   장난으로 거짓말하는 것은 괜찮겠지요?

박 신부   일반적으로 통용되는 정도라면 큰 죄가 되지는 않겠지만 장난이라도 거짓말은 될 수 있는 한 하지 않는 것이 좋습니다. 약간 실례되는 말이지만, 우리 민족은 특별히 솔직하지 못하고 이중인격자가 많은 것 같습니다.

송 군   왜 그런 생각을 하시죠?

박 신부   내 생각에는, 엄격한 가정교육과 소위 삼강오륜에서 나오는 지나친 계급의식 때문이 아닐까 생각됩니다. 구체적으로 말해서 가정에서 부모들이 지나치게 엄격하면 애들은 부모를 무조건 두려워하고, 혹시 실수로 무엇을 잘못했을 때도 꾸중을 듣지 않으려고 거짓말을 슬쩍 해 버립니다. 그러고는 엄마 아빠 눈치만 슬금슬금 보거든요.

송 군   사실 그렇습니다. 사회에서 윗사람에게 아첨을 부리고 자기의 허물을 감추려고만 하니 이중생활을 하게 됩니다.

박 신부 그래서 우리 민족은 특별히 '눈치학'이 발달한 것 같습니다.

송 군 눈치학? 하하하, 그거 참 재미있는 말입니다.

박 신부 사실입니다. 우리가 진정으로 마음의 평화를 누리려면 솔직하게 살아야 합니다. 잘못했을 땐 그 자리에서 벌을 받고 꾸중을 들어야 속이 후련해지는 법이니까요.

송 군 정말입니다. 잘못을 보고도 모른 척할 때가 더 괴롭지요.

박 신부 이런 일이 있었습니다. 수녀가 되길 원하는 착한 여학생이 있었는데 아직 고등학생 신분이면서도 어떤 수녀원에 가서 입회 신청을 했답니다. 원장 수녀님이 "고등학교를 졸업해야만 우리 수녀원에 올 수 있습니다. 고등학교 졸업했나요?" 하고 묻는 말에 그 여학생은 졸업하지 않았다고 하면 그 자리에서 거절당할까 봐 속으로 우물우물하다가 거짓말을 했습니다. "예, 졸업했습니다." 그러고는 수녀원을 나왔습니다. 그런데 그다음부터 가슴이 두근거려 걷잡을 수가 없었습니다.

송 군 거짓말을 했기 때문에요?

박 신부 그렇지요. 그러고는 나에게 와서 눈물을 흘리면서 울기만 하는 거예요. 그 이유를 물었더니 사실을 이야기하더군요.

"신부님……. 오늘 수녀원에 갔었는데 거짓말을 했어요."

"무슨 거짓말을 했니?"

"고등학교를 졸업했느냐고 묻기에 졸업했다고 해 버렸어요."

송 군 그 정도 일로 울기까지 할 필요는 없잖아요?

박 신부 보통 사람 같으면 그렇지 않았겠지만, 그만큼 착한 소녀

였던 겁니다. 아무리 생각해도 그 소녀의 마음을 위로할 길이 없었습니다. "다시 가서 사실대로 이야기하고 오는 게 좋을 것 같구나." 했더니, 다시 가서 사실대로 말하고 온 후로는 싱글벙글 웃더군요.

송 군 사실 뜻하지 않았던 말을 하는 수가 있지요.

박신부 내가 볼 때, 그 여학생이 마음이 나빠서 거짓말을 한 것은 아닙니다. 어딘지 모르게 우리에게는 거짓말하는 습관이랄까 근성이 있는 것 같습니다. 그런 습성으로 거짓말을 하고는 후회합니다. 같이 한자리에서 이야기를 하면서도 서로 믿지 못하는 우리 사회가 정말 안타깝습니다.

송 군 신부님, 좋은 말씀 많이 들었습니다.

박신부 이 밖에도 아부를 지나치게 한다든가 과장을 하는 것, 남의 비행을 이유 없이 말한다든가, 이간질을 해서 싸움이 나게 하는 것, 또는 이유 없이 함부로 남을 판단한다거나 꼭 지켜야 하는 비밀을 함부로 누설하는 것, 또는 남의 편지를 주인 몰래 뜯어보는 것도 8계명에 걸리는 것들이지요.

송 군 신부님, 비밀을 누설하는 것도 안 됩니까?

박신부 의리상 또는 도의상 지켜야 하는 비밀은 지켜야 합니다. 만일 비밀을 지키지 않고 누설해서 다른 사람에게 손해를 끼쳤다면, 그건 큰 잘못입니다. 하지만 비밀을 지켜서 국가 공익에 큰 피해가 올 경우엔 그것을 밝혀야 합니다.

송 군 예를 들면 어떤 경우일까요?

박신부 어떤 친구가 비밀을 지킨다는 조건으로 이야기를 했는데, 그 친구가 많은 이들에게 해를 끼칠 일을 계획하고 있다면 그 때는 당연히 약속을 무시하고 다른 사람들에게 알려야 합니다. 그리고 영혼 사정에 관계되는 것도 그렇습니다. 어떤 이가 혼인성사를 받으려고 하는데 그의 혼인 장애를 알고 있다면, 그것도 밝혀야 합니다.

송 군 알겠습니다. 그러면 장사하는 사람들이 하는 거짓말은 어떻습니까?

박 신부 일반적으로 통용되는 정도라면 괜찮습니다. 예컨대 어떤 가게에 가면 보통 "이거 본전도 안 남습니다. 특별히 선생님이시니까 기분 좋게 손해 보고 드리죠."라고 말합니다. 이것을 우리는 그대로 받아들이지 않습니다. 이런 것을 죄라고 할 수 있을까요? 하지만 분명히 1,000원짜리 물건인데 돈 많은 외국인이나 어수룩한 사람이 왔다고 해서 5,000원을 받는다면 그건 잘못입니다.

이제 십계명에 대한 설명이 끝났습니다. 이제는 십계명의 종합과 죄를 저지른 다음에 따라오는 그 죄를 어떻게 갚아야 하는지 살펴보겠습니다.

십계명의 종합

박신부   하느님의 열 가지 계명은 한마디로 하느님을 사랑하고 사람을 사랑하라는 사랑의 계명입니다. 이 계명을 우리가 충실히 지키지 못했을 때 우리는 여기에 상응하는 벌을 받게 됩니다.

송 군   고해성사를 받으면 되지 않습니까?

박신부   물론이죠. 지금까지 말씀드린 것 중에 어떤 계명이든지 지키지 못했으면 그 죄의 종류와 횟수를 고백하고 죄 사함을 받아야 됩니다. 그런데 송 군, 기억납니까? 고백한 다음에 해야 하는 것?

송 군   보속이지요.

박신부   그렇습니다. 그런데 보속은 두 가지가 있다고 했습니다. 그중에서 하느님이 주신 보속을 무엇이라고 했죠?

송 군   남에게 손해 끼친 것을 갚는 것이라고 하셨죠.

박신부   맞습니다. 십계명을 거슬렀을 때 우리에게는 보상해야 할 의무가 따릅니다. 여기에 해당되는 것이 다섯째 계명, 일곱째 계명, 여덟째 계명입니다.

송 군   남에게 손해 끼친 것을 그 양대로 갚아야 된다는 말씀이죠?

박 신부 그렇습니다. 우리는 남의 물건으로 결코 치부할 수 없습니다. 하느님의 정의는 엄격합니다. 남에게 다섯의 손해를 끼쳤으면 반드시 다섯을 갚아야 합니다. 남의 물건을 훔쳤으면 즉시 그것을 돌려주어야 합니다.

송 군 주인을 알 수 없을 때는 어떻게 합니까?

박 신부 그럴 수도 있지요. 1,000원짜리 물건을 5,000원에 팔았다면 4,000원을 훔친 것입니다. 하지만 물건 산 사람을 찾을 길이 없습니다. 그렇다고 해서 윤리 원칙에 의해서 남의 돈 4,000원을 내가 소유할 수는 없는 것입니다. 그럴 때는 그 4,000원을 어려운 이웃에게 기부하거나, 그것을 갚는다는 뜻을 두고 성당 자선함에 넣으면 됩니다.

송 군 만일 단체의 물건을 훔쳤을 때는 어떻게 합니까?

박 신부 역시 그 단체에 갚아야 합니다. 즉 담당자나 책임자에게 갚아야 하며, 그것을 어떤 개인에게 갚을 수는 없습니다. 그리고 여럿이 공동으로 남에게 손해를 끼쳤을 때 역시 공동으로 그것을 보상해야 합니다.

송 군 물질적 손해가 아니라 다른 손해인 경우에는 어떻게 갚아야 합니까?

박 신부 남에게 신체적인 손해를 끼쳤으면 치료비를 물어야 하고, 남의 인격이나 명예를 손상했을 때는 그것을 취소하고 명예를 회복시켜야 합니다. 신문이나 잡지를 통해 공적으로 남의 명예를 손상시켰으면 똑같은 방법으로 사과를 해야 합니다.

송 군 남의 물건을 다른 사람에게 팔아 버렸으면 어떻게 하나요?

박 신부 팔아서 얻은 이익을 주인에게 돌려주어야 합니다.

송 군 길에서 물건을 주웠을 때에는 어떻게 합니까?

박 신부 대단치 않은 물건이면 가질 수 있지만 큰 물건이면 경찰을 통해서라도 주인을 찾아 돌려주어야 합니다. 하지만 그 물건을 보관하느라고 돈이 들었으면 그 비용은 주인에게서 받을 수 있습니다. 결국 우리는 나중에 인간에게 심판받지 않고 하느님께 심판받기 때문에 하느님의 절대적인 공의를 따라 살아야 합니다. 비록 세상에서 부자가 못 되더라도 말입니다.

송 군 잘 알겠습니다.

박 신부 무겁고 재미없는 죄에 대해서 너무 지루하게 말씀드린 것 같군요. 오늘은 이만 하겠습니다.

송 군 신부님, 감사합니다. 며칠 후에 다시 뵙겠습니다. 안녕히 계십시오.

교회 계명 (첫째 법규)

송 군   신부님, 안녕하세요? 날씨가 제법 쌀쌀해졌습니다.

박신부   그래요. 환절기에 조심하셔야지요. 오늘은 교회에서 제정한 교회 계명에 대해 말씀드리겠습니다. 현행 가톨릭 교회 공법은 1752조가 있습니다. 하지만 이것을 다 말씀드릴 수는 없으니까, 중요한 여섯 가지만 말씀드리겠습니다. 가장 먼저 나오는 것이 주일을 거룩하게 지내라는 계명입니다.

송 군   앞에서 다룬 십계명에서도 나오지 않았습니까?

박신부   거기서도 나왔지요. 그러니 주일을 지키는 계명이 얼마나 중대한지 알 수 있습니다.

송 군   십계명에서 말하는 것과 교회 계명이 말하는 것과 다른 점이 있나요?

박신부   약간 구별을 짓는다면 십계명에서는 구체적인 지시가 없이 주님의 날을 거룩하게 지내라고만 했는데, 교회 계명에서는 주일을 거룩히 지내는 구체적인 방법을 우리에게 가르칩니다.

송 군   막연히 주일을 거룩히 지내라고 하면 곤란할 테니까 그렇겠죠?

박신부   그렇습니다. 그래서 교회 계명에서는 주일을 거룩히 지내는 방법을 자세히 제시해 줍니다. 이것은 주일에 우리가 꼭 해야 할 것과 하지 말아야 할 것 두 가지로 나누어집니다. 첫째로 우리가 주일에 해야 할 것은 미사에 참례하는 일입니다.

송 군   그렇지만, 살다 보면 주일 미사에 참례하지 못할 경우도 있지 않겠습니까? 그런 경우에는 어떻게 되나요?

박신부   물론 그럴 수 있습니다. 하지만 아무런 이유 없이 일부러 미사에 빠지면 안 됩니다.

송 군   만약에 주일에 여행을 할 때는 어떻게 됩니까?

박신부   먼저 원칙적인 것을 말씀드리면 하느님은 우리가 할 수 없는 것을 요구하지 않으십니다. 그러므로 그 자체가 불가능할 경우, 우리에게 책임을 묻지 않으십니다. 미사 참례를 못해도 괜찮은 경우를 든다면, 성당이 없는 시골에 있든지 또는 여행 중이라 시간을 낼 수 없는 경우 등입니다. 이외에도 피치 못한 이유로 미사 참례를 못할 경우에는 다른 기도를 바쳐야 합니다.

송 군   어떤 기도를 바쳐야 합니까?

박신부   미사에 갈 수 없는 시골 공소에서는 공소 예절을 바칩니다.

송 군   그것을 하는 법을 모르는 경우엔 어떻게 합니까?

박신부   예전에는 십자가의 길을 바치거나, 주님의 기도를 33번씩 바치라는 규정 등이 있었습니다. 요새는 묵주 기도 5단을 바치거나, 해당 주일의 복음과 독서 말씀을 읽고 묵상하고, 작은 희생과 봉사 활동으로 주일 미사 참여 의무를 대신할 수 있습니다.

송 군   신부님, 그런데 '십자가의 길'이란 무엇입니까?

박 신부 　십자가의 길은 그리스도가 빌라도에게 사형 선고를 받으신 후 십자가를 지시고 골고타산까지 걸어가신 그 길을 걸어가면서 그리스도의 고통을 묵상하는 기도입니다.

송 군 　그럼 그 옛날 그리스도가 걸으셨던 그 팔레스티나까지 가야 된단 말입니까?

박 신부 　그렇지 않습니다. 원칙적으로는 그곳에 가서 그리스도가 걸으셨던 길을 그대로 걸어가면서 해야 하는 것이지만 불가능하지요. 그래서 그 길을 생각하면서 그 길에서 일어난 사건 중 특별히 열네 개를 뽑아서 그 내용을 성화로 그려 그 위에 십자가를 달아 둔 것을 보고 기도합니다. 송 군, 성당에 들어가면 양쪽 벽에 그리스도가 십자가를 지시고 가는 성화가 열네 개 있잖아요?

송 군 　글쎄요, 벽에 붙어 있는 성화를 보긴 했는데 그것이 열네 개인지 세어 보지 않아서 잘 모르겠습니다.

박 신부 　나중에 한번 세어 보세요. 분명히 열네 개입니다. 그래서 이것을 '14처 상본'이라고 합니다.

송 군 　그러면 그 하나하나를 보고 기도하는 것을 십자가의 길이라고 하나요?

박 신부 　그렇지요. 기도서에 보면 그 기도문이 나옵니다.

송 군 　신부님, 새로운 것을 알게 되어 기쁩니다. 그런데 만약 그 기도도 못하는 경우엔 어떻게 합니까?

박 신부 　그 대신에 묵주 기도, 성서 봉독, 선행 등으로 그 의무를 대신할 수 있습니다. 이런 것을 보더라도, 교회에서는 우리에게 불가능한 것을 요구하지 않는다는 것을 알 수 있습니다.

송 군 신부님. 그런데 가끔 주일에도 출근하게 되는데, 그런 경우에는 어떻게 합니까?

박 신부 충분한 이유가 있으면 주일 미사 참례 의무가 없어집니다. 몇 가지 예를 들면 공무상 시간이 나지 않을 경우 또는 집을 비워 둘 수 없는 경우라든지 중한 환자를 간호하는 경우, 또는 완전한 자유가 없는 가사도우미들이나 군인들은 미사에 참례할 의무가 없습니다.

송 군 몸이 아플 땐 어떻게 합니까?

박 신부 역시 의무가 없습니다.

송 군 그러면 주일에 할 수 없는 일은 무엇입니까?

박 신부 육체적으로 힘든 노동은 금합니다. 주일에 육체노동을 하지 않는 것을 파공이라고 합니다. 파공을 명하는 이유는 육체노동이 주일을 거룩히 지내는 데 방해가 되기 때문입니다. 따라서 공장에서 일한다든지, 농장에서 일한다든지, 가정에서 세탁을 한다든지, 하는 따위의 일은 할 수 없습니다. 하지만 한국은 파공 의무에서 면제되어 있습니다. 하지만 가능한 한 주일을 거룩히 지내기 위해서 파공을 지키는 것이 좋습니다.

송 군 알겠습니다.

박 신부 그런데 주일이 아닌데도 주일과 똑같이 미사에 참례하고 파공을 지켜야 하는 날이 있습니다.

송 군 예컨대 크리스마스 같은 날이겠지요?

박신부　그렇습니다. 이런 날을 '의무 축일'이라고 하는데, 각 나라마다 조금씩 다릅니다. 한국 신자들이 지켜야 하는 주일 외 의무 축일은 다음과 같습니다.

1. 주님 부활 대축일
2. 주님 성탄 대축일(12월 25일)
3. 성모 승천 대축일(8월 15일)
4. 천주의 성모 마리아 대축일(1월 1일)

송　군　성모 승천 대축일이란 무슨 날입니까?

박신부　성모님이 돌아가신 후 그 육체를 지니신 채 부름을 받아 승천하신 것을 기념하는 날입니다. 성모님은 원죄는 물론 스스로 저지른 죄도 없으십니다. 따라서 죄의 대가로 나온 죽음을 당하실 수도 없었지만 죄 없으신 그리스도가 원죄를 위해 죽으셨듯이, 성모님도 원죄를 위해 죽으셨습니다. 하지만 성모님은 당신 능력으로 승천하실 수 없었고 다만 하느님의 능력으로 육체와 함께 승천하시는 은총을 받으셨습니다.

송　군　알겠습니다. 그러니까 의무 축일도 주일처럼 지내야 된다는 말이지요?

박신부　그렇습니다. 다음에는 둘째 법규를 보겠습니다.

둘째 법규

박 신부 교회의 둘째 법규가 명하는 것은 교회가 정한 단식재와 금육재를 지키는 것입니다. 가톨릭 신자들 가운데 금요일에 고기를 먹지 않는 사람이 많다는 것은 아시지요?

송 군 예, 그것이 금육재인가요?

박 신부 예, 맞습니다. 재란 말은 재계와 통하는 말입니다. 말하자면 어떤 좋은 뜻을 두고 극기하고 희생하는 것입니다.

송 군 성경에 어떤 특정한 날에 고기를 먹지 말라는 말씀이 있나요?

박 신부 물론 금육하란 말은 없지만, 성경에 보면, "누구든지 내 뒤를 따라오려면, 자신을 버리고 제 십자가를 지고 나를 따라야 한다."(마태 16,24)라는 말씀이 있습니다. 또 "그런 것은 기도와 단식이 아니면 나가지 않는다."(마태 17,21)라고 하신 말씀으로 보아, 하느님을 더욱 사랑하기 위해서는 '재'가 필요함을 알 수 있습니다. 우리가 사랑하는 사람을 위해서는 고통스러운 것도 기꺼이 감수하듯이, 하느님을 사랑하는 마음에서 기꺼이 재를 지키는 것입니다.

송 군 왜 하필이면 금요일인가요?

박 신부 금요일은 그리스도가 십자가에서 피 흘리고 돌아가신 날이므로, 이날을 기억하여, 비록 그리스도를 위해 죽지는 못하지만, 작은 희생이라도 바쳐 주님의 사랑에 보답하기 위한 것입니다.

송 군   단식재, 금육재를 구별해서 설명해 주십시오.

박신부   단식재는 원칙적으로 하루에 한 끼만 먹는 것입니다. 일반적으로 점심 한 끼만 넉넉히 먹고 저녁에는 약간 요기하는 정도입니다.

송 군   그럼 아침은 완전히 먹지 않습니까?

박신부   끼니론 먹지를 못하지만, 간단한 우유라든지 커피 같은 건 한두 잔 마실 수 있습니다.

송 군   어린아이들이나 몸이 약한 사람에게는 부담이 되겠네요.

박신부   대재를 지켜야 하는 대상은 만 18세부터 60세까지이며, 몸이 약한 사람이라든지, 중노동을 하는 사람들은 자동적으로 면제됩니다.

송 군   단식재 날인데 목이 말라서 물을 마셨다면 어떻게 됩니까?

박신부   물이나 차 같은 것은 마실 수 있고 또 사탕 한두 개 정도 먹는 것은 단식재를 깨는 것이 아닙니다.

송 군   단식재도 금요일에 지키나요?

박신부   아닙니다. 단식재날도 역시 나라마다 다릅니다. 한국에서는 주님 부활 대축일 전 사순 시기가 시작되는 첫날인 재의 수요일과 그리스도가 돌아가신 수난 금요일, 즉 부활 전 금요일을 단식재날로 정했고, 언제나 금육재를 겸하게 되어 있습니다.

송 군　　사순 시기는 무엇입니까?

박 신부　　사순 시기는 부활 주일 전 40일간을 뜻하는데, 이때는 그리스도의 십자가상 죽음을 특별히 묵상하고, 극기 희생을 하는 때입니다.

송 군　　그러면 금육재에 대해서도 말씀해 주시죠.

박 신부　　금육재는 육식을 금하는 날입니다. 물론 고기 국물도 안 됩니다.

송 군　　육식이라고 하셨는데, 그 범위가 애매한 것 같습니다.

박 신부　　일반적으로 더운피 동물은 먹지 못하고, 찬피 동물의 고기는 먹을 수 있습니다. 이 밖에 우유나 고기 기름으로 만든 음식, 버터 같은 것은 먹을 수 있고 또 모든 생선을 다 먹을 수 있습니다.

송 군　　여기에는 연령의 제한이 없나요?

박 신부　　만 열네 살부터 죽을 때까지 금육재를 지킬 의무가 있습니다.

송 군　　혹시 모르고 먹었다면 어떻게 됩니까?

박 신부　　괜찮습니다. 역시 여기에도 예외가 있는데, 부대 안에서 생활하는 군인이나 학교 또는 공장 기숙사에서 고기 외에는 먹을 것이 없는 경우에는 자동적으로 관면이 됩니다.

송 군　　금육재는 매주 금요일마다 항상 지켜야 하나요?

박 신부　　금육재를 금요일마다 지키는 것은 권고 사항입니다만 사순 시기 중 금요일과 단식제를 하는 날은 반드시 지켜야 합니다. 단식재나 금육재날 특별히 음식을 먹어야 할 경우에는 신부님께 관면을 받으면 됩니다. 예컨대 금요일이 결혼이나 부모님의 생신날이라면 관면을 받아 온 가족이 같이 고기를 먹을 수 있고, 또 집에 오는 손님까지도 관면을 받아서 고기를 먹을 수 있습니다.

송 군 단식재, 금육재날을 일일이 기억하기가 어려워 가끔 잊어버릴 수도 있겠군요?

박신부 물론 그럴 수도 있지만, 가톨릭 전례력에 표시되어 있으니까 그것을 보면 됩니다.

송 군 전례력이요?

박신부 처음 듣는 말입니까? 이것입니다. 보십시오.

송 군 그러니까 가톨릭 교회 달력이군요.

박신부 그렇습니다. 여기에는 가톨릭의 모든 축일이 나오는데, 이것에 의해서 우리는 일 년 동안 신앙생활을 합니다.

셋째, 넷째, 다섯째, 여섯째 법규

박신부 제3규에서는, 가톨릭 신자는 적어도 일 년에 한 번은 고해성사를 받아야 하고, 제4규에서는, 적어도 일 년에 한 번은 영성체할 것을 명합니다.

송 군 고해성사와 영성체는 자주 하는 것이 좋은 것 아닌가요?

박신부 물론이지요. 하지만 막연히 고해성사와 영성체를 하라고만 한다면, 어떤 이는 일 년 내내 한 번도 하지 않을 우려가 있습니다.

송 군 일 년에 한 번 한다고 하면 어느 때 해야 합니까?

박신부 원칙으로는 일 년 중 가장 큰 축일인 주님 부활 대축일을 중심으로 그 전후에 해야 합니다. 이 기간도 역시 지역에 따라 다르지만, 한국에서는 사순 시기가 시작되는 날부터 지극히 거룩하신 삼위일체 대축일 사이에만 하면 됩니다. 이것 역시 전례력에 기록되어 있습니다.

송 군 신부님, 한 가지 이해되지 않는 것이 있습니다. 의무 축일 또는 단식재, 금육재 같은 것을 말씀하실 때마다 나라 혹은 지역에 따라 다르다고 하셨는데, 가톨릭은 전 세계적으로 같은 것 아닌가요?

박 신부   그 이유는 이렇습니다. 하나로 통일된 가톨릭에서는 단식재, 금육재, 의무 축일, 그 외에 공통적으로 지켜야 하는 규정을 정해 놓지요. 그런데 그 규정이 어떤 지역에서는 맞지 않는 경우가 있습니다. 예를 들어 가톨릭 교회법에 의하면 일 년 중 의무 축일이 여러 개나 되는데 한국 같은 곳에서는 그것을 다 지키는 것이 사실상 불가능하기 때문에 그것을 그대로 적용하기 어려운 점이 있습니다.

송 군   그렇다면 이런 규정은 지역별로 다른 경우가 많겠군요?

박 신부   그렇습니다. 그런데 부활 고해성사와 영성체는 교회가 명하는 법이기 때문에 꼭 지켜야 합니다. 모든 신자는 반드시 주님 부활 대축일과 주님 성탄 대축일 전에 고해성사를 받아야 합니다. 이것을 판공성사라고 합니다.

송 군   판공성사란 말은 무슨 뜻입니까?

박 신부   이것 역시 옛날 중국 신부님들이 쓰던 말인데, 교리 공부를 얼마나 했는지 판정해서 고해성사를 준다는 뜻인 것 같습니다. 그래서 예전에는 판공성사 전에 '찰고'나 기타 교리 특강 등이 있었습니다.

송 군   저도 세례를 받으면 매년 두 번 판공성사를 받아야 하나요?

박 신부   그렇습니다. 하지만 꼭 두 번만 할 것이 아니라 고해나 영성체는 될 수 있는 대로 자주 하는 것이 좋습니다.

이 밖에 다섯째 법규로서 우리 신자들이 지켜야 할 것은 교회 유지와 경영에 관한 의무입니다. 교회 유지비는 신자들이 교회 유지와 성직자들의 생활을 위해서 정기적으로 교회에 바치는 돈입니다. 교회도 인간의 단체인 만큼 이를 유지하기 위한 돈이 필요합니다. 마치 국민이 국가에 세금을 바칠 의무가 있듯이 신자들은 교회 유지를 위해 일정한 금액을 바쳐야 합니다. 성경에도 보면, "성전에 봉직하는 이들은 성전에서 양식을 얻고, 제단 일을 맡은 이들은 제단 제물을 나누어 가진다는 것을 여러분은 모릅니까? 마찬가지로, 주님께서는 복음을 전하는 이들에게 복음으로 생활하라고 지시하셨습니다."(1코린 9,13-14)라는 말씀이 나옵니다.

송 군 주일 미사 때 돈을 내는 것을 말합니까?

박신부 그것은 주일 헌금이라고 하는데, 교회 유지비와는 다릅니다. 이것만으로는 교회가 유지되지 못합니다. 교회 유지비는 교회에서 신자들의 생활 정도에 따라서 정해 주는 납부금입니다. 이것을 '교무금'이라고 합니다.

송 군 이런 것은 세계적으로 공통되나요?

박신부 물론 다릅니다. 어떤 나라에서는 우리나라처럼 교회 유지비 제도가 없이 주일 헌금만으로도 교회를 충분히 유지하기도 하고, 어떤 가톨릭 국가에서는 정부에서 성직자에게 생활비를 주고 교회 유지를 책임지는 곳도 있습니다.

송 군 들리는 말에 의하면 개신교 신자들과 달리 가톨릭 신자들은 헌금을 내는 데 박하다고 하던네 맞나요? 하하.

박신부 글쎄요, 그럴 수도 있을지 모르지만 옛날에는 소위 십일

조라 해서 수입의 십분의 일을 바치는 관습이 있었는데, 요즘 개신교 신자 중에는 십일조를 그대로 지키는 사람도 있다고 합니다. 가톨릭 신자 중에도 그런 사람들이 더러 있지요.

송 군 잘 알겠습니다. 또 다른 규정이 있나요?

박신부 이 밖에도 많지만 다른 것은 그만두고 하나만 더 말하지요. 여섯째 법규는 '혼인법'을 철저히 지키라는 것입니다.

송 군 어떻게 해야 하는 거죠?

박신부 지난번 혼인성사를 다룰 때도 말씀드렸지만, 교회가 정한 혼인 규정을 철저히 지키라는 것입니다. 가끔 가톨릭 신자들 중에는 관면도 없이 자기들 마음대로 예식장에 가서 결혼을 해 버리거나 교우가 외인과 결혼하면서도 교회에서 정식으로 관면 혼인을 하지 않는 것 등이 있습니다.

송 군 인간이라 그럴 수도 있겠지요.

박신부 우리는 인간적인 어떤 것보다도 하느님의 법에 충실해야 합니다. 계명 문제는 이 정도로 하고 이제 계명을 거스르는 죄에 대해서 살펴보겠습니다. 좋은 것은 아니지만 우리가 죄를 제대로 이해하는 데 필요한 내용입니다.

송 군 예, 좋습니다.

죄의 문제

박 신부   지금 죄에 대해서 말씀드리는 것은, 죄란 것이 무엇이며, 죄에는 어떤 종류가 있고 어떤 모양으로 저지르는가를 먼저 알아야만 죄 없는 착한 생활을 할 수 있기 때문입니다.

송 군   사실 사회생활을 하다 보면 어떤 경우에는 '죄'의 개념이 정말 막연합니다. 같은 사건을 두고 어떤 이는 죄라 하고 어떤 이는 죄가 아니라고 하니 말입니다.

박 신부   지난번에 말씀드린 대로, 그들은 선악을 판단하는 기준이 없고 각자 유리한 대로 판단하기 때문에 그렇습니다. 먼저 죄를 정확하게 말씀드린다면, 죄란 윤리 계명을 알면서도 온전히 자기 의지로 행하는 것입니다. 그러니까 죄가 성립되기 위해서는 세 가지 조건이 필요합니다. 즉, 첫째 윤리 계명이 있어야 하고, 둘째는 그것이 악인 줄 알아야 하고, 셋째는 그것에 온전한 자유로 동의해야 합니다.

송 군   만일 그런 계명이 있는지 없는지를 몰랐다면 죄가 되지 않습니까?

박 신부   원칙적으로 우리는 몰랐던 일에 대해서는 책임을 물을 수 없습니다. 하지만 몰랐다는 것에도 구별이 필요합니다. 꼭 알아야 했을 일을 부주의나 게으름 탓에 몰랐다면 비록 모르고 했더라도 죄가 됩니다.

송 군 예컨대 어떤 경우를 말하나요?

박신부 가톨릭 신자가 주일 미사 참례 의무를 몰라서 성당에 가지 않았다면 어떻게 되겠습니까?

송 군 그건 용서받을 수 없을 것 같군요.

박신부 그렇습니다. 또 이런 경우를 생각해 봅시다. 금요일을 토요일로 착각해서 고기를 먹었다면 죄가 되지 않습니다. 그런데 어떤 곳에 가서 음식을 먹는데 고기가 나왔습니다. 금요일인지 아닌지 확실히 알 수 없었는데 앞에 보니까 벽에 달력이 걸려 있는 겁니다. 그런데 모르면 죄가 되지 않는다는 것이 떠오른 겁니다. 달력을 보면 요일을 확실히 알 수 있지 않겠어요? 그러니 일부러 달력의 요일을 확인하지 않고 고기를 먹는다면 어떻게 될까요?

송 군 하하하.

박신부 이런 방법으로 몰랐다면 역시 죄가 되는 것입니다.

송 군 알겠습니다. 그런데 그것을 자기 의지로 행하는 것이라고 하셨는데 무의식중에 했거나 강제로 하게 되었을 때는 죄가 되지 않는다는 뜻이겠죠?

박신부 그렇습니다. 잠결에 어떤 나쁜 짓을 했을 경우, 또는 술에 만취해서 또는 본능적으로 무의식중에 어떤 일을 했다면 죄가 되지 않습니다.

송 군 그렇다면, 죄를 짓기 위해서 일부러 술을 마시면 어떻게 됩니까?

박신부   그건 벌써 죄를 저지른 것입니다. 우리가 여기서 말하는 것은 진정한 양심에 근거를 두고 어떤 행동을 하기 전에 그 사람의 마음을 보는 것이기 때문에 죄를 저지를 목적으로 어떤 방법을 썼다면 그건 죄가 됩니다.

송 군   잘 알겠습니다. 그런데 지난번에 죄를 대죄, 소죄로 구분한다고 하셨는데, 이것은 어떻게 구별합니까?

박신부   죄의 성립은 개인의 주관적인 문제가 더 크므로 단정지어 말하기는 어렵습니다. 같은 행동이라도 그 사람이 행동하기 전과 행동할 때의 그 마음가짐에 따라서 대죄가 되기도 하고 소죄가 되기도 합니다.

송 군   그렇지만 좀 더 정확한 기준이 필요하지 않을까요?

박신부   대죄의 일반적인 기준은, 첫째, 성경에서 영원한 생명을 얻지 못한다든지, 큰 벌을 받아 마땅하다든지, 죽어야 마땅하다고 한 죄는 대죄입니다. 예컨대 바오로 사도가 "우상 숭배, 마술, 적개심, 분쟁, 시기, 격분, 이기심, 분열, 분파, …… 이런 짓을 저지르는 자들은 하느님의 나라를 차지하지 못할 것입니다."(갈라 5,20-21)라고 했는데, 여기서 말하는 음행이나 우상 숭배는 대죄입니다. 둘째로, 교회에서 대죄로 규정한 것으로서, 이유 없이 주일을 궐하는 일 같은 것입니다. 셋째는, 일반 사람들이 공통적으로 인정하는 극악한 죄, 또는 하느님에게나 인간에게 크게 잘못하는 죄를 대죄라고 합니다.

송 군   알겠습니다. 방금 말씀하신 바오로 사도의 "하느님 나라를 차지하지 못할 것입니다."라는 말은 대죄를 저지르면 천국에 갈 수 없다는 것이겠죠?

박신부   맞습니다. 대죄는 우리 영혼을 영원히 죽여 버리는 일종의 영혼의 자살입니다. 우리는 언제나 대죄 없이 살아야 합니다. 대죄를 범했으면 서슴지 말고 즉시 고해소로 가야 합니다.

송 군   신부님, 잘 알겠습니다. 그다음 소죄의 경우는 어떻습니까?

박신부   소죄는 사소한 계명을 알고도 저지르는 것인데 우리가 흔히 저지르기 쉬운 것입니다.

송 군   소죄 때문에 지옥에 가지는 않겠지요?

박신부   소죄는 우리의 허물이고 나쁜 습관이므로 우리의 신앙생활을 방해할 뿐입니다. 그러므로 그것 자체가 지옥 벌을 받게 하는 것은 아닙니다. 하지만 우리는 소죄라도 짓지 않을 각오가 있어야 합니다. 왜냐하면, 소죄를 많이 저지르면 그만큼 하느님의 사랑에서 멀어지게 되고 또 대죄를 범할 가능성이 커집니다. 그러므로 그만큼 많이 연옥의 보속을 치러야 되기 때문입니다.

송 군   신부님, 소죄가 많이 모이면 대죄가 되나요?

박신부   송 군, 쥐새끼가 한 트럭 모이면 황소가 되나요?

송 군   하하하, 무슨 뜻인지 알겠습니다.

박신부   쥐는 쥐고 황소는 황소로 그 종류가 다르듯이 대죄는 대죄, 소죄는 소죄로서 그 종류가 다르므로 소죄를 아무리 범해도 대죄가 되는 것은 아닙니다. 하지만 때로는 대죄가 되는 경우도 있습니다.

송 군 어떤 경우인가요?

박신부 소죄의 결과가 모이고 모여서 대죄가 되는 결과까지 이른 경우, 예컨대 소죄가 되는 작은 도둑질을 해서 쌓인 것이 대죄라 여길 수 있는 정도가 되었다면 대죄가 됩니다.

송 군 알겠습니다.

박신부 다음에는 죄를 저지르는 형태에 대해 말씀드리겠습니다. 인간은 여러 가지 모양으로 죄를 저지를 수 있는데 그 대표적인 것은 생각과 말, 행동입니다.

송 군 십계명 중 제9계명과 제10계명은 마음으로 저지르는 죄라고 하신 것이 생각납니다.

박신부 그렇습니다. 우리가 행동하지 않았다 할지라도 마음으로 나쁜 생각을 했다든지, 나쁜 행동을 하고자 하는 마음이 있었다면 죄입니다. 이것은 일반 사회에서 말하는 죄와는 다르지요.

송 군 무엇이 어떻게 다르다는 것입니까?

박신부 사회 형법에서는 언제나 현행범에 한해서 죄라고 단정합니다. 예를 들면 어떤 포수가 산에서 노루를 보고 총을 쏘았습니다. 총에 맞은 노루가 쓰러져서 뛰어가 보니 노루가 아닌 사람이었습니다. 이런 경우 죕니까?

송 군 그 사람의 양심으로 볼 때는 죄가 아니지만, 적어도 과실치사로 감옥에 들어가야 할 걸요.

박 신부 그렇습니다. 이런 경우 그는 하느님 앞에선 경솔했다는 것 외에 다른 죄는 없지만 사회 형법 앞에서는 과실 치사란 죄목으로 감옥에 갑니다. 이제 반대의 예를 들겠습니다. 그 포수가 자기 원수인 김 씨를 죽이기 위해 총을 들고 산에 갔습니다. 마침 저 멀리 산 중턱에서 김 씨가 나무를 하고 있는 것이 보였습니다. 때가 왔다 하면서 총으로 쏘아 버리고 집으로 도망쳤지요. 그런데 동네에 와 보니 총에 맞은 김 씨가 의젓이 자기 친구와 술집에서 술을 마시고 있었습니다. 포수는 이상해서 총을 쏜 현장엘 가보았더니 김 씨가 아니라 큰 산돼지가 한 마리 쓰러져 있었습니다. 이런 경우 어떻게 되겠습니까?

송 군 이런 경우 그 포수는 대죄를 범한 것이겠죠?

박 신부 그렇습니다. 비록 산돼지를 김 씨로 착각해서 쏘았지만 그는 마음으로는 살인죄를 범한 것입니다.

송 군 잘 알겠습니다.

박 신부 우리는 하느님 앞에서 생각이나 말 또는 나쁜 행동으로 죄를 저지르기 때문에 생각이나 말, 행동에 있어서 언제나 조심하고 살아야 합니다. 그런데 같은 행동이지만 그 대상에 따라서 더 큰 죄가 되는 경우도 있습니다.

송 군 무슨 말씀인지 이해가 가지 않습니다.

박 신부 이런 경우를 생각해 보십시오. 성당 자선함에 있는 돈을 훔쳤다면 그는 제7계명과 제1계명을 동시에 범한 것입니다.

송 군 그렇겠군요.

박 신부   문제 하나 내겠습니다. 김 바오로라는 사람이 있는데 그의 삼촌이 신부입니다. 김 바오로가 삼촌 신부를 때려 실신케 하고 삼촌의 돈을 훔쳤습니다. 어떤 죄를 범했습니까?

송 군   음……. 첫째로 성직자를 때렸으니 제1계명을, 또 물건을 훔쳤으니 제7계명을 범한 건가요?

박 신부   그것뿐인가요?

송 군   그게 전부 아닌가요?

박 신부   아닙니다. 사람을 때렸으니 제5계명을 범했고, 또 그가 삼촌이니 제4계명을 범했습니다. 그러므로 김 바오로는 한 가지 행동으로 동시에 제1계, 제4계, 제5계, 제7계를 다 범했습니다.

송 군   그런 경우 고해 때 그 사실을 다 밝혀야 합니까?

박 신부   그렇습니다. 이제는 인간이 저지르는 죄를 종합해서 구분해 보겠습니다. 세상에 있는 모든 죄는 크게 일곱 가지로 구분됩니다. 즉, 교만, 인색, 음욕, 탐욕, 질투, 분노, 나태입니다. 인간이 저지르는 죄는 모두 이 일곱 가지 죄에 포함됩니다. 송 군, 일곱 가지 중에서 제일 무섭고 죄의 근본이 되는 것은 무엇이겠습니까?

송 군   그것은 전에 신부님이 말씀하신 대로 교만한 죄지요.

박 신부   그렇습니다. 교만은 죄의 근원입니다. 원조가 범한 첫 번째 죄도 교만이었습니다. 우리는 모두가 교만의 씨앗을 지니고 있기 때문에 다른 여러 가지 죄를 범합니다.

송 군   그렇겠죠. 아무리 하찮은 사람들이라도 자신을 드러내고자 하는 교만은 다 있으니까 말입니다.

박 신부   이제는 마지막으로 우리를 죄로 유도하는 우리 영혼의 원수가 무엇인지 알아야 하겠습니다.

송 군   영혼의 원수라고요?

박 신부   그래요. 우리 영혼이 하느님께로 가는 것을 방해하는 것들이죠. 우리 영혼의 원수는 마귀, 세속, 육신입니다.

송 군   하나하나 구체적으로 말씀해 주시죠.

박 신부   첫째, 마귀는 인간이 천국에 가는 것을 시기하고 질투합니다. 그래서 지옥으로 끌고 가려고 갖은 수단으로 죄를 짓게끔 유혹하지요. 하지만 마귀는 우리의 지능이나 자유에 대해 직접적으로 작용하지 못하고 상상, 감정, 욕정 등을 자극해서 죄를 저지르게 하기 때문에 어디까지나 죄를 저지르는 주체는 마귀가 아니고 인간입니다. 또한 악마의 유혹을 당할 때 그것에 동의하지 않고 물리치면 죄가 되지 않습니다. 그리고 마귀는 우리가 이겨 낼 수 없을 만큼 큰 유혹을 할 수는 없습니다.

둘째는 세속입니다. 우리는 사회의 나쁜 풍속, 체면, 허영, 유행, 사상, 전통에 의해 죄를 짓기도 합니다. 공연히 마음이 들떠서 세속적인 것을 찾다 보면 많은 죄를 저지르게 되고 또 나쁜 친구 때문에 죄를 짓는 경우도 많습니다. 송 군도 처음에 나쁜 친구 때문에 신앙이 흔들리지 않았습니까?

송 군   그렇습니다. 지금 생각하면 후회됩니다.

박 신부   하지만 앞으로도 세상은 늘 우리를 유혹할 것입니다. 조심해야 합니다.

셋째로는 정욕으로 기울어지는 우리 육신입니다. 마귀, 세속은 떠날 수도 있는 것이지만 육신은 언제나 나와 붙어 다니는 것이기에 세 원수 중에서 제일 강한 것입니다. 우리는 육신의 편의를 찾기 때문에 나태해지고 기도드리기를 싫어하고, 육신의 쾌락 때문에 하느님의 계명을 무시하고 맙니다. 나는 이런 사람을 많이 보았습니다. 육신 쾌락 때문에 하느님을 버리고, 세속 물욕 때문에 윤리 도덕을 헌신짝처럼 버리는 사람들 말입니다.

송 군 육체의 본성을 끊는다는 것은 어려운 일인 것 같습니다.

박 신부 그렇습니다. 하지만 우리는 끊임없는 기도로써 이겨 나가야 합니다. 이 세상은 마귀, 세속, 육신과 싸우는 전쟁터입니다. 적이 있어야 싸우고, 싸워야 승리가 있고, 승리가 있어야 월계관이 있는 것입니다. 이 세상 싸움터에서 승리해서 천국 월계관을 받든지 아니면 마귀의 포로가 되든지 둘 중 하나입니다. 영혼을 구원하기 위한 전쟁에는 휴전이 없습니다. 우리는 언제나 싸워야 합니다.

송 군 신부님, 실례되는 질문인지 모르겠습니다만, 지금까지 죄에 대해서 말씀하셨고 또 우리 영혼의 원수에 대해서 말씀하셨는데요. 실제로 우리가 이러한 원수들에게 승리한다는 것은 어려운 일이고 죄에서 완전히 벗어나 살 수는 없을 것 같습니다. 그런데 하느님은 왜 인간이 죄를 짓도록 창조하신 걸까요? 하느님은 인간이 죄 짓고 지옥에 빠지는 것을 원하시는 건가요?

박 신부 천만에요.

송 군 하느님은 인간을 창조하시기 전에 벌써 인간이 잘못할 것도 아셨겠지요?

박 신부   그렇겠지요.

송 군   그렇다면 왜 인간을 창조하신 걸까요? 결국 인간이 죄를 저지르는 것도 하느님께 책임이 있다고 볼 수 있지 않을까요? 말씀드리고 싶은 것은 다른 것이 아니라 이왕이면 인간을 창조하시되 죄를 짓지 않게 창조하셔서 인간 모두가 천국에 들어가면 좋지 않겠는가 이 말입니다.

왜 하느님은 죄 짓는 인간을 창조하셨는가?

박신부 인간과 동물의 차이점이 뭐라고 생각합니까?

송 군 여러 가지가 많겠지만 그중에서도 동물에게는 이성이 없고 인간에게는 이성이 있다는 점이겠지요.

박신부 그래요. 인간은 동물과 달리 이성과 자유 의지가 있어서 생각하고 판단해서 행동합니다. 그럼 동물은 죄를 지을 수 있나요?

송 군 동물은 악도 선도 행할 수 없지요. 자유 의지가 없으니까…….

박신부 그렇다면 인간도 차라리 동물이 되었더라면 죄를 짓지 않고 좋았을 걸 그랬습니다.

송 군 네? 그건 인간에 대한 모독입니다.

박신부 그렇겠죠. 인간을 동물에 비유하는 것이 인격 모독이라면 인간이 죄를 저지를 수 없다는 존재가 된다는 것 역시 인격 모독입니다. 왜냐하면, 죄를 지을 수 없다면 선행도 할 수 없을 것이고, 선도 악도 없다면 인간의 행동이란 마치 산에서 굴러 떨어지는 돌의 움직임이나 다를 바가 없을 테니 말입니다.

송 군 제가 말씀드리는 것은 선행이 아니라 죄를 말하는 것입니다.

박 신부   자유 의지를 생각지 않고는 선행도 없습니다. 또한 자유 의지를 생각지 않고는 죄악도 없습니다. 따라서 악한 일을 할 수 없다면 선한 일도 할 수 없는 것입니다. 우리를 빠른 시간 안에 먼 곳까지 실어다 주는 택시에 감사의 표창장을 줄 수 있습니까?

송 군   그건 말이 안 되죠.

박 신부   그게 말이 안 되듯 자유 의지는 있지만 죄만은 짓지 않는 인간이라는 것도 말이 안 됩니다. 왜냐하면, 그것은 완전한 자유가 아니기 때문입니다.

송 군   먼저 죄가 무엇인지 정확하게 정의해 주십시오.

박 신부   지난번에 계명을 알고도 자기 의지로 행하는 것이 죄라고 했는데, 쉽게 말해서 선에 반대되는 것이 죄입니다. 그렇다면, 선은 무엇인가 하는 문제가 생기는데 선이란 선의 근원이신 하느님의 자유 의지를 따르는 것입니다.

송 군   선이란 하느님의 뜻을 따르는 것이고 악은 그 뜻을 거역하는 것이라고요?

박 신부   그렇습니다. 그러니까 죄라는 것은 하느님의 뜻을 무시하고 인간의 그릇된 뜻을 따르는 것입니다.

송 군   그렇다면 하느님이 인간에게 충분한 자유 의지를 주시면서도 당신의 뜻에서 탈선하지 않는 인간을 창조하실 수는 없었을까요?

박 신부   그렇게 되면 인간은 죄를 짓지는 않을 것입니다. 하지만 그것은 벌써 인간이 아닙니다. 그것은 자유 의지도 없는 동물이나 식물이든지 아니면 하느님처럼 절대적인 의지를 가진 절대자이든지 둘 중 하나겠지요. 인간은 하느님도 아니요 동물도 아닙니다. 인간에게 고유한 자유 의지가 있다는 것은 하느님의 의지와는 완전히 구별되는 것입니다. 따라서 인간은 창조되는 순간부터 자기 뜻만을 고집할 수 있는 가능성, 즉 선을 행할 수도 있고 악을 행할 수도 있는 두 가지 가능성을 지니고 나왔습니다. 결과적으로 보아 인간은 천사와 같이 영원한 행복을 얻을 수 있는 존재인 동시에, 동물보다 더 불행할 수 있는 존재입니다. 이 두 가지를 선택하는 권리가 우리에게 있는데 그래도 하느님을 원망할 수 있을까요?

송 군 글쎄요? 쉽게 이해가 가지 않습니다. 하느님은 인간이 자유를 잘못 써서 죄를 저지를 것을 미리 아셨을 텐데요…….

박신부 물론 그렇습니다. 하지만 그것만 보신 것이 아니라 자유를 잘 써서 영원한 행복을 얻을 것도 아신 것입니다. 죄를 저지른 인류를 구하기 위해서 구세주까지도 미리 보신 것입니다. 이런 일을 생각해 봅시다. 송 군이 부모님에게 옷을 사 달라고 했을 때 부모님이 송 군을 완전히 무시하고 직접 사 주시는 것과, 돈을 주시면서 송 군의 뜻대로 사라고 할 때 어느 쪽을 더 원하겠어요?

송 군 물론 제가 직접 고르고 사는 것을 원합니다.

박신부 우리 인간도 마찬가지입니다. 하느님이 인간의 자유를 막아서 함부로 쓰지 못하게 한다면 인간은 도리어 "죽음 아니면 자유를 달라"는 슬로건을 내걸고 하느님께 데모할 걸요, 아마.

송 군 하하. 사실 그렇겠죠. 하지만 하느님이 인간을 존중해서 자유를 주신 것은 좋은데요. 결과적으로 많은 이들이 대죄를 지어 지옥으로 떨어지니 애초에 인간을 창조하실 때 의도했던 것과는 너무나 다른 결과라고 생각됩니다. 사실상 하느님의 인간 창조 목적이 완전히 깨어지고 만 것 아닙니까?

박신부 재미있는 질문입니다.

하느님의 창조 사업은
실패로 돌아갔는가?

박 신부   인간 사회에는 선한 것보다도 죄스런 것이 더 많고, 행복보다는 불행이 더 많습니다. 어떻게 생각하면 하느님의 창조 사업이 실패한 것처럼 보일지 모르지만 이것은 어디까지나 부족한 인간의 생각에 지나지 않습니다. 전능하신 하느님께 실패라는 말은 그 자체가 하나의 모욕적인 언사입니다. 절대로 실패하지 않았습니다.

송 군   그러면 창조의 목적은 무엇인가요?

박 신부   우주의 창조 목적은 첫째, 하느님의 외적 영광을 드러내기 위해서이고, 둘째로, 우주를 지배하는 인간에게 영원한 행복을 주기 위해서입니다.

송 군   하느님의 '외적 영광'이 무슨 뜻인가요?

박 신부   영광이란 말은 쉽게 말해서 '올바로 알아주는 것'을 말합니다. 하느님의 영광을 드러낸다는 것은 그분이 창조하신 우주 만물을 보고 하느님의 전능과 그분의 위대하심을 알아볼 수 있다는 뜻입니다. 마치 미술 작품을 보고 작가의 소질과 능력을 알아볼 수 있듯이 말입니다. 우주에 있는 모든 아름다움과 선함은 하느님께로부터 나온 것입니다. 하느님의 절대적인 아름다움의 한 방울이 떨어진 것이 이 우주의 아름다움입니다. 그러므로 우주의 아름다움을 통해서 하느님의 아름다움을 알아볼 수 있는 것입니다.

송 군   그런데 죄인이 지옥에 가는 것도 하느님께 영광이 됩니까?

박 신부   물론입니다. 성인이 지옥으로 가거나 악인이 천국으로 간다면 하느님의 정의는 여지없이 깨어지고 맙니다. 하지만 지옥이 있다고 해서 하느님의 선하심이나 영광이 손상되는 것은 아닙니다. 죄인이 지옥으로 떨어지기 때문에 하느님의 정의는 더욱 빛나게 되고 따라서 하느님의 영광이 더욱 드러나게 됩니다. 극악한 죄인에게도 천국을 허락하셨다면, 하느님의 선성이나 하느님의 정의는 아무 의미가 없습니다. 죄인이 있고 지옥이 있기 때문에 우리는 떳떳하게 하느님을 위해 살 수 있습니다. 마치 오늘 우리 사회처럼 죄에 대해 책임을 묻지 않고 "좋은 게 좋은 거지!"라는 식의 부정한 처사를 하느님이 하신다면 우리는 영원한 절망 속에서 살 수밖에 없습니다.

송 군   정말이지 죄인에 대한 올바른 심판이 없다면 이 세상에서 억울해서 못 살 거예요.

박 신부   사실입니다.

송 군   잘 알겠습니다, 신부님.

박 신부   지금까지 죄의 문제를 보았으니 이제부터는 어떻게 죄를 피하고 살아야 하는지 말씀드리겠습니다.

덕이 있는 사람

박신부   우리는 이제 영혼의 원수인 세속, 악마, 육신과 싸워서 덕을 닦아야 합니다.

송 군   소위 말하는 '덕이 있는 사람'이 되어야 한단 말이죠?

박신부   그렇습니다. 그런데 먼저 '덕'이 무엇인지를 정확하게 말씀드리겠습니다. '덕'은 '좋은 습관'입니다. 악습에 반대되는 것이 '덕행'입니다.

송 군   그래서 좋은 습관을 가진 사람을 덕망이 높은 사람이라고 하는 건가요?

박신부   그렇죠. 좋은 일을 많이 되풀이해서 이것이 습관이 될 때 '덕'이라고 합니다. '덕을 닦는다'는 말이 바로 이것입니다. 좋은 습성을 만든다는 뜻이죠. 그러므로 항상 나쁜 사람이 어쩌다가 한 번 남에게 친절과 사랑을 베풀었다고 해서 그것을 애덕이라 할 수 없습니다. 사람을 사랑하는 것이 습관이 되어 사랑하지 않고는 견딜 수 없는 그런 사람을 우리는 애덕가라고 하지요.

송 군   덕에는 어떤 것들이 있습니까?

박신부   예, 여러 가지 덕이 있지만 우선적으로 인간이 하느님에 대해서 닦아야 하는 향주덕과 우리가 윤리 행위를 올바로 잘하게 하는 윤리덕으로 나눌 수 있습니다.

송 군 하나씩 설명해 주시죠.

박 신부 먼저 하느님께 향하는 향주덕은 세 가지 종류가 있습니다. 이것을 향주삼덕이라고 합니다. 즉 신덕, 망덕, 애덕입니다. 다시 말하면 믿음, 소망, 사랑입니다.

송 군 신덕은 믿는 덕이란 뜻인가요?

박 신부 그렇습니다. 전에도 이야기했지만, 아는 것과 믿는 것은 다릅니다. 즉, 지식과 신앙은 다릅니다.

송 군 예. 전에 말씀하신 것 기억납니다.

박 신부 제아무리 교리 박사라 할지라도 믿지 않는다면 그는 교리 지식은 있지만 신앙은 없는 사람이고, 교리는 많이 모르지만 깊이 믿는다면 신덕이 있는 사람입니다. 물론 교리 지식이 풍부하면 신앙생활에 많은 도움이 되는 것은 사실입니다. 하지만 교리 지식의 많고 적음에 따라서 믿음이 커지거나 작아지는 것은 아닙니다. 그래서 신덕을 하느님이 주신 '초성 덕행'이라고 합니다.

송 군 신덕도 덕이니까, 한 번 두 번 믿는다고 해서 되는 것은 아니겠군요?

박 신부 그렇지요. 믿는다는 것은 우리가 알지도 못하고 경험해 보지도 못한 것을 우리에게 말하는 이의 권위를 보고서 그렇게 인정하는 것이므로, 먼저 참된 겸손의 자세가 없이는 불가능합니다. 종교는 믿음이 있기 때문에 다른 철학과 구별되는 것입니다. 또한 신덕의 내용이 이 세상의 어떤 학문이 아니고 하느님의 진리이기 때문에 오랜 기간의 숙달이 필요합니다. 송 군이 지금 세례를 받고 입교한다고 해서 즉시 깊은 신덕가가 되는 것은 아닙니다.

송 군 우리가 믿어야 하는 내용은 성경의 내용이겠죠?

박 신부 물론 하느님이 성경을 통해서 계시해 주신 계시 진리가 신덕의 첫째 대상입니다. 이 밖에 교회의 교도권에 의해서 그르침 없이 가르쳐지는 윤리와 신앙 문제도 신앙의 대상이 됩니다. 계시와 신앙은 언제나 같이 따라다닌다는 것을 그전에도 말씀드린 적이 있습니다.

송 군 예, 기억납니다.

박 신부 교회의 권위로 어떤 교서나 문헌을 발표할 때 이것을 믿을 교리라고 하는데, 이것을 고의적으로 믿지 않는다면 신덕을 거스르는 중죄를 저지르게 되는 것입니다.

송 군 믿을 교리에는 어떤 것이 있습니까?

박 신부 많이 있습니다. 예를 들면 사도 신경에 있는 것은 말할 것도 없고, 그밖에도 "성모님은 원죄 없이 태어나셨다"는 교리도 믿을 교리입니다. 이것을 '원죄 없으신 잉태'라고 하는데 1854년에 비오 9세 교황이 믿을 교리로 반포한 것입니다.

송 군 그렇다면 가톨릭에서는 믿을 교리를 계속적으로 만들어 내나요?

박 신부 그때그때 상황에 따라서 믿을 교리를 반포하지만, 이것은 그전에 없었던 것 혹은 그전에는 전혀 믿지 않았던 것을 새로운 진리로 만드는 것이 아니라 전부터 믿어 오던 것이었지만, 그릇된 학설이나 주장을 배격하고 신자들로 하여금 더욱 깊이 믿게 하기 위해서 하는 것입니다.

송 군 성경에 없는 것도 믿을 교리로 반포하나요?

박신부 물론 성경에 어긋나는 믿을 교리는 있을 수 없습니다. 그리고 성경에 있긴 하지만 다소 불분명한 것을 더욱 확실히 하기 위해서 믿을 교리로 반포하기도 하고 비록 성경에는 없지만 신자들의 구원에 유익하다고 생각되는 성전의 가르침을 교도권을 통해서 믿을 교리로 반포하기도 합니다.

송 군 그런데 영혼 구원에 신덕이 꼭 필요합니까?

박신부 그렇습니다. 신덕이 없으면 구원받지 못합니다. 성경에도 "너희는 온 세상에 가서 모든 피조물에게 이 복음을 선포하여라. 믿고 세례를 받는 이는 구원을 받고 믿지 않는 자는 단죄를 받을 것이다."(마르 16,15-16)라고 명시되어 있습니다.

송 군 신부님, 개신교 신자 중에도 신앙심이 정말로 깊은 사람들이 많은 것 같더군요.

박신부 그렇긴 하지만, 그들의 신앙과 가톨릭의 신앙은 내용이 다릅니다.

송 군 어떻게 다른가요?

박신부 개신교에 교파가 많아서 일률적으로 말씀드릴 수는 없고, 루터의 사상을 중심으로 말한다면 그들의 신앙은 신덕이 아니고 단순히 신뢰적 신앙입니다.

송 군 그것이 무슨 뜻인가요?

박 신부   즉 그들의 신앙은 그리스도의 의화를 입어 자기의 죄도 사해졌다고 믿는 신뢰적 신앙입니다. 그들의 신앙은 어떤 선행을 무시하는 신뢰심에 지나지 않지만 우리 가톨릭의 신앙은 바로 신덕입니다. 즉 착한 행동이 습관화된 행동의 신앙입니다. 단순히 믿는 것으로 끝나지 않고 그 믿음의 내용대로 사는 신앙입니다.

송 군   약간 어렵습니다.

박 신부   차차 이해하게 될 겁니다. 다음으로 우리가 신앙생활을 하는 이유는 그 내용을 온전히 이해했거나 그것이 취미에 맞아서 그런 것이 아니고 다만 이것을 가르쳐 주신 하느님의 진실성과 그분의 권위에 바탕을 두고 있습니다. 전에도 말씀드렸죠?

송 군   예, 계시와 신앙에 대해 말씀하실 때 들었습니다. 그런데 신부님, 공산 정권이나 독재 정권 치하에 있는 신부님이나 수녀님, 신자들이 심한 박해를 받는 것 같던데, 박해를 받으면서 까지도 신앙을 견지해야 합니까?

박 신부   그렇습니다. 우리는 어떠한 이유로든 신앙을 버릴 수 없습니다. 신덕은 우리의 영원한 생명의 담보물입니다. 따라서 신앙을 버린다는 것은 영원한 생명을 스스로 포기하는 것이며 이것은 결국 하느님보다도 자기 자신이나 이 세상을 더 사랑한다는 것을 의미합니다.

송 군   성경에 하느님을 위해 신앙을 고백하라는 말이 있나요?

박 신부   있지요. 예수님은 "누구든지 사람들 앞에서 나를 안다고 증언하면, 나도 하늘에 계신 내 아버지 앞에서 그를 안다고 증언할 것이다. 그러나 누구든지 사람들 앞에서 나를 모른다고 하면, 나도 하늘에 계신 내 아버지 앞에서 그를 모른다고 하겠다."(마태 10,32-33)라고 말씀하셨습니다. 그러므로 죽음을 피하기 위해서일지라도, 공적으로 신앙을 부인한다든지 가톨릭 신자임을 스스로 부정한다든지 기타 다른 우상 숭배를 하면 이것은 신덕에 어긋납니다.

송 군 믿음 때문에 순교한 분들이 많나요?

박 신부 그럼요. 한국만 해도 만 명 이상이 신앙을 위해서 목숨을 바쳤습니다. 어느 나라든지 순교자가 없는 곳이 없습니다. 박해가 있었던 조선 시대에도 남녀노소 할 것 없이 "배교합니다."라고 한마디만 하면 살 수 있었음에도, 신앙을 지키고 한 방울 이슬처럼 사라졌습니다. 세상 그 무엇이 아닌 오직 신앙을 위해서 생명을 아낌없이 바친 그 순교자들의 정신에서 우리는 더욱더 신앙의 가치를 알 수 있습니다.

송 군 잘 알겠습니다. 다음엔 망덕에 대해서 말씀해 주시죠.

박 신부 망덕에 대해서 말씀드리기 전에 하나 더 말씀드리면 신덕에 대해서 지나친 의심을 갖지 말라는 것입니다. 삼위일체나 성체성사에 대해서 믿기 힘들다는 이유로 의심하고 부정하는 것도 역시 신덕에 어긋나는 죄입니다. 사람들은 대부분 지나치게 교만하기 때문에 믿지 않습니다.

그럼 망덕에 대해서 말씀드리겠습니다. 망덕은 하느님의 자비와 공로를 통해서 우리 인간이 천국의 복락을 얻을 수 있다는 가장 큰 희망입니다.

송 군   말하자면 세상의 모든 불행을 극복하고 용감히 살아갈 수 있는 유일한 희망을 말하는 거군요?

박신부   그렇죠. 망덕 역시 우리가 보지도 체험하지도 못한 것을 기대하는 것이기에 초성 덕행이며 망덕의 내용은 천국의 영원한 행복과 영원한 생명입니다. 이것을 바라는 근거는 하느님의 진실성과 인자와 사랑, 그리고 그리스도가 십자가에서 세우신 공로에 있습니다. 망덕을 거스르는 죄를 말씀드리면 첫째로 절망하는 것입니다. 흔히 사람들은 죄를 저지르고는 자포자기하고 이제는 영영 구원을 받을 수 없다고 생각해 버립니다. 절망은 가장 무서운 죄입니다. 송 군도 조심해야 됩니다.

송 군   왜죠?

박신부   나중에 언젠가 한 번은 자신의 구원에 대해서 절망할 수 있기 때문입니다. 절망한다는 것은 하느님의 사랑과 자비를 불신하는 것입니다. 용기를 얻지 못하고 끝까지 절망하면 그는 영영 살아날 길이 없습니다. 그다음은 반대로 지나치게 불합리한 것을 신뢰하고 바라는 과망過望입니다.

송 군   과망이란 구체적으로 어떤 것을 말합니까?

박신부   어떤 사람이 노력은 전혀 하지 않고 "하느님은 인자하시니까 무조건 나를 버리지 않고 구원해 주시겠지." 하고 바라는 것입니다. 이것은 결국 하느님의 정의를 무시하고 자기중심으로 생각하는 그릇된 행동입니다.

송 군   그러니까 자기 힘만 믿고 절망할 것도 아니고 하느님만 믿고 과망할 것도 아니군요?

박신부   그렇습니다. 옛말에 "덕은 중용에 있다"고 했지요. 언제든지 '너무'가 붙은 양극단은 위험한 것입니다.

송 군   정말 그렇습니다.

박신부   다음은 애덕입니다. 사랑이 그리스도의 기본 정신이란 것은 누구나 다 알고 있습니다. 애덕은 지극히 착하시고 아름다우신 하느님을 사랑하고 또한 하느님을 위해서 사람을 사랑하는 덕입니다.

송 군   하느님이 절대적인 사랑의 대상이란 뜻이겠지요?

박신부   그렇습니다. 애덕도 역시 초성 덕행입니다. 인간에 대한 사랑도 하느님과의 연결이 없으면 가치가 없습니다. 사랑은 주는 것이고 희생하는 것이므로 우리는 하느님을 위해서 모든 기쁨과 슬픔을 바쳐야 합니다. 그리고 그리스도는 원수까지 사랑하라고 하셨습니다.

송 군   원수를 사랑하라지만 실제로 이것이 가능할까요?

박신부   순수 인간적인 감정으로 볼 때는 불가능하지만, 그리스도의 초자연적인 정신으로는 얼마든지 가능합니다. 그리고 하느님에 대한 사랑과 사람에 대한 사랑은 구별될 수가 없습니다. 이 두 사랑은 하나로 연결되어야 합니다. 그리스도의 십자가는 사랑을 표시하는데 십자가 나무의 세로는 하느님과 인간과의 사랑을 뜻하고, 십자가 나무의 가로는 인간 사이의 사랑을 뜻한다고 합니다. 그러므로 십자가는 두 사랑의 교차점입니다. 따라서 부모나 자녀를 사랑하지 않고 하느님을 사랑할 수 없고 부부간에, 형제간에, 친구 간에 서로 사랑하지 않는다면 하느님도 사랑할 수 없습니다. 인간에 대한 사랑으로부터 하느님에 대한 사랑으로 올라가는 것입니다.

송 군 애덕에 반대되는 것은 어떤 것들인가요?

박신부 미워하는 것, 좋지 않은 표양을 보여주는 것, 사람을 죄로 이끄는 것 등을 들 수 있겠죠.

송 군 신부님, 향주삼덕 중에서 가장 첫째가는 것은 무엇인가요?

박신부 그것은 애덕입니다.

송 군 왜 그렇지요?

박신부 신덕과 망덕은 세상에 사는 동안에만 있는 것이지만 애덕은 세상에서부터 천국까지 영원히 계속되기 때문입니다.

송 군 어째서 신덕과 망덕은 세상에서 끝나고 맙니까?

박신부 천국에 가면 하느님을 보게 되니 믿을 필요가 없고, 또한 우리가 바라던 행복을 찾게 되므로 더 이상 희망이란 있을 수 없는 거죠.

송 군 예, 잘 알겠습니다. 다음에는 윤리덕에 대해서 말씀해 주십시오.

박신부 윤리덕은 사람이 말과 행동에 있어서 건전한 윤리 행위를 하기 위하여 필요한 덕입니다. 윤리덕은 그 종류가 많지만, 그 중에 **특별히 중요한** 것은 예지, 정의, 용기, 절제인데 이것을 사추덕이라고 합니다.

송 군 예지란 지식을 말하는 것입니까?

박신부 예지는 모든 일에 있어서 해야 할 것과 하지 말아야 할 것을 정확하게 판단하는 덕입니다. 여기에는 물론 필수적으로 지식이 따릅니다. 사람이 너무 무식해도 사람다운 행동을 할 수 없잖습니까?

송 군 사실 사람들이 뭘 모르고 하는 말이나 행동을 보면 답답할 때가 많습니다.

박신부 그다음 정의는 그 범위가 굉장히 넓은 것이지만 간단히 말씀드려서 남에게 줄 것을 주고 손해를 끼치지 않으며 자기 의무에 충실한 덕을 말합니다. 물건을 교환할 때, 물건을 주고받을 때, 또는 물건을 분배할 때 불의하게 하지 않고 정당하게 하는 것을 정의라고 합니다. 우리 사회에는 정의가 무너져 불의한 행동이 너무 많습니다. 조금이라도 빈틈이 보이면 남을 속여 불의한 이득을 보려고 하니 말입니다.

송 군 옛날에는 목숨을 희생하면서까지 의를 지키려고 했는데 요즘은 영……。

박신부 현실만을 탓할 수는 없고, 우리가 우선 모범적으로 정의를 실천해야 합니다. 다음으로, 용덕은 이치에 맞고 의리에 맞는 일에는 어떠한 어려움이나 환난이 있더라도 그것을 이겨 나가는 용기를 말합니다. 여기에는 인내와 항구한 정신이 필요합니다.

송 군 흔히 말하기를, 과감한 행동을 할 때 용감하다고들 하지요.

박 신부 하지만 용기와 만용은 구별해야 합니다. 하룻강아지 범 무서운 줄 모르고 덤비는 것을 만용이라고 합니다. 이것은 허영에서 나오는 것이지 진정한 용기가 아닙니다. 우리는 진리와 선에 용맹하기 위해서 인내하는 덕과 한번 결심한 일은 꾸준히 하는 습성을 길러야 합니다. 다음에는 절제입니다. 절제는 강한 욕심을 억제하는 습관입니다.

송 군 만사에 있어서 절제하는 습관을 말하는 것이겠죠?

박 신부 그렇습니다. 예컨대 술을 너무 마셔 정신을 잃을 정도라면 절제할 줄 모르는 사람입니다. 참된 인격자가 되기 위해서는 욕망을 적당하게 조절하는 절제의 힘이 있어야 합니다. 가끔 보면 음식 절제를 못해서 과식을 하고, 노는 것을 절제 못해서 헛된 시간을 보내는 사람들이 많습니다. 절덕을 닦으면 마음이 평화로워지고 몸을 단정히 하게 되며, 또 겸손한 사람이 되는 법입니다.

송 군 잘 알겠습니다. 그밖에 다른 덕이 또 있습니까?

박 신부 향주삼덕과 사추덕은 이정도로 하고, 이제 남은 것은 복음 삼덕입니다.

송 군 복음 삼덕이라니요?

박 신부 복음 삼덕은 그리스도가 복음 성경을 통해서 가르쳐 주신 덕입니다. 복음삼덕은 청빈, 정결, 순명인데, 이것은 모든 신자들이 닦아야 하는 덕이 아니고, 그리스도의 말씀대로 이것을 원하는 사람만 자유로이 닦는 덕입니다. 이것은 수도자들이 서원을 하고 지키는 덕입니다.

송 군   그 내용을 설명해 주시겠습니까?

박신부   첫 번째인 청빈의 덕은 마음으로 가난하게 사는 것입니다. 이것을 서원한 수도자들은 세상 물질에 대한 애착을 끊고 재물의 소유권마저 포기해 버립니다. 그래서 수도자들은 사유 재산이 없고 가난하게 삽니다. 정결은 육체의 모든 성적 쾌락을 끊고 일생을 독신으로 사는 것을 말하고, 순명은 자기의 자유 의지까지 오롯이 하느님께 바치고 윗사람의 명령에 복종하는 덕입니다.

송 군   길에서 보니까 수녀님들도 그 복장이 여러 가지로 다른데 서원의 내용도 다른가요?

박신부   복장이 다른 것은 수도회가 다르기 때문입니다. 수도회는 그 특수한 목적이 따로 있지만, 복음 삼덕을 서원하는 것은 모든 수도자들에게 공통됩니다.

송 군   특수한 목적이 다르다는 말은 무슨 뜻인가요?

박신부   수도자들은 복음 삼덕을 지키면서 일생을 하느님께 바쳐 봉사하고 희생을 하는 점은 같습니다. 하지만 그들이 실제로 사회에서 봉사하는 분야는 서로 다릅니다. 예컨대 어떤 수도회는 교육 사업을 하고, 어떤 수도회는 의료 사업 또는 양로원, 고아원, 전교 사업을 하는 등 그 방법에 있어서 차이가 있다는 것입니다.

송 군   혹시 남자 수도원도 있나요?

박신부   그럼요, 있지요.

송 군   한국에도 있나요?

박신부   있지요.

송 군   남자 수도자는 어떻게 부릅니까?

박 신부   수사님이라고 부릅니다.

송 군   예, 알겠습니다.

박 신부   기회가 있으면 수도원을 한번 방문해 보세요. 수도자들이 어떻게 살고 있는지…….

송 군   신부님, 기회가 될 때 함께 구경했으면 좋겠습니다.

박 신부   나중에 한번 기회를 만들어 봅시다.

송 군   신부님, 벌써 시간이 많이 지났네요. 오늘은 이만 하지요.

박 신부   예, 좋습니다. 안녕히 가십시오.

죽음, 심판, 공로

송 군 신부님, 안녕하셨어요?

박신부 예, 안녕하셨습니까? 날씨가 갑자기 추워졌습니다.

송 군 예, 아주 쌀쌀합니다. 그런데 오다 보니 서울역에서 교통사고가 났더군요.

박신부 저런! 사람은 죽지 않았나요?

송 군 두 사람이 죽은 것 같아요. 오늘 아침 다시 한번 인생의 허무함을 느꼈습니다. 조금 전까지만 해도 살아 숨 쉬던 사람이 순식간에 말 못하는 시체로 변해 버리니 말입니다.

박신부 사실입니다. 인생이란 어떻게 보면 허무하기 그지없습니다. 죽음이란 운명 앞에서 인간은 저항할 수도 없고, 항의할 수도 없으며 어떤 발언도 할 수 없는 무능한 존재니까요. 그런데 사람들은 마치 영원히 죽지 않을 것처럼 살아가고 있으니 더 딱합니다. 이젠 늦가을이라, 나뭇잎이 다 떨어져서 앙상한 나무들과 낙엽이 가을바람에 휘날리는 것을 보면 어쩐지 인생의 마지막이 생각나고, 자연과 더불어 인생의 허전함과 죽음이 연상됩니다. 이것 보세요. 내일 장례식에 참석해 달라는 부고가 왔습니다. 나는 이런 부고를 볼 때마다 남의 일처럼 생각되지 않습니다. 언젠가 한 번은 내가 죽었다는 부고를 다른 사람들이 받겠지요. 그렇지 않겠어요?

송 군   그렇겠지요.

박신부   인생이란 죽음을 향해서 행진하는 행군에 불과합니다. 죽음이 무엇인지, 어떻게 죽을 것인지 올바로 깨달을 때 보람 있는 인생이 될 것입니다. 누구나 죽는다는 것은 너무나 확실하고 틀림없는 사실이지만 반대로 언제 어떻게 죽을지는 아무도 모르는 미지수로 남아 있습니다.

송 군   죽음을 두려워하지 않는 삶이라면 정말 행복하겠죠?

박신부   그렇습니다. 죽음이란 영혼과 육신이 갈라지는 상태를 말하는데, 이제 죽음 이후의 문제를 생각해 봅시다. 사람이 죽은 다음에는 어떻게 될까요?

송 군   육체는 땅에서 썩겠지만 영혼은 죽지 않지요?

박신부   그렇습니다. 육체는 썩지만 영혼은 즉시 하느님의 심판을 받습니다.

송 군   심판은 어떻게 받습니까?

박신부   심판은 공심판과 사심판 두 가지가 있습니다. 죽은 다음 즉시 각 영혼이 개인적으로 받는 심판을 사심판이라고 하는데 그 심판의 판결은 이렇습니다.

첫째, 은총 지위에 있어 보속할 것이 전혀 없는 영혼은 즉시 천국에 오르고,

둘째, 대죄를 가지고 있는 영혼은 즉시 지옥 벌을 받고,

셋째, 소죄나 혹은 다른 보속이 약간 있는 영혼은 연옥으로 갑니다.

송 군   역시 대죄는 무서운 것이군요?

박신부   그렇죠. 사회에서도 죄가 없는 사람은 무죄 석방, 아주 극악한 죄인은 사형, 기타의 다른 죄인은 유기 징역이 내려지듯이, 하느님의 심판도 이러합니다. 이렇게 대죄는 자기를 죽이는 자살 행위이기 때문에 대죄를 범했으면 즉시 통회하고 고해성사를 받아야 합니다.

송 군   그런데 공심판은 어떤 심판입니까?

박신부   공심판은 세상이 끝날 때 모든 사람 앞에서 사심판의 판결을 공포하는 것인데, 조금 후에 다시 말씀드리지요.

송 군   사심판 때는 이 세상에서 행한 모든 것을 낱낱이 심판받겠지요?

박신부   그렇죠. 사심판은 이 세상 모든 것을 청산하는 순간입니다. 심판하실 때는 사랑의 하느님이 아니시고 절대적으로 공정하신 정의의 하느님이십니다. 세상에서 행한 선과 악에 대해서 머리카락만 한 것 하나도 빠뜨리지 않고 심판하실 것입니다. 심판대에서는 "너는 세상에서 어떤 지위에 있었느냐?", "너는 세상에서 얼마나 부자였느냐?"를 묻지 않으시고, 죄를 피하고 선을 찾는 데 얼마나 용감했고, 공로를 얼마나 쌓았는지를 물으실 것입니다.

송 군   공로를 묻는다고 하셨는데, 공로는 어떤 것입니까?

박신부   공로는 일반적으로 상 받을 수 있는 권리를 말합니다. 국가에서도 가끔 공로자를 표창하지 않습니까?

송 군   예, 공로상을 받지요.

박 신부   하지만 여기서 말하는 공로는 이 세상의 어떤 상급을 받기 위한 공로가 아니고 하느님의 은총을 받아 영원한 천국의 상급을 받을 수 있는 공로를 말합니다. 그래서 일반 사회에서 말하는 그런 자연적인 공로가 아니라 초자연적인 공로를 말합니다.

송 군   초자연적인 공로를 세우기 위해서는 어떻게 해야 합니까?

박 신부   첫째, 이 세상에 사는 사람이라야 하고, 둘째, 은총 지위에 있어야 하고, 셋째, 인간적인 욕심이 아닌 순수한 의도를 갖고 착한 일을 하면 됩니다.

송 군   죽은 다음에는 공로를 세우지 못한다는 뜻입니까?

박 신부   그렇지요. 공로를 세울 수 있는 자격과 권리는 이 세상에 있는 사람에게만 있고, 그것을 세울 수 있는 시간은 이 세상에 있는 동안에만 있습니다. 그러니 이 세상의 시간이 얼마나 가치가 있습니까? 신앙심이 깊은 사람들은 많은 공로를 세우기 위해 세상의 고통을 즐겁게 참고, 힘들고 어려운 일을 하느님을 위해 솔선해서 하고 있습니다. 성경에도 "네 눈이 너를 죄 짓게 하거든 그것을 빼 던져 버려라. 두 눈을 가지고 불타는 지옥에 던져지는 것보다, 한 눈으로 생명에 들어가는 편이 낫다."(마태 18,9)는 말씀이 나옵니다.

송 군   공로를 쌓아 두었다가도 만일 대죄를 저지르면 즉시 모든 공로가 허물어지고 맙니까?

박 신부   그렇지요. 대죄 하나만 범해도 모든 은총과 공로를 다 잃고 맙니다. 하지만 즉시 고해성사로 씻으면 다시 회복될 수 있습니다.

송 군   잘 알겠습니다. 이 세상살이가 정말 중요하군요.

박신부   짧은 세상살이지만 이 세상 시간은 영원과 연결되어 있기 때문에 우리는 일분일초라도 하느님을 위해서 귀하게 써야 합니다. 높은 지위나 돈이 문제가 아니며, 세상에서 얼마나 오래 살았는지도 문제가 아니고, 자기가 처해 있는 상황 속에서 하느님을 위해서 얼마나 충실히 살았느냐가 문제입니다. 유명한 음악가 베토벤은 죽기 전에 제자들 앞에서 이런 말을 남겼습니다. "모두를 박수를 치게. 이제 희극은 끝났네."

송 군   예, 저도 어디서 들은 기억이 납니다.

박신부   정말 뜻깊은 말입니다. 인생이란 세상을 무대로 공연하는 하나의 연극입니다. 우리는 누구나 무대에서 연기를 하는 배우들입니다. 어떤 역을 맡느냐가 문제가 아니라 어떻게 연기를 하느냐가 중요합니다. 비록 무대에서 화려한 왕관을 쓰고 왕의 역을 했다 할지라도 연기력이 부족했다면 군중에게 박수갈채를 받지 못할 것이고 비록 무대에서 아무리 작은 역을 했을지라도 그 연기가 훌륭했다면 박수갈채를 받습니다. 이와 같이 우리의 이 세상 연극이 끝나면 하느님은 심판대에서 우리의 세상 지위를 보지 않고 어떻게 살았는지를 심판하실 것입니다.

송 군   정말 의미 있는 말씀입니다.

박신부   그리고 무대 위 화려한 왕좌에서 호령을 했던 배우도 연극이 끝나 막이 내려지면 그 화려한 옷도, 화려했던 권리도 다 벗어 버리고 초라한 인간 본모습으로 돌아가지 않습니까? 이렇듯 이 세상에서 제아무리 큰소리치고 호령했다 할지라도 죽은 다음에는 인간 본모습대로 하느님 대전에서 심판받지 않을 수 없습니다. 우리는 이 세상에서 죽음을 면할 수 없는 존재이듯이 죽은 다음에는 하느님의 심판을 면할 수 없는 존재입니다. 죽음이란 이렇게 중대한 순간입니다.

송 군 그래서 그리스도는 죽음을 앞둔 사람들을 위해서 병자성사를 만드셨군요?

박 신부 그렇습니다. 죽는 순간은 영복 영벌이 결정되는 순간입니다.

송 군 알겠습니다. 잘 죽기 위해선 잘 살아야겠군요. 신부님, 끝까지 잘 지도해 주십시오.

세상, 천국, 지옥, 연옥

박 신부　먼저 천국과 연결되어 있는 세상을 얘기해야겠습니다. 전에도 잠깐 말씀드린 대로 이 세상은 우리가 천국의 월계관을 위해서 싸우는 투쟁 장소입니다.

송 군　예, 기억납니다.

박 신부　군인들이 전쟁에서 승리하려면 무기가 훌륭해야 하고 훈련이 잘되어 있어야 합니다. 우리는 이 세상 전장에서 기도와 성사를 통해서 은총으로 무장되어야 하고 충분한 교리와 덕을 닦는 방법을 잘 알아야 합니다. 이 세상에서 어떻게 사느냐에 따라서 천국이냐 지옥이냐가 결정되므로 우리가 사는 이 세상이 얼마나 값진 것인지 알아야 합니다. 그래서 우리는 이 세상을 절대로 비관하지 않고 낙관합니다.

송 군　가톨릭은 세상에 대해서 비관주의가 아니고 낙관주의입니까?

박 신부　물론이지요. 어떤 사람은 가톨릭 신자는 이 세상을 부정하는 현실 도피자들이고 세상을 비관하는 자들이라고 오해하지만 오히려 반대입니다. 세상이 있기 때문에 천국이 있는 것이니까, 세상살이는 천국으로 가는 길목이라는 점에서 우리는 결코 세상을 비관하지 않고 즐거워합니다.

송 군   정말 천국을 모르는 사람들에게는 이 세상이 절망적이겠어요.

박신부   사실입니다. 세상을 지상 천국처럼 살던 사람은 언젠가 이 세상을 하직할 때는 눈물과 절망 속에서 헤어나지 못할 것입니다.

송 군   이제 천국에 대해서 말씀해 주시죠.

박신부   천국은 우리가 최후 목적으로 바라던 하느님을 모시고 영원한 행복을 누리는 곳입니다. 다시 말해서 천국은 우리가 그토록 원했던 행복 자체이신 하느님을 눈으로 직접 보고 하느님을 소유하는 곳입니다.

송 군   성경에는 천국 영복에 대해서 어떻게 기록돼 있나요?

박신부   예, 바오로 사도는 "우리가 지금은 거울에 비친 모습처럼 어렴풋이 보지만 그때에는 얼굴과 얼굴을 마주 볼 것입니다. 내가 지금은 부분적으로 알지만 그때에는 하느님께서 나를 온전히 아시듯 나도 온전히 알게 될 것입니다."(1코린 13,12)라고 했습니다. 우리가 이 세상에서 아무리 하느님을 안다고 하더라도 그것은 부분적인 것입니다. 우리의 모든 행복이 하느님을 봄으로써 이루어지는 그곳이 천국입니다.

송 군   신부님, 천국에 가면 세상에서 같이 살았던 부모와 가족도 볼 수 있겠죠?

박신부   그럼요.

송 군   그렇다면, 혹시 부모와 가족 중 누군가가 지옥에 떨어졌다면 얼마나 섭섭할까요? 결국 천국에도 슬픔이 있는 것 아닌가요?

박신부   우리는 세상에서 같이 살던 사람들을 천국에서 만날 수 있지만 그 행복은 하느님을 뵙는 행복에 비하면 아무것도 아닙니다. 그리고 천국에서는 부부도 부모도 자식의 관계도 다 없어집니다. 부모나 처자 관계는 이 세상에서 끝나고 맙니다.

송 군   그래요? 그럼 천국에서는 부모도 자식도 없단 말인가요?

박신부   먼저 그리스도의 말씀을 들어 보십시오.

"이 세상 사람들은 장가도 들고 시집도 간다. 그러나 저 세상에 참여하고 또 죽은 이들의 부활에 참여할 자격이 있다고 판단받는 이들은 더 이상 장가드는 일도 시집가는 일도 없을 것이다. 천사들과 같아져서 더 이상 죽는 일도 없다."(루카 20,34-36) 천국에서는 모두가 하느님의 자녀로서 한결같이 하느님을 봄으로써 행복을 누립니다. 천국에서 우리가 부모 친척을 만나기는 하지만 그들을 보는 행복은 하느님을 보는 행복에 비한다면 마치 밝은 태양 빛 아래 한낱 촛불과 같아서 완전히 무시되고 맙니다. 천국의 행복이 세상의 부모나 가족을 다시 만나는 것이라고 한다면 이 세상에서 동정을 지켰다든지 자식이 없었던 사람은 천국에서도 외롭고 쓸쓸한 존재가 될 수밖에 없을 겁니다.

송 군   역시 이 세상에 사는 인간의 사고 방식이군요?

박신부   그렇습니다. 언젠가 어떤 할아버지에게 교리를 가르치는데 이런 재밌는 말씀을 하시더군요.

"신부님, 천국에도 바둑판이 있겠지요?"

"아닙니다. 천국에는 바둑판이 없습니다."

"그렇다면 난 천국에 안 가겠습니다."

"왜 그러십니까, 할아버지?"

"나는 바둑이 없으면 살맛이 안 납니다. 천국이 아무리 좋아도, 바둑판이 없으면 심심해서 어떻게 지낸다는 말입니까?"

송 군   하하하, 그 할아버지 바둑을 무척 좋아하시나 봐요?

박신부   그렇습니다. 어디까지나 이 세상을 기준으로 한 판단입니다. 성경에도 "어떠한 눈도 본 적이 없고 어떠한 귀도 들은 적이 없으며 사람의 마음에도 떠오른 적이 없는 것들을 하느님께서는 당신을 사랑하는 이들을 위하여 마련해 두셨다."(1코린 2,9)라고 하면서 이렇게 우리가 경험도 못했고 상상도 할 수 없는 천국의 행복을 말했습니다. 내가 지금 아무리 천국의 복락을 이야기한다 해도, 결국 그것은 인간적인 설명에 지나지 않으므로 이것은 마치 앞 못 보는 장님에게 금강산 단풍 빛이 어떻고 텔레비전의 화면이 어떻고 무지개의 아름다움이 어떻고 하는 것이나 다름없습니다.

송 군   역시 천국에 가야만 알겠군요. 그런데 천국의 행복에도 차이가 있습니까?

박신부   이 세상에서 쌓은 공로에 따라서 그 행복이 각각 다릅니다. 마치 하늘의 별들이 무수히 많지만 그 별들이 발하는 빛이 서로 다르듯이…….

송 군   그렇다면 덜 행복한 사람은 더 행복한 사람을 부러워하지 않을까요?

박신부　하지만 그런 일은 있을 수 없습니다. 왜냐하면 각자는 자기가 받는 행복으로 만족하기 때문입니다. 조그만 밥공기에 물이 가득 차 있는 것과, 큰 항아리에 물이 가득 차 있는 것은 물의 양은 다릅니다. 하지만 그 이상 아무것도 더 바랄 수 없다는 점에서는 같습니다.

송　군　잘 알겠습니다. 그다음엔…….

박신부　다음에는 지옥에 대해서 간단히 말씀드리죠. 지옥은 악신과 악인들이 영원한 벌을 받는 곳입니다.

송　군　구체적으로 어떤 벌을 받습니까?

박신부　성경의 말씀을 인용해 보겠습니다.

"지옥에서는 그들을 파먹는 구더기도 죽지 않고 불도 꺼지지 않는다."(마르 9,48)

"불과 유황 못에 던져졌는데, 그 짐승과 거짓 예언자가 이미 들어가 있는 그곳입니다. 그들은 영원무궁토록 밤낮으로 고통을 받을 것입니다."(묵시 20,10)

"두 발을 가지고 지옥에 던져지는 것보다, 절름발이로 생명에 들어가는 편이 낫다."(마르 9,45)

"바깥 어둠 속으로 쫓겨나, 거기에서 울며 이를 갈 것이다."(마태 8,12)

송　군　무시무시한 말들이군요. 그런데 지옥에 실제로 불이 있나요?

박신부　지옥 불은 어떤 고통의 상징이 아니라 실제의 불입니다. 하지만 지옥 불은 이 세상의 불과는 다릅니다. 이 세상의 불이라면 이것이 악신에게 고통을 줄 수 없고, 육신 부활 이전에 있는 영혼들에게도 고통을 주지 못할 것입니다. 그러므로 지옥 불은 악신과 영혼들에게도 뜨거운 고통을 줄 수 있는 형벌의 불입니다.

송 군   신부님, 지옥 벌도 죄에 따라서 다르겠지요?

박신부   그렇습니다. 지옥의 죄인이 받는 벌은 그 죄의 크고 작음에 따라 다릅니다.

송 군   지옥에서 당하는 고통 중에서 불에 타는 고통이 제일 클까요?

박신부   그렇지 않습니다. 지옥의 고통은 두 가지로 나누어집니다. 첫째는 실고라고 하는데, 이것은 하느님을 잃어버린 고통입니다. 이것이 지옥의 가장 큰 고통입니다. 영원한 행복을 영원히 얻을 수 없는 고통입니다. 둘째는 각고인데 이것은 지옥의 불이나 악신들로부터 오는 고통입니다.

송 군   신부님, 인자하신 하느님이 순간적으로 대죄를 범한 사람에게 영원한 벌을 준다는 것은 너무한 것 같습니다.

박신부   그럼 이 잠깐 지나가는 세상에서 순간적인 선행의 값으로 영원한 천국을 주시는 하느님의 인자하심도 너무합니까?

송 군   글쎄요…….

박신부   선행과 상, 그리고 죄와 벌은 어떤 시간과 비례되는 것이 아닙니다. 순간적으로 총을 쏘아 3초 만에 사람을 죽인 죄인에게 3초 동안만 벌을 줍니까?

송 군   하하. 그럴 리가 있겠어요?

박신부   하느님께 대죄를 범한 죄인은 그것을 통회하고 회개하지 않는 한 그 죄는 영원히 계속될 수밖에 없습니다. 그러니 벌도 영원할 수밖에요. 하느님은 언제나 인자하시며 사랑으로 인간이 회개하기를 기다리시고 또한 풍부한 은총을 주십니다. 이것을 끝까지 거부하고 회개하지 않는 죄인은 하느님을 영원히 버리고자 하는 것이기 때문에 영원한 벌이 마땅합니다.

송 군 잘 알겠습니다.

박신부 다음에는 연옥에 대해서 이야기하겠습니다. 연옥은 세상에서 고해성사로 죄의 사함을 받았지만 거기에 해당되는 보속을 다 못했거나 또는 소죄를 가지고 죽은 영혼들이 천국에 들어가기까지 보속하는 곳입니다.

송 군 연옥에는 어떤 고통이 있습니까?

박신부 연옥에도 지옥과 같은 실고와 불에 타는 각고가 있습니다. 하지만 지옥과 근본적으로 다른 점은 연옥은 영원한 곳이 아니고 한시적이란 것입니다.

송 군 연옥 고통을 빨리 면할 수 있는 길은 없습니까?

박신부 연옥의 영혼들은 자기들 힘으로는 어떻게 해 볼 수 없습니다. 감옥에 갇혀 있는 사람이 자기 힘으로 어찌 해 볼 수 없고 바깥사람의 도움을 받아야 되듯이 연옥 영혼도 세상 사람들의 기도의 도움을 받아야 빨리 그곳을 벗어날 수 있습니다. 성경도 "각 사람에게서 모금을 하여 속죄의 제물을 바쳐 달라고 은 이천 드라크마를 예루살렘으로 보냈다. 그는 부활을 생각하며 그토록 훌륭하고 숭고한 일을 하였다. 그가 전사자들이 부활하리라고 기대하지 않았다면, 죽은 이들을 위하여 기도하는 것이 쓸모없고 어리석은 일이었을 것이다. 그러나 경건하게 잠든 이들에게는 훌륭한 상이 마련되어 있다고 내다보았으니, 참으로 거룩하고 경건한 생각이었다."(2마카 12,43-45)라는 말씀을 통해 연옥이 있다는 것과 연옥 영혼을 구출하는 방법을 가르치고 있습니다.

송 군 제가 어느 날 성당에 가니까, 신부님이 검은 제의를 입고 성당에 안치된 시신 앞에서 무엇을 하시더군요.

박신부 그건 연옥 영혼을 위해 기도하는 겁니다. 우리는 연옥 영혼들을 위해서 기도를 많이 해야 합니다. 물론 연옥 영혼을 구하는 가장 좋은 방법은 무한한 가치를 가진 위령 미사를 바치는 것입니다.

송 군 미사의 은총은 무한한 가치가 있군요?

박신부 그렇습니다.

송 군 그렇다면 미사는 그 자체가 무한한 은총을 가지고 있으니까, 미사 한 번만 드리면 연옥 영혼들이 모두 천국에 가고 연옥은 텅텅 비겠군요?

박신부 하하하. 재미있는 생각입니다. 하지만 그렇진 않습니다.

송 군 왜죠?

박신부 물론 미사의 은총은 무한합니다. 하지만 유한한 인간이 그 무한한 은총을 다 받아들이지 못합니다. 그 영혼의 수용 능력대로만 은총을 받기 때문에 미사 한 번으로 충분하다 생각하지 말고 여러 번 드려야 하고, 또 기도도 많이 바쳐야 합니다. 연옥 영혼을 위한 기도를 위령 기도라고 합니다.

송 군 그렇다면 은총을 받는 영혼의 수용 능력은 언제 결정됩니까?

박 신부 그것은 죽는 순간에 결정됩니다. 모든 것이 죽는 순간에 달렸습니다. 지옥에서의 영벌의 경중도 죽는 순간에 어떤 죄를 지은 상태에서 죽는가에 달려 있고, 천국과 영복의 경중도 죽는 순간 얼마나 큰 은총과 공로를 쌓은 상태에서 죽는가에 달려 있습니다. 그리고 연옥에서 은총을 받는 것도 죽는 순간의 영혼 상태로 결정됩니다. 그리고 죽는 순간에 한 번 결정된 상태는 영원히 계속됩니다.

송 군 정말 죽는 순간이 중요하군요, 신부님.

박 신부 그렇습니다. 예수님 말씀대로 죽음은 도둑처럼 생각지 않을 때 옵니다. 우리는 언제 어떻게 죽을지 모르기 때문에 언제나 준비하고 살아야 합니다. 그리고 공로를 세울 수 있는 기간은 이 세상살이를 하는 기간뿐이니까 우리가 살고 있는 바로 이 순간이 얼마나 중대한가를 다시 한번 깨달아야 합니다. 살아 있는 동안은 내 영혼이 천국이냐, 지옥이냐, 연옥이냐 하는 열쇠를 우리 자신이 쥐고 있습니다. 하느님도 이 권리에 대해서는 간섭할 수 없습니다. 그러니 정말 뜻있게 살아야 합니다.

송 군 신부님, 빨리 세례를 받고 열심히 살아야겠습니다.

박 신부 이제 교리 공부도 대부분 끝났습니다. 마지막으로 육신 부활과 공심판에 대해 말씀드리겠습니다.

송 군 예, 왠지 이제는 자꾸만 마음이 초조해지는 것 같습니다.

육신 부활, 공심판

박 신부   교리 공부도 이제 막바지에 접어들었습니다. 이미 알고 있겠지만, 사도 신경 마지막의 "육신의 부활을 믿으며 영원한 삶을 믿나이다."라는 구절처럼 우리가 죽은 다음 육신은 썩고 영혼은 사심판을 받아 그 행실대로 상이나 벌을 받습니다. 그리고 이 세상 마지막 날 썩어 버린 육신이 하느님의 권능으로 다시 살아나 제 영혼과 결합됩니다.

송 군   전에 신부님께서 육신 부활은 생명의 절대권을 가지신 하느님의 능력이므로 이것은 곧 신앙의 진리라고 하셨던 것이 기억납니다.

박 신부   죽은 사람이 살아난다는 것은 자연 과학자들이나 의사들에게는 잠꼬대 같은 소리겠지만 생명을 창조하시는 하느님께는 얼마든지 가능합니다.

송 군   그 부분과 관련된 성경 말씀을 듣고 싶습니다.

박 신부   예. "무덤 속에 있는 모든 사람이 그의 목소리를 듣는 때가 온다. 그들이 무덤에서 나와, 선을 행한 이들은 부활하여 생명을 얻고 악을 저지른 자들은 부활하여 심판을 받을 것이다."(요한 5,28-29) 그리고 그리스도의 부활은 곧 우리의 부활을 보증하는 것이라고 바오로 사도는 이렇게 말했습니다.

"그러나 이제 그리스도께서는 죽은 이들 가운데에서 되살아나셨습니다. 죽은 이들의 맏물이 되셨습니다. 죽음이 한 사람을 통하여 왔으므로 부활도 한 사람을 통하여 온 것입니다. 아담 안에서 모든 사람이 죽는 것과 같이 그리스도 안에서 모든 사람이 살아날 것입니다."(1코린 15,20-22)

송 군   "때가 온다."는 말씀은 무슨 뜻입니까?

박신부   여기서 말하는 '때'는 이 세상이 끝나는 날을 뜻합니다. 이 세상은 언젠가는 끝나게 되어 있습니다. 그때의 사정을 그리스도는 다음과 같이 말씀하셨습니다. "그 무렵 환난이 지난 뒤 곧바로 해는 어두워지고 달은 빛을 내지 않으며 별들은 하늘에서 떨어지고 하늘의 세력들은 흔들릴 것이다. 그때 하늘에 사람의 아들의 표징이 나타날 것이다. 그러면 세상 모든 민족들이 가슴을 치면서, '사람의 아들이' 큰 권능과 영광을 떨치며 '하늘의 구름을 타고 오는 것을' 볼 것이다. 그리고 그는 큰 나팔 소리와 함께 자기 천사들을 보낼 터인데, 그들은 그가 선택한 이들을 하늘 이 끝에서 저 끝까지 사방에서 모을 것이다."(마태 24,29-31)

이렇게 세상이 끝나는 날 세상에는 큰 환란이 일어나고 모든 사람은 부활해서 하느님 앞에서 공심판을 받게 됩니다.

송 군   신부님, 이 세상이 끝나는 날이 언제쯤 올까요?

박신부   그 옛날 제자들이 언제쯤 그날이 올 것인가를 물었더니, 그리스도는, "그러나 그날과 그 시간은 아무도 모른다. 하늘의 천사들도 아들도 모르고 오로지 아버지만 아신다."⁽마태 24,36⁾라고 하시고, 그날을 가르쳐 주시지 않았습니다.

송 군 육신 부활은 생각만 해도 가슴이 벅차는군요.

박신부 인간은 영혼과 육체로 결합된 존재입니다. 육신 부활이 없다면 인간은 영혼뿐일 텐데 그것은 완전한 인간이 아닙니다. 그러므로 영혼과 육신이 결합된 완전한 인간이 죄를 저지르고 착한 일도 했으니 이후에 영혼과 육신으로 결합된 인간이 천국의 상과 지옥의 벌을 받아야 마땅하지 않겠습니까?

송 군 그렇겠지요. 그런데 부활한 인간의 모습은 지금과 똑같은 육체일까요? 만약 할머니로 죽었다면 부활할 때도 꼬부랑 지팡이를 짚고 부활할까요?

박신부 재미있는 질문입니다. 비록 세상에서는 소경이고 절름발이고 백발노인으로 죽었을지라도 부활 때는 완전한 육체로 부활합니다. 그리고 부활한 육신의 모양은 선인과 죄인이 서로 다릅니다.

송 군 어떻게 다른가요?

박신부 첫째로 죄인의 육신은 보기 싫고 흉하게 부활하고, 그 육체는 또다시 상처를 입어 고통을 받을 수 있는 육체입니다. 하지만 그것이 영원히 죽지는 않습니다. 둘째로 선인의 육체는 절대로 상처를 입을 수 없고, 또한 "그때에 의인들은 아버지의 나라에서 해처럼 빛날 것이다. 귀 있는 사람은 들어라."⁽마태 13,43⁾ 하신 그리스도의 말씀대로 광채가 날 것입니다. 또한 선인의 육신은 강하고 어떠한 장애물에도 지장을 받지 않고 뚫고 나갈 수 있는 영적인 몸의 은총을 받게 됩니다. 이 네 가지, 즉 썩지 않음과 빛남과 강함과 영적인 몸을 부활한 의인들의 사기지은이라고 합니다.

송 군 신부님, 이미 사심판을 받았는데 공심판을 또다시 하나요?

박 신부 공심판은 모든 사람이 부활할 때 만민 앞에서 각자 사심판의 판결을 다시 공포하는 것입니다.

송 군 공심판이 꼭 필요합니까?

박 신부 필요합니다. 사심판에서는 각자 자기의 죄와 공을 자기 혼자만 알지만 우리는 세상에서 혼자가 아닌 여럿이 공동생활을 했습니다. 그런데 이 세상에는 죄가 없는 사람이 죄의 누명을 뒤집어쓰는가 하면 반대로 많은 죄가 있지만 그것이 알려지지 않아 착한 사람으로 오해받고 있는 경우도 많습니다. 그러므로 공심판 날에 각자의 선과 악을 모든 이에게 공표하게 되는 것입니다.

송 군 공심판 때의 판결은 사심판과 같겠지요?

박 신부 사심판의 판결대로지만, 공심판이니까, 예수님께서 이미 말씀하신 대로 선인과 악인을 갈라 세우지요. 선인들에게는 "내 아버지께 복을 받은 이들아, 와서, 세상 창조 때부터 너희를 위하여 준비된 나라를 차지하여라."(마태 25,34)라고 하시고, 악인들에게는 "저주받은 자들아, 나에게서 떠나 악마와 그 부하들을 위하여 준비된 영원한 불 속으로 들어가라."(마태 25,41) 하고 판결을 내리실 것입니다. 그때부터는 천국과 지옥이 영원토록 계속될 것입니다.

송 군 신부님, 전에 말씀하신 베토벤의 말대로 이제는 완전히 인생 희극이 끝나고 그 연기에 따라 심판을 받는군요!

박신부   우리도 결국 언젠가는 하느님의 심판대에 오를 것입니다. 세상에서 제아무리 위대한 일을 했다 할지라도 하느님을 모르고 인생의 참된 진리를 몰랐다면 무슨 소용이 있겠습니까? 마지막으로 그리스도의 말씀을 하나 소개합니다. "사람이 온 세상을 얻고도 제 목숨을 잃으면 무슨 소용이 있겠느냐? 사람이 제 목숨을 무엇과 바꿀 수 있겠느냐?"(마태 16,26)

송 군   신부님, 이제 교리 공부는 다 끝났습니까?

박신부   기본 교리는 끝났습니다. 지금까지 말씀드린 교리를 알고 이것을 믿고 실천한다면 세례를 받을 수 있습니다.

송 군   신부님, 그렇다면 빨리 세례를 주십시오.

박신부   다시 말씀드립니다. 송 군은 이제 기본 교리는 알고 있지만, 아는 것과 믿는 것은 다릅니다. 진정으로 그리스도의 가르침을 믿고 신앙생활을 할 마음의 준비가 되어 있습니까? 하느님을 사랑할 마음의 준비가 되어 있습니까?

송 군   저는 자신 있게 말씀드릴 수 있습니다.

박신부   그렇다면 일주일 후가 주님 성탄 대축일인데, 전날 저녁인 12월 24일 저녁에 세례식을 거행하겠습니다. 한 주일 더 준비하십시오.

송 군   어떻게 준비해야 합니까?

박신부   첫째는, 지금까지 공부한 교리를 다시 복습하되 특별히 원죄, 인간 구원, 교회, 세례성사, 고해성사, 성체성사, 주일을 지키는 의무 등에 대해서 다시금 되새기는 시간을 갖기 바랍니다. 둘째는, 송 군을 지도할 수 있는 대부님을 정하고 송 군의 세례명을 정해야 합니다.

송 군   대부님은 이미 정했고 세례명도 정했습니다.

박 신부   그래요? 세례명은 무엇으로 하기로 했습니까?

송 군   제 친구 아버님이 아주 신심 깊은 분이신데, 대부가 되어 주시겠다고 하셨습니다. 대부님이 저에게 부탁하시기를 앞으로는 과거의 송 군처럼 하느님을 모르는 사람들에게 진리를 가르쳐야 하니까 전교 사업에 큰 공적을 남기신 프란치스코 하비에르 성인을 수호성인으로 정하라고 하셨습니다.

박 신부   좋습니다. 프란치스코 하비에르 성인은 1506년 스페인에서 귀족의 아들로 태어났습니다. 그리고 이냐시오 데 로욜라 성인의 지도를 받아 훌륭한 선교사가 되었습니다. 그 후 인도, 중국, 일본에서 전교 사업을 했으며, 중국에서 병을 얻어 1552년 12월 2일에 돌아가셨습니다. 하지만 그분의 축일은 12월 3일입니다. 교회는 그분의 위대한 선교사로서의 업적을 기려 세계 전교의 대수호자로 공경하고 있습니다. 그럼 마지막으로 교적을 만들어야 하니까, 사무실에서 예비 신자 신상 카드를 받아 작성한 후에 가지고 오십시오.

송 군   교적이요?

박 신부   교적이란 신자 각 개인의 신앙생활 기록과 가족 관계, 신상 명세 등을 기록한, 가톨릭 신자임을 증명하는 표입니다. 아이가 태어나면 호적에 이름을 올리듯이 송 군은 이제 세례성사로써 하느님의 자녀로 태어나고 또 그리스도 교회의 정식 신자가 되니까, 교적에 이름을 올려야 합니다. 세례 신청서의 내용을 보고 사무실 직원이 송 군을 교적에 올릴 테니 성탄 전날 작성한 신청서를 가지고 오십시오. 그러면 그때 세례를 받게 될 것입니다.

송 군 신부님, 여러 가지로 감사합니다. 마음 준비 잘하겠습니다. 안녕히 계십시오.

송 군의 영세

송 군 　신부님, 안녕하셨어요? 드디어 기다리던 날이 왔습니다.
박 신부 　예, 오늘은 영원히 잊을 수 없는 날이 될 것입니다. 마지막으로 과거의 죄에 대해서 진정으로 통회하십시오.

(자세한 세례 예식은 《어른 입교 예식》을 참고하시기 바랍니다.)

박 신부 　이제 세례 예절이 끝났습니다. 이제는 송 군이 아니라 송현철 프란치스코 하비에르라는 의젓한 하느님의 아들이 되었습니다. 축하합니다. 이날을 영원히 잊지 마시고 하느님께 감사하십시오. 소감이 어떻습니까?
송 군 　먼저 하느님께 감사드리고 신부님께 감사드립니다. 말할 수 없이 기쁘고 감개무량합니다. 평생 처음으로 진정한 마음의 평화와 기쁨을 느낍니다.
박 신부 　참된 평화란 죄가 없는 데에서 우러납니다. 돈이나 권력, 학문이 인간을 진정 행복하게 만들지는 못합니다.
송 군 　신부님, 앞으로 계속해서 지도해 주십시오.
박 신부 　…….

송 군   신부님, 저는 오늘 너무 기쁜데, 신부님은 도리어 염려가 되시나 보죠?

박신부   …….

송 군   신부님, 말씀해 주세요. 뭔가 걱정이 있으신 것 같은데요.

박신부   사실 오늘은 기쁜 날이지만, 5년 후의 송현철 프란치스코 하비에르를 생각하면 왠지 마음이 놓이지 않습니다.

송 군   신부님, 안심하십시오.

박신부   지금의 신앙을 끝까지 보존하시고, 가끔 시련이 있을 때 오늘을 생각하십시오. 2, 3년 후에는 반드시 신앙생활의 건조기가 올 테니 말입니다. 그때가 오면 꼭 부탁합니다. 프란치스코 혼자서 괴로워하지 말고 혼자서 판단하지도 말고 반드시 지도 신부님을 찾아가십시오. 알겠습니까?

송 군   구체적으로 어떤 시련이 올까요?

박신부   사람에 따라 다르지만, 차차 경험할 것입니다. 교만이 생기면 교리 문제에 대해서 쓸데없는 회의가 일어나고, 신앙도 헛된 것 같고, 성당도 가기 싫어지고, 고해성사도 받기 싫어집니다. 이 기간을 잘못 넘기면 결국 '냉담자'란 이름이 붙게 됩니다.

송 군   신부님, 조심하겠습니다. 가끔 신부님을 찾아뵙겠습니다. 이제부터 더 정신을 차려야겠군요.

새로운 시작

박 신부   내가 여러 사람에게 교리를 가르쳐 세례를 주었는데, 대부분의 새 신자들은 세례를 받으면 모든 것이 끝난 것처럼 생각합니다. 이것은 큰 잘못입니다. 교리 공부는 세례를 받기 위한 준비에 불과합니다. 준비가 끝나 세례를 받았으면 이제 출발하는 것입니다.

송 군   저도 세례를 받고 나니까, 어딘지 마음이 후련하고 큰 짐을 벗은 것 같은 기분인데 그건 잘못된 생각이군요?

박 신부   그렇지요. 잘못된 생각입니다. 이제부터 출발이니까, 교리도 더 공부해야 하고 성사 생활, 기도 생활의 계획을 세우고 꾸준히 하도록 노력해야 합니다. 어떤 이는 세례받은 다음부터는 아예 교리책과는 담을 쌓고 주일에 성당에만 가면 되는 줄 아는데 그건 잘못된 생각입니다. 우리가 세례를 받았다고 해서 무조건 구원되는 것이 아닙니다. 바오로 사도의 말을 인용하겠습니다.

"경기장에서 달리기하는 이들이 모두 달리지만 상을 받는 사람은 한 사람뿐이라는 것을 여러분은 모릅니까? 이와 같이 여러분도 상을 받을 수 있도록 달리십시오. 모든 경기자는 모든 일에 절제를 합니다. 그들은 썩어 없어질 화관을 얻으려고 그렇게 하지만, 우리는 썩지 않는 화관을 얻으려고 하는 것입니다."(1코린 9,24-25)

송 군   꼭 저에게 하시는 말씀 같군요?

박신부   올림픽에 출전하는 선수들이 경기에서 금메달을 따기 위해 얼마나 노력합니까? 많은 사람이 뛰어들어도 금메달은 단 한 사람만이 차지합니다. 이처럼 많은 사람들이 하느님을 알고 신앙을 갖고 세례를 받았지만, 모두가 구원되지 않고 마치 경기장에서 만사를 제쳐놓고 끝까지 달린 사람만 상을 받듯이 하느님을 위해 끝까지 절제하고 충실한 신앙생활을 한 사람들만 구원의 은총을 받습니다.

송 군   신부님, 명심하겠습니다.

박신부   오늘 영세 기념으로 이 묵주와 고상 그리고 프란치스코 하비에르의 성화를 드립니다. 받으십시오. 그리고 전례력이 적힌 새해 달력도 하나 드리겠습니다.

송 군   신부님, 정말 감사합니다. 묵주 기도하는 법은 벌써 대부님에게 배웠습니다. 이 고상은 언제나 몸에 지니고 다녀야 합니까?

박신부   예, 언제나 지니고 다니십시오. 이 묵주와 고상은 내가 축복한 것입니다. 그리고 가톨릭 신자는 으레 가톨릭 달력을 준비해서 그 달력의 순서에 따라 모든 축일을 잊지 말고 살아야 합니다.

송 군   알겠습니다. 감사합니다. 신부님, 마지막으로 부탁드릴 게 있습니다.

박신부   뭡니까?

송 군   어떻게 하면 참된 가톨릭 신자가 될 수 있는지 구체적으로 말씀해 주시면 그대로 실천하겠습니다.

어떻게 하면 참된 가톨릭 신자가 될 수 있는가?

박 신부 중요한 몇 가지만 말씀드리겠습니다.

첫째, 주일과 의무 축일에 미사 참례를 궐하지 말 것.

둘째, 적어도 4대 축일에는 고해성사를 받고 영성체를 자주 할 것.

셋째, 아침, 저녁으로 기도하는 습관을 들일 것.

넷째, 자녀들의 종교 교육을 충실히 할 것.

다섯째, 본당 신심 단체의 회원이 되어 평신도 사도직에 충실할 것.

이상 다섯 가지만 말씀드리죠. 이것만 잘하면 송현철 프란치스코 하비에르의 영혼 문제에 대해서는 안심할 수 있습니다.

송 군 신부님, 약속합니다. 실천하겠습니다. 그런데 본당 신심 단체니 또는 평신도 사도직이 무엇인지 잘 모르겠습니다.

박 신부 그건 이제 본당에 가 보면 차차 아시게 될 것입니다. 본당은 우리의 큰 가정입니다. 본당에는 여러 신자 단체가 있습니다. 레지오 마리애, 소공동체, 청년회, 초·중고등부 주일학교, 청년 성서 모임 등 많이 있습니다. 이 단체들은 모두 개인 신앙생활의 향상과 하느님을 모르는 사람들에게 전교하는 것을 목적으로 하고 있습니다. 일반 평신도일지라도 전교해야 하는 의무는 있습니다. 평신도가 전교하는 것을 '평신도 사도직'이라고 간단히 말할 수 있겠지요.

송 군   물론 전교를 해야지요. 세상에는 과거의 저 같은 사람이 얼마든지 있으니 말입니다.

박 신부   전교하는 데에는 여러 가지 방법이 있습니다.

첫째, 직접 대면해서 교리를 가르칠 수도 있고,

둘째, 본당 교리반에 인도할 수 있고,

셋째, 서적을 통해 전교할 수 있고,

넷째, 그 사람의 회심을 위해 희생과 기도를 바칠 수도 있습니다. 전교하기 위해서는 무엇보다 나 자신이 교리에 자신이 있어야 하니까, 교리 연구를 계속적으로 해야 합니다.

송 군   신부님, 명심하겠습니다.

박 신부   그리고 성당에 들어가서는 성체 앞에서 언제나 무릎을 꿇고 경건하게 몸가짐을 가져야 한다는 것도 명심하십시오. 말이 자꾸 길어집니다만……. 오늘 송현철 프란치스코 하비에르와 약속해야 할 것이 두 가지 있습니다.

송 군   뭔데요?

박 신부   약속하시겠습니까?

송 군   하겠습니다.

박 신부   첫째로 어떤 일이 있더라도 일 년에 네 번은 고해성사를 받으십시오. 물론 더 자주 하면 좋지요. 적어도 네 번은 하기로 약속하겠습니까?

송 군   예, 약속합니다.

박 신부   그리고 기도를 매일, 적어도 한 번은 바쳐야 합니다. 간단한 기도라도 좋습니다. 죽는 날까지 기도를 하루라도 빠지는 날이 없도록 하겠습니까?

송 군   예, 꼭 약속합니다.

박신부   그럼 다음에 만날 때는 약속 이행 여부를 꼭 물어 보겠습니다.

송 군   예.

박신부   아직도 말씀드릴 것이 몇 가지 있습니다.

송 군   예, 다 말씀해 주세요.

박신부   우리 가톨릭 신자들이 흔히 저지르는 큰 잘못이 하나 있습니다. 바로 신앙생활과 사회생활을 분리하고자 하는 생각입니다. 다시 말해서 주일에 성당에 올 때나 고해성사를 받을 때는 신심 깊은 신자인데 사회생활을 할 때에는 전혀 신앙이 없는 것처럼 삽니다. 회사나 학교, 공장 등 자기 직장에 가서는 전혀 신앙이 없는 것처럼 산다는 것입니다. 이것은 잘못입니다. 우리 생활 전체가 신앙생활이자, 기도 생활이 되어야 합니다. 직장에서 집에서 일하는 것 모두가 신앙을 바탕으로 하고 있어야 합니다. 육체가 힘들고 괴롭든지 즐겁든지 모두 하느님께 바친다는 마음으로 살아야 합니다.

송 군   그 부분에 대해서는 조금 자신이 없군요.

박신부   노력하면 차차 될 것입니다. 바오로 사도는 이런 말을 했습니다. "여러분은 먹든지 마시든지, 그리고 무슨 일을 하든지 모든 것을 하느님의 영광을 위하여 하십시오."(1코린 10,31)

송 군   어떤 일을 하든지 하느님의 영광을 위해서 하겠다는 뜻을 두고 하라는 거죠?

박신부   그렇습니다. 우리가 매일 하는 일과를 그저 해야 한다는 의무감에서가 아니라, 하느님의 영광을 위해서 하겠다는 뜻으로 시작해야 합니다. 또한 거기에서 어떤 고통을 느낄 때, 그것을 연옥 영혼들을 위해서 또는 하느님을 모르는 외교인들의 회심을 위해 잘 참는다면 그것이 훌륭한 기도입니다. 아기 예수의 데레사 성녀는 바느질할 때 바늘 하나 움직이는 것도 하느님의 영광을 위해서 했다고 합니다.

송 군   그러면 공로도 되고 일도 더 잘 되겠네요.

박신부   사실입니다. 더운 여름날 일하는 농부를 생각해 보십시오. 그 농부는 그 일을 하지 않고는 먹고 살지를 못하니 하는 수 없이 노예처럼 그 일을 할 수도 있겠지요. 하지만 반대로 흐르는 땀방울을 하느님의 영광을 위해 또는 자기 죄의 보속을 위해 바칠 수도 있습니다. 겉보기엔 같은 일이지만, 그 결과는 전혀 다릅니다. 먼저의 경우에는 하느님 앞에 아무런 가치가 없는 일이고, 나중의 경우는 일도 잘될 뿐 아니라 하느님 앞에 훌륭한 기도가 되고 공로가 되는 것입니다.

송 군   특별히 다른 것을 하려고 생각하는 것보다 자기가 해야 하는 일을 충실히 하면 되는군요?

박신부   그렇죠. 특별한 희생이나 기도를 찾는 것보다, 자기의 일과를 온전히 하느님께 바치는 것이 쉽고도 언제나 할 수 있는 기도입니다. 아침에 일어나서 그날 하루를 하느님께 바치겠다는 좋은 뜻으로 시작하면 됩니다. 쉬운 비유를 들어 보겠습니다. 어떤 사람이 대구에 가려고 합니다. 그는 서울역에서 그 많은 기차들 가운데 대구로 가는 기차를 골라서 탈 것입니다. 대구에 가겠다는 뜻을 두고 대구 가는 기차를 탔으면 그만입니다. 그 기차 안에서 "나는 대구 간다, 나는 대구 간다."고 말하지 않더라도 기차는 대구로 달리고 있습니다. 기차 안에서 책을 보든 잠을 자든 밥을 먹든, 무엇을 하든지 내 행동과 더불어 기차는 대구로 달리고 있듯이 말입니다. 이처럼 아침에 일어나서 "주님, 오늘 하루를 당신의 영광을 위해 바치겠습니다."라고 시작하면 매순간 "하느님을 위하여, 하느님을 위하여……."라고 하지 않더라도 모든 일과는 하느님께로 향하여 달립니다. 그리고 나서 저녁에 잠자리에 누워 몇 분 동안 오늘 하루를 반성하고 잠을 잔다면 하루하루 생활이 달라지고 진보할 것입니다.

송 군   신부님, 좋은 말씀 많이 들었습니다. 잘 살도록 노력하겠습니다. 앞으로도 계속 지도해 주시기 바랍니다. 그간 여러 가지로 실례가 많았습니다. 감사합니다. 안녕히 계십시오.

박 신부   예, 송 군도 수고가 많았습니다. 안녕히 가십시오.

꼭 알아야 할 문제

1. 하느님 없는 윤리의 맹점은 무엇인가?
2. 교회를 무시하고 양심대로만 살면 되는가?
3. 각자의 양심이 윤리의 절대적인 기준이 될 수 있는가?
4. 십계명은 누가 어디서 누구에게서 받은 것인가?
5. 첫째 계명이 명하는 것은 무엇인가?
6. 첫째 계명에서 금하는 것은 무엇인가?
7. 미신 행위가 죄가 되는 이유는 무엇인가?
8. 흠숭, 상경, 공경의 내용은 어떻게 다른가?
9. 마리아나 성인들에게 바치는 기도와 하느님께 바치는 기도의 차이는 무엇인가?
10. 마리아를 공경하는 이유는 무엇인가?
11. 성화나 성상을 공경하는 이유는 무엇인가?
12. 둘째 계명의 내용은 무엇인가?
13. 서원은 무엇인가?
14. 셋째 계명의 내용은 무엇인가?
15. 안식일(토요일) 대신 일요일이 주일이 된 이유는 무엇인가?
16. 과거 한국 윤리 도덕의 결함을 말해 보라.
17. 부모가 자녀에게 해야 하는 의무는 무엇인가?
18. 주일학교는 무엇인가?
19. 부모로서 지녀야 할 자녀들에 대한 참된 사랑은 무엇인가?
20. 자녀가 부모에게 해야 할 의무는 무엇인가?

21. 부모와 자녀 관계 외 넷째 계명이 명하는 것은 무엇인가?
22. 다섯째 계명에서 금하는 것은 무엇인가?
23. 자살이 죄가 되는 이유는 무엇인가?
24. 여섯째 계명이 금하는 것은 무엇인가?
25. 아홉째 계명이 금하는 것은 무엇인가?
26. 일곱째 계명이 금하는 것은 무엇인가?
27. 열째 계명이 금하는 것은 무엇인가?
28. 여덟째 계명이 금하는 것은 무엇인가?
29. 십계명 중 보상의 의무가 따르는 계명은 무엇인가?
30. 주일에 해야 하는 것과 하지 말아야 하는 것은 무엇인가?
31. 미사 참례를 못할 때는 어떻게 해야 하는가?
32. 십자가의 길은 무엇인가?
33. 의무 축일은 무엇이며 한국 신자가 지켜야 하는 의무 축일은 어느 것인가?
34. 금육재는 누가 어떻게 지키는 것인가?
35. 단식재는 누가 어떻게 지키는 것인가?
36. 사순 시기란 무엇이며, 언제인가?
37. 금육재와 단식재의 의무에서 면제되는 사람은 누구인가?
38. 축일표는 무엇인가?
39. 셋째와 넷째 법규에서 명하는 것은 무엇인가?
40. 판공성사란 무엇인가?
41. 다섯째 법규에서 명하는 것은 무엇인가?

42. 여섯째 법규에서 명하는 것은 무엇인가?
43. 죄란 무엇인가?
44. 대죄와 소죄는 어떻게 구별되는가?
45. 대죄의 결과를 말해 보라.
46. 우리는 어떻게 죄를 짓는가?
47. 일곱 가지 죄의 종류를 말해 보라.
48. 우리 영혼의 원수는 무엇인가?
49. 하느님이 우주를 창조하신 목적은 무엇인가?
50. 덕이란 무엇인가?
51. 향주삼덕은 무엇인가?
52. 믿을 교리는 무엇인가?
53. 경우에 따라 신덕을 버릴 수 있는가?
54. 망덕을 거스르는 죄는 어떤 것인가?
55. 향주삼덕 중 첫째가는 것은 무엇이며, 그 이유는 무엇인가?
56. 사추덕은 무엇인가?
57. 복음 삼덕은 무엇인가?
58. 사람이 죽으면 어떻게 되는가?
59. 사심판의 판결은 무엇인가?
60. 공로는 무엇이며 어떻게 닦을 수 있는가?
61. '인생은 일종의 연극이다' 라는 말은 무슨 뜻인가?
62. 세상은 어떤 곳인가?
63. 천국은 어떤 곳인가?

64. 지옥은 어떤 곳인가?
65. 연옥은 어떤 곳인가?
66. 위령 기도는 무엇인가?
67. 육신 부활이란 무엇인가?
68. 사기지은은 무엇인가?
69. 공심판은 무엇이며, 왜 필요한가?
70. 세례받은 후 시련이 닥치면 어떻게 해야 하는가?
71. 세례만 받으면 무조건 구원되는가?
72. 참된 가톨릭 신자가 되려면 어떻게 해야 하는가?
73. 평신도 사도직이란 무엇인가?
74. 전교하는 방법을 말해 보라.